[제5판]

Contemporary Society and Welfare for Women

현대사회와 여성복지

김영화 권신영 유태한 공저

양 성 원

제5판 머리말

2002년 7월『현대사회와 여성복지』가 5명의 집필자에 의해 처음으로 출간된 지 벌써 20년이 지났다. 그동안 한결같이 여성복지 교재로 사용해 주신 교수님들과 학생들께 깊이 감사드린다. 20년 전의 학생들은 지금 중년이 되어서 어디선가에서 사회의 중추 역할을 하고 있으리라 생각되며, 이 책으로 공부한 학생들이 그동안 사회의 발전에, 여성복지의 발전에 어떻게 기여하고 있을지 무척 궁금하다.

우리 공동 집필진도 20년 동안 많은 변화가 있었고, 제5판에서는 김영화, 권신영, 유태한 세 사람이 최종 집필자로 수정작업을 진행하였다. 제5판 수정작업은 2016년 9월에 출판된 제4판 각 장의 내용을 2022년에 맞는 내용으로 수정 보완하는 일이고, 박스 글의 예들을 가장 최근의 사례들로 대체하는 작업이 주를 이루었다.

지난 6년간 한국사회는 여느 때보다도 더 큰 격변의 시기였다. 2016년 후반부 최순실의 국정농단 사건을 계기로 전국적으로 촛불시위가 일어났고, 촛불정국을 거쳐 2017년 3월10일 박근혜 대통령은 탄핵을 당하였으며 2022년 신년, 사면에 이르기까지 4년 9개월동안 수감생활을 하였다. 촛불정국을 통하여 2017년 5월10일에 탄생된 문재인 정부는 소득주도성장을 비롯 새로운 일자리정책 등을 시도하였으나 현장과 잘 맞지 않는 시행착오로 국민들에게 큰 지지를 얻지 못하였다. 2018년 2월 평창동계올림픽 북한선수단 참가, 2018년 4,5월 김정일과의 남북회담을 통해 남북통일의 시대를 기대하였으나 그 이후 냉각기를 거치면서 더 이상 진전을 보지 못하였다. 미투운동, 코로나19 등 그 전 시대와는 비교가 되지 않을 전대미문의 사건들이 우리 사회에 큰 변화를 가져왔다. 법무부 장관 조국과 추미애, 그리고 국민들의 눈높이에 맞지 않는 정책과 사건들의 연속으로 결국 정권을 보수당인 '국민의 힘'에게 내 주게 되었고, 2022년 6월 10일에 윤석열정부가 탄생하면서 오늘에 이르고 있다.

2018년 2월에는 서지현 검사가 안태근 검사장을 상대로 검찰 내 성추행 폭로를 함으로써 '미투' 운동은 시작되었다. 장자연 자살 사건, 배우 조민기, 극단대표, 천주교인권위원회 간부, 시인, 교수 할 것없이 사회의 모든 영역에서 일어난 성폭행, 성추행사건은 그동안 은폐되고 만연되어 왔던 문제들을 적나라하게 드러내는 계기가 되었고, 이는 피해자인 여성이 스스로 가해자를 지목하여 사회에 폭로한 주체적 행동으로서 사회에 큰 반향과 성찰을 일으키게 하였다.

또한 여성과 관련된 사건으로 최근에 나타난 우리 사회의 여성혐오, "젠더혐오"현상을 들지 않을 수 없다. 일베의 탄생과 더불어 여성혐오에 대한 발언이 시작되었고 여성들이 주로 공유하는 메갈리아라는 미디어 공간에서 여성혐오에 대한 논의가 본격적으로 전개되었다. 이러한 혐오는 2022년 3월 대선 때는 이십대 남성들과 여성들을 갈라치는 갈등전략으로 부상하였고 급기야는 여성가족부 폐지논란으로 이어졌다. 아직도 이대남과 이대녀의 대립양상은 지속되고 있으며, 정치적 쟁점으로 변질되고 있는 젠더갈등은 그 원인을 차분히 분석해 보고 해결책을 찾을 필요가 있다. 상당수의 전문가들은 혐오사회는 각박한 사회현실과 경제적 상황을 원인으로 보고 있지만, 혹자는 배려를 강요당할 때 혐오는 발생한다고도 생각한다. 젠더 논란은 현재 우리사회 혐오의 가장 중심축이 되고 있다는 사실도 함께 고려하여야 할 것이다.

뜨거운 여름이다. 7월 초인데도 연일 폭염경보가 발령되고 있다. 2020년의 시작과 함께 우리사회에 나타난 코로나 19로 한국은 물론 세계 전체가 거의 2년 반동안 마비되었다. 이제 겨우 소강상태에 있긴 하지만, 곧 다시 2차 대유행이 올지도 모른다는 경고가 있어 조심스럽기만 하다. 그러나 일단 어둡고 힘든 터널을 한번 지나왔으니, 그 심리적, 신체적 면역성으로 잘 견뎌내리라 기대한다. 여성복지는 어렵고 힘들 때일수록 더 열악해지는 이중억압의 기제가 있고, 여성의 돌봄노동과 주부로서의 정체성은 여성들에게 더 많은 희생과 봉사를 요구할 것이다. 그러나 분명한 것은 성 불평등 구조 속에서는 그 어떤 것도 평등해 질 수 없으며, 사람들이 행복해 질 수 없다는 자명한 사실이다. 이럴 때일수록 여성들에게 모순적 구조를 해소하고 불공정한 부분들을 더욱 세밀하게 살펴서 지속가능한 사회가 유지될 수 있도록 모든 영역에서 연대와 공감의 가치를 실현해야 할 것이다.

이 엄중한 코로나 시대에 대면 수업의 기대와 희망으로 본 교재수정을 부탁해 주신 양성원 강철원 사장님께 깊은 감사를 드리며, 출판사의 번영을 기대한다.

2022년 7월 초 더위 속에서

저자대표 김영화

2022. 07

머리말

최근 여성복지에 대한 관심이 높아지고, 이에 발맞추어 여러 권의 여성복지 교재가 짧은 시간 내에 출간되었다. 우리도 역시 여성복지의 중요성을 인식하여『현대사회와 여성복지』를 집필하게 되었다. 우리 다섯 명의 집필진은 현대사회의 여성 문제와 이에 따른 사회복지의 절실한 필요성에 대해서는 동의하였으나, 여성에 대한 어떤 기본적인 관점과 내용으로 여성복지를 기술할 것인가에 대해서는 수차례에 걸쳐 논의에 논의를 거듭하였다. 마침 2001년 2학기 경북대학교 대학원 박사과정에서 여성복지론 강의가 개설되었고, 강의 목차와 내용을 교재 집필과 연관시켜 강의계획서를 작성하였다. 강의를 수강하였던 3명의 박사과정 학생들과 2명의 여성복지론 교수가 함께 이 강의안을 토대로 교재 목차를 확정하게 되었고, 각자가 평소에 관심을 가지고 있었거나, 다년간 연구를 했던 분야로 역할을 분담하여 집필을 시작하였다.

우리들의 기본적인 관심사는 지금까지 여성학에서 많이 연구되었던 이론적 시각과 현대사회의 여성 문제, 그리고 사회복지의 세 영역을 어떻게 하나로 연결시켜야 하는가에 있었다. 여성복지는 여성학에서 추구하는 성불평등의 이론적 · 현실적 분석만이 아니고, 현대사회의 여성 문제에 대한 현상적 접근만도 아닌, 여성의 일상적인 삶의 구체적인 현장에 대한 독특한 시각이 필요한 영역이다. 여성이 처한 현실을 어떻게 여성의 인식과 입장에서 이해하여야 하는가? 이러한 성인지적 관점에서 현대사회의 여성 문제들을 어떻게 풀어 나가며, 사회나 국가가 어떠한 제도적 장치를 통해 이 문제들을 해결, 방지하며, 여성들의 더 나은 삶의 질적 향상을 위해 어떤 역할을 할 것인가 등의 문제들이 제기된다. 특별히 여성과 사회의 본질, 그리고 여성 문제를 연구하기 위해서는 여성주의적 연구방법이 필수적이며, 또한 사회복지의 실천방법이 발굴되어야 한다. 다른 책들의 일반적인 경향과 구별되는 내용이 있다면, 우리들은 여성주의적 연구방법이 무엇인가 고민하였고, 삶의 현장 속에서 여성주의 실천방법이 어떻게 용해되어야 하는가를 연결하려고 노력했다는 점이다.

이 책은 모두 4부 15장으로 구성되어 있으며, 각 장의 개요와 집필진을 소개하면 다음과 같다.

먼저 제1부는 여성과 사회로, 우리 사회에서 여성의 삶을 구속하는 성불평등 현실의 기원과 이론적 분석, 그리고 여성복지의 필요성을 말하고 있다. 제1장은 여성과 불평등으로, 한 사회 내에서 여성과 남성을 규정하는 성의 의미를 이해하고, 또 구체적으로 그것이 어떻게 사회 내에서 성불평등을 야기하는지를 살펴본다.

제2장은 여성 연구의 관점으로, 여성 문제의 사회적 맥락을 파악하고 성불평등을 극복하기 위해 나타난 다양한 페미니즘 이론들을 소개하고 있다. 아울러 여성 연구의 시각은 남성들의 시각이나 일부 엘리트 여성만의 경험이 아니라 억압과 불평등으로 고통받는 모든 여성들의 삶을 충분히 아우

르면서 정립되어야 할 것을 강조한다.

제3장은 여성과 복지이다. 아직까지 여성복지에 대한 뚜렷한 합의는 없지만 소극적으로는 성차별 철폐를 위해, 적극적으로는 여성의 삶의 질 향상을 위한 여성복지가 이루어져야 한다는 점이 중요하다. 이 장에서는 여성복지의 출현 배경과 개념, 대상과 접근방법 등에 대해 고찰함으로써 여성과 복지의 관련성을 이해하고자 한다. 이상 제1부는 공정원이 집필하였다.

제2부는 현대사회의 여성 문제와 여성복지이다. 여기서는 여성의 다양한 문제들, 즉 노동 차별과 빈곤, 여성폭력, 이중차별, 성매매와 미혼모 등의 실태와 대책을 살펴본다. 제4장은 여성 노동과 여성 빈곤으로, 노동시장에서 여성들이 겪는 불평등과 빈곤 문제에 초점을 맞춘다. 즉, 우리나라 노동시장에 나타나는 성불평등 현상과 원인을 분석하고, 현행 복지대책의 문제점과 과제도 함께 모색해 본다. 아울러 심화되는 빈곤의 여성화 현상에 대한 고찰을 통해 여성 빈곤의 실태와 원인도 알아본다. 그동안 간과되었던 여성 빈곤에 대한 구조적 관점을 가지고 성차별적인 사회제도와 남성 중심적 자원분배 구조를 파악하고자 하였다. 이 장은 조희금이 집필하였다.

제5장은 여성과 폭력으로 성폭력과 아내폭력을 집중적으로 다루고 있다. 우리 사회의 성불평등은 여성을 황폐화시킬 수 있는 치명적인 폭력을 불러일으키고, 여성에 대한 남성 지배를 당연시하는 사회 분위기는 이러한 폭력을 더욱 심화시킨다. 이 장에서는 여성에 대한 폭력이 불평등한 사회적 맥락에서 발생되는 것임을 파악하였고, 아울러 여성폭력 근절을 위한 대책과 과제들을 제시하였다. 이 장은 권신영이 집필하였다.

제6장은 여성과 이중차별로, 우리 사회 내 취약 계층을 대표하는 장애여성과 노인여성의 이중차별 실태에 대해 분석하였다. 장애여성과 노인여성의 문제를 이해하기 위해서는 그들이 처한 구체적인 현실과 경험을 토대로 하여야 할 것이고, 단순한 장애나 연령이 아닌 성차별 요인에 주목해야 한다. 이 장은 또한 여성복지적 측면에서 그들의 욕구나 문제를 해결할 수 있는 대안적 과제들도 모색해 본다. 장애여성은 공정원이, 노인여성은 명선영이 집필하였다.

제7장은 성매매와 성윤리의 모순으로 성매매 여성과 미혼모 문제를 다루고 있다. 우리 사회의 이중적 성윤리는 성의 지배 · 복종관계를 구조화하고, 이런 가부장적 성문화와 결부하여 자본주의는 여성의 상품화와 향락산업의 번창을 초래하였는데, 대표적인 예가 성매매이다. 또 1990년대 들어서면서 현저하게 증가한 가출청소년 및 십대 미혼모와 이들의 저연령화 및 고학력화 현상을 분석하고 있다. 성윤리의 모순이 야기한 이런 문제들을 해결하기 위해서는 장기적으로 성차별적 구조를 제거해야 한다.

제8장은 여성과 결혼으로, 결혼과 가족에 대한 여성주의적 고찰을 담고 있다. 여성으로서 겪어야 할 결혼생활과 관련된 문제들, 즉 부부관계의 불평등, 어머니의 신화, 성별 역할 분업 등의 논의를 통해 이러한 문제들이 가부장적 가족 개념에서 유래하였음을 통찰하고 있다. 또한 결혼생활의 위기로 당면하는 문제들을 살펴보고, 다양한 가족의 유형과 관련한 사회복지서비스 및 대책들에 대해서도 논의하고 있다. 이상 7, 8장은 조희금이 집필하였다.

제3부는 여성주의적 연구방법과 실천방법에 대한 고찰이다. 즉, 성평등한 복지를 구현하기 위한 여성주의적 연구방법과 실천방법이 존재하는가에 관한 논의와 모색이다. 제9장은 여성주의적 방법론으로, 여성주의적 방법론이란 무엇인가에 대한 문제 제기를 통해 방법론의 본질과 기존 방법론에서의 여성주의 연구를 어떻게 규정할 것인가를 탐색한다. 이것은 성인지적 관점에서 여성주의 연구방법을 확고히 하려는 목적에서이다. 이 장을 통해 여성주의 방법론에 대해 고찰해 보고 그 본질과 특성에 대해서도 논의해 본다.

제10장은 여성주의와 정신분석학이다. 이 장은 여성주의적 실천방법에 대한 정신분석학적 의미가 무엇인지 탐색해 보려는 의도이다. 정신분석학이 여성 억압적이고 성불평등적인 요소를 내포하고 있지만 인간의 억제된 내면적 욕구를 분석해 낼 수 있다는 역할에 그 초점을 맞추고 있다. 프로이트 이론에서 여성 억압적인 면과 해방적인 측면을 동시에 볼 수 있다면 수정과 재해석을 거쳐 프로이트 정신분석이 가진 혁신적인 면을 여성주의적 시각으로 재발굴해 낼 수 있다는 가능성을 확인하고 있다. 이상 9, 10장은 김영화가 집필하였다.

제11장은 여성과 사회복지실천을 다루고 있다. 이 장에서는 기존 사회복지실천이 과연 여성의 삶의 질 향상에 얼마나 기여했는가 하는 근본적인 문제 제기로 출발하고 있다. 여성의 현실적인 삶을 향상시킬 수 있는 대안적 실천방법으로서의 여성주의 사회복지실천에 대해 알아보고 그 의의를 찾고자 한다. 여기서 소개되는 여성주의 사회복지실천은 여성 내담자를 둘러싼 사회환경의 중요성을 강조하는 것으로, 앞으로 사회복지현장에서 활용될 수 있는 실천 개념과 기법들로 발전될 의미가 있음을 강조하고 있다.

제12장에서는 실천현장에서의 여성주의 접근 사례들을 예시하였다. 이 장은 여성들이 겪는 폭력, 성적 괴롭힘, 육아노동에서 오는 고립감 등의 문제가 기존의 사회사업적 개입으로는 해결할 수 없는 구조적 불평등 문제로 보고 있다. 여기에 대한 효과적 개선을 시도한 사례들을 소개하고 있는데, 이러한 사례들은 사회복지실천에 성(gender)의 관점을 도입한 것들로, 이런 경험들의 축적을 통해 다양한 사회복지현장에서 여성주의적 접근을 사용하는 데 토대가 될 것으로 기대한다. 이상 11, 12장은 권신영이 집필하였다.

제4부는 복지국가와 여성정책으로, 여성에게 법과 복지국가가 갖는 성격과 의미를 분석해 보고, 성평등적 여성정책의 과제와 전망을 제시하고 있다. 제13장은 여성복지와 법에 관한 논의이다. 법은 여성의 사회문화적 지위를 그대로 반영하는데, 그동안 여성은 사회복지법 내에서조차 관심의 대상이 되지 못하였다. 이 장은 헌법 등 여성복지 관련 법이 처한 현실과 과제 등을 고찰함으로써 여성복지법에 대한 이해를 도모하고자 한다. 이는 여성복지 관계법에 대한 이해가 포괄적인 측면에서 여성복지를 이해하고 발전시키는 데 도움이 되기 때문이다.

제14장은 복지국가와 여성정책으로, 어떤 이념과 정치체제를 가진 국가라도 여성의 고유한 경험과 여성 문제에 대한 의식이 없다면 국가는 언제든지 여성 억압 기제로 작용할 수 있다는 기본 전제를 깔고 있다. 여성의 평등과 인권을 보장하기 위해 적절한 선에서 국가 개입이 이루어져야 하고,

특히 여성의 복지 향상을 위해서는 국가의 지지가 필수적이다. 국가가 성평등에 기여하기 위해서는 국가의 정책 속에 여성 문제에 대한 투철한 의식이 담겨 있어야 한다. 이 장은 여성주의적 관점에서 복지국가 유형과 성불평등 요소에 대해 고찰하고 성평등한 국가의 여성정책 과제와 비전 등을 제시한다.

마지막으로 제15장은 여성복지의 과제와 전망이다. 인구의 절반이라는 수적 평등에도 불구하고 여성들은 사회제도 속에서 많은 불평등을 경험하고 있고, 그동안 정부 차원의 여성복지는 우리 사회 내 여성의 지위만큼이나 낮았다. 요보호여성뿐만 아니라 일반 여성에 대한 정부의 지원과 접근은 여성복지의 수준을 말해 주는 척도요, 여성복지의 주된 표적이 된다. 이 장은 여성복지의 수행원리와 현행 여성복지정책의 한계들을 고찰해 본 후, 여성복지 발전을 위한 전략적 제언과 전망 등에 대해 논의하고 있다. 이상 제4부는 명선영이 집필하였다.

우리는 이 모든 내용 속에 우리들의 생각과 문제의식을 담아 보려 하였으나, 여러 가지 부족함으로 인해 원래 의도대로 완성되지 못한 것 같아 부끄러움이 앞선다. 그러나 여성복지가 여성들을 위한 실질적 복지가 되도록 하기 위해서는 여성의 경험과 인식과 입장을 바탕으로 한 성인지적 관점이 반드시 필요하다는 확신을 가지고 글쓰기에 임하였다. 문제를 안고 고통을 당하는 여성들이나, 가부장적인 일상생활 속에서 자신의 삶을 살아가려고 애쓰는 여성들, 그리고 여성들의 더 나은 삶의 질 향상을 위해, 국가와 사회는 어떤 미래지향적인 역할을 해야 하는지가 여성복지의 핵심이라 하겠다.

'2002 한·일 월드컵'을 통해 우리는 남성의 전유물이었던 축구가 여성에게도 커다란 관심과 열정으로 다가왔음을 실감하였다. 이를 계기로 남녀노소 누구나 함께 하는 축제의 장을 경험한 한국은, 앞으로도 계속 개방적인 인식과 진보적인 사고로 세계를 향해 전진하기를 기대한다. 대~한민국을 외치며 함께 끌어안고 서로 감동을 나누었던 내 옆의 이웃이 여성이었음을, 보이지 않는 곳에서 우리의 일상생활을 가능하게 만들어 왔던 사회적 원동력이 여성이었음을, 그리고 이 세상의 절반이 여성임을 다시 한번 깨달을 수 있기를 바라며, 독자들의 날카로운 비판과 더불어 여성에 대한 강한 연대감을 기대한다.

2002년 7월
6월의 뜨거웠던 함성을 기억하며 산격동 연구실에서
저자 대표 김영화

차 례

PART 02 현대 사회의 여성 문제와 여성복지

PART 03 여성주의적 연구방법과 실천방법

PART 04 복지국가와 여성정책

PART 01

여성과 사회

여성과 불평등

Chapter 01

이 사회에서 태어나는 아이들은 아들이냐 딸이냐가 매우 중요하다. 왜냐하면 아들이냐 딸이냐에 따라서 서로 다른 삶의 형태와 기회가 주어지기 때문이다. 인간의 삶은 동물과 달라서 타고난 생물학적 성(sex) 외에도 그 사회 내에서 여성다움과 남성다움을 규정하고 성불평등의 구조적 요인을 반영하는 사회적 성(gender)에 의해서도 크게 영향을 받는다.

제1장에서는 한 사회에서 여성과 남성을 규정하는 성의 의미를 이해하고, 이것이 구체적으로 어떻게 여성의 삶을 구속하는가를 살펴본다. 이를 위해 우리 사회에서 실제로 여성과 남성이 어떤 의미로 받아들여지고 있는가 그리고 이것이 여성의 불평등과 어떤 관련이 있으며, 여성의 불평등은 어디서부터 왔는가를 알아본다.

1. 여성과 남성의 차이

남성과 여성은 똑같이 인류의 절반을 이루고, 서로 동전의 양면처럼 잘 어우러져서 살아가리라 기대된다. 그러나 인류 역사를 통해 볼 때, 남성과 여성은 서로를 존중하고 동등한 인간으로 대하기보다는 한쪽이 다른 한쪽을 억누르고 또 서로 이질적인 존재로 보는 경우가 대부분이었다. 어느 시대나 사회에서도 사람들은 남성과 여성이 해부학적으로 다를 뿐더러 정신과 능력 면에서도 질적 차이가 있다고 가정했다. 그래서 남성과 여성은 같은 일 또는

같은 생각을 해서는 안 되고 같은 평가를 받을 수 없다고 생각한 것이다.[1)]

여성과 남성은 해부학적으로 다르기 때문에 능력과 정신 면에서도 다른가? 혹시 그렇다면 이 차이는 타고나는가? 정말로 해부학적으로 남성이 정신세계와 능력 면에서 여성보다 뛰어난가?

성을 연구하는 많은 사회과학자들은 성의 해부학적 차이가 능력과 정신의 차이를 결정짓는 것이 아니라고 본다. 오히려 해부학적 차이를 곧바로 능력과 정신세계의 차이로 평가하는 사회적인 기제가 여성과 남성의 차이를 차별로 직결시킨다고 지적한다.

대부분의 사회에서 여성과 남성은 타고난 생물학적 성에 따라 사회화 과정이 달라지고, 사회가 수용하는 방식으로 개인의 행동양식을 결정하며, 이로 인해 남성과 여성은 다르게 처우된다. 즉, 남성의 신체를 가지고 태어나는 인간은 곧 '남성'이라고 정의되고, 사회는 그 남성이 지향해야 하는 바와 행동하는 방식 및 사회문화적 특성들을 규정한다. 또한 여성의 신체를 가지고 태어나는 인간은 사회의 다양한 관습과 문화 및 제도 등을 통해 '여성다움'을 학습하고 그 사회가 규정한 '여성다움'에서 벗어나면 유형 · 무형의 압력을 받게 된다.

그러나 사회가 남성과 여성을 달리 처우하는 것은, 다르되 평등한 형태로 나타나는 것이 아니라 차별로 나타날 때가 훨씬 더 많다. 그 결과 여성에 대한 불평등 현상이 발생한다. 여성의 불평등은, 거의 대다수 사회에서 남성을 중심으로 사회구조가 형성되어 있고 여성은 남성에 비해 낮은 수준의 일을 하거나 남성보다 훨씬 더 제한된 삶의 기회를 누리고 살아가기 때문에 발생한다.

따라서 사회에서 규정하는 성이란 도대체 무엇이며, 이것이 사회에서 어떤 경로를 통해 우월한 남성과 열등한 여성으로 나타나는가를 살펴볼 필요가 있다. 성은 타고난 해부학적 특징에 의해서 차이가 결정되는 생물학적 성(sex), 생물학적 성에 따라 그 사회가 후천적으로 부과한 차이와 차별을 포함하는 사회적 성(gender)으로 크게 구분할 수 있다.

이처럼 생물학적 성과 사회적 성을 구별하는 것은 여성과 남성의 행동에서 나타나는 차이가 생물학적 속성 이외의 다른 사회적 속성들에 의해 형성된다는 사실을 보여 주기 위해서다.

● 이 장은 『현대사회와 여성복지론』, 김영화 외(2006)의 공정원의 글을 초안으로 최영진이 수정 · 보완하여 집필하였다.

1) 캐롤 테브리스 · 캐롤 웨이드 저, 박민자 역, 『성과 사회』, 서울: 경문사, 1998, p. 3.

1) 생물학적 성

생물학적 성(sex)은 한 인간이 태어날 때부터 타고나는 해부학적 신체적 조건을 말한다. 이 같은 생물학적 성의 차이가 단순히 차이로만 생각되지 않고 남성과 여성의 우월성을 결정한다고 믿는 사람들도 있다. 실제로, 이 부분에 대해서는 오랫동안 연구가 진행되었고, 수많은 반론과 재반론이 이루어졌다. 남성과 여성의 차이에 영향을 미치는 생물학적 요인들 가운데 염색체, 성호르몬, 내 · 외부 생식기 등을 들 수 있다.

먼저 인간의 염색체를 보면, 남성과 여성의 성차이(sex difference)를 결정하는 데 생물학적 요인이 심리적 또는 사회적 요인보다 더 중요하다고 말할 수는 없다 해도 난자와 정자의 수정 과정에서 XX염색체는 여성으로, XY염색체는 남성으로 결정된다는 사실은 부인할 수 없다. 스물세 쌍의 염색체 중 태아의 성을 결정하는 한 쌍은 어머니로부터 받은 X염색체 하나와 아버지로부터 받은 X 또는 Y 염색체 중 하나로 구성되고, 아버지로부터 받은 성염색체가 아이의 성을 결정한다. 즉, 아버지가 X염색체를 주면 아이는 X를 두 개 가진 여성이 되고, 아버지가 Y를 주면 아이는 XY를 지닌 남자가 된다. 반면에 X염색체는 Y염색체보다 훨씬 더 크고 더 많은 유전물질을 나른다. X보다 작은 Y염색체는 유전물질을 더 적게 나르기 때문에 성과 연관된 특성은 거의 항상 X염색체에 의해 운반된다. 따라서 남아는 항상 어머니로부터 X염색체를 받기 때문에 성과 연관된 특성은 어머니에게서 아들로 전달되는 것이지 아버지에게서 아들로 전달되는 것은 아니다.[2] 따라서 호주제를 비롯해 아버지의 혈통만 중시하여 만들어진 제도는 생물학적 근거가 별로 없는 셈이다.

다음으로 남성을 남성답게 만들고 여성을 여성답게 만든다는 성호르몬을 보면 각각 한쪽 성에만 배타적으로 분비되는 것은 아니다. 남성은 고환과 아드레날린 분비선에서 여성호르몬인 에스트로겐을 약간 생산하고 여성은 난소와 아드레날린 분비선에서 남성호르몬인 안드로젠을 생산한다. 이는 남성 안에 있는 여성호르몬인 에스트로겐 분비나 여성 안의 남성호르몬인 안드로겐 생산이 각각의 성심리에 영향을 미칠 수 있음을 보여 주는 부분이다.[3]

마지막으로 생식기를 살펴보면, 전통적으로 남성과 여성이 가진 내외 생식기의 특성과 성심리를 연관시키는 경우가 많았다. 여기에는 프로이트(Sigmund Freud)의 영향이 컸다. 프로이트는 성적으로 수동적인 여성은 상대 남성과의 감성적 · 육체적 관계에 의해 성적 반응이

2) 위의 책, p. 108.
3) 여성한국사회연구소 편, 『새로 쓰는 여성과 한국사회』, 사회문화연구소, 2000, pp. 72-73.

조건 지어진다고 보았다. 또한, 소녀의 일차적 성감대는 음핵에서 질로 전이되어야 한다고 주장하고, 이러한 전이를 경험하지 않는 기혼 여성은 성숙된 오르가슴을 경험하지 못하기 때문에 신경증과 히스테리(hysteria)의 경향이 있다고 보았다. 그러나 프로이트가 주장한 여성의 성 오르가슴의 이중성은 1950년대 킨제이(Kinsey) 보고서를 시작으로 커다란 비판을 받았다. 인간의 성생활을 직접 관찰하고 실험한 킨제이 보고서 등은 질과 음핵 오르가슴 사이의 이분법이 허구라는 점을 체계적으로 지적하였다. 이 보고서들의 결과는 모든 오르가슴은 음핵에서 시작되고 음핵에서 끝난다고 보고하면서, 단지 여성은 음핵으로 성적 흥분을 높여 질 내에서 오르가슴을 표현하는 것이라고 결론지었다. 이 같은 결론은 여성의 오르가슴이란 남성에 의해 조건 지어지는 것이 아니라는 점을 알려 주는 셈이다.[4)]

이상의 논의는 생물학적 특성을 중심으로 남성과 여성 가운데 누가 더 우월한가를 결정하기란 불가능하다는 사실뿐 아니라 생물학적으로도 남성과 여성은 상보적 관계에 있음을 보여준다.

2) 사회적 성

생물학적 성이 해부학적 신체적 조건을 의미하는 데 반해, 사회적 성(gender)은 남성과 여성의 심리적 · 사회적 · 문화적 특성과 관련된다.[5)] 생물학적 성이 한 개인의 해부학적 특징을 바탕으로 남성 또는 여성을 결정하는 유전적 · 신체적인 것이라 한다면, 사회적 성은 사회문화적 과정에서 획득, 형성된 것이라 할 수 있다.[6)]

일반적으로 남자아이와 여자아이는 다르게 사회화된다. 대표적으로 부모와 성인들의 반응을 살펴보자. 한 실험연구에서, 5명의 젊은 엄마들이 베스(Beth)라고 불리는 6개월 된 여자아이와 상호작용하는 모습이 관찰되었다. 엄마들은 이 여자아이에게 자주 미소를 보냈고, 가지고 놀 인형을 주었다. 이 여아는 '귀염둥이'로 보였으며, '온순하게 울음을 터뜨리는' 아이였다. 두 번째 집단의 어머니들이 같은 또래의 남자아이인 아담(Adam)에게 보낸 반응은 크게 달랐다. 이 남자아이에게는 기차가 주어졌고, 같이 놀아 줄 '사내아이'도 생겼다. 실제로 베스와 아담은 옷만 다르게 입힌 똑같은 아이였다.[7)]

4) 위의 책, pp. 74-75.
5) 앤서니 기든스 저, 김미숙 외 역, 『현대사회학』, 서울: 을유문화사, 1996, p. 169.
6) 한국산업사회학회 엮음, 『사회학』, 서울: 한울아카데미, 1998, p. 121.
7) 김미숙 외, 앞의 책, p. 174.

또 다른 연구는 출산에 참여하는 의료진들이 신생아에게 사용하는 단어를 분석했다. 남아의 경우, 의료진이 가장 빈번하게 사용한 말은 '단단하고', '잘 생겼고', '건강한' 아이이였다. 여아에게 자주 사용된 말은 '귀엽고', '예쁘고', '착한' 아이였다. 관심의 대상이 되는 신생아들은 크기나 몸무게에서 차이가 없었는데도 말이다.8)

두 연구는 남성과 여성의 차이가 반드시 생물학적 성차(sex difference)에서 비롯된 것이 아니라 사회적 성이 성차의 중요한 요인이 된다는 사실을 잘 보여 준다. 따라서 사회적 성을 규정하는 그 사회의 성격이 어떠한가가 여성과 남성의 삶에 결정적인 영향을 미친다고 하겠다.

이 같은 사회적 성은 생물학적 성을 근거로 사회적 · 문화적 · 심리적으로 학습된 행동과 이에 준하는 기대와 관련된다. 즉, 남성의 신체를 가지고 있는 사람은 '남성에게 맞는 행동'과 정체성을 사회적으로 습득하고 이에 따라 행동해야 하며, 여성의 신체를 가지고 있는 사람은 '여성에게 맞는 행동'을 해야 한다. 또한, 사회는 남성인가 여성인가에 따라 어떻게 행동하고 생각하며 살아가야 하는가에 대한 기대와 평가를 다르게 하기 때문에 남성과 여성은 자신의 성에 따라 정체성도 다르게 습득한다. 결국 남성은 '남성답게' 여성은 '여성답게' 길러진다는 것이다.

대부분의 사회는 남성을 중심으로 형성되었기 때문에 여성다움보다는 남성다움이 훨씬 더 사회적으로 높게 평가되고 여성다움은 비하된다. 이 때문에 남성에게 '여성스럽다'는 표현은 최대의 모욕이 되기도 한다. 또한 여성이 남성답다는 평가를 받는 것은 곧 남성 중심의 사회가 정해 놓은 여성다움을 잃은 것이기 때문에 직 · 간접적으로 통제를 받게 된다.

그러나 흔히들 말하는 여성다움과 남성다움은 선천적이거나 고정적인 영구불변의 특성이 아니다. 사회적 성 또는 성적 정체성은 타고나는 것이 아니라 학습을 통해 그 사회가 규정한 대로 습득하는 것이며, 어떤 상황에 있는가 또는 누구와 사회적 관계를 맺는가에 따라 얼마든지 변할 수 있는 특성이다.

특히, 중요한 사실은 남성과 여성의 성별 차이는 일반적으로 남성들에게 더 중요시된다는 점이다. 이는 남성과 여성에게 뚜렷한 성별의 차이를 부과하고 차이를 강조함으로써 남성이 가진 권력을 유지하고 재생산하는 데 기여하기 때문이다.9)

---

8) 위의 책, p. 175.
9) 조흥식 외, 『여성복지학』, 서울: 학지사, 2000, p. 23.

한편, 많은 사람들이 주로 생물학적 영향력 또는 본능에 의해 지배된다고 생각하는 인간의 성행위조차도 거의 대다수가 학습된 것이며, 성적인 매력, 신념, 환상 등은 그 사회의 지배적 가치에 따라 다르게 형성된다.

요컨대, 생물학적 성과 사회적 성을 살펴봄으로써 알 수 있는 사실은, 생물학적 성차가 사회적 성의 차이를 만들어 내는 원인이라기보다는 그러한 차이를 불러일으키는 출발점이 된다는 것이다.[10] 그리고 남성 중심으로 굳어진 사회에서 단순한 생물학적 성의 '차이'는 다양한 사회적 과정 속에서 사회적 '차별'로 작용하게 된다.

2. 여성불평등의 기원

성불평등이란, 사회에서 인간의 자유로운 활동이 '성적 이유'로 제한받거나 기회를 박탈당하는 현상을 말한다.[11] 성불평등은 계급불평등, 인종불평등, 연령불평등과 함께 주요한 사회구조적 불평등이며, 이것은 단순한 성차별에 그치는 것이 아니라 한 개인으로서 인권과 삶의 질을 침해하며, '성억압'적인 성격을 띤다. 여성은 단지 '여자라는 이유로', 똑같은 능력을 가져도 남성보다 불리한 대우를 받고, 남성의 각종 폭력에 노출되며, 임신 · 출산 등의 재생산 활동이 사회적이라기보다는 개인적인 것으로 평가된다.

그렇다면 여성이 겪는 성불평등은 어디서부터 왔을까? 성불평등 사회는 어떻게 만들어졌을까? 많은 학자들은 성불평등의 근원을 가부장제와 자본주의 사회의 속성에서 찾고 있다. 성불평등은 남녀 모두에게 일어날 수 있으나, 현재와 같은 가부장제와 자본주의 사회에서는 여성에 대한 편견과 차별이 일반화되어 사회 속에 확고히 뿌리 내리고 있기 때문에 성불평등을 겪는 쪽은 대개 여성이다.

1) 가부장제와 자본주의

우리 사회에서 여성과 남성의 차이는 당연한 것으로 받아들여진다. 따라서 남성은 '남성다워야' 하고 여성은 '여성다워야' 한다고 사회적으로 기대되며, 남성과 여성 역시 이러한

10) 김미숙 외, 앞의 책, p. 174.
11) 윤근섭 외, 『여성과 사회』, 서울: 문음사, 1995, p. 11.

기대에 부응하여 행동하고자 한다. 그러나 이처럼 당연하게 간주되는 성에 대한 사고방식은 여성과 남성에게 평등한 결과를 가져오지는 않는다. 즉, 남성은 남성이기 때문에 많은 것들이 허용되지만, 여성은 여성이기 때문에 사회적 활동과 관계에서 제약을 받게 되어 여성에게는 성불평등적 결과를 가져온다.[12)]

여성의 경험에서 볼 때, 성불평등은 단순한 성차별에 그치지 않는다. 성불평등으로 인해 여성은 교육, 직업, 문화, 정치, 가족 등 많은 영역에서 자신의 능력과 개성을 발휘할 기회를 제한받고 남성과 똑같은 결과를 내놓아도 여성이라는 이유로 더 낮은 평가와 보상을 받는다. 이 같은 성불평등은 남성과 여성이라는 생물학적 차이가 특정한 성의 우월함이라는 논리로 귀결되고, 이를 바탕으로 사회구조적으로 차별이 이루어지기 때문에 발생한다. 이런 논리와 구조를 통틀어 '가부장제'라고 한다.

가부장제는 성을 바탕으로 형성된 위계구조로서, 남성을 중심으로 한 사회관계에 의해 여성이 종속되는 체계를 말한다. 이 같은 가부장제에는 남성 지배, 여성 예속의 관계를 강화하는 정치적 · 경제적 · 사회문화적인 이데올로기까지 포함된다.

가부장제 사회에서는 아버지와 아들의 관계가 매우 중시된다. 아들은 아버지의 핏줄을 이어받을 후손으로서의 권리와 의무가 있다. 가족이 아버지를 중심으로 구성되기 때문에 아버지 없이 태어난 자식은 세상의 동정과 차별을 한몸에 받게 된다. 특히, 우리 사회처럼 가부장적 가족제도 속에서는 현재 누구와 함께 사느냐가 아닌 아버지가 누구인가가 매우 중시된다. 과거에 존재했던 호주제와 심각한 성비 불균형 현상도 이러한 가부장제의 산물이었다.

가부장제 사회에서 남성은 여성의 신체에 통제를 가한다. 여성은 스스로 임신, 출산, 성생활 등을 결정할 권리를 제대로 갖지 못했다. 예컨대, 낙태는 그 사회의 인구가 많으면 가족계획의 수단으로 사용되고, 종교적 성향이 강하거나 인구 감소 단계에 있는 사회에서는 엄격하게 금지된다. 여성에게 가해지는 폭력의 종류는 이 지구상에 더 열거할 수 없을 정도로 많다. 여성은 순결해야 한다는 논리하에 여성의 생식기 일부를 제거하는 여성 할례, 인구조절의 일환으로 자행되는 여아 살해, 혼인 시 여성이 가져와야 하는 지참금 관련 폭력 등은 그 사회의 미풍양속이라는 이유로 묵인된다. 전쟁 및 갈등 상황 중에 자행되는 강간 및 성노예화는 우리나라의 정신대 문제에서 볼 수 있듯이 전쟁 중 어쩔 수 없이 벌어진 사태로 간주

12) 위의 책, p. 11.

함으로써 국가와 남성은 그 책임을 회피하려는 경향이 있다.

일상생활에서도 마찬가지다. 직장 내 성희롱을 비롯한 여러 형태의 성폭력은 어린아이부터 할머니에 이르기까지 연령과 사회적 지위를 불문하고 일어나며, 가정 내에서는 남성의 가부장적 폭력으로 인해 여성들이 구타, 심지어 살해당하는 경우도 속출한다. 또한, 여성을 극단적으로 성적 대상화시킨 포르노는 금기야 예술과 표현의 자유라는 이름으로 제재 없이 유포된다.

이 같은 현상을 뒤집어 보면, 남성들이 어린아이부터 할머니에 이르기까지 폭력을 가하고 있으며, 집안 내에서 아버지와 오빠들이 가해자로 바뀔 수 있고, 남성의 왜곡된 성욕구를 충족하기 위해 포르노가 만들어진다. 여성에게 가해지는 폭력은 가부장제 사회에서 좀처럼 범죄로 인식되지 않는다. 모든 범죄는 가해자를 구금하고 신체적 자유를 박탈하지만, 유독 성폭력, 가정폭력, 성매매 등 여성에게 가해지는 폭력은 여성이 유혹해서, 마누라가 맞을 짓을 해서, 스스로의 성욕구 충족을 위해 매매 행위를 했다는 식으로 책임을 여성에게 떠넘기고 남성 가해자는 여전히 거리를 자유롭게 활보한다. 이는 '여성의 경험과 목소리(women's experiences and voices)'를 전혀 인식하지 않는 가부장적 문화와 제도의 결과로 볼 수 있다.

역사적으로 볼 때, 가부장제는 자본주의 발달과정과 깊은 관계가 있다. 자본주의가 발달하면서 '여성에 대한 남성의 지배'가 가족 단위에서 전체 사회로 확대되었기 때문이다. 초기의 자본주의 발달은 주로 가족을 생산 단위로 이루어졌던 농업생산이 공장을 중심으로 한 기계제 생산으로 대체하면서 가내 생산양식의 해체를 초래했고, 이에 따라 가부장제 원리는 전 사회로 확대되었다. 이 과정에서 직장과 가정이 분리되어 여성은 가정 내의 재생산노동을 담당하고, 남성은 가정 밖에서 생산노동을 담당하게 되었으며, 사회적 성별 분업은 점차 남자는 일, 여자는 가정이라는 이분법적인 성역할 이데올로기로 자리잡았다.

〈상자글 1-1〉에서는 낙태에 관한 내용을 다루고 있다. 임신, 출산, 낙태는 여성의 몸을 여성 자신의 것이므로 여성에게 선택권이 있음을 뜻한다. 그러나 지난 2022년 6월 24일 미국 대법원에서는 낙태법 폐지를 결정함으로써 미국인들은 여성의 성적자기결정권을 폐기하였다는 비판을 거세게 받고 있다.

상자글 1-1 **'낙태' 찬반론의 함정**

낙태의 한자어는 落(떨어질 낙), 胎(아이밸 태)이다. 즉, 태아를 떨어뜨리는 행위를 낙태라고 말한다. 모든 언어에는 그 사회의 인식 수준 혹은 인식 상태를 내포한다. 이름을 짓는 것은 정치적이어서 변화된 인식을 반영하기도 하고 바꿔야 할 인식도 포함시킨다. 낙태라는 용어가 전제하는 것은 '떨어뜨리는' 주체는 여성으로 한정되는 점이다. 당연히 책임 주체도 비난의 대상도 여성이다. 해서 낙태라는 용어는 기본적으로 임신과 출산, 여남의 관계 등 다양하게 둘러싼 상황과 맥락을 삭제시킨다. 이것은 단지 용어의 문제만은 아니다. 낙태를 지난하게 논의해도 바뀌지 않는 찬반론이라는 논쟁의 구도에 문제가 있다.

낙태를 논해 보자. 시작할 때 자연스럽게 찬반 구도가 성립된다. 포털 사이트의 토론방에만 가 봐도 논쟁의 구도는 찬/반이다. 누가 찬성하고 그 이유는 무엇인가? 누가 반대하고 그 이유는 무엇인가? 이런 구도로 가게 되면 당연히 따라오는 것이 태아의 생명권이 우선인가 여성의 선택권이 우선인가이다. 대립될 수 없는 영역의 질문이 마치 충돌하는 양 질문을 한다. 그렇다면 여성의 생명권은?

...(중략) 낙태라는 '불가피'하게 일어나는 현상의 원인을 살피고 낙태 시술을 받고 있는 여성의 목소리가 더 우선되어야 하는 것이 아닌가.

얼마 전 낙태 시술 근절을 위해 산부인과 의사들로 조직된 프로라이프 의사회(전신: 낙태근절운동본부)는 낙태 시술을 하는 산부인과 병원 세 곳을 고발 조치했다. 시술 비용은 10배가 올랐고 병원들이 낙태 시술을 하지 않고 있어 여성단체에 낙태할 곳을 찾는 여성들의 상담 전화도 오고 있다. 다시 낙태 이슈가 수면 위로 오르자 생명권과 여성의 선택권이 또다시 대립되고 있다. 여성단체는 낙태를 찬성하는 것이냐, 태아의 생명을 생명으로 보지 않는 것인가라는 질문이 줄을 선다. 사실 낙태가 많아진다면 왜 '불가피한' 임신이 많아지는지 원인을 살펴보는 것이 먼저이다. 여성이 주체적으로 피임할 수 있는 관계, 출산 시 아이를 키울 수 있는 사회적 조건과 제도, 미혼모에 대한 사회적 시선, 여아 낙태의 문제 등등. 낙태는 절대 독자적으로 떨어뜨려진 하나의 주제가 아니다. 일상적인 여성과 남성의 관계, 성교육, 복지, 노동 조건의 총합이다. 낱낱이 쪼개보면 성차별적 사회문화와 구조의 단 하나의 사례일 뿐이다.

출처: 김희영(한국여성민우회 활동가), 한국여성민우회 홈페이지

하트만(Heidi Hartmann)이 가부장제를 유지하고 존속시키기 위해서는 '여성의 노동력을 지배하고 통제해야 할' 필요가 있음을 보여 준다. 여기서, 여성 노동력을 지배한다는 것은 곧 여성이 생산자원에 접근하는 것을 배제하고, 여성의 성적 기능을 통제하는 것을 의미한다. 이것은 여성을 경제적으로 배제하고 여성 노동과 남성 노동을 분리하는 것이며 이러한 분리는 여성 영역이 가정에 국한되도록 한다. 그 결과 성의 통제는 여성의 경제적 독립보다는 결혼의 중요성을 강조하는 사회규범과 사회제도를 통해서 자연스럽게 이루어진다.[13)]

가부장제 자본주의는 현대사회의 주된 특성으로서 두 가지 면에서 여성에게 억압적이다. 첫째, 여성은 재생산자로서 '가정'에 봉사해야 한다는 명분으로 사회재생산을 주로 여성의

13) Heidi Hartmann, "The Unhappy Marriage of Marxism and Feminism", *Capital and Class*, No. 8, 1981.

무보수 가사노동으로 이루어지게 한다. 그러므로 여성 스스로가 자신의 잠재적 능력을 발휘할 수 있는 기회를 박탈하거나 제한하도록 하는 결과를 가져온다. 둘째, 여성을 고용할 때, 저임금 등 차별 고용과 성차별 관행으로 여성을 주변화시킨다. 그 결과 여성이 자신의 일을 갖고자 할 때, 여성이라는 이유로 기회 박탈이나 제한을 경험할 뿐 아니라 직업을 가질 경우에도 가사노동이라는 이중 부담을 겪는다.

이처럼 가족을 비롯해 노동시장, 교육환경, 정치 영역 등 많은 영역에서 남성 우위/여성 억압의 구조가 자리잡고 있는 자본주의 사회가 '가부장제 자본주의' 사회이다. '가부장제 자본주의' 사회에서 발생하는 여성의 사회적 불평등을 극복하기 위해서는 먼저 가부장제 이데올로기를 통찰하고 비판하는 데서 출발해야 한다. 이를 통해서 가부장제에서 겪는 여러 가지 억압적 경험을 이해할 필요가 있으며, 여성의 억압이 생물학적 요인에서 나오는 것이 아니라는 사실을 인식해야 한다.

또한, 가부장제 이데올로기를 유지시켜 주는 주요한 토대로 작용하는 자본주의 생산양식에 대한 변화가 요구된다. 자본주의 생산양식은 생산의 사회화 경향에도 불구하고 노동력 재생산을 개별 가족에게 맡기고 여성에게 가사노동을 전담하게 하는 성별 분업구조를 유지시킬 뿐만 아니라 여성을 사회적 생산 영역으로 끌어들여 노동력을 착취함으로써 자본에게 막대한 이득을 준다.

따라서 이러한 불평등을 해결하기 위해서는 여성들의 사회적 생산 참여가 확대되어야 하며, 정당한 노동의 대가를 보상받을 수 있어야 한다. 그러나 취업 기회 보장이나 직장에서의 성차별 폐지만으로는 성불평등의 해결이 불가능하다. 즉, 재생산 노동이 여성의 일로만 규정되는 한, 고용에 대한 법적 · 제도적 평등은 형식적인 것에 지나지 않으며 여성의 실질적인 사회적 생산에의 참여는 이루어질 수 없기 때문이다. 때문에 여성의 사회적 생산에의 참여가 이루어지려면 재생산 노동을 개별 가족에게 남겨 두는 사회구조 자체가 변화되어야 한다.

2) 가족 이데올로기

구조기능주의에서는 가족을 합법적으로 승인된 성생활을 통해 자녀를 출산하고 양육하여 사회가 필요로 하는 성원을 충원하는 사회의 필수적인 기본단위로 본다. 또한, 가족은 주로 사랑과 합의를 바탕으로 하는 휴식처이며, 남성은 생계 부양자의 역할을 수행하고, 여성은 모성의 역할을 수행하는 것이 이상적이라고 본다.

그러나 가족은 일상적으로 반복되는 매일의 가사노동을 여성 자신이 수행해야만 하는 구체적인 장소로서, 아내 또는 어머니라는 역할은 휴식보다는 헌신과 희생을 요구한다. 때문에 남성의 노동은 해가 지면 끝나지만, 여성의 노동은 해가 져도 끝나지 않는다. 우리가 당연하게 받아들이는 전형적인 가족구조는 가계 부양자인 남편과 주부인 아내 그리고 자녀들이라는 가부장적인 체계를 이르는 것이고, 여성의 고유한 위치는 가사노동자로서 경제적 종속과 열등한 위치가 부과된다.

한편, 가족에 대한 대부분의 묘사는 남성의 눈으로 기술된 것이며, 여성의 경험과는 사실상 상반된다. 가족에 대한 묘사에서 여성이 수행하는 역할의 특성은 바로 모성이다. 모성애는 여성의 본질이고, 어머니는 강하며, 자식을 버린 어머니는 신랄한 비난을 받는다. 이 같은 모성애는 임신과 출산을 담당하는 여성의 생물학적 특성에서 나오는 것이라는 통념은 쉽사리 깨어지지 않는다. 모성애를 강조하는 것은 가족의 유지를 위해 여성 스스로 헌신과 노력을 하게 한다는 점에서 가부장제 이데올로기로 작용한다.

유사하게, '가족은 유일한 피난처요, 현실의 낙원'이라는 관념은 주부인 여성과는 무관하다고 하겠다. 왜냐하면 여성은 거의 하루 종일 대량의 가사노동을 집 안에서 하기 때문이다. 그럼에도 이러한 가족에 대한 묘사가 보편타당한 것처럼 생각되는 것은 가족과 여성을 동일시하는 가부장적 질서에 우리가 매우 익숙하기 때문이다.

역사적으로 볼 때, 가족 이데올로기란 자본주의 사회에서 부르주아 가족에게만 가능한 가족의 형태가 마치 모든 가족에 보편적인 것처럼 왜곡하는 이념체계를 뜻한다. 자본주의화와 함께 시작된 계급 분화는 개인이 아닌 가족 단위로 진행되었고, '가족'에 대한 여성들의 경험은 계급에 따라 달랐다. 19세기 후반에 이르러 일반화된 가정과 일터의 분리는 중간 계급 여성들로 하여금 주부의 역할을 받아들이게 했다. 가정은 경쟁과 이윤 논리로 작동하는 바깥세상과 단절되어 맛있는 음식과 따뜻한 잠자리, 깨끗한 의복과 아이들의 웃음이 평화롭게 어우러진 사랑의 안식처이며, 이 가정을 책임지는 사람은 바로 가정주부이다. 이때 가정주부는 남성이 벌어다 주는 소득으로 가정을 아름답게 가꾸는 현모양처가 되는 것이 가장 바람직한 모습으로 묘사된다.

반면, 노동자 계급은 중간 계급과는 달랐다. 초기 자본주의 단계에서 노동자 계급은 남성뿐만 아니라 여성과 아동들도 모두 공장에서 노동하지 않으면 생존할 수가 없었다. 때문에 남성 노동자는 물론이고 아동과 여성까지도 일터로 나가서 엄청나게 긴 시간 동안 노동을 했고, 아동과 여성들의 건강은 위협받았다. 그 결과, 자본가의 입장에서는 노동력 재생산이 어려워지고 남성 노동자의 입장에서는 여성 노동자와 아동으로 인한 임금 저하가 문제시되었다.

여성과 아동을 집으로 돌려보내기 위해 부르주아 가족 이데올로기가 노동자 계급에도 확산되었다. 남성 노동자들에게는 아내와 자녀를 부양하기에 충분한 임금이 지불되어야 한다는 가족임금의 개념이 주장되었고, 여성들은 노동시장에서 배제되어 가정 내에서 아동을 양육하고 남성에게 경제적으로 의존하게 되었다. 결국 남성 부양자 / 여성 의존자라는 이데올로기는 노동자 계급에도 적용된 것이다.

이렇게 형성된 가족 이데올로기는 가족의 개념을 심각하게 왜곡하며 성별 분업을 고착시킨다. 예컨대, 가족 이데올로기는 '세상 모든 것은 사라져도 가족은 남는다'는 통념 아래 아이를 낳는 여성이 생물학적 기능상 반드시 모성 역할을 해야 하고, 아동은 부모에게 의존하여 가족 내에서 양육되어야 한다는 관념을 개인과 사회에 심어 준다. 또한 가족 이데올로기는 가족이란 사회적 · 정치적 영역과는 분리된 애정공동체이며 사적 영역에 해당되기 때문에 외부로부터 침범당해서는 안 된다는 왜곡된 가족관을 조장한다. 특히, 한국은 전통적인 가(家) 중심주의와 핵가족 이데올로기를 동시에 수용하여 가족의 문제는 가족이 해결한다는 전제하에 '선 가족부양 후 사회보장'을 가족정책의 중심 이념으로 삼아 왔다. 이러한 중심이념은 여성의 절반 이상이 사회생활을 하는 현재에도 꾸준히 이어지고 있으며, 이로 인해 여성은 일과 가정의 양립이라는 과중한 부담을 안게 된다.

아래 상자글의 "82년생 김지영"은 이러한 여성의 현실을 잘 표현하였다는 점에서 많은 공감을 이끌어낸 반면, 한편으로는 여성의 복합적인 문제를 단순한 통념으로 일반화함으로써 남성과 여성의 대립구도를 증폭하였다는 비판을 받기도 하였다. 그러나 어린 시절부터 성인될 때까지 차별적 삶의 내면적 모습을 생생하게 묘사했다는 점에서 많은 주목을 받았다.

이와 같이 남성이 여성을 지배하는 가부장제하에서 발생하는 가족 이데올로기는 우리 사회에서 여러 가지 부정적인 영향을 미치면서 여성을 더욱 억압하는 결과를 가져오고 있다. 특히, 21세기인 지금, 정보사회와 세계화를 논하면서 온 사회가 변화의 물결로 가득한데도 가족 이데올로기를 통한 여성 억압은 쉽게 변하지 않는다. 여기서는 여성복지와 관련하여 가족 이데올로기가 가져오는 부정적인 영향을 살펴보자.

상자글 1-1　소설 "82년생 김지영"에 대한 긍정과 부정

조남주 작가의 소설 '82년생 김지영'은 주인공이 무당처럼 다른 여성의 말을 중얼거리는 이상한 증세를 보인 뒤 의사(남자)의 상담을 받으며 그간의 삶을 돌아보는 내용이다. 김지영이 어렸을 적부터 성인이 될 때까지 받았던 차별적인 삶의 모습을 연도별로 구체적인 통계 등으로 생생하게 묘사해 많은 여성의 공감을 이끌어냈다. 발간 후 1년 2개월 동안 50만 부가 팔렸다.

전 교수는 8일 서울신문과의 통화에서 "시대상을 반영한 각종 통계 자료로 논리 정연하게 여성이 처한 현실을 묘사하고 여성 혐오를 둘러싼 논란이 일면서 젊은 여성 독자들의 공감과 지지를 이끌어 냈다"고 소설의 인기를 분석했다. 남성 의사는 상담을 통해 김지영의 삶을 이해하는 듯한 시선을 보내지만, 김지영과의 상담을 마치고 여 간호사를 뽑을 때 '육아 문제가 없는 미혼 간호사를 뽑겠다'고 생각하며 소설을 맺는다. 결국 여성의 적은 남성이라는 것을 다시금 확인하고, 바뀐 점이 없음을 꼬집는 셈이다.

전 교수는 이와 관련, "여성에 대한 억압 · 차별 · 소외 등 복합적인 문제를 극히 단순한 통념으로 일반화하고, 사람들이 생각하는 기존의 '대립' 방식을 안이하게 답습했다"며 "성차별에 대한 고루한 통념을 더 확고하게 할 뿐이며 ...(중략) 남성과 여성의 대립 구도를 또다시 확인하고, 이를 증폭시키는 일들은 오히려 선량한 여성들마저 피해자로 만들 수 있다"고 꼬집었다.

출처: 서울신문 2018. 1. 8. 김기중 기자(gjkim@seoul.co.kr)

(1) 남성은 부양자 / 여성은 의존자

초기 자본주의 사회에서 노동자가 받는 임금 수준은 가족생계를 유지할 수 없을 정도로 열악했고, 국가가 여성과 가족을 대상으로 사회정책인 개입을 하지 않으면 안 되었다.

많은 페미니스트들은 국가가 가족제도를 통해 개입하는 방식이 특정한 가족 형태를 지지하고 강화하는 방식으로 이루어졌다고 본다. 이 특정한 가족 형태는 애정과 합의를 기초로 하며, 가족 전체가 생활할 수 있는 임금을 남성이 벌어들이고 여성은 남성의 임금소득에 의존하여 가족 내에서 가사노동과 아동양육 및 서비스를 전담한다. 즉, 전 생애 동안 노동시장에 참가하여 지불노동을 하는 남성은 전 생애 동안 노동시장에 접근하지 않는 여성을 부양한다. 또한, 남성이 노동시장에서 벌어들인 소득과 자원이 성(gender)과 세대(generation) 간에 평등하게 재분배되고 있기 때문에 여성이 영속적인 혼인관계를 통하여 일평생 남성에게 생계를 의존할지라도 그것이 갈등을 일으키거나 가족 간의 불평등한 자원 배분을 유발할 어떠한 이유도 없다. 이러한 가족관은 남성과 여성의 성역할에 대한 생물학적 결정론과 가부장적 질서하의 성차별적 현실을 합리화, 정당화할 뿐만 아니라 가정폭력 등 가족 내의

성별, 세대별 갈등을 은폐한다는 비판을 받는다.[14)]

또한 남성 부양자/여성 의존자 모델을 통해 '남성의 임금이 가족 내에서 평화롭게 재분배된다'는 주장은 그 타당성에 대한 논란을 떠나서 남성과 여성 모두를 억압한다. 자본주의 사회에서는 평범한 사람들이라면 남성 임금만으로 넉넉하지 않음에도 불구하고, 이 논리는 남성에게 아내와 아동을 부양하라는 사회적 압력을 가함으로써 그렇게 하지 못하는 남성은 무능력한 인간으로 치부된다. 여성은 남편의 임금이 있기 때문에 노동시장으로 나갈 필요가 없다고 인식됨으로써, 설령 임금노동을 한다 해도 남성의 의존자이기 때문에 정당한 대가를 받을 수 없게 된다.

한편, 남성 부양자/여성 의존자 모델에서 여성이 남성의 소득을 통해 생계를 부양받기 위해서는 혼인관계가 지속적으로 유지되어야 한다. 왜냐하면 노동시장에 참가하지 않는 여성이 경제적 자원에 접근할 수 있는 방법은 남편 또는 가족관계를 통해 이루어지는 경우가 대부분이기 때문이다. 만약 이혼, 별거, 사별 등의 생애사적 사건을 겪으면서 남성 배우자가 사라지거나 가족관계가 해체될 때 여성의 경제적 안정은 극도로 위협받는다. 따라서 경제적으로 남성에게 의존하는 여성이 빈곤의 상황으로 떨어지지 않기 위해서는 남성 배우자와 지속적으로 혼인관계를 유지해야 하고, 그렇게 하는 여성이 정상적이라는 사회 통념이 자리 잡고 있다.

사회복지 영역에도 남성 부양자/여성 의존자 이데올로기는 그대로 반영된다. 대표적인 예로 국민연금을 살펴보면, 국민연금은 노동시장에서 꾸준하게 소득활동을 하여 일정한 월 수입이 있는 남성을 대상으로 하고 가정에서 가사노동을 하는 여성의 경우 임금 노동자로 인정되지 않아 원칙적으로는 대상이 되지 않는다. 단지 여성이 가입을 원할 경우 임의적으로 연금에 가입할 자격이 주어지는데, 이는 결국 남성의 소득에 의존하게 되는 상황으로 연결된다. 결국 전적으로 가사노동에 종사하는 주부의 경우 남편의 연금에 의존하게 되는 것이다.

또한 국민연금제도는 혼인관계에 의해서 핵가족을 이루는 전형적인 가족 형태를 전제함으로써 많은 여성노인들이 배우자 없이 홀로 살아간다는 사실을 무시한다. 사실상 인간이 관계하는 가족과 혼인의 형태는 너무나 다양하다. 가족이 없을 수도 있고, 있다 하더라도 일생 짧은 순간을 핵가족의 형태로 지내며, 전 생애 동안 혼인, 이혼, 사별, 독신 등의 여러

---

14) 이효재 편저, 『가족 연구의 관점과 쟁점』, 서울: 까치, 1988, pp. 26-29.

형태를 경험할 수도 있다. 따라서 여성의 생계를 혼인관계에 의해 남성에게 의존하도록 하고, 그 혼인관계는 남성과의 사별이 아닌 한 견고하므로 여성은 남성에 의해서 노후소득을 보장받을 수 있다고 보는 관점은, 혼인관계가 깨어졌을 때(이혼, 별거, 사별) 여성을 바로 빈곤의 위험에 빠뜨릴 수 있다는 사실을 간과하는 것이다.[15)]

(2) 선 가족책임 후 국가보장

일반적으로 전통사회에서는 확대가족이 그리고 산업화 이후에는 핵가족이 지배적인 것처럼 알고 있지만, 가족사 연구는 이것이 사실이 아니며, 전통사회나 산업사회나 모두 핵가족이 지배적이었음을 보여 준다.[16)] 그렇다면 현대사회에서 가족의 특징은 가족 규모보다는 오히려 가족 형태에 있다고 보아야 할 것이다. 특히, 산업화 이후 생산노동에서 배제되었던 여성들의 경제활동참여도가 꾸준히 높아지고 있으며 노인단독가구를 비롯해 1인 가족 형태도 늘어날 뿐만 아니라 가족 내에서 생산노동을 할 수 없는 구성원들도 증가하고 있다.

이 같은 현상은 결국 가족 형태가 다양해진다는 것인데, 실제로 현재 우리 사회의 가장 보편적인 가족 형태로 생각되는 2세대 가구 안에는 핵가족뿐만 아니라 부부와 자녀가 함께 살더라도 그 자녀가 이미 결혼한 직계가족이 상당 부분 포함된다.[17)] 또한 인구 및 주택센서스 보고에 따르면 독신가족, 무자녀가족, 노인단독가구, 여성가구주가족(모자가족), 소년소녀가장가구, 가족구성원들의 직장관계나 자녀의 교육상 국내 · 외에서 별거하고 있는 가족, 주말에만 만나는 가족, 재혼으로 이루어진 가족, 입양자녀로 구성된 가족 등이 증가 추세에 있다.

특히, 이혼이 증가하면서 여성가구주가족이 빈곤으로 고통받고, 여성가구주가족의 빈곤은 여성가구주에게 의존하는 아동, 노인, 장애인 등에 대한 보호를 취약하게 만들어 이들의 가족관계를 어렵게 한다. 독신가족 중 소년소녀가장이나 노인가구의 증가 역시 전통적인 가족에 대한 이해만으로는 이들의 욕구를 충족시키기가 어려우며 국가를 비롯한 사회적 원

15) 공정원, "한국 국민연금제도의 성불평등에 관한 여성론적 고찰", 경북대학교 석사학위논문, 2000, pp. 10-11.

16) 여성한국사회연구회 편, 『가족과 한국사회』, 서울: 경문사, 1996, p. 20.

17) 2011년 7월 통계청이 발표한 2010 인구주택총조사에 따르면 가구원 수 규모가 4인 가구에서 2인 가구로 한국의 표준 가족 형태가 바뀌었음을 알 수 있다. 가구 · 주택 부문을 보면 2009년 11월 기준으로 전체 1,733만 9,000가구 가운데 2인 가구 비율은 24.3%(420만 5,000가구)로 4인 가구 비율 22.5%(389만 8,000가구)를 추월했다. 2인 가구 비율은 1990년에는 13.8%에 그쳤지만, 1995년 16.9%, 2005년 22.2% 등으로 꾸준히 높아졌다. 1인 가구 비율도 2005년 20.0%에서 2009년 23.9%로 높아졌다(통계청, 2010 인구주택총조사, 2011).

조를 필요로 한다는 사실을 보여 준다.

가족 형태의 다양화는 가족에 대한 소득 보장, 고용 유지, 가족관계의 유지, 상담, 시설보호, 직업훈련 등 가족의 욕구에 맞는 사회복지적 개입을 필요로 한다. 그럼에도 불구하고 우리 사회는 여전히 '가족의 문제는 일차적으로 가족이 알아서 한다'는 원칙을 고수하고 있다. 이 원칙은 결국 앞서 살펴본 '가족은 영원하고 외부에서 침범할 수 없는 영역'이라는 가족 이데올로기로 볼 수 있다. 즉, 이 경우에 가족 이데올로기는 '가족부양책임주의'라는 의미로 사용된다. 우선 가족이 먼저 책임지고 그 다음에 국가가 개입하겠다는 것이다.

한국 사회는 서구의 산업자본주의 국가들처럼 산업화 과정을 겪고, 그에 따른 사회 문제들에 대한 해결을 위해 다방면으로 노력해 왔다. 그러나 서구의 국가들에서는 국가가 책임의식을 가지고 적극적으로 개입하여 해결하고자 한 것과 달리 한국은 개인과 가족 스스로의 책임과 역할을 강조하여 국가는 소극적인 입장에 서 있었다고 볼 수 있다. 이는 가족 책임주의 또는 가족 부양주의라는 가족 이데올로기의 소산으로 볼 수 있다.[18)]

또한 이러한 가족 이데올로기는 각종 사회문제의 배경에는 결국 문제 가족이 있었다는 식으로 사회문제의 원인과 결과를 분석한다. 즉, 가족이 아동양육과 노인 보호 및 애정 충족 등의 기능을 유기함으로써 이혼, 청소년 비행, 노인학대, 범죄 등 심각한 사회 문제를 유발한다는 것이다. 결국 모든 문제를 가족 내부의 문제로 인식함으로써 사회구조의 변화로 발생되는 문제를 간과하고, 가족을 정상 혹은 비정상 가족으로 이분화하여, 비정상 가족은 무책임하고 도덕적으로 타락한 것처럼 은근히 비난하는 것이다. 더 나아가 이혼, 청소년 비행, 노인학대 등에 대한 책임도 여성에게 떠넘긴다. 결국 가족 이데올로기로 인해 가족(특히, 여성)이 복지를 담당해야 한다는 인식이 당연하게 받아들여지고 결과적으로 성별 분업이 강화되며 국가는 가족의 복지에 대한 책임에서 벗어나게 된다.

이는 아직까지 사회가 아동양육의 1차적 책임을 가족에게, 특히 여성에게 지우고 있음을 의미한다. 이 같은 가족 이데올로기는 여성의 삶의 질을 향상시키기보다는 슈퍼우먼을 강요함으로써 여성의 삶을 오히려 고달프게 한다.

실제로, 인구 고령화, 노인단독세대 증가, 장애인 증가, 소년소녀가장 증가에 따른 생활지원을 위해 정부가 1992년부터 시행해 온 재가복지봉사사업에서 재가복지의 담당자라 할

18) 김상균, "한국 사회 · 문화적 정체성(identity)과 사회복지학", 『한국사회과학에서의 사회 · 문화적 정체성』, 중앙대학교 사회과학 심포지엄, 1994.

수 있는 가정봉사원이 유급보다는 무급자원봉사자가 훨씬 더 많다는 사실은 지역사회에서 복지를 제공하도록 하겠다는 것이 결국 국가책임을 회피하기 위한 전략으로 비춰진다.

또한, 소년소녀가장의 존재는 한국 사회복지 발전의 현주소를 나타내는 것뿐만 아니라 한국의 사회복지 발전을 막는 가족 이데올로기의 모습을 잘 보여 준다. 어떠한 환경이라도 가정에서 보호받는 것이 바람직하다는 태도와 시설복지는 곧 반가정적 혹은 비가정적이기 때문에 최후의 선택이 되어야 한다고 보는 것이다. 시설은 열악하고 불행한 환경이라는 인식은 시설보호의 질을 높이는 데 걸림돌이 되어 오고 있다. 또한 대중매체를 통해 동정심을 자극하여 민간의 원조를 활성화시키고자 하는 것은 국가의 책임 회피로 볼 수밖에 없다. 그뿐만 아니라 한창 교육을 받고, 또래들과 건전한 상호작용을 통해 성장해야 할 나이에 있는 소년소녀가장에게 생계를 책임지게 하는 것은 아동의 인권과 복지를 심하게 침해하는 아동학대와 다름없다고 할 수 있다.[19)]

이상으로 살펴본 가족 이데올로기는 결국 복지에 대한 국가의 책임회피일 뿐 아니라 가족 구성원 개개인의 복지를 떨어뜨리고 여성의 삶의 질을 제약하는 데 결정적인 요인으로 작용하고 있다.

진정한 가족복지라면 가족이 해체되고 가족 갈등이 증폭될 때까지 기다렸다가 국가가 개입하는 것이 아니라 아동, 노인, 장애인 등 의존적인 가족구성원의 보호로 인해 발생하는 부담을 국가와 사회가 덜어 줌으로써 가족보호의 질을 높이고 가족 갈등을 미리 방지해야 할 것이다.[20)]

따라서 사회복지의 기본적인 책임을 가족에게 지우고 특정한 유형의 가족을 정상적이라고 보며 그 외의 유형은 바람직하지 않은 것으로 인식할 것이 아니라 먼저 복지에 대한 국가의 책임을 전제하고 다양한 가족을 수용하는 방향으로 나아가야 한다. 물론 여기에는 여성들이 일방적인 희생에서 벗어날 수 있도록 하는 성평등의 개념이 반드시 들어 있어야 할 것이다.

19) 위의 책, p. 111.
20) 위의 책, p. 111.

3. 성불평등의 현황과 실태

1) 국내 지표로 본 성불평등

성불평등은 일상생활 속에서 다양한 형태로 시시각각 일어난다. 여기서는 국내에서 최근까지 발간된 통계나 연구결과 등을 통해 사회 여러 영역에서 나타나는 성불평등의 현황과 실태를 알아보도록 한다.

(1) 교육 영역의 성불평등

교육 영역에서 일어나는 성불평등을 학교 취학률, 여교사 비율, 취득학위 비율 등을 통해 살펴볼 수 있다. 〈표 1-1〉은 학교급별 취학률을 나타내고 있는데, 초등학교, 중학교, 고등학교까지는 남성과 여성의 취학률이 크게 차이가 나지 않지만, 고등교육의 경우 과거에는 여성이 남성에 비해 낮은 진학률을 보였으나 2014년을 기점으로 여성의 진학률이 높아지며, 점점 더 그 격차가 커짐을 알 수 있다. 2014년 여성이 0.1% 앞지르기 시작하여 2021년 5%까지 차이가 난다. 이런 현상은 학벌주의 사회에서 교육기회는 여성들의 사회적 지위향상에 대한 욕구의 반영으로 볼 수 있다.

〈표 1-1〉 학교급별 취학률 (단위: %)

구분	초등학교		중학교		고등학교		고등교육기관	
	여	남	여	남	여	남	여	남
2012	98.4	98.5	96.0	95.3	92.3	92.1	66.7	68.3
2013	97.3	97.4	95.8	95.6	92.5	92.5	66.7	67.3
2014	96.7	96.8	96.5	96.3	93.3	93.0	66.2	66.1
2015	99.0	99.1	95.2	95.5	92.8	92.2	66.5	65.4
2016	98.6	98.4	94.1	94.5	93.3	92.9	67.1	64.5
2017	97.3	97.4	93.9	94.5	93.8	93.6	67.7	64.4
2018	97.5	97.4	97.6	98.2	92.1	92.6	68.1	63.8
2019	98.7	98.6	96.4	97.0	91.2	91.5	68.6	63.7
2020	98.5	98.4	95.5	95.8	91.0	91.7	71.3	66.1
2021	98.4	98.4	97.8	97.9	98.5	96.5	72.3	67.3

주: 1) 취학률 = 취학 적령 학생 수/취학 적령인구×100
2) 적령인구 – 초등학교 6~11세, 중학교 12~14세, 고등학교 15~17세, 대학교 18~21세
3) 고등학교에는 일반계와 전문계 고등학교가 포함됨
4) 고등교육기관에는 전문대학, 대학교, 교육대학, 산업대학이 포함됨
자료: 교육부 한국교육개발원, 「교육통계연보」
출처: 한국여성정책연구원, 성인지통계DB..

다음으로 교육 주체 중의 하나인 교사의 여성 비율을 보면 초·중·고등학교에서 여교사의 비율은 계속적으로 증가하고 있으며 남교사에 비해 절대적인 비율을 차지하고 있다. 그러나 교장과 교감이 여성인 경우의 비율을 보면 다소 증가하고 있긴 하지만 절대 점유 수에서는 여성교원 수에 대비하여 여전히 낮은 비율을 나타내고 있음을 알 수 있다.

〈표 1-2〉 초등·중등·고등학교 여성 직위별 교원 수 합계, 여교장과 여교감 비율 (단위: %)

구분	초등학교			중학교			고등학교		
	여성 교원 합계	여성 비율		여성 교원 합계	여성 비율		여성 교원 합계	여성 비율	
		교장	교감		교장	교감		교장	교감
1990	50.0	2.5	4.4	46.2	6.3	5.6	22.7	4.0	1.5
1995	55.2	3.9	6.6	48.9	7.6	6.1	23.5	3.7	1.8
2000	66.0	7.0	8.9	56.8	8.7	8.9	29.3	4.5	2.7
2005	71.0	8.7	14.6	62.3	9.9	17.7	38.1	6.5	4.7
2010	75.1	14.3	26.9	65.7	17.6	25.6	44.3	6.4	7.6
2013	76.6	18.6	45.1	67.5	20.0	26.6	48.1	8.7	9.7
2015	76.9	28.7	54.3	68.6	23.2	30.1	50.1	9.5	11.3
2020	77.1	50.9	57.1	70.5	27.8	39.9	54.8	12.2	19.6

주: 평교사는 교사, 특수교사, 전문상담교사, 사서교사, 실기교사, 보건교사, 영양교사, 기간제교사의 합계이며, 보직교사에는 수석교사 수가 포함됨

자료: 교육부 한국교육개발원, 「교육통계연보」

출처: 한국여성정책연구원, 『2020 한국의 성인지 통계』, pp. 196-197.

마지막으로 고등교육의 결과로서 취득하게 되는 학위의 비율을 살펴보면, 아래 [그림 1-1]에서 보는 바와 같이 여성의 학사, 석사, 박사학위의 취득률이 완만하게 증가되어 왔다는 것을 알 수 있다. 그러나 박사학위의 경우 여성이 2015년 36.1%, 2020년 38.4%를 차지하는데, 여전히 남성에 비해 낮은 비율이며, 낮은 학위에 비해 상승률이 완만하다는 점에서 남성에 비해 여성의 최고등교육에서는 불평등한 기회 현상을 유추할 수 있다.

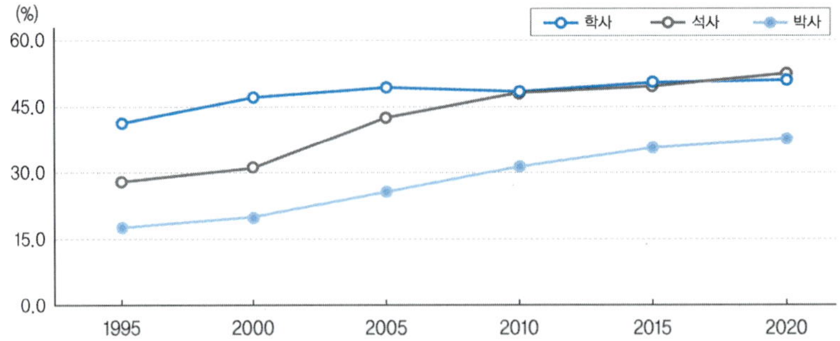

주: 학사학위 취득자 수는 교육대학, 대학교, 방송통신대학, 산업대학 졸업생 수임
자료: 통계청, 「장래인구추계」; 교육부 한국교육개발원, 「교육통계연보」
출처: 한국여성정책연구원, 성인지통계DB

[그림 1-1] 전체 학위 취득자 수 대비 여성 학위 취득 비율

(2) 경제 영역의 성불평등

우리나라 여성들의 경제활동 참가율은 꾸준히 증가해 왔다. 〈표 1-3〉에서 볼 수 있듯이 1980년 42.8%에서 2020년 현재 52.8%에 달하고 있다. 여성의 경제활동 참가율이 꾸준히 증가하는 추세이긴 하지만 선진국에 비해서는 아직도 낮은 편이며 결혼과 동시에 퇴직을 했다가 아동양육 후 다시 참가하는 M자형을 보이고 있다.[21]

〈표 1-3〉 성별 경제활동 참가율 (단위: 천 명, %)

구분	여성		남성		남녀 차이	
	경제활동인구	참가율	경제활동인구	참가율	경제활동인구	참가율
1980	5,412	42.8	9,019	76.4	3,607	33.6
1985	5,975	41.9	9,617	72.3	3,642	30.4
1990	7,509	47.0	11,030	74.0	3,521	27.0
1995	8,410	48.4	12,435	76.4	4,025	28.0
2000	9,101	48.8	13,034	74.4	3,933	25.6
2005	9,860	50.1	13,883	74.6	4,023	24.5
2010	10,256	49.4	14,492	73.0	4,236	23.6
2015	11,370	51.8	15,543	73.8	4,173	22.0
2020	12,007	52.8	16,005	72.6	3,998	19.8

주: 2000년 이후 실업자의 구직기간이 4주 기준으로 변경되었음.
자료: 통계청, 「경제활동인구연보」, 각 연도
출처: 한국여성정책연구원, 『2020 한국의 성인지 통계』, p. 215.

21) 여성의 생애주기에 따른 경제활동 참가율에 대해서는 제4장 여성과 노동 부분에서 더 자세히 살펴본다.

노동시장에서의 여성 지위는 남성들보다 매우 낮다. 우선 노동시장에 진입하는 자체부터 어렵고, 동일한 학력임에도 여성이라는 이유로 더 낮은 임금을 받으며, 승진에서도 누락되는 경우가 많다. 또한 여성들이 종사하는 직종과 남성들이 주로 종사하는 직종이 분리되어 있고, 여성들이 종사하는 직종의 임금이 더 낮다. 요컨대, 여성고용의 특징은 저연령, 저임금, 미숙련, 단순반복직, 하위직에 있으며, 일용노동자, 시간제, 임시직, 계약직 노동자 등 불안정한 고용 상태에 많이 종사하고 있는 것도 특징이다.

〈표 1-4〉 교육 정도별 월평균 임금 및 임금격차 (단위: 천 원, %)

구분		전 학력	중졸 이하	고졸	전문대졸	대졸 이상
2000	여성	1,167	881	1,091	1,190	1,753
	남성	1,855	1,495	1,637	1,707	2,457
	임금격차	62.9	58.9	66.6	69.7	71.3
2007	여성	1,839	1,334	1,627	1,718	2,434
	남성	2,919	2,252	2,422	2,548	3,724
	임금격차	63.0	59.2	67.2	67.4	65.4
2010	여성	2,019	1,386	1,680	1,927	2,590
	남성	3,159	2,280	2,593	2,769	3,944
	임금격차	63.9	60.8	64.8	69.6	65.7
2015	여성	2,362	1,451	1,934	2,304	3,039
	남성	3,780	2,474	2,968	3,396	4,698
	임금격차	62.5	58.6	65.2	67.8	64.7
2019	여성	2,828	1,821	2,332	2,663	3,498
	남성	4,277	2,930	3,429	3,894	5,125
	임금격차	66.1	62.1	68.0	68.4	68.3

주: 1) 월평균 임금 = 월급여액 + (연간특별급여액×1/12)
2) 5인 이상 사업체를 대상
자료: 한국여성정책연구원, 『2020 한국의 성인지 통계』, p. 271.
출처: 고용노동부, 「고용형태별 근로실태조사」

〈표 1-4〉에서 보듯이, 여성은 남성과 동등한 학력일 경우에도 남성보다 임금을 더 적게 받는다. 예를 들어, 2019년에 같은 대졸 이상의 학력일 경우 여성의 임금은 남성 임금의 68.3% 정도이다. 고학력일지라도 이러한 임금에서 차이가 발생하는 것은 여성의 저임금이 능력의 차이보다는 성(gender)에 따른 차별이라는 사실을 보여 주는 것이다.

[그림 1-2]는 여성과 남성의 비정규직 비율을 나타내고 있다. 비정규직 비율은 2020년 기

PART 1 여성과 사회

준 남성은 29.4%, 여성은 45.0% 정도로, 여성 노동자의 거의 절반이 비정규직에 종사하고 있다는 점, 그리고 남녀 격차가 2010년 14.8%에서 15.6%로 벌어졌다는 점에에서 노동시장에서의 성불평등이 심화됨을 알 수 있다.

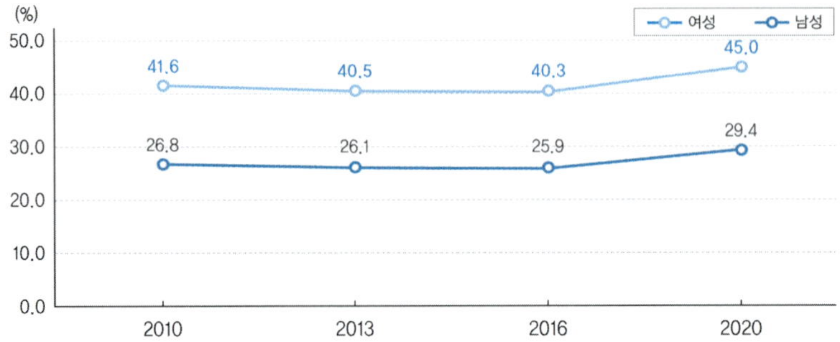

출처: 통계청, 여성가족부, '2020 통계로 보는 여성의 삶'

[그림 1-2] 여성 비정규직 비중 추이

이처럼 여성이 겪는 고용불안과 저임금 및 낮은 고용지위는 임금과 근속연수에 따라 결정되는 국민연금급여의 크기에도 직접적인 영향을 미친다. 국민연금급여는 보험료가 많고 가입기간이 길수록 커지기 때문에 남성보다 노동기간의 지속성이 짧은 반면 잦은 경력 단절을 겪으면서 저임금을 받는 여성은 노후소득 보장제도인 국민연금제도에서도 남성보다 훨씬 더 적은 연금을 받게 된다. 더욱이 국민연금제도는 임신, 출산, 육아 등을 전담하는 여성에게 정당한 보상이 없으므로 여성의 빈곤은 더욱 심화된다.

(3) 법과 정치 영역의 성불평등

헌법은 제11조 제1항에서 양성평등의 원칙을 천명하고 있고, 계속적으로 하위법들의 성인지적 개정이 시행되어 왔지만 하위법에서는 아직도 그러한 헌법의 원리가 제대로 구현되지 못하고 있다. 대표적인 성불평등 법안 중에 하나인 가족법은 2007년에 폐지되었지만 이후 관련 법조항이나 용어의 개정 작업이 아직도 느리게 진행 중이다.[22]

정치 영역에서 여성의 지위는 세계의 여러 국가들과 비교해 보았을 때 상당히 열악한 수준에 머물고 있다고 볼 수 있다. 눈부신 경제발전의 결과로서 현재의 세계적인 경제 수준을

22) 한국여성정책연구원, 『호주제 폐지 이후 관련 법령 정비 연구』, 2009.

이룩한 지금 비슷한 경제 수준을 가진 국가들과 비교해 본다면 이러한 여성의 정치참여는 상대적으로 매우 낮은 수준에 머물고 있다. 〈표 1-5〉에서 볼 수 있듯이 여성의 정치활동은 국회나 지방의회에서 미약하게 이루어지고 있다.

〈표 1-5〉 국회 및 지방의회 여성비율

(단위: 명, %)

구분	국회의원			지방의회		
	계	여성	비율	계	여성	비율
1992	299	3	1.0	–	–	–
1995	–	–	–	5,415	83	1.5
1996	299	9	3.0	–	–	–
1998	–	–	–	4,105	90	2.2
2000	273	16	5.9	–	–	–
2002	–	–	–	4,094	91	2.2
2004	299	39	13.0	–	–	–
2006	–	–	–	3,168	142	4.5
2008	299	41	13.7	–	–	–
2010	–	–	–	3,649	739	20.3
2012	300	47	15.7	–	–	–
2014	–	–	–	3,687	845	22.9
2016	300	51	17.0	–	–	–
2018	–	–	–	3,750	1,060	28.3
2020	300	57	19.0	–	–	–

출처: 중앙선거관리위원회, 선거관리 DB ; 한국여성정책연구원, 성인지통계 DB.

〈표 1-5〉에서 알 수 있듯이 1992년 3명에 비해 2016년 57명의 국회의원의 수는 거의 19배로 획기적인 증가라고 볼 수 있다. 지방의회의 의원 수는 1995년 83명에서 2018년 1,060명으로 12배 이상 증가했다. 그러나 전체 수에서의 비율을 보면 국회의원 여성 의원은 2020년 19%, 지방의회 여성 의원은 2018년 28.3%로 아직도 낮은 분포를 나타내고 있어 여성의 정치계 활동이 아주 낮은 수준이라고 볼 수 있다. [그림 1-3]은 5급 이상 여성 공무원의 비율이 증가추세에 있기는 하나, 관리직에서 여성의 비율이 낮아 정책의 결정이나 실행에서 큰 영향력을 미치기 힘들다는 것을 알 수 있다.

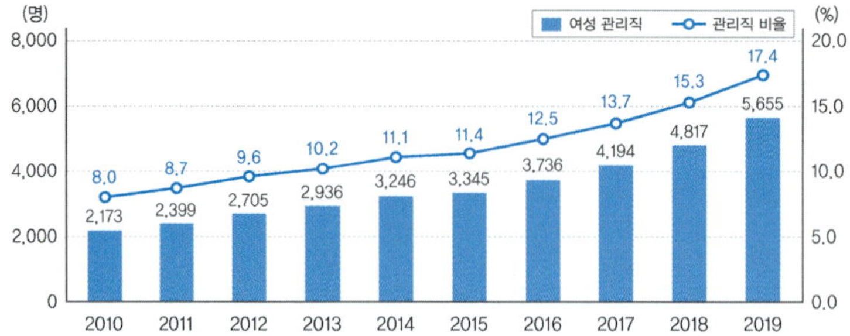

중앙정부는 4급, 지방자치단체는 5급 기준으로, 중앙정부와 지방자치단체 수를 합한 수치임.
자료: 인사혁신처, 「행정부국가공무원인사통계」; 행정안전부, 「지방자치단체공무원통계」
출처: 한국여성정책연구원, 『2020 한국의 성인지 통계』, p. 389.

[그림 1-3] 5급 이상 여성 관리직 추이

이러한 고위 공무원과 마찬가지로 정책의 형성과 결정에 영향을 미칠 수 있는 지위를 획득할 수 있는 통로로서 각종 고등고시가 있다. 여성 합격자의 비율을 살펴보면, 2015년 기준으로 최고점을 찍은 이후 점차 감소 추세에 있으나 여성의 합격률이 상당한 수준으로 증가되어 왔음을 알 수 있다. 외무고시의 경우 여성의 합격률이 상대적으로 높고 2020년 기준 행정고시 40.5%, 외무고시 52.9%로 여성들의 고시에 대한 약진을 보여 주고 있다.

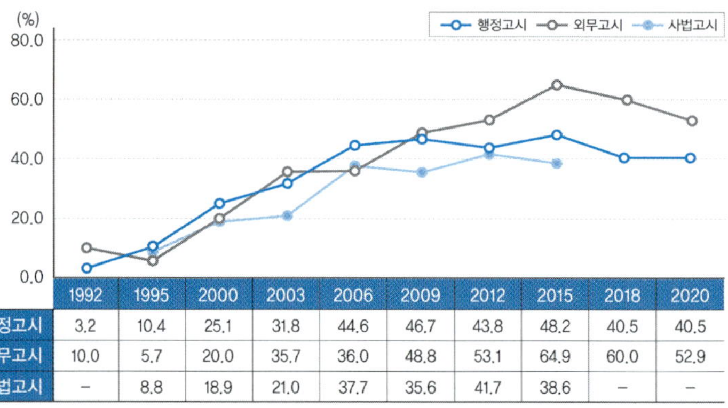

	1992	1995	2000	2003	2006	2009	2012	2015	2018	2020
행정고시	3.2	10.4	25.1	31.8	44.6	46.7	43.8	48.2	40.5	40.5
외무고시	10.0	5.7	20.0	35.7	36.0	48.8	53.1	64.9	60.0	52.9
사법고시	–	8.8	18.9	21.0	37.7	35.6	41.7	38.6	–	–

주: 행정고시 합격자 중 기술직은 제외, 2013년부터 외교관 후보자 통계
출처: 한국여성정책연구원,『2020 한국의 성인지 통계』, p. 391.

[그림 1-4] 국가고시 여성 합격 비율

다만, 여전히 행정고시와 사법고시에서 법과 정치 영역에서 나타나는 성불평등 현상은 여전히 관찰되며, 이러한 현상은 여성으로 하여금 정책 결정자가 아닌 정책 수혜자에만 머물게 하는 수동적 인간으로 만들며, 성불평등 사회를 타파하기 위해서는 법과 정책의 개혁이 반드시 필요한데, 이 부분에 여성이 진출하지 못함으로써 개혁의 가능성을 크게 제약한다.

2) 국제 지표로 보는 성불평등

UN, 세계경제포럼, 소셜 워치(Social Watch) 등의 국제기구에서는 매년 각국의 성평등의 변화 정도를 알 수 있도록 각종 지표를 조사하여 발표하고 있다. 한국이 국제적으로 얼마나 성불평등한 국가인지 여러 국제 지표들을 통해 살펴보면 다음과 같다.

(1) 한국의 성개발지수(GDI)

2019년 한국의 성개발지수(GDI: Gender Development Index) 수준을 보면 전체 5그룹 중 3그룹에 속하며, 189개 국가 중 111위이다. 2020년 「인간개발보고서」[23]에서 2014년 기준 각 국가의 GDI점수는 발표하되, 순위를 매기지 않고, 대신 5그룹으로 나누어 각 국가들이 어느 그룹에 속하는지를 발표하고 있다. 1그룹은 GDI 점수가 0.975 이상인 국가이다. 다시 말해, 남성과의 격차가 2.5% 이하인 국가를 1그룹으로 상정하였다. 2그룹은 격차가 5% 이하(0.950~0.975 미만), 3그룹은 7.5% 이하(0.925~0.950), 4그룹은 10% 이하(0.900~0.925 미만), 5그룹은 10%를 초과(0.900 미만)한 국가로 범주화하였다. 국가별 순위 대신 수준을 범주화한 이유는 이 GDI지표의 개발 의도가 국가별 비교보다는 남녀 개발지수의 절대 격차에 대해서 강조하고, 이를 감소하는 것에 더 중점을 두고 있기 때문으로 판단된다.[24] 한국의 경우엔 추정소득이 여성과 남성 사이에 차이가 거의 2배에 이르며, 이 격차는 2014년에 비해 2019년에 더욱 증가하고 있다.

〈표 1-6〉 한국의 GDI 수준

연도	순위/대상	GDI	인간개발지수(HDI)		출생 시 기대여명(년)		평균 교육연수(연)		기대 교육연수(연)		추정 소득(2011 PPP$)	
			여성	남성	여성	남성	여성	남성	여성	남성	여성	남성
2014	3그룹(104/161)	0.932	0.861	0.926	85.0	78.5	11.2	12.7	16.0	17.7	21,896	46,018
2019	3그룹(111/189)	0.936	0.881	0.941	86.0	79.9	15.9	17.0	11.4	12.9	27,734	58,309

출처: 여성가족부, 『2015 한국의 성평등보고서』, p. 96.;『2020 한국의 성평등보고서』, p. 69

23) UNDP(2015), *Human Development Report*.
24) 여성가족부, 『2015 한국의 성평등보고서』, pp. 95-96.

PART 1 여성과 사회

(2) 성격차지수(GGI)

성격차지수(GGI: Gender Gap Index)는 2006년부터 세계경제포럼(WEF: World Economic Forum)에서 발표하는 지수로서 남녀의 수준이 아니라 격차를 통해 성평등을 측정한다. 〈표 1-7〉에서 볼 수 있듯이 한국의 변화 추이를 보면 2010년 134개 국가 중 104위, 2013년 136개국 중 111위, 2015년 145개 국가 중 115위로 대상 국가들 중에 최하위에 속한다. 성격차점수는 2010년 0.634점에서 2015년 0.651로 약간 상승하고 있다. 성격차지수에는 경제참여와 기회, 교육적 성취, 건강과 생존, 정치적 권한 등이 있다.

〈표 1-7〉 한국의 성격차지수(GGI)의 수준 추이 (단위: 점수, 순위)

연도	순위	점수	경제참여와 기회	교육적 성취	건강과 생존	정치적 권한
2019	108/153	0.672	0.555(127위)	0.973(101위)	0.980(1위)	0.179(79위)
2017	115/144	0.650	0.533(121위)	0.960(105위)	0.973(84위)	0.134(90위)
2015	115/145	0.651	0.557(125위)	0.965(102위)	0.973(79위)	0.107(101위)
2012	108/135	0.636	0.509(116위)	0.959(99위)	0.973(78위)	0.102(86위)
2010	104/134	0.634	0.520(111위)	0.947(100위)	0.973(79위)	0.097(86위)
2015년 대비 점수 변화	0.038		0.035	0.026	0.007	0.082

출처: 여성가족부, 『2020년 한국의 성평등보고서』, p. 92.

〈표 1-8〉 OECD 회원국의 성격차지수(GGI) 현황(2015년)

국가명	순위	점수	경제참여와 기회	교육적 성취	건강과 생존	정치적 권한
			점수	점수	점수	점수
대한민국	108	0.672	0.555	0.973	0.980	0.179
아이슬란드	1	0.877	0.839	0.999	0.968	0.701
노르웨이	2	0.842	0.789	1.000	0.972	0.598
핀란드	3	0.832	0.788	1.000	0.977	0.563
스웨덴	4	0.820	0.790	0.996	0.969	0.525
뉴질랜드	6	0.799	0.753	1.000	0.970	0.474
아일랜드	7	0.798	0.732	0.998	0.970	0.493
스페인	8	0.795	0.681	0.998	0.972	0.527
독일	10	0.787	0.723	0.972	0.973	0.477
라트비아	11	0.785	0.810	1.000	0.975	0.355
덴마크	14	0.782	0.735	1.000	0.971	0.421
프랑스	15	0.781	0.691	1.000	0.974	0.459
스위스	18	0.779	0.746	0.992	0..970	0.407
캐나다	19	0.772	0.751	1.000	0.971	0.365
영국	21	0.767	0.704	0.999	0.970	0.396

출처: 여성가족부, 『2015년 한국의 성평등보고서』, p. 88-89.

〈표 1-8〉은 2015년 성격차지수 순위이다. 한국은 건강보험제도 등의 영향으로 건강과 생존 영역에서 0.980로 다른 나라와의 격차가 상대적으로 덜하지만, 그 외 경제참여와 기회, 교육적 성취, 정치권한 부여 영역에서는 그 격차가 현저하다는 것을 잘 알 수 있다. 종합적 순위를 살펴보면 전체 153개 국가들 중에서 108위를 차지하고 있어 성불평등 영역에서는 완전한 후진국이라는 것을 알 수 있다. 세계적으로 봤을 때 복지국가로 잘 알려져 있는 핀란드, 노르웨이, 스웨덴 등의 유럽 국가들이 높은 순위를 차지하고 있는 것을 볼 수 있다.

(3) 남녀권한척도(GEM)

한국은 UN의 남녀권한척도(GEM: Gender Empowerment Measure)에 의하면 2009년 현재 여성의 의회 점유율, 행정 관리직 여성 비율, 전문 기술직 여성 비율, 소득 격차를 동시에 고려할 경우 전체 109개 국가 중에서 61위에 위치하고 있어 세계적으로 보았을 때 여성의 권한이 상대적으로 열악한 수준에 머물러 있다고 볼 수 있다. 다만, GEM척도 후술하겠으나, GEM 척도는 소수의 엘리트 여성에 초점을 맞추고 있기 때문에 우리나라에서는 2010년부터 점차 성불평등지수(Gender Inequality Index)에 보다 주목하기 시작하였다.

〈표 1-9〉 국가별 남녀권한척도(GEM) (단위: 순위, %)

국가	GEM 순위	의회여성 점유율	행정관리직 여성비율	전문기술직 여성비율	소득격차
한국	61	14	9	40	0.52
스웨덴	1	47	32	51	0.67
노르웨이	2	36	31	51	0.77
핀란드	3	42	29	55	0.73
덴마크	4	38	28	52	0.74
네덜란드	5	39	28	50	0.67
벨기에	6	36	32	49	0.64
호주	7	30	37	57	0.70
아이슬란드	8	33	30	56	0.62
독일	9	31	38	50	0.59
뉴질랜드	10	34	40	54	0.69

자료: UNDP, *Human Development Report* 2009.
출처: 한국여성정책연구원, 『2012 한국의 성인지 통계』, 2013, p. 483.

〈표 1-10〉 한국의 남녀권한척도(GEM) 순위

(단위: %)

구분	국가수	GEM 순위	여성 의회점유율	여성 행정 관리직	여성 전문 기술직	소득격차
2003	70	63	5.9	5.0	34.0	0.46
2004	78	68	5.9	5.0	34.0	0.46
2005	80	59	13.0	6.0	39.0	0.48
2006	75	53	13.4	7.0	38.0	0.46
2007	93	64	13.4	8.0	39.0	0.40
2008	108	68	13.7	8.0	40.0	0.52
2009	109	61	14.0	9.0	40.0	0.52

자료: UNDP, *Human Development Report* 2009.

출처: 한국여성정책연구원, 『2012 한국의 성인지 통계』, 2013, p. 484.

(4) 성불평등지수(GII)

성불평등지수(GII)는 유엔개발계획(UNDP)의 「인간개발보고서(Human Development Report)」를 통해 2010년부터 매년 발표하는 지수인데, 생식건강, 여성권한, 노동참여 영역에서 여성에게 얼마나 불리한지를 측정한다.

GII의 특징을 보면 남녀비교변수가 아닌 여성만의 생식건강 분야가 포함 되어있다. GII가 발표되기 이전 UNDP에서 발표해오던 여성권한척도(Gender Empowerment Measure)가 경제 분야와 정치 분야에서 대표성과 관련된 지표, 즉 행정관리직 여성 비율, 국회의원 여성 비율, 전문기술직 여성 비율 등의 지표를 포함시켰던 점에 비해 소수의 엘리트여성이 아니라 좀 더 일반적인 여성들에게 적용되는 지수라 할 수 있다. 즉, 대부분의 여성에게 해당되는 모성사망률과 청소년 출산율이라는 보다 인간 개발에 필요한 기본적인 지표로 교체하였다.[25)]

아시아 국가 중에서는 한국(11위, 0.064)으로 성평등지수가 아시아 1위이며, 일본(24위, 0.094)과 더불어 비교적 상위권에 위치해 있다. 일본의 경우 국민소득 수준에 비해 낮은 편이다. 우리나라의 경우 다른 나라에 비해 청소년 출산율이 특히 낮다. 그러나 경제활동참가율은 크게 변화하지 않고 여전히 52%대에 머무르고 있다. OECD 회원 36개국 중 우리나라 GII는 11번째로 10위인 슬로베니아와 12위인 룩셈부르크의 사이에 위치한다. OECD 국가 중 50위권에 들지 못하는 국가는 헝가리(51위), 칠레(55위), 터키(68위), 멕시코(74위)이다.[26)]

25) 여성가족부, 『2015년 한국의 성평등보고서』, 2016, p. 102.
26) 여성가족부, 『2020년 한국의 성평등보고서』, 2021, p. 81.

〈표 1-11〉 한국의 성불평등지수 수준 추이

연도	점수	생식건강		여성권한			노동참여	
		모성 사망비	청소년 출산율	국회 여성의원 비율(%)	중등교육 이상 받은 인구(%)		경제활동 참가율(%)	
					여성	남성	여성	남성
2015	0.067	11	1.6	16.3	88.8	94.6	50.0	94.6
2017	0.063	11	1.6	17.0	89.8	95.6	52.2	95.6
2018	0.058	11	1.4	17.0	89.8	95.6	52.8	95.6
2019	0.064	11	1.4	16.7	80.4	95.5	52.9	95.5

주: 각 연도는 통계기준 연도임
모성사망비율의 경우 2015년 이후의 수치는 2015년도 결과를 활용함.
출처: 여성가족부, 『2020년 한국의 성평등보고서』, 2020, p. 83.

〈표 1-12〉 OECD 회원국의 GII 현황(2020년)

국가명	순위	점수	생식건강		여성권한			노동참여	
			모성 사망비	청소년 출산율	국회 여성의원 비율(%)	중등교육 이상 받은 인구(%)		경제활동 참가율(%)	
						여성	남성	여성	남성
대한민국	11	0.064	11	1.4	16.7	80.4	95.5	52.9	73.1
스위스	1	0.025	5	2.8	38.6	95.6	96.8	62.9	73.8
덴마크	2	0.038	4	4.1	39.1	91.2	90.9	58.2	66.3
스웨덴	3	0.039	4	5.1	47.3	89.3	89.5	61.4	67.8
네덜란드	4	0.043	5	3.8	33.8	87.6	90.3	58.3	69.1
벨기에	4	0.043	5	4.7	43.3	84.7	88.4	48.6	58.7
노르웨이	6	0.045	2	5.1	40.8	95.4	94.9	60.4	67.2
핀란드	7	0.047	3	5.8	47.0	100.0	100.0	55.5	62.8
프랑스	8	0.049	8	4.7	36.9	81.7	86.8	50.8	59.9
아이슬란드	9	0.058	4	6.3	38.1	100.0	100.0	70.8	79.2
슬로베니아	10	0.063	7	3.8	22.3	97.2	98.3	53.4	63.4
일본	24	0.094	5	3.8	14.5	95.3	92.3	52.7	71.3

출처: 여성가족부, 『2020년 한국의 성평등보고서』, 2020, p. 81.

(5) OECD의 성평등과 일 · 가정 양립 정책 분석

이 외에도 OECD는 2011년 6월 한국의 사회정책에 대한 보고서에서 OECD회원국과 한국의 상호 비교를 통해 거의 최하위의 수준에 있는 성평등과 일 · 가정 양립을 위한 정책을 강하게 비판하였다.

우선 여성 노동자의 주 노동시간과 여성의 아동양육에 대한 부담을 제시하면서 여성 노동자의 75% 이상이 주 40시간 이상 일하고 집에 돌아와 육아 역시 책임지고 있기 때문에 이에 대한 부담으로 출산율이 급격히 낮아지고 있어 이에 대한 시정이 필요하다고 권고하고 있다.

한국의 경우 OECD 전체 회원국 34개국 중에 7번째로 여성의 노동시간이 길다. 벨기에, 아일랜드, 네덜란드, 노르웨이, 덴마크 등 북유럽 복지국가들의 경우는 20% 미만이 주 40시간 노동을 하는 것으로 볼 때 한국 여성들의 일과 가정의 양립이 상당히 어려울 것으로 분석될 수 있다. 그럼에도 여성들을 위한 노동시간유연제라든지, 보육시설의 설치, 육아휴직제도가 매우 열악한 상황이라고 보고하고 있다.[27)]

아동이 있는 가족을 위한 수당, 복지서비스, 세금 지원의 경우 공공지출에서 2007년에 GDP의 3.1%로 OECD 회원국 평균인 3.3%에 근접하고 있지만, 사적으로 지출하는 금액이 OECD 회원국 평균의 두 배인 0.8%이며 여기에는 학원 등의 방과후 교육시설에 지출하는 금액이 제외되어 있어 가족 스스로의 부담이 상당히 높은 수준이라는 것을 지적하고 있다. 2007년 현재 가족을 위한 공공지출의 경우 한국은 OECD 회원국 중에서 최하위에 위치하고 있으며 교육에 대한 지원 역시 충분하지 않아 1차와 2차 교육에 가족 총 지출의 20%를 차지하며, 이는 OECD 회원국 평균인 9.7%보다 현저히 높은 수준이다([그림 1-5]). 결국 이는 국가가 여성이 가족생활과 일을 양립할 수 있도록 적극적으로 지원하지 않는 것을 의미하고 이는 결국 여성의 삶의 질이 악화되고, 불가피하게 일이나 가족을 이루고 아이를 낳는 것 중에 하나를 선택할 수밖에 없는 구조를 만들고 있다고 지적하고 있다.[28)]

27) OECD, A framework for growth and social cohesion in Korea, 2011, p. 24.
28) OECD, A framework for growth and social cohesion in Korea, 2011, p. 24.

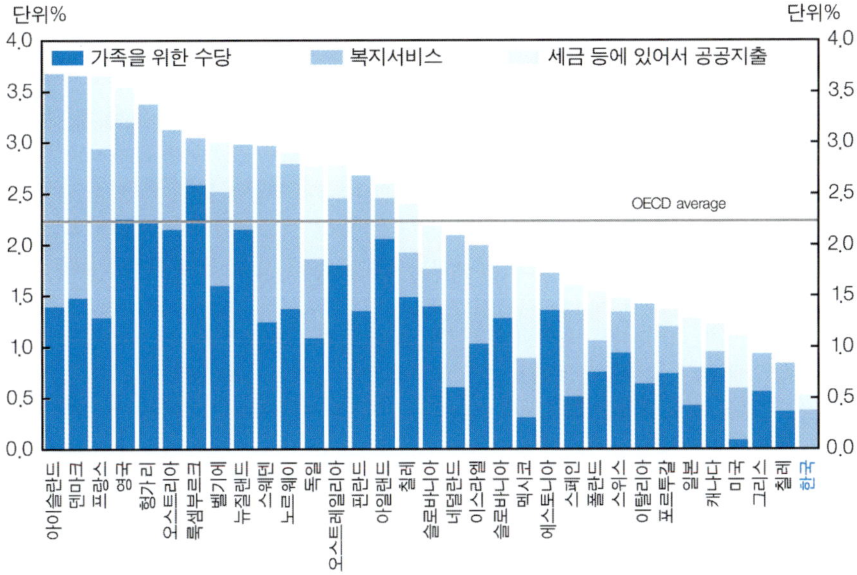

1. Public support included here only concerns support that is exclusively for familles (e.g. child payments, paid leave and childcare support, etc.). Spending recorded in other social policy areas such as health and housing support also venefits, but not exclusively, and is not included here. Data on tax breaks for families is not available for Greece, Italy, Estonia, Slovenia Finland, Luxembourg, Hungary, Denmark and Iceland.

Source : OECD Social Expenditure Databaxe(SOCX), www.oecd.org/els/social/expenditure

출처: OECD. A framework for growth and social cohesion in Korea, 2011. p. 28.

[그림 1-5] 가족을 위한 수당, 복지서비스, 세금 등에 있어서 공공지출

위에서 국내지표로 살펴본 일상생활의 각 영역, 즉 교육, 경제, 법과 정치 영역에서의 심각한 성불평등 현상들과 국제지표로 살펴본 한국의 성평등 위치는 한국이 얼마나 뿌리 깊은 남성 중심적인 사회이며, 그 속에서 여성이 얼마나 차별받고 있는지를 잘 보여 주고 있다.

상자글 1-2 한국 남녀 임금격차 31.5%... 30년간 OECD 국가들 중 1위

한국은 OECD 국가 가운데 남녀 임금 격차가 가장 심한 나라다. 한국에서 이 격차가 계산되기 시작한 1992년 이래 현재까지 30년간 줄곧 1위다. ...(중략)

남녀 임금 격차가 31.5%라는 것이 직급과 직책이 같은 남녀에게 똑같은 일을 시키면서 남자에게 돈을 31.5% 더 주고 있다는 뜻은 아니다. 여기에는 전체 남성 근로자와 여성 근로자의 나이, 학력, 직업 등의 분포가 서로 달라서 나타나는 '차이'와, 여성이 남성과 똑같은 일을 하는데도 남성만큼의 대가를 주지 않아 나타나는 '차별'의 결과가 뒤섞여 있다.

김난주 한국여성정책연구원 부연구위원이 통계청의 '경제활동인구조사 근로형태별 부가조사'를 분석한 결과, 지난해 남성의 시간당 임금은 여성보다 평균 5273원 높았다. 이 중 1765원은 남녀의 직장 근속 연수, 종사하는 산업의 종류, 학력, 다니는 회사의 규모 및 노조 유무 등의 차이로 인해 생긴 격차였다. 이 중 가장 큰 격차(955원)는 '남녀의 직장 근속 연수 차이'에서 비롯된다... (중략) 그 다음 많은 격차(501원)를 만드는 건 '종사하는 산업의 차이'다. 여성은 이과보다 문과를 택하는 경우가 많은데, 그 결과 임금이 높은 이공계열 산업에 남성보다 덜 진출했다.

...(중략) 여성이 초과 · 당직 · 교대 근무 등을 남성보다 덜 하기 때문에 생기는 임금 격차도 있다. 지난 3월 서울시 산하 공공기관들이 내놓은 '기관별 성별 임금 격차 설명 자료'에 따르면, 서울교통공사의 경우 야간 · 휴일 교대근무를 하는 직무의 남성 직원 비율이 75%였다. 서울시설공단과 서울산업진흥원은 야간 · 당직 근무를 남성 직원이 주로 했다. 이 경우 동일한 직급 · 직책에서 근무해도 남성이 초과 근무 수당을 받아 임금이 높아진다. 미국도 비슷하다. 하버드대 경제학과 연구팀이 매사추세츠만교통공사 직원들을 연구한 결과, 여성의 평균 임금은 남성보다 11% 적었는데, 이는 남성들이 초과 근무를 주당 1.5시간 더 하고 무급 대체 휴무는 주당 1.3시간 덜 썼기 때문이었다. ...(중략)

임금 격차 중 여성에게 같은 일을 시키고도 남성보다 임금을 적게 주는 '차별'이 어느 정도인지는 알기 어렵다. 예를 들어, 대학에 가기 어려웠던 과거 세대 여성들은 남성보다 학력이 낮아 임금을 적게 받는 경우가 많다.

하지만 이 세대 학력 '차이'는 여성에 대한 교육 기회 '차별'로 생겨난 것이다. 여성의 경력 단절로 인한 근속 연수 '차이'도, 육아 부담이 남녀에 동등한 것이었다면 생겨나지 않았을 것이다. 김난주 부연구위원은 "가사 · 육아로 인한 임금 격차는 여성에게 비혼 · 비출산을 '합리적 선택'이 되게 한다"며 "남녀 임금 격차를 줄이지 않으면 비혼 · 비출산 경향이 더욱 심해질 것"이라고 했다.

출처: 조선일보, 2022. 5. 16, 젠더리포트2022 특별취재팀.

이 장의 요약

1. 남성과 여성은 똑같이 인류의 절반을 이루고 있지만 해부학적으로 차이가 있다는 이유로 여성은 불이익을 받는다. 그러나 여성과 남성의 능력 차이는 생물학적으로 타고나는 것이 아니라 사회가 여성을 억압하고 열등하게 평가하는 사회구조에 의해 만들어졌다.
2. 여성의 불평등은 가부장제와 자본주의 구조에서 비롯된다. 가부장제는 성을 바탕으로 이루어진 위계구조로서 남성을 중심으로 이루어진 사회관계에 의해서 여성이 억압당하는 체계를 말한다. 이러한 가부장제는 자본주의가 발달하면서 전 사회적으로 확대되어 여성의 노동력을 지배하고 통제한다.
3. 가부장제와 자본주의 구조는 사회복지 영역에도 영향을 미친다. 우리나라 사회복지는 선 가족책임 후 국가보장으로 요약할 수 있는데, 이는 남성 부양자 / 여성 의존자 모델을 통해 여성을 억압하고 국가가 가족에 개입하지 못하도록 하는 가족 이데올로기를 바탕으로 한다.
4. 여성의 불평등은 관습과 문화적 측면 외에도 교육, 경제, 정치 등 다양한 영역에서 발생한다. 성비불균형, 호주제, 진학률, 임금 수준, 국회의원 수 등 여러 가지 지표를 통해 사회 곳곳에서 성불평등이 발생한다는 사실을 알 수 있다. 일상생활에서 나타나는 성불평등은 여성이 동등한 기회를 누리지 못하게 할 뿐 아니라 빈곤에서 벗어나지 못하게 하며, 정치적 세력화로 나아가는 데 걸림돌이 된다.

주요 용어

- **생물학적 성(sex)**: 한 인간이 태어날 때부터 가지는 해부학적 · 신체적 조건을 말한다.
- **사회적 성(gender)**: 남성과 여성의 심리적 · 사회적 · 문화적 특성을 말하며, 생물학적 성을 근거로 하여 사회적 · 문화적 · 심리적으로 학습된 행동과 이에 준하는 기대와 관련된다.
- **성불평등**: 사회에서 인간의 자유로운 활동이 '성적 이유'로 인해 제한받거나 기회를 박탈당하는 현상을 말한다.
- **가족 이데올로기**: 남성 부양자 / 여성 의존자 모델을 바탕으로 하여 가족을 사회와 단절시킨 채 사랑과 희생의 공동체로만 보는 관념을 말한다.
- **국제성평등지수: UN, Social Watch, WEF** 등의 국제기구에서 매년 세계 여러 국가들의 성평등 정도를 분석하여 발표하는데 다음과 같은 국제성평등지수들이 있으며 그 지수들은 각각 조금씩 다른 지표들에 의해 구성된다.

〈국제성평등지수〉

지수명	발표처	지표
성개발지수 (GDI)	유엔개발계획 (UNDP)	기대수명 성비, 성인 문해율 성비, 취학률 성비, 추정소득 격차 성비
여성권한척도 (GEM)	유엔개발계획 (UNDP)	의회 여성점유율, 행정관리직 여성 비율, 전문기술직 여성 비율, 소득 비율 성차

지수명	발표처	지표
성별격차지수 (GGI)	세계경제포럼 (WEF)	경제참여와 기회(경제활동참여율, 연간 추정소득, 유사 노동에 대한 임금의 성별 형평성, 법관 · 고위행정직, 관리직 여성, 전문기술직 여성 비율), 교육취득 정도(문해율, 초등학교 취학률 성비, 중등교육 취학률 성비, 고등교육 취학률 성비), 보건과 생존(평균기대수명 성비, 출생 성비), 정치세력화(지난 50년간 대통령 · 총리직 여성의 근무 연한, 관리자급 여성행정직 비율, 여성 국회의원 비율)
성불평등지수 (GII)	유엔개발계획 (UNDP)	2010년부터 매년 발표하는 지수로 생식건강, 여성권한, 노동참여 영역에서 젠더에 기초하여 얼마나 불리한지를 측정

출처: UNDP, WEF(2009a; 2009b); 여성가족부, 『2010 성별영향 평가제도의 성과평가 및 발전방안』, 2010, p. 49.

더 읽을거리

1. 강이수 외, 『일 · 가족 · 젠더: 한국의 산업화와 일-가족 딜레마』, 파주: 한울아카데미, 2009.
2. 루이스 A. 틸리 · 조앤 W. 스콧, 박기남 · 장경선 역, 『여성, 노동, 가족』, 서울: 후마니타스, 2008.
3. 여성가족부, 『여성으로 살기, 도전하기, 사랑하기: 위민넷 전문가상담실 상담사례집』, 2006.
4. 우어줄라 쇼이, 전옥례 역, 『여자로 살기, 여성으로 말하기』, 서울: 현실문화연구, 2003.
5. 한국여성정책연구원, 『일가족양립정책의 국제비교연구』, 연구보고서, 2009.
6. 박재용, 『불평등한 선진국』, 서울:북루덴스, 2022.
7. OECD, *A framework for growth and social cohesion in Korea*, 2011.

Chapter 02

여성 연구의 관점

여성 문제의 사회적 맥락을 정확하게 파악하고 여성이 겪는 불평등을 분석하기 위해 다양한 페미니즘 이론들이 요구된다. 페미니즘 이론들이 다양하기 때문에 여성 불평등이라는 동일한 현상일지라도 이론적 관점에 따라 다르게 분석되고, 성불평등에 대한 다른 해결책을 제시한다. 그러나 페미니즘은 사회 변동 속에 나타나는 새로운 현상과 이면에 감춰진 의미를 분석할 수 있어야 한다. 또한, 여성 연구의 시각은 사회과학의 주류를 이루고 있는 남성들의 시각이나 일부 교육받은 여성들의 경험만이 아니라 모든 여성들의 삶을 충분히 아우르면서 정립되어야 할 것이다. 이 장에서는 페미니즘의 다양한 학파들이 여성 불평등의 원인과 문제해결의 시도를 살펴본다.

페미니즘은 여성 억압과 불평등의 원인을 분석하고 여성해방을 위한 전략을 제시하는 다양한 관점들을 일컫는 개념이다. 역사적으로 보면 이러한 페미니즘은 1792년 영국의 메리 울스톤크래프트(Mary Wollstoncraft, 1759~1797)의 『여성의 권리 옹호(*A Vindication of the Rights of Woman*)』라는 소책자가 발간되면서 '여성 문제'가 본격적인 사회문제로 인식되기 시작하였다고 볼 수 있다.[1] 이후 페미니즘은 여성불평등과 여성 억압을 해석하고 해결하기 위한 전략을 제시하며 다양하게 발전되어 왔는데, 자유주의 페미니즘, 마르크스 페미니즘, 탈근대주의

● 이 장은 『현대사회와 여성복지론』, 김영화 외(2006)의 공정원의 글을 초안으로 집필되었다.

1) 이진옥, "영국 페미니즘의 형성과 메리 울스톤크래프트", 『서양사론』, 제66호, 2000, p. 134.

페미니즘에 이어 최근에 이르러 복지주의 페미니즘, 에코 페미니즘 등으로 확대되었다. 초기의 페미니즘을 '자유주의' 페미니즘, '마르크스주의' 페미니즘, '사회주의' 페미니즘 등으로 분류할 때 단지 그 페미니즘의 기원 때문에 '아버지' 사상가들의 한 분파로 생각해서는 안 된다.[2] 실제로 페미니즘은 다양한 사상으로부터 기원되었고, 다양하게 그 영향을 받아 발전해 온 것은 사실이지만 페미니즘 앞에 붙는 이러한 칭호들은 각 페미니즘의 접근방식과 특징을 표시하는 것이라고 보아야 할 것이다. 페미니즘은 여성불평등과 여성해방을 설명하는 이론이고 실천이며 더 나아가 다양한 스펙트럼이 존재하는 시각이다. 여기서는 로즈마리 통을 중심으로 페미니즘 이론을 살펴보고자 한다.[3]

1. 자유주의 페미니즘

자유주의 페미니즘은 18세기 자유주의 정치사상에서 나왔다. 따라서 자유주의 페미니즘 역시 인간의 이성이나 합리성 등을 인간 고유의 특성으로 보고, 정의로운 사회는 개인들의 자유가 최대한 발휘될 때 가능하다는 자유주의 사상에 동의한다. 그러나 자유주의 페미니스트들은 18세기 계몽사상의 흐름이 소수 남성들만을 중심으로 진행되는 데 반대하고 여성의 교육 기회 균등을 주장하며, 자신들의 입장을 남성들의 입장과 차별화하기 시작했다.

먼저, 18세기 자유주의 페미니즘부터 살펴보자. 18세기 자유주의 페미니즘의 대표적 선구자로는 메리 울스톤크래프트를 들 수 있다. 메리 울스톤크래프트는 루소(Rousseau)가 쓴 『에밀(*Emile*)』을 분석하면서 루소와는 다른 입장을 제시했다. 에밀을 통해 루소는 '이성적' 남성과 '감성적' 여성이 서로를 위한 가장 훌륭한 보완체임을 강조하고, 에밀을 이성적 남성으로, 소피(Sophie)를 감성적 여성으로 양육하는 것이 가장 바람직하다고 주장했다. 그러나 메리 울스톤크래프트는 에밀을 위한 루소의 양육방식에는 동의했지만, 소피를 위한 양육방식에는 동의하지 않았다. 소피는 에밀과 똑같이 이성적이고도 도덕적인 능력을 함양할 기회를 얻어야 하고 이를 통해 자율적이고 주체적인 시민이 될 수 있다고 보았다. 즉, 에밀(남성)과 똑같은 교육 기회가 소피(여성)에게 주어진다면 소피도 에밀처럼 이성적 인간이 될 수 있는 능력

2) 예컨대, 자유주의 페미니즘은 밀(J. S. Mill) 사상의 변종이고 마르크스주의 페미니즘은 마르크스(Karl Marks)와 엥겔스(Friedrich Engels)의 수정, 보완물이라고 생각해서는 안 된다.

3) 로즈마리 통, 『페미니즘 사상』, 2000.

을 보유하고 있다는 것이다.[4)]

여성이 '남성의 장난감'이길 거부했고 오히려 합리적 행위자로 행동하길 원했던 메리 울스톤크래프트는 전통적으로 우위에 있는 남성적 가치에 이의를 제기하지 않았고 여성들도 이를 획득해야 한다고 보았다. 18세기 자유주의 페미니즘에서, 전통적으로 여성들과 연관되는 것으로 보았던 속성(소피의 예에서는 감성)은 남성적 가치를 얻기 위해 버려야 하는 것으로 보였다.

다음으로 등장한 19세기 자유주의 페미니즘은 성평등을 위해 교육 기회뿐만 아니라 정치적 권리와 경제적 기회도 똑같이 보장되어야 한다는 점을 강조했다. 투표를 한다는 것은 독립적이고 주체적인 사회의 한 구성원으로서 스스로의 정치적 견해를 당당하게 표현할 권리와 자유를 획득하는 것으로 생각하였고 당시에 일정한 재산을 가진 남성에게만 주어졌던 선거권에 대해 비판하기 시작했다. 이러한 정치적 권리의 획득은 실제 기존에 만연되어 있던 여성의 불평등 현상과 억압을 해결할 수 있는 통로가 될 수 있기 때문에 더욱 강조되었다. 그리고 이러한 정치권 획득과 동시에 경제적 기회에 관한 관심이 증가하였다. 결혼한 여성이 가족에게 물질적으로 기여함으로써 생기는 자신감이나 자부심을 느끼지 못하면 남편과 진정으로 동등한 인간이 될 수 없으므로 집 밖에서 돈을 벌어야 된다고 생각했다. 결혼한 여성이 가족 부양에 물질적으로 기여함으로써 생겨나는 자신감이나 자부심을 느끼지 못한다면 남편과 진정으로 동등한 인간이 될 수 없기 때문에 아내들은 남편의 종이 아니라 대등한 동료가 되기 위해서 집 밖에서 돈을 벌어야 한다는 것이다.[5)]

19세기 자유주의 페미니스트들은 가족 내에서 어머니와 아내로 살아가야 하는 여성상을 깨뜨리고 정치적 · 경제적 영역의 공적 세계로 여성이 진입하여야 한다고 보았다.[6)] 당시 자유주의 페미니즘은 성 중립적 입장에서 남녀의 형식적이고 추상적인 자유와 평등을 주장함으로써 여성만을 특히 보호하는 노동입법이나 모성보호법 등을 반대하였다. 여성과 남성은 성과 상관없이 원래 동등한 존재인데, 현실 사회가 여성에게 똑같은 기회를 보장해 주지 않아 여성은 불평등한 사회적 지위를 갖게 되었다는 것이다. 따라서 여성이 똑같은 기회를 얻고 남성과 동등한 사회적 지위를 보장받기 위해서는 법 앞의 평등을 보장받아야 하고,

4) 위의 책, p. 23.
5) 위의 책, p. 30.
6) 반면, 해리엇 테일러(Harriet Taylor)는 결혼한 여성이 훌륭한 아내이자 어머니이면서 동시에 훌륭한 직장인이 되려면 상당한 도움이 필요하기 때문에 일하는 기혼 여성은 집 안의 하인들이 필요하다고 말함으로써 계급 편견을 보이기도 했다. 위의 책, p. 31.

동등한 교육을 받아야 하며, 직장에 다니고, 똑같이 정치적 권리를 행사해야 한다. 이렇게 남성과 똑같은 기회와 자유를 보장받으면, 여성 역시 합리적 행위자이기 때문에 성평등이 실현될 수 있다는 주장이다.

20세기에 들어오면서 자유주의 페미니즘은 여성과 남성을 기계적으로 똑같이 취급하려는 기존의 페미니즘에 문제가 있음을 인식하게 된다. 남성과 여성을 똑같게만 취급하는 제도, 법과 그들에 대한 역할 기대는 남녀 차이를 인식하지 않고 여성의 사회화 과정과 생애주기를 고려하지 않는 비인도적인 처사라 보았고, 남성과 여성이 양성적 인간이 되는 그날까지 사회가 성차이를 인정해야 한다고 주장했다.7) 이것은 성역할을 고정하는 것이 아니라 오히려 고정된 성역할에서 자유로워지는 방향으로 진행되어야 한다고 보았다. 따라서 20세기에 들어와 자유주의 페미니스트들은 주로 한시적인 특별고용과 적극적 조치(affirmative action)를 통한 실질적 평등 실현에 힘을 쏟았다.

이상에서 살펴본 자유주의 페미니즘은 여성을 남성과 동등한 이성적 존재로 파악하고, 남성이 실현한 정치적 참여, 교육의 기회, 입법체계 등을 여성에게도 확대하기 위해 투쟁했다. 이에 따라 여성의 공교육 기회 제공, 선거를 통한 정치적 참여, 법 앞의(형식적) 평등, 피임과 낙태의 허용을 실현하는 데 많은 기여를 했다. 자유주의 페미니스트들의 노력이 없었다면 아마도 여성들의 삶의 질을 향상시킨 많은 교육적 · 법적 개혁이 불가능했을 것이고, 전문적인 직업 여성상을 찾을 수도 없었을 것이다.8)

그러나 자유주의 페미니즘은 기회 평등이 곧 백인 중산층 여성의 기회 평등이고, 남성을 사적 세계로 불러들이지 못한 채 여성을 공적 세계로 진출시키는 데 머물렀으며, 여성의 특성을 평가절하했다는 비판을 받는다. 이를 좀 더 구체적으로 살펴보자.

먼저, 자유주의 페미니즘이 주장하는 평등한 기회 보장은 경쟁 사회에서 업적 달성의 기회(특권, 부, 권력)에 접근할 수 있는 기회의 평등을 의미한다. 그러나 이는 남성 중심으로 형성된 특권, 부, 권력 지배의 사회를 수용한다는 것을 전제로 한다는 문제점이 있다. 따라서 자유주의 페미니즘은 특권, 부, 권력을 가질 수 있는 공정한 기회의 획득을 의미한다는 점에서 '부르주아적' 성격을 지닌다.

---

7) 이 시기의 대표적 페미니스트인 베티 프리단(Betty Friedan)은 공적 영역에서 하는 일이 가정 내에만 있는 여성의 불완전함을 극복하는 데 도움이 된다고 보면서 결혼과 어머니 역할을 직업과 조화시키는 것에 관심을 두긴 했으나, 여성이 전통적인 역할 밖에서만 자신의 가치를 찾을 수 있다는 생각은 현실적으로 여성을 더욱 어렵게 한다(슈퍼우먼이 되어야 하므로)는 사실을 인식하게 되었다. 위의 책, p. 52.

8) 위의 책, p. 81.

또한 자유주의 페미니즘은 사적 세계보다는 공적 질서(대표적으로 법률)를 강조한다. 이는 곧 남성적 가치를 여성적 가치보다 중요시했다는 의미로 해석된다. 여성의 재생산과 사적인 가사노동 등은 공적 영역에서 이루어지는 생산노동보다 열등한 것처럼 인식함으로써 공적·사적 영역의 이분법적 구도를 깨지 못했다.

끝으로, 자유주의 페미니즘은 인간 본성을 이성에 대한 '정신적' 능력으로 파악한다. 여성과 남성의 평등을 주장하면서도 동시에 여성－신체, 남성－정신이라는 남성적 편견을 고수하여 이후에 나타나는 페미니즘으로부터 많은 비판을 받는다.

2. 급진주의 페미니즘

급진주의적 페미니즘은 1960년대 초 미국 전역을 휩쓸었던 급진적인 사회운동들, 즉 시민권 운동, 신좌파의 정치, 평화운동 등과 함께 여성들이 처한 상황들을 개선하고자 하는 흐름으로서 성/성별 체계가 여성 억압의 근본 원인이라고 본다.

다시 말해, 급진주의 페미니즘은 자유주의 페미니즘과는 달리 여성 억압을 개인적인 것이 아니라 남성지배체제, 즉 가부장제에 따른 것으로 본다. 또한, 남녀 간의 생물학적 차이에 주목하여 여성 문제가 여성의 생물학적 특성인 출산과 이로 인한 의존에서 일차적으로 파생된다고 본다. 특히, 여성과 남성의 성차이(sexual difference), 남성 중심적 성차별 구조, 여성의 성(female sex) 개념을 본격적으로 논의하기 시작했고, 여성과 남성의 권력관계, 가부장제, 부권제 등을 비판했으며, 가부장적 담론과 이데올로기, 남성 중심적 사회질서, 성적 차별구조 등의 폐기를 주장함으로써 자유주의 페미니즘이 보지 못한 여성 신체의 의미와 가부장제의 억압을 주요 논쟁으로 부각시키는 데 기여를 했다.

남녀차별주의가 가장 보편적이며 가장 뿌리 깊은 인간 억압 형태라는 사실에 급진주의 페미니즘이 다같이 동의하지만 이를 해결하는 방식에서는 급진주의적 페미니스트 사이에서 모든 의견이 일치하는 것은 아니다. 급진주의 페미니즘은 급진적－자유의지론적 페미니즘과, 급진적－문화적 페미니즘으로 나누어 설명할 수 있다.[9)]

먼저, 급진적－자유의지론의 경우, 여성 예속과 남성 지배의 성적·정치적 이데올로기를

9) 위의 책, p. 4.

별 역시 우연한 것이 아니라는 것이 마르크스주의 페미니즘의 주장이다. 자본은 노동력의 수급을 원활히 조정하고 임금 수준을 낮추기 위하여 노동자들 사이에 차이와 차별을 조장하는데, 이럴 때 가장 보편적으로 사용하는 것이 성(gender)이라는 범주이다. 결국 자본은 한편으로는 여성을 생산 영역으로 끌어들이면서 다른 한편으로는 가사 전담자로 규정함으로써 이중의 이득을 본다. 따라서 마르크스주의 페미니즘에서는 여성해방을 위해 사적 소유의 폐지와 여성의 생산노동 참여, 가사노동의 사회화를 주장한다.

또한, 마르크스주의 페미니즘은 국가의 기능이 재생산 조건의 유지에 미치는 영향력에 관심을 갖고, 국가가 주로 가족과 관련하여 여성에 대해 특수한 형태의 사회적 통제를 실시하는 방법에 관심을 갖는다. 국가는 자본주의의 재생산을 직접적으로 행하지 않고 특수한 형태의 가족, 즉 대개 남성의 임금과 여성의 가내봉사에 의존하는 가족을 지원함으로써 이 역할을 수행한다. 이 가족은 노동계급을 재생산하고, 여성이 저임금을 받고 가끔 실업을 당하기도 하는 산업예비군의 역할을 한다는 점에서 자본주의적 생산양식과 관계가 있다.

특히, 사회보장제도는 재생산과 관련된 여성 억압에 특정한 방식으로 작용한다. 한편으로는 기혼 여성을 남편에 대한 의존자로 규정하고, 다른 한편으로는 비정규직 등으로 여성이 직접적으로 사회보장제도의 혜택을 받는 것에 제한을 둠으로써 여성이 임금노동을 해야 할 때 저임금 노동력으로 사용되기 쉽게 만든다. 결국 여성은 임금을 받지 않고 남편에게 의존하는 사람이든지 낮은 보수를 받는 저임금 소득자든지 둘 중 하나이다.

마르크스주의 페미니스트들은 남성 노동자가 재정적 지원과 교환하여 여성으로부터 가사와 성적 · 감정적 서비스를 받는 상태가 곧 결혼이라 본다. 따라서 결혼은 실제로 사적인 일이었던 적이 없다. 예컨대, 교회, 국가가 공인하는 게 결혼이며 동거는 탄압의 대상이 되어왔다. 또한, 가족에 영향을 미치는 사회정책은 불평등한 결혼관계를 유지시킴과 동시에 남성에 대한 직업의 우선권을 침해하지 않게끔 되어 있다. 남성과 여성 사이의 경제적 불평등 관계를 가정함으로써 노동시장에 참여해야 하는 남성의 의무는 재강화되고 설사 아내가 고용된다 해도 그녀의 첫 번째 의무는 남편과 자식과 병자, 또는 나이 든 친척을 보살피는 것이 된다.

이처럼 마르크스주의 페미니즘은 자본주의 사회에서 이루어지는 여성의 노동력, 가족, 결혼 등을 통해 여성이 받는 억압의 근본 원인을 통찰하는 데 기여하였다. 그러나 여성의 지위와 기능을 설명하는 근본적 요소로 계급을 중요시하는 마르크스주의 페미니즘은 자본에 의한 여성 억압만을 강조함으로써 남성에 의한 여성의 억압을 간과했다는 한계를 갖는다. 때문에 마르크스주의 페미니즘은 여성의 출산 문제 및 성 문제(피임, 낙태, 강간, 여성 구타 등)와 관련된 문제들에는 별 관심을 보이지 않으며, 여성들의 노동과 관련된 제반 사항에만 초점을 맞추었다는 비판을 받는다.

또한, 마르크스주의 페미니즘은 가사노동의 사회화를 통해 가사노동으로부터 여성을 해방시키고자 했지만, 출산과 양육에서는 생물학적 성차이를 바탕으로 한 노동 분업을 당연하게 받아들였으며, 여성 노동자들이 생산노동에 점차로 참여하게 되었는데도 왜 노동시장과 생산관계가 여전히 남성 중심으로 형성되어 가는가와 생산노동에서도 특정 부분은 왜 남성이, 또 다른 특정 부분은 여성이 하게 되는가에 대한 답을 하지 못했다.

4. 사회주의 페미니즘

사회주의 페미니즘은 마르크스 페미니즘과 그 기원과 내용에서 궤를 같이 하고 있어 분명하게 구분하기가 쉽지 않은데, 사회주의 페미니즘은 성(gender)과 관련된 문제, 계급 억압에 비해 여성 억압의 문제를 소홀히 했던 마르크스주의 이론을 비판한다.[11)]

사회주의 페미니즘은 계급 억압에 초점을 맞추면서도 여성 억압의 핵심인 가족과 성 등을 이해하는 데 역점을 둠으로써 마르크스주의 페미니즘과 급진주의 페미니즘의 핵심적 통찰을 연결시킨다. 따라서 사회주의 페미니즘은 계급 억압이 여성 억압의 유일한 원인도 아니고 가장 큰 억압도 아니라고 주장하면서, 남성에 의한 여성 억압과 계급에 의한 억압을 상호 결합해서 보고자 한다. 즉, 가부장제와 자본주의가 동시에 여성 억압의 근원으로 작용한다고 본다.

사회주의 페미니스트들은 산업노동력으로서 여성의 노동에 관심을 두는 것과 마찬가지로 가정 내의 여성 노동에도 관심을 기울인다. 즉, 가정과 직장 간의 이분법을 배격하며, 계급사회의 착취제도를 지탱하는 데 가사노동이 어떻게 기능하는가를 이해하는 일이 매우 중요하다고 본다. 가족은 경제 외부에 존재하는 '자연발생적' 제도가 아니며, 더 광범위한 경제구조와 불가분의 관계를 갖는 것으로 이해되고, 육아나 요리 등 여성의 가사노동은 어떤 사회에

11) 위의 책, p. 179.

서나 필수불가결하기 때문에 통상적인 의미에서 생산적 노동이라고 주장한다. 또한 권위와 경쟁의 가치를 강조하고 가족구성원들 사이에 소유 의식을 조장하는 가족의 이데올로기적 기능을 비판하면서 핵가족은 소멸되어야 한다고 주장한다. 단순히 기계적으로만 대등한 성적 자유와 권리를 요구하기보다는 성의 정체성을 재정의하는 데 관심을 갖는다. 그러므로 여성과 남성에게 부여된 전통적인 성역할을 넘어서 양성적인 인간을 지향하며, 상품화되고 타락하고 소외된 성의 여러 형태들을 초월하고자 한다.

한편, 사회주의 페미니즘은 자본주의와 가부장제의 결합으로 인해 여성이 억압받는다고 보면서도 구체적으로 가부장제와 자본주의가 어떻게 결합되는가에 대해서는 입장이 다르다. 우선, 이중체제론의 경우에는 가부장제와 자본주의를 서로 다른 이해관계를 바탕으로 하는 별개의 사회관계로 본다. 반면, 자본주의와 가부장제가 별개로 이루어진 것이 아니라 통합된 구조라고 보는 통합체제론에서는 성별 분업이 가정에서뿐만 아니라 노동에서도 이루어지므로 가부장적 사회관계와 자본주의적 사회관계가 별도의 체제를 만드는 것이 아니라 자본주의 자체가 근본적으로 가부장적이라 본다.

사회주의 페미니즘은 가정 내에서 당연히 여성이 맡아야 한다고 생각되는 돌봄노동과 가사노동이 여성해방을 위해 남성과 사회가 분담해야 하며, 지불노동과 부불노동의 분리를 철폐하고 남성만이 가족의 생계를 부양할 수 있는 통념을 깨뜨려야 한다고 주장한다. 또한 자본주의 타도가 여성해방에 도움은 되겠지만 곧바로 성불평등의 종결은 아니며, 가부장제와 성별 분업의 철폐, 나아가 성불평등 자체의 타파를 지향하는 별개의 변화를 통해 수행될 것이라고 본다.

사회주의 페미니즘은 여성 억압의 기원을 가부장제와 자본주의의 결합에서 찾아냄으로써 성불평등을 총체적으로 설명할 수 있는 이론적 근거를 마련했다는 점에서 기여를 했다. 또한, 마르크스주의, 급진주의 페미니즘, 정신분석적 페미니즘 등을 사회주의 페미니즘이라는 한 가지 개념 틀 안에 포괄하려 노력함으로써 페미니즘 이론 구축에 커다란 영향을 미쳤다. 이와 같은 사회주의 페미니즘이 성불평등을 보는 방식을 요약하면 [그림 2-1]과 같다.

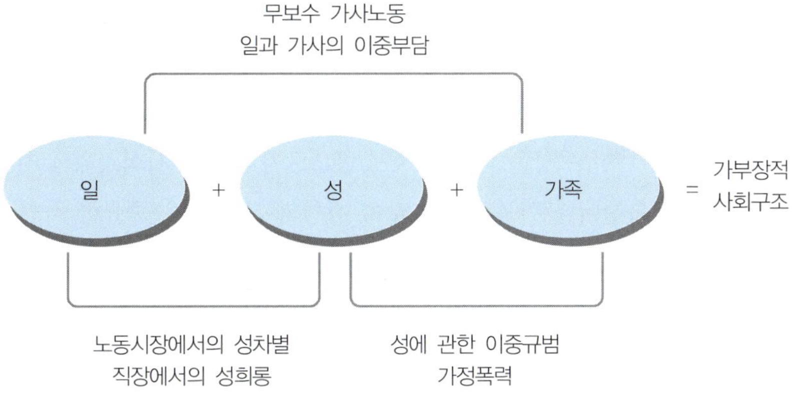

출처: 여성한국사회연구소 편, 『새로 쓰는 여성과 한국사회』, 사회문화연구소, 2000, p. 32.

[그림 2-1] 가부장적 사회에서 성차별

5. 복지주의 페미니즘

복지주의 페미니즘은 자본주의체제에서 모성의 기능인 사회적 재생산에 대한 물질적 보상이 이루어지지 않는 것 자체가 여성 억압임을 강조하면서 등장했다.[12] 따라서 복지주의 페미니즘은 공적 영역에서 기회를 획득하는 데 목적을 두는 것이 아니라 사적 영역 내에서 어머니와 아내로서 여성의 욕구충족에 목표를 둔다.[13]

많은 페미니스트들이 복지국가의 이중성을 비판해 왔다. 예컨대, 사회주의 페미니스트들은 복지국가가 자본주의의 기능적 가족 유형과 성적 관계를 지지하면서 남성들의 안락함, 권력, 특권을 유지하는 데 기여하는 정책을 실행했다고 본다. 급진주의 페미니스트들은 복지국가가 다양한 가족 형태를 인정하지 않은 채 핵가족 중심의 남성 지배를 보장하고 또한 그러한 성적 관계를 보존하며 강화한다고 비판한다.

그러나 복지주의 페미니즘은 기본적으로 복지국가를 여성들의 중요한 동반자로 보기 때문에 여성의 삶에서 국가는 규제자라기보다는 잠재적인 복지급여자이다. 예컨대, 복지

12) 조흥식 외, 『여성복지학』, 서울: 학지사, 2000, p. 56.
13) 피오나 윌리엄스 저, 이영철 외 역, 『사회복지정책』, 서울: 홍익재, 1997, p. 93.

서비스를 어느 국가보다도 많이 제공하는 스칸디나비아 복지국가는 '성친화적' 국가로 평가받는다.

복지주의 페미니스트들은 어머니인 여성의 욕구와 아동의 욕구를 국가의 개입을 통해 해결하고 사회적 재생산에 대한 보상을 국가가 하게 함으로써 여성의 사회경제적 지위를 향상시키고자 한다. 이들은 출산이나 아동양육과 같이 여성의 삶에 매우 중요한 사건과 단계에 국가가 개입함으로써 여성들의 삶의 질을 향상시킬 수 있기 때문에 국가의 사회복지서비스가 반드시 필요하다고 강조한다. 예컨대, 가족수당의 경우, 마르크스주의 및 사회주의 페미니스트들은 가족수당이 오히려 노동시장의 임금을 축소시킬 수 있다는 두려움 때문에 반대했지만, 복지주의 페미니스트들은 여성이 아동양육의 일차적 책임에서 벗어나도록 만드는 임금노동을 하지 않아도 살아갈 수 있게 만든다고 보아 가족수당에 찬성했다.

여성의 정체성을 일차적으로 아내와 어머니로 보는 복지주의 페미니즘은 자본주의체제의 큰 변혁이나 소멸을 기대하지 않는다. 오히려 현재 처해진 노동자계급 여성들의 욕구를 충족시키고 현 상태를 실질적으로 개선시키는 데 힘을 쏟는다. 예컨대, 가족수당의 옹호자인 윌리나 레스본(Wleanor Rathbone)은 여성이 '아동의 자연적인 보호자'라고 믿었고, 아동을 보살피는 여성의 역할은 전통적 역할의 일부이며 여성들이 결코 거부할 수 없다고 보았다. 또한, 마이어 프링글(Mia Kellmer Pringle)은 여성을 위한 길은 양육과 모성의 가치 및 역할을 재확인하는 것이라고 주장했다.[14] 이 같은 가치나 역할은 여성들만이 아이를 임신하고 출산한다는 사실에서 나오며, 국가의 복지서비스는 여성의 양육 능력을 더 높이는 데 기여할 수 있다.

복지주의 페미니즘이 모성으로서 여성의 역할에 주목하고 이를 국가의 정책적 개입을 통해 점진적으로 해결하려 하지만, 여성을 모성과 동일시함으로써 가족을 온전히 유지하고 결국은 남성에게 의존하도록 만드는 보수적인 이론이라는 한계가 있다.

헤일라 로우보담(Heila Rowbotham)은 복지주의 페미니즘이 생물학적 결정론을 극복하지 못한 채 모성과 결혼을 여성의 운명으로 간주했다고 비판했다.[15] 당장 눈앞에 닥친 모성의 욕구는 충족할 수 있을지 몰라도 여성 억압의 근본적인 원인을 규명하기에는 무리였으며 서구에서는 오히려 백인 가족주의를 부추기는 선전물로 작용했다는 비난도 받았다.

14) 위의 책, pp. 95-96.
15) 위의 책, p. 96.

또한, 복지국가에서 남성은 주로 사회보험에, 여성은 사회부조에 의존하는 현상은 결국 복지주의 페미니스트들의 주장과는 달리 국가가 여성의 동반자이거나 여성의 삶의 질을 향상시키기보다는 오히려 여성의 빈곤을 방치하고 기존의 불평등한 사회질서를 고착시키는 결과를 낳았음을 보여 준다고 할 수 있다.

6. 탈근대주의 페미니즘

근대성이란 '나'라는 주체가 세계의 중심이라 보고 '타자'를 대상화하는 이분법적 사고를 말한다. 그리고 중심에 있는 자들은 이러한 타자를 주변인으로 보고 이들을 정복하고 지배하며, 배제하려고 한다. 탈근대주의 페미니스트들은 이 근대성을 바탕으로 남성과 여성의 관계를 해석하고 비판한다. 근대성에서 남성은 주체적이고, 이성적이며 문명화된 것으로, 여성은 타자이며, 감성적이고, 자연적인 것으로 인식된다. 따라서 남성은 그들의 가치, 규범 등을 통해 남성 문화(가부장제)로 여성을 지배하여 왔다는 것이다.

탈근대주의 페미니즘은 앞서 살펴본 다른 어떤 페미니즘보다도 복합적이고 다원적이다. 여기에는 먼저, 백인 여성을 중심으로 형성된 서구 페미니즘을 비판하고 여성들 간의 '차이'에 주목하려고 시도한다. 이 입장은 여성들의 경험 및 정체성 그리고 여성 자신들이 겪는 문제들이 반드시 보편적이라고만 보지 않는다. 오히려 백인 여성, 흑인 여성, 서구 여성, 제3세계 여성, 식민지 여성, 제국 여성 등 각 사회에서 여성들이 겪는 억압과 차별의 형태는 매우 다양하기 때문에 서구 백인 여성의 경험을 모든 사회의 여성에게 보편적으로 적용하는 것은 맞지 않다고 주장한다.

또한, 서구의 전반적인 개념체계가 근본적으로 남성 중심적으로 짜여 있다고 보고, 특히 남성 중심적 언어체계를 비판하는 데 주력한다. 인간을 동물과 구분하는 가장 중요한 속성은 상징과 해석의 능력이고 이들의 핵심은 바로 언어이기 때문이다. 예컨대, 엘렌 식수스(Helene Cixous)는 페미니스트나 레즈비언과 같은 용어를 사용하지 않는다. 이 단어들은 '자유로운 성의 선택이나 여성들과의 결속보다는 표준으로부터 일탈'의 의미를 함축하기 때문에 '남근말씀중심적 사고(Phallogocentric thought)'에 기생하는 단어인 것이다.[16] 남성은 개념과 용

16) 로즈마리 통 저, 이소영 역, 앞의 책, p. 372.

어를 대립물로 둘씩 결합하고 항상 하나를 다른 하나보다 더 높게 평가하여 특권을 부여함으로써 실재를 불필요하게 분할해 왔다고 본다.[17] 예컨대, 다음을 보자.

- 능동성 / 수동성
- 해 / 달
- 문화 /자연
- 낮 / 밤
- 높음 / 낮음
- 이성 / 감성

대립되는 각 항에서 남성과 관련된 단어와 여성과 관련된 단어를 찾아본다면 앞에 나오는 능동성, 해, 문화, 낮, 높음, 이성 등은 일반적으로 남성과 관련된다고 생각할 수 있고, 반면 뒤에 나오는 수동성, 달, 자연, 밤, 낮음, 감성 등은 여성과 관련된다고 생각할 수 있다. 위의 예처럼 남성 중심적 사회에서는 모든 사고와 언어가 항상 대립을 통해 이원적 · 위계적으로 형성된다. 탈근대주의 페미니스트들은 이러한 이원적 대립물로 구성된 남성적 사고와 글쓰기를 반대한다. 그들은 일체의 이항대립과 근대적 남성 주체에 대한 비판을 통해 '여성'이라는 범주 자체를 해체하려고 시도한다. '여성' 또는 '여성성'이란 어디까지나 인위적으로 만들어진 범주이며 어떤 특정한 본질이나 속성을 지닌 실체의 개념이 아니라는 것이다. 따라서 끊임없이 남성과 대립되는 여성 범주를 만들어 내는 사회적 · 문화적 · 언어적 요소에 주목해야 한다고 주장한다.

더 나아가 탈근대주의 페미니즘은 타자로서 '여성성'을 적극적으로 인정하여 한 발자국 뒤로 물러나서, 주변부에서 살아가는 사람들(여기서는 여성들)을 포함하며 지배문화(가부장제)가 부과하는 규범, 가치, 관행들을 비판할 수 있다고 주장한다. 결국 타자성은 아무리 억압이나 열등감과 관련된다 할지라도 억압당하고 열등한 상황 이상의 것이며 오히려 관대함, 다원성, 다양성, 차이를 허용하는 존재방식, 사고방식, 표현방식으로 작용한다.[18] 따라서 여성성은 가부장적 지배 질서에 의해 억압당해 왔지만, 역으로 이 질서에 침입하여 교란시킬 잠재력을 지닌 타자의 공간이 될 수도 있다.

탈근대주의 페미니즘은 여성들의 다양한 차이에 주목하고, 여성성과 남성성이 고정된 의미를 갖는 게 아니라는 점을 보여 주고 있다. 그러나 탈근대주의 페미니즘은 페미니즘의 힘, 특히 정치력을 잃어버렸다는 비난을 받는다. 린다 앨코프(Linda Alcoff)는 '오로지 그리고 항상 반대만 하는 운동'은 동원이 불가능하며, 사람들로 하여금 시간과 에너지를 투입하게

17) 위의 책, pp. 383-384.
18) 위의 책, pp. 375-376.

만들 수 있는 긍정적 대안, 즉 더 나은 미래의 전망이 있어야 한다고 주장하면서, 의미의 해체를 강조하는 탈근대주의 페미니즘은 페미니즘이 목표로 해야 할 어떤 긍정적인 건설적 목표를 제공할 수 있는지 반문한다.[19)]

7. 생태주의 페미니즘

생태주의 페미니즘이란 용어는 1974년 프랑소와 드본느의 저서 『페미니즘 또는 파멸』에서 처음 등장하였다. 이후 생태주의 페미니즘은 더 다양화, 구체화되어 왔다. 그러나 다양한 학파와 분파들은 여성 억압의 전략으로서 생태학적 관점이 포함되어야 한다는 것에 동의한다.[20)] 생태주의 페미니스트들은 환경 재난과 환경 악화가 여성에게 미치는 영향이 남성에 대한 영향보다 더 컸다는 사실과 환경 파괴를 반대하고 이에 저항하는 사람들도 여성이었다는 점에 주목한다. 16세기 이래 근대 과학의 발전 속에서 남성은 자연을 정복하고 착취해 왔는데, 이는 대부분의 가부장제 사회에 팽배한 남성과 여성 간의 착취적 · 억압적 관계와 관련이 있다.

생태주의 페미니스트들은 가부장제의 위계질서적이고 이원적이며 억압적인 사고양식과 문화는 여성과 자연 모두에게 해를 끼쳤다고 본다. 본질적으로 여성들은 '자연화'되었고, 자연은 '여성화'되었기 때문에, 남성이 자연의 주인이고 자연에 대한 통치권을 인정한다면, 남성은 자연뿐만 아니라 자연의 인간 유사물인 여성에 대해서도 지배권이 있다고 볼 수 있으므로 남성은 자연을 정복하고 지배하며 파괴하는 행위를 여성에게도 할 수 있다는 것이다.[21)]

대표적인 예로 포르노물에 등장하는 정복당하고 묶이고 매맞고 심지어 살해당하는 여성들의 육체는 개발당하고 오염되며 파괴되는 자연에 대한 상징물이라고 볼 수 있다. 여성의 육체가 자동차, 보트 및 디자이너 이름이 붙은 청바지와 같은 온갖 종류의 상품을 판매하는 데 이용되듯이, 자연의 '육체'도 이와 유사하게 이용되고 파괴되며 착취되고 있다고 볼 수 있다.[22)]

19) 제인 프리드먼 저, 박혜경 역, 『페미니즘』, 서울: 이후, 2002, pp. 163-164.
20) 로즈마리 통 저, 이소영 역, 앞의 책, p. 478.
21) 로즈마리 통 저, 이소영 역, 앞의 책, pp. 469-470.

생태주의 페미니즘은 일단 여성–자연의 연관성에 관심을 가지고, 페미니즘에 생태학적 관점을 그리고 생태주의에 페미니즘을 도입해야 한다는 점에는 찬성을 한다. 그러나 여성–자연의 연결 지점이 주로 생물학적이고 심리적인 것인지 아니면 사회적이고 문화적인지에 따라, 그리고 자연–여성의 연결을 강화해야 하는지 또는 약화해야 하는지에 따라 다양한 분파가 생겨났다.

먼저, 자연 또는 문화적 생태주의 페미니즘은 전통적으로 여성과 연관되는 속성들이 사회적이기보다는 생물학적 · 심리적 경험의 산물이라 본다. 그러나 문제는 여성들이 남성들보다 자연과 더 밀접한 관계가 있다는 점이 아니라 이 관계가 평가절하되는 데 있다고 주장한다. 따라서 이들은 여성과 자연에게 강요되는 열등성을 거부하고, 전통적인 남성들의 덕목보다 여성들의 덕목이 더 우월하다고 본다.

둘째, 영적 생태주의 페미니즘은 유대교나 기독교와 같이 땅을 정복하라는 종교는 가부장적이라 보면서 여성의 영성에 주목한다. 이들은 생명을 주고 모든 존재물들을 창조한다는 점에서, '어머니 대지'(통상적으로 '가이아'로 알려진)와 '출산하는 모성' 역할의 유사성을 끌어낸다. 이들에 따르면, 여성의 역할은 가이아의 역할과 유사하기 때문에 자연과 여성의 관계가 자연과 남성의 관계보다 우월하다.

셋째, 사회주의 생태 페미니즘의 경우, 여성–자연의 연결 지점이 생물학적이거나 심리적이기보다는 사회적 또는 문화적이라 보고, 여성–자연의 속성을 양성(여성과 남성) 모두에게로 가져와야 한다고 본다. 따라서 남성들이 가정에서 아이들이나 노약자를 돌보는 일, 생태적으로 땅을 회복하는 일, 생존을 위한 새로운 형태의 생산 활동을 위한 일에 여성과 함께 동참해야 한다.

이렇듯 생태주의 페미니즘의 분파가 아주 다양하기 때문에, 일반적인 비판을 적용할 수는 없지만 주로 제기되는 비판들을 몇 가지 살펴보면 다음과 같다.

먼저, 자연 또는 문화적 생태주의 페미니즘의 경우 '여성을 생태적인 존재로 독특하게 생물화하는' 실수를 범했다는 비판을 받는다. 이들의 주장은 여성이라는 생태적 존재는 단순히 남성들이 하지 못하는 방식으로 자연과 연관을 맺고 자연을 이해할 수 있으며, 남성들이 아무리 노력해도 결코 될 수 없는 방식으로 돌보고 양육한다는 것인데,[23] 이런 논리는 여성

22) 위의 책, p. 495.
23) 위의 책, pp. 518-519.

의 특성은 남성과 다르므로 불평등할 수도 있다는 반페미니즘의 논리로 귀결될 가능성이 있다.

둘째, 영적 생태주의 페미니즘의 경우, 좌파 이론가들은 영적 페미니즘이 정치를 종교로 대치했다고 비판한다. 영적 생태주의 페미니스트들은 주로 명상이나 요가를 즐기고 영성에 주력하는데, 사회주의 생태 페미니스트들은 이러한 것이 정치적 행위와 상관이 없고 사치스러운 영성이며 잘사는 서구의 생활 수준에서나 가능한 놀이라고 비판한다.

셋째, 사회주의 생태 페미니즘의 경우, 여성의 본질과 속성은 사회적 · 문화적으로 결정된다고 보았는데, 이는 생명을 주는 자연과 여성의 능력 사이의 연관성을 경시함으로써 여성의 생물학적 특성을 통해 자연을 되찾겠다는 생태주의 페미니즘 본래의 열정을 축소했다는 평가를 받는다.

여기에서 살펴본 7가지 페미니즘 이론들 외에도 여성 불평등과 여성 억압을 설명하고자 하는 많은 페미니즘적 시도들이 있다. 실제로 페미니즘 이론들은 매우 다양하게 발전되어 왔고, 서로 심하게 대립되는 이론들도 종종 있다. 그러나 페미니즘은 남녀가 동등하게 평가받지 못하는 사회적 성과 생물학적 성으로 인해 여성이 직면할 수밖에 없는 "차별"에 관심을 갖는 데서 출발한다는 공통점이 있다. 또한, 모든 페미니스트들은 여성에 대한 차별을 줄이고 점차 이를 극복하기 위해 사회적 · 경제적 · 정치적 · 문화적 질서의 변화를 요구한다는 점에서도 같은 생각을 공유한다. 더 나아가 이론으로서 페미니즘은 일반적인 전제와 개념 및 이론과 방법에서 모두 남성 중심적인 편견에 깊숙이 물든 지배적인 패러다임에 비판적이라는 공통점이 있다. 따라서 페미니즘의 다양한 분파가 주목하는 지점은 달라도 차별과 예속 및 억압이라는 여성의 경험을 중시한다는 점에서 실천적인 연대가 가능할 것이다.

사회복지에서 페미니즘은 여성복지의 가장 큰 이론적 · 실천적 기반이다. 여성정책과 여성복지 역시 페미니즘 이론으로 분석할 수 있으며, 사회적 실천에 결정적인 판단기준을 제공한다. 또한 여성부를 설치한 것, 호주제를 폐지한 것, 모성보호관련법안, 남녀고용평등법안 등을 통과시키고 개정해 나가는 것, 육아휴직을 늘려가는 것, 부녀복지라는 명칭을 여성복지로 바꾸도록 한 일, 여성을 보호하고 그들의 복지를 위해 가정폭력방지법, 성매매 특별법 등을 제정하고 개정해 나가는 것, 대인기술 중심적 사회복지서비스를 여성의 경험에 입각해서 재해석하는 일 등, 비록 짧은 역사를 가진 우리 사회의 여성복지지만 그동안 이루어진

딸 대니얼과 함께 돌아온다. 종전 때 미군을 맞이하던 "환영, 우리의 해방군"이라고 갈겨쓴 담벼락의 낙서가 또 다른 해방을 위한 안토니아의 투쟁을 암시한다. 어머니의 농장을 물려받은 안토니아 주위에는 소꿉친구이자 쇼펜하우어와 니체에 빠져 사는 염세주의자 '굽은 손가락', 마을에서 이방인 취급을 당하던 홀아비 바스, 가정폭력과 성폭력의 피해자인 농부의 딸 디디, 미혼모 레타, 시골학교 여교사인 라라 등 상처받았거나 주변적인 인물들이 하나 둘씩 모여든다. 어렵게 일궈 온 공동체를 위협하는 건 가부장 문화에서 자란 디디의 오빠 피트다. 디디를 성폭행하고 달아났던 그는 아버지 단의 부음을 듣고 마을로 돌아온 뒤 안토니아에 앙심을 품고 어린 테레사를 성폭행한다.

여성과 복지

Chapter 03

여성복지는 보호가 필요하다고 판단되는 여성을 위한 정책에서 시작되었는데, 이후 점차 여성 전체의 인권과 생존권을 보호하기 위한 것으로 확대되었다. 최근에 와서는 소극적으로는 여성차별 철폐를 위해, 적극적으로는 여성의 삶의 질을 향상시키기 위해 여성복지의 필요성이 요구된다.

오랜 세월에 걸쳐 가부장제와 자본주의구조로 인해 발생하고 고착된 여성 억압과 성불평등 현상은 여성들만의 문제로 치부하고 개인이나 가족의 책임으로 둘 수 없는 것이다. 사회는 그것에 대한 해결책을 강구하고 지속적인 사회 변화에 따라 발생하는 여성의 다양한 욕구에 대응할 책임이 있다. 이 장에서는 여성을 위한 복지의 발달 배경을 살펴보고 여성복지의 개념, 대상, 접근방법에 대해 살펴보고자 한다.

1. 여성복지의 배경

여성복지는 여성이 사회적 약자로서 보호가 필요하다는 생각에서 비롯되었다. 그들은 남성보다 더 열악한 위치와 상황에 처해 있는 경우가 많고, 보호가 없을 경우 빈곤, 폭력, 질병

● 이 장은 『현대사회와 여성복지론』, 김영화 외(2006)의 공정원의 글을 초안으로 최영진이 수정 · 보완하여 집필하였다.

역시 정해져 있는 것이 아니란 생각들이 확산되고 있다. 점점 만혼, 비혼 등의 용어가 더 이상 낯설게 여겨지지 않는 것은 이러한 변화가 어느새 우리 사회에서 어느 정도 자리를 잡고 있다는 것을 의미한다.

〈표 3-3〉은 이러한 결혼에 대한 인식의 변화를 보여 주고 있다. 1998년에는 반드시 결혼을 해야 한다고 생각하는 사람이 33.6%였지만 2020년에는 16.8%로 그 비율이 급격히 감소하였음을 알 수 있다. 다른 대답들의 비율을 고려해 보았을 때 2008년까지는 결혼을 해야 한다고 생각한 사람들의 대부분이 '하는 것이 좋음'으로 옮겨간 것으로 짐작할 수 있는데, 2016년부터는 이들이 해도 좋고 하지 않아도 좋음의 비중이 점점 커지는 것을 볼 때 이들은 점차적으로 결혼에 대한 태도가 중립적으로 변화하고 있다고 분석할 수 있다.

〈표 3-3〉 결혼에 대한 견해(13세 이상 인구) (단위: %)

구분	반드시 해야 함	하는 것이 좋음	해도 좋고 하지 않아도 좋음	결혼하지 않는 것이 좋음	결혼하지 말아야 함	모르겠음
1998	33.6	39.9	23.8	1.3	1.3	1.4
2008	23.6	44.4	27.7	2.4	0.5	1.4
2012	20.3	42.4	33.6	1.5	0.3	1.9
2016	12.5	39.3	42.9	2.5	0.6	2.2
2020	16.8	34.4	41.4	3.5	0.9	3.0

출처: 통계청, 사회조사 각 연도.

〈표 3-4〉에서 보여 주는 것은 결혼에 대해 남성은 58.2%가 결혼에 긍정적인 견해를 보인 반면, 여성은 44.3%가 긍정적인 견해를 보였다. 결혼에 대한 부정적인 견해는 비슷하지만 해도 좋고 하지 않아도 좋다는 유보적인 견해는 여성이 11.9% 높다는 점에서 여성이 결혼에 대해 더 부정적인 태도를 보인다고 볼 수 있다.

〈표 3-4〉 결혼에 대한 견해(성별기준) (단위: %)

구분	반드시 해야 함	하는 것이 좋음	해도 좋고 하지 않아도 좋음	결혼하지 않는 것이 좋음	결혼하지 말아야 함	모르겠음
남성	19.7	38.5	35.4	2.3	0.7	3.3
여성	13.9	30.4	47.3	4.6	1.0	2.8

출처: 통계청, 2020 사회조사.

독신가구 외에도 2000년대 이후부터 이혼가구가 급속히 증가했다. 2020년도 통계청의 인구주택총조사를 보면, 2020년 현재 우라나라 2,092 가구 중 이혼가구는 201만 가구로 전체의 9.6%에 달한다. 이는 2010년 126만 가구(7.3%)에 비해 60%% 증가한 수치이며, 1980년의 7만 가구에 견주면 무려 28배나 증가한 것이다. 이혼 가구 수의 증가는 높은 이혼율의 결과이다. 1980년 2만 4,000건이던 연간 이혼 건수는 2003년 16만 7,000건으로 급증했다가 다소 줄어들었으나, 2020년 10만 2,000건으로 높은 수준을 기록하고 있다.

이러한 통계 수치를 통해 알 수 있듯이 이혼율의 증가에 따른 여성 이혼가구주의 증가는 기존의 가부장제 문화 속에서 남성이 부양자로서의 역할, 여성이 가정 안에서 가사노동의 역할을 가정하였을 때 경제활동을 하지 않았던 여성이 이혼 후 독립된 가정을 이끌어 가는데 심각한 문제들이 발생할 수 있음을 예상할 수 있다. 실제로 이러한 여성 이혼가구주의 빈곤 문제는 심각한 상황이다. 여성은 이혼 후에 이러한 경제적인 문제 외에도 아동의 양육, 심리적 고독 등의 다양한 문제들에 직면할 수 있다.[2)]

상자글 3-1 돌싱에서 리본족으로, 골드미스들의 새로운 선택

한때 '돌싱'이라는 말이 유행했다. 말 그대로 이혼을 한 후 다시 싱글이 된 남자를 의미하는 말이었다. 하지만 이 말에는 어떤 특정한 '가치'가 있지는 않다. 그저 이혼 경험이 있는 남자를 객관적으로 지칭하는 말이었기 때문이다.

그러나 최근에는 이러한 돌싱이 '리본족'이라는 새로운 '부가가치'를 획득한 의미로 바뀌었다. 리본족은 돌싱이라는 의미를 포함하고는 있지만 일단 한번 경험을 한 상태라 경제적 능력이 있는 것은 물론 안정적인 가정에 대한 희구, 여기에 어느 정도 인생을 아는 '성숙미'의 의미가 함께 포함되어 있다. 여성들에게는 마치 '리본으로 잘 쌓아놓은 훌륭한 선물'이라는 의미이다. 여기에 한 번의 이혼 경험 정도는 별로 개의치 않는 사회적인 시각도 작용하고 있다. 특히, 최근 몇 년간의 통계조사에 따르면 새롭게 결혼을 하는 커플 네 명 중 한 명이 재혼이라고 한다. 그만큼 이제는 이혼이라는 편견에서 자유로워졌다고 할 수 있다.

또한 이제는 이혼이 단점이 아니라 '과거의 경험' 정도로 치부되면서 '오히려 경험을 해보았으니 두 번째는 더욱 잘할 것 아니냐'는 새로운 인식이 생겨나고 있는 실정이다. 특히, 이러한 리본족 남성의 경우 경제적인 능력은 있지만 아직 결혼을 하지 못한 '골드미스'들에게 더욱 각광을 받고 있다. 비록 그녀들은 돈은 있을지 몰라도 나이가 많기 때문에 선택의 폭이 좁다고 할 수 있다. 그런 점에서 다양한 매력을 가지고 있는 '리본족 남성'들은 오히려 안성맞춤이라고 할 수 있다.

출처: 서울포스트, 2011. 6. 21.

2) 결혼과 이혼에 관련된 여성복지적 이슈들은 이 책의 제4장, 제8장에서 더 자세히 다루게 될 것이다.

이러한 독신가구, 여성 이혼가구 외에도 모자가정, 부자가정, 조손가정, 재혼가정, 독거노인, 비혈연 동거가족 등 다양한 가족 형태들이 나타나고 있고 이들은 더 이상 소홀히 생각하고 넘어갈 수 있는 소수의 사회 구성원이 아니다. 이제는 이러한 새로운 가족들을 과거의 전통적인 가부장적 사고로 부도덕하게 보거나 비정상적인 눈으로 보는 편견에서 벗어나야 한다. 그리고 이러한 변화에 대응하여 그들에게 필요한 새로운 형태의 복지서비스 개발과 실천이 요구되고 있다.

3) 성차별적 현실과 빈곤

(1) 가정에서의 차별

여성은 가부장제적 문화가 지배하고 있는 한 가정에서 태어나 성장하고, 결혼을 하고, 새로운 가정을 꾸려가면서 각종 차별을 경험하게 된다. 처음에는 아들이 아닌 딸이어서, 나중에는 남편이 아닌 아내 또는 며느리로서, 여성이기 때문에 남성보다 낮은 지위를 갖게 되며 가정이라는 울타리 속에서 제대로 된 목소리를 낼 수 없게 된다. 즉, 여성은 태어나면서 죽을 때까지 전 생애에 걸쳐 가족이라는 구조 속에서 살면서 입장과 상황의 변화에 따라 소극적으로는 자신의 욕구를 표현하지 못하는 것부터 적극적으로는 각종 폭력과 같은 피해를 받게 된다.

아들이 아니라 딸이어서 먹는 것, 입는 것부터 소유할 수 있는 장난감 개수에까지 차별을 받을 수 있다. 장차 한 가정을 이끌어 나갈 아들이기 때문에 더 많은 것을 경험하고 배울 수 있는 기회가 주어지며 딸이기 때문에 이러한 기회들을 양보해야 할 때가 많다. 성장기의 경험은 이후 사회의 한 구성원으로서 역할을 할 때 소중한 자원이 되는데, 상대적으로 다양한 경험을 한 남성이 더 높은 사회적 지위를 가지게 된다. 따라서 초기 가정에서의 차별이 성장 후의 남성과 여성의 차별에 영향을 미치게 된다고 볼 수 있다.

또한 아내로서 여성은 출산, 양육, 돌봄의 역할을 수행하는데, 이러한 가사노동은 소득으로 직접적으로 연결되지 않는다. 경제적으로 소득 활동을 하는 남편과 갈등이 심각한 경우에는 생존 자체에 위기가 발생할 수도 있어 가정에서 아내와 남편의 동등한 관계가 이루어지기 어렵다. 이렇게 가정 내에서 남성과 여성의 불평등한 관계가 형성되고 고착되면 갈등이 발생할 경우 남성은 여성에게 각종 신체적 · 언어적 · 정신적 폭력을 가하는 경우가 생기게 되고, 이에 대해 여성은 제대로 대항하지 못하게 된다.

어머니로서의 여성은 가족이라는 울타리 내에서 발생하는 모든 일들에 대해 책임을 지는 역할을 맡아 왔다. 만약 가족 내부에서 문제가 발생할 경우 대부분의 잘못이 어머니 책임으로 간주되었다. 실제로 어머니 개인의 잘못이 아니라 부모 모두의 잘못(예: 아이에게 유전에 의한 병의 발생)이거나 그 외의 외부 환경의 문제(예: 아이가 바람직하지 못한 또래집단에 소속되었을 경우)일 수도 있는데, 현실적으로 어머니가 가사와 양육을 도맡아 하고 아버지는 밖에서 소득 활동을 한다는 이유 때문에 가정 내 모든 잘못은 어머니에게 책임을 돌린다.

〈표 3-5〉는 가사노동 분담에 대한 통계를 보여 주고 있는데, 부인이 주도한다는 것으로 응답한 비율이 거의 2006년 통계에서 65%를 넘기고 있다. 다만, 2014년 통계부터 공평하게 분담이 50%에 가까워지기 시작하였으며, 2020년부터는 공평하게 분담이 62.5%, 부인이 주도가 34.8%로 눈에 띄게 감소하였다. 이를 통해 실제적으로 부인이 주도한다고 할지라도, 가사노동 분담에 대한 인식자체는 조금씩 변화하고 있다고 볼 수 있다.

〈표 3-5〉 가사노동 분담에 대한 견해 (단위: %)

구분	부인이 주도	공평하게 분담	남편이 주도	계
2006	68.4	32.4	2.2	100
2010	61.3	36.8	1.9	100
2014	50.2	47.5	2.3	100
2018	38.4	59.1	2.5	100
2020	34.8	62.5	2.7	100

주: 2010년 이전의 조사대상은 15세 이상 인구 대상임. 2012년 이후의 조사대상은 13세 이상 인구 대상임
출처: 통계청, 『2020 사회조사』.

실제로 가족을 이루고 이를 유지하기 위해서 가사노동은 여성이든 남성이든 누군가가 담당해야 한다. 그러나 그 역할을 반드시 여성이 맡고 남성은 이에 대해 소홀히 해도 된다는 생각은 남성과 여성의 생물학적 성차이를 사회적 성차이로 받아들이는 가부장적 가족구조에서 비롯되었다고 볼 수 있다. 노동시장에 여성이 참여하여 경제활동을 할 수 있는 것과 마찬가지로 여성이든 남성이든 상호 합의와 동의를 거쳐 가사노동의 책임을 분담할 수 있다.

지금까지 여성에게 이러한 가사노동을 직접적·간접적으로 강요해 온 것은 가부장제와 자본주의의 구조 속에서 여성의 노동을 무임금노동으로 간주해 온 것이라고 볼 수 있다. 즉, 가정 내의 재생산 기능에 대한 가치가 소득으로 인정되지 않는 것은 여성의 역할이 사회

에서도 제대로 평가되지 않는다는 결과를 낳는다. 이러한 가사노동에 대한 평가절하는 결국 여성이 가족 내에서나 사회로부터 그 기여에 대한 대가를 제대로 획득하지 못하게 만든다.

상자글 3-2 가사노동 ILO협약을 아시나요

'가정관리사'라는 말이 있는지도 몰랐다. 안면이 있는 여성 노동운동가로부터 연락을 받고 별생각 없이 찾아간 곳이 가정관리사들이 모인 행사장이었다. 각 지역 대표들이 한자리에 모인 연례행사에서 지역 대항 장기자랑이 열리고 있었는데, 강당에 들어서자마자 들려온 연극 해설자의 말에 귀가 번쩍 뜨였다. "식모라고 불리던 시절, 우리는 밤마다 달을 보고 울었습니다."

연극 마지막 부분에 출연자들이 팻말을 하나씩 들고 나와 나란히 섰다. "가사노동자 ILO협약을 지지하라", "가사노동자에게 근로기준법 적용하라", "가사노동자에게 고용 · 산재보험 적용하라".

솔직히 말하면 '가사노동자 ILO협약'이 있다는 것을 그때 처음 알았다. 이제 가사노동도 일반 가사 관리, 아이 돌보기, 산후관리 등 영역별로 전문화되고 당당하게 스스로 노동자라고 나선 지 오래됐는데 그걸 까맣게 모르고 있었구나 하는 생각으로 행사 내내 부끄러웠다. 연극이 끝난 뒤, 같은 무대에 올라 한 시간 반 동안 한국의 노동기본권 실태에 관한 강의를 하면서 가정관리사들의 선한 눈망울과 마주칠 때마다 자꾸 목이 멨다.

지난달, 스위스 제네바에서 열린 제100차 국제노동기구(ILO) 총회에서 가사노동자들의 노동권을 보호하기 위한 '가사노동협약'이 채택됐다. 총회에 참석했던 수십여 명의 가사노동 활동가들은 눈물을 흘리며 환호성을 질렀고, 한 남아프리카 활동가는 "그동안 우리는 존재하지 않는 사람이거나, 아예 인간 취급을 받지 못했다. 협약 채택으로 많은 사람들이 노예 같은 처지에서 벗어나게 될 것"이라고 기뻐했다고 한다.

가사노동협약에서는 가사노동자를 고용하는 경우 다른 노동자들과 같이 임금과 노동시간 등 노동조건을 명시한 계약서를 반드시 작성하도록 하고, 매주 하루 이상의 휴일을 보장하는 한편 노조 결성 등 노동기본권 보장과 산재 보상 절차 등을 규정하고 있다.

전 세계 임금노동자의 3.6%가 가사노동자이고, 한국에는 이주노동자를 포함해 30만~60만 명 정도가 가사노동 분야에서 일하고 있는 것으로 추산된다.

한국 정부는 국제노동기구 총회 불과 며칠 전까지도 찬반 입장을 결정하지 못했다. 결국 찬성하기로 했다면서도 "협약 채택에 찬성하는 것과 국내 비준은 별개의 문제"라며 확대 해석을 경계했다. 노동자를 인간답게 살도록 하기 위해 부유층의 지출을 조금 더 늘리는 일이 그렇게 어려운가?

한국 정부가 가사노동협약을 비준하지 않으면 ILO협약은 국제기준의 의미만 있을 뿐 국내에서 실효성이 없다. 현행 우리나라 근로기준법은 가사사용인을 노동자로 보지 않는다. 그래서 가사노동자들은 고용 · 산재보험 등 사회보험의 혜택을 받지 못하고 몇 년 동안 일한 뒤 임금 한 푼을 못 받아도 찾아가 호소할 곳이 없다.

(하략)

출처: 하종강('노동과 꿈' 대표), 경향신문 칼럼, 2011. 7. 12.

(2) 노동시장에서의 차별

여성이 노동시장에 진출할 때 노동시장 내부에서, 그리고 노동시장에서 은퇴할 때까지 각종 성차별적 상황에 처한다.

먼저 남녀 간의 임금격차는 학력이 높을수록 임금격차가 줄어들고 있지만 동등한 대졸 학력일 경우 여성은 남성 임금의 약 70% 정도 수준에 그친다. 유사한 직무를 수행하는 남녀 생산직원의 임금격차가 지나치게 크거나, 여성의 경우 임금 인상이나 복지 수혜의 면에서 불평등한 대우를 받기도 하고, 경력이 낮은 남성 직원이 경력이 높은 여성 직원과 비슷한 대우를 받는 등 다양한 상황들이 남녀 임금격차의 원인이 된다.

또한 여성의 고용과 관련하여 성별 직종분리의 문제가 발생하는데, 성별 직종분리란 노동시장에서 여성과 남성의 직업 분포가 매우 상이하여 상당수의 직업이 남성 지배직종과 여성 지배직종으로 분리되는 현상을 말하는 것으로, 일반적으로 대부분의 직업이 남성에 의해 점유되고 있는 가운데 여성은 소수의 직업에만 제한적으로 몰려 있는 현상을 의미한다.

성별 직종분리는 크게 두 가지로 구분할 수 있는데, 첫 번째는 수직적 성별 직종분리로 남녀가 각각 다른 등급의 직종에 분포되어 있는 것을 의미하며, 보수가 높고 위세가 있는 직종에서 여성이 배제되고 보수와 위세가 낮은 부문에 여성이 집중 고용되는 형태이다. 두 번째는 수평적 성별 직무분리로, 동일 직종이나 동일 업종 내에서도 여성과 남성이 담당하는 업무가 분리되어 있는 것으로 남성 집중업종은 고임금 업종, 여성 집중업종은 저임금 업종으로 구분되어 성별 간 격차를 가져오게 된다.

세 번째로 모집 · 채용에서 직접차별을 법적으로 규제하였으나 실제 모집 · 채용과정에서 여성에 대한 차별이 여전히 존재하고 있다. 노동시장 진입과정에서 남성의 경우 공개 채용을 통해 진입하는 비율이 높은 데 비해, 여성은 공개 채용보다는 비공식적인 소개나 추천방식을 통해 취업하는 비율이 훨씬 높다. 이는 공개적 고용 기회를 남성과 동등하게 부여하지 않는 경우가 많은 것으로 볼 수 있다.

또한 분리 모집의 관행도 여전한데, 특히 경제 위기 이후 남성은 정규직, 여성은 비정규직인 임시직, 계약직으로 채용하는 경우를 많이 볼 수 있다. 이 외에도 '외모'는 취업을 준비하는 여성의 주요 요건이 되고 있으며, 미혼 여성에게만 자격 요건을 제시하는 경우도 있다. 모집 · 채용 직종에서도 영업직, 생산직, 사무직, 연구직 등 성별과 관련 없는 직종임에도 불구하고 처음부터 남성에게만 지원자격을 제한하는 등의 사례도 여전히 존재하고 있다.

교육, 배치, 승진에서도 여성은 차별적 경험을 하게 된다. 입사 후에 받는 사내 교육이나 업무의 순환 배치는 근로자의 능력, 기술, 경험을 높이는 데 중요한 역할을 한다. 그러나 남녀 근로자의 교육 실태 조사 결과를 보면 여성의 경우 신입사원 교육을 받는 경우는 있지만, 실제 작업에 필요한 현장훈련(OJT)을 받은 경험은 남성에 비해 훨씬 적은 것으로 나타난다. 사내 교육의 내용에서도 여성에게는 옷차림, 손님 접대 예절, 메이크업 등 업무의 본질과 관계없는 것으로 이루어지는 경우가 많으며, 전문적 능력을 배양할 수 있는 해외 연수나 직업 훈련 등에서는 배제되는 경우가 많다. 이러한 교육에서의 차별은 업무배치로까지 이어져 보조적인 일이나 단순 업무는 여성에게 배치되고, 전문 능력, 영업 능력, 관리 능력, 고급 기술이 필요한 부서에는 남성이 주로 배치되는 경향을 보인다. 뿐만 아니라 승진에서도 여성에게는 아예 승진 기회를 부여하지 않거나 제한하는 경우도 발생한다.

정년, 퇴직, 해고 등에서도 역시 법적으로는 차별이 금지되어 있으나 관행적으로 동일 직종에서 직무 수행상 합리적인 이유 없이 남녀 간의 정년을 달리 하고 있으며, 여성 집중직종의 정년을 다른 직종보다 낮게 정하는 경우도 종종 있다. 이뿐만 아니라 여성이 결혼이나 임신을 할 경우 이를 이유로 퇴직을 강요하기도 한다. 비록 요즘은 노골적인 사례는 줄어들었으나 결혼, 임신, 출산 이후 본인 의사에 반하거나 합리적 이유 없이 지방으로 발령하거나, 비정규직으로 근로조건을 변경하는 등의 고용상의 불이익을 주는 차별은 여전히 존재하고 있어 직접차별보다는 간접차별 사례가 증가하고 있는 추세이다.

이러한 노동시장에서 발생하는 성차별은 여성의 노동시장의 진입 자체를 낮추게 되는 원인이고, 경제활동을 하더라도 불안정한 소득으로 인해 저소득층에 머물게 되거나 빈곤층에서 벗어나지 못하게 되는 요인으로 작용한다.

(3) 빈곤의 여성화

여성은 다양한 원인에 의해서 빈곤 상황에 처하게 된다. 장애, 부모의 조기 사망, 이혼 등의 개인적인 요인으로 빈곤해질 수도 있고, 취업 실패, 실업 등의 사회구조적 원인에 의해 빈곤층으로 전락할 수도 있다.

가부장제와 성차별적인 자본주의구조 속에서 여성이 이러한 빈곤 요인들에 더욱 취약해질 수밖에 없는데, 실제로 여성의 빈곤율은 남성에 비해 높다. 이러한 빈곤의 여성화(feminisation of poverty) 현상은 한국 사회에서 1998년 이후로 나타나고 있어 시간이 흐르면서 그 경향이 더욱 심화되고 있다.

상자글 3-3 사회적 위험의 변화와 빈곤의 여성화

1980년대 이후 빈곤이 여성에게 많이 나타나는, 빈곤의 여성화 문제가 전 지구적인 문제가 되기 시작했다. 세계화, 산업 이전 및 기술 혁신, 가족구조의 변화, 여성의 역할 변화 등에 의해 여성과 젊은층과 성인층에게 노동시장에서의 취약성, 노동 가능성의 약화, 가족의 보살핌 책임의 문제 등의 새로운 사회적 위험(new social risks)이 나타나게 되었다. 여성의 경우 불안정고용상태와 보살핌 책임은 매우 밀접하게 관련되어 빈곤에 영향을 미치게 되는데, 결국 '사회적 위험의 여성화(feminization of social risks)'란 도식이 출현하게 되었다. 한국의 경우는 전통적인 사회적 위험과 새로운 사회적 위험이 중첩되어 나타나며 이는 빈곤의 여성화로 귀결된다.[3)]

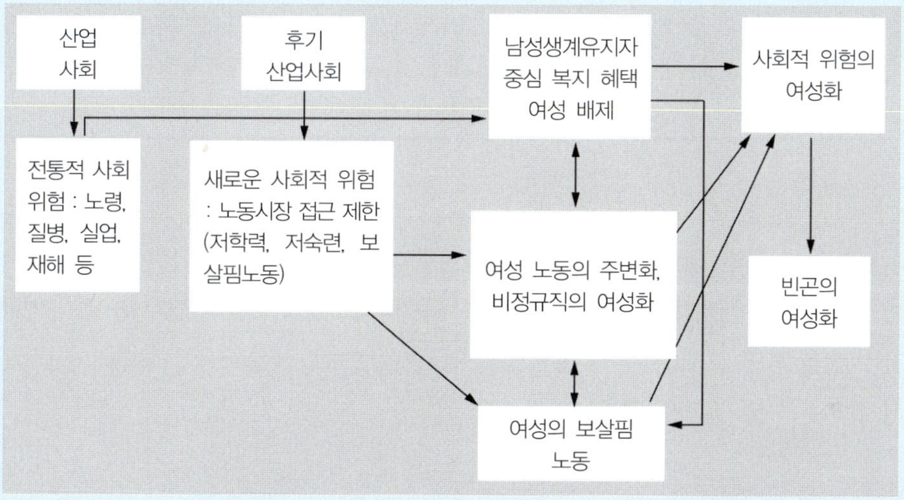

〈표 3-6〉에서는 기초생활수급자의 수와 국민연금의 가입자 수, 그리고 남녀 평균 소득월액을 통해 남성과 여성의 빈곤 차이와 빈곤의 여성화 현상을 살펴보았다. 우선 성별 기초생활수급자 수를 살펴보면 2001년에는 남성이 56만 7,025명이고 여성은 77만 8,501명이다. 수급자 수는 계속적으로 증가하다가 2010년부터는 감소하였다가 2015년부터는 급격히 늘었고 이후 지속적으로 증가하는 추세에 있다. 증가추세에도 불구하고 여성 수급자의 수는 약 20만명 정도 많아 여성이 더 빈곤한 상황은 그대로 유지되고 있음을 알 수 있다.

3) 김영란, "새로운 사회적 위험과 여성 빈곤 그리고 탈빈곤정책", 『한국사회학』 제40집 2호, 2006, p. 200.

〈표 3-6〉 성별 기초생활수급자 수

(단위: 명)

구분	계	남	여
2001	1,345,526	567,025	778,501
2009	1,482,719	638,061	844,658
2010	1,458,198	626,798	831,400
2011	1,379,865	594,955	784,910
2012	1,300,499	562,115	738,384
2013	1,258,582	547,323	711,258
2014	1,237,386	543,391	693,995
2015	1,554,484	700,222	854,262
2016	1,539,539	699,735	839,804
2017	1,491,650	682,893	808,757
2018	1,653,781	745,306	308,475
2019	1,792,012	803,502	988,510
2020	2,046,213	920,321	1,125,892

출처: 보건복지부, 『기초생활보장수급자 현황』.

〈표 3-7〉은 2020년 생애주기별 남녀의 총인구수 대비 기초생활수급자의 현황을 나타내주고 있다. 2012년에 비해 전반적으로 비율이 증가하고 있고 남성의 경우 노년기 기초생활수급자 비율을 보면 6.9%인 데 비해 여성의 경우는 9.7%로 여성노인이 노년기에 더 빈곤한 경우가 많다는 것을 알 수 있다.

〈표 3-7〉 생애주기별 남녀의 총인구대비 기초생활수급자 비율 현황

(단위: %)

구분		계	영유아기	학령기	청소년기	청년기	중년기	노년기
2012	남자	2.2	1.0	2.2	3.8	0.8	2.5	4.3
	여자	2.9	1.0	2.2	4.1	1.2	2.5	7.7
2020	남자	3.6	1.7	4.0	5.8	1.4	3.6	6.9
	여자	4.3	1.7	4.0	6.1	1.9	3.4	9.7

주: 영유아기(0~5세), 학령기(6~11세), 청소년기(12~19세), 청년기(20~39세), 중년기(40~64세), 노년기(65세 이상)
출처: 보건복지부, 『2012 국민기초생활보장수급자 현황』, 2013, p.19
보건복지부, 『2020 국민기초생활보장수급자 현황』, 2021, p. 23-24

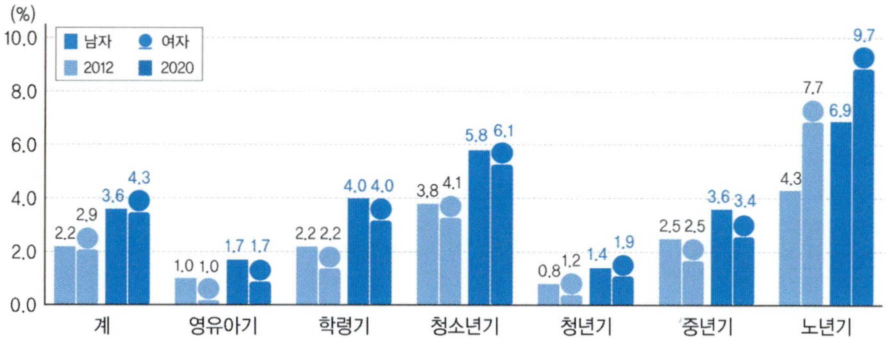

[그림 3-1] 생애주기별 남녀의 총인구대비 기초생활수급자 비율 분포

〈표 3-8〉을 보면 2020년 기준으로 국민연금 연령·성별 가입자 수를 살펴보면 남성이 1,038만 9,212명인 데 비해 여성은 861만 9,802명으로 남성 가입자 수가 여성에 비해 1.2배 정도로 많다. 여성의 연금가입자 수가 저조하다는 것은 전체적으로 여성의 노후소득 보장 정도가 낮다는 것을 말해준다.

〈표 3-8〉 국민연금 연령·성별 가입자 수 (단위: 명)

구분	계	남성	여성
총연령	19,009,014	10,389,212	8,619,802
18~19세	64,526	34,663	29,863
20~24세	740,736	313,411	427,325
25~29세	1,940,037	1,010,111	929,926
30~34세	2,007,240	1,162,810	844,430
35~39세	2,387,695	1,440,233	947,462
40~44세	2,556,944	1,503,275	1,053,669
45~49세	2,936,130	1,638,274	1,297,856
50~54세	3,014,528	1,616,445	1,398,083
55~59세	2,834,620	1,499,791	1,334,829
60세 이상	526,558	170,199	356,359

출처: 국민연금공단, 『국민연금통계연보』

여성의 평균 수명이 남성보다 6년이 길다는 것을 감안하면, 여성 60세 이상 국민연금 혜택이 남성보다 2배가 된다는 사실을 유추할 수 있다. 평균수명을 감안한다면 여성노인의 생활보장에 더 많은 정책적 배려가 필요할 것이다.

글상자 3-4 사별·이혼 女 베이비부머 '빈곤이 괴로워'

충남 당진의 김진숙(52 · 여) 씨는 뉴스 등에서 베이비부머(1955~1965년생) 문제를 접할 때마다 남의 일로만 여겨진다. 공무원이었던 남편 통장으로 매달 200만 원이 넘는 퇴직연금이 들어오고, 모아 둔 노후자금도 넉넉한 편이다. 남편은 소일거리로 일자리를 찾고 있지만 큰 부담은 없다. 하지만 경기도 검단에 사는 김씨의 초등학교 친구 윤민희(여 · 가명) 씨의 사정은 사뭇 다르다. 3년 전 위암으로 남편을 잃은 뒤 윤씨의 삶은 더욱 힘들어졌다. 식당에서 주 6일 하루 12시간을 일하고 받는 돈은 140만 원 가량. 윤씨는 "건강검진이라도 한번 받아 봤으면 좋겠지만 그럴 사정이 안 된다."면서 "당장 대학생 딸의 학자금이 걱정인데, 언제쯤 은퇴라는 말을 할 수나 있을지 모르겠다."고 말했다.

베이비붐 세대의 안정이 국가적 난제로 부각된 가운데 사별이나 이혼 등으로 배우자를 잃은 여성 베이비부머의 빈곤 문제가 심각한 사회문제로 떠오르고 있다.

출처: 서울신문, 2011. 1. 12.

4) 여성의 새로운 욕구

산업화로 인한 사회 전반적 경제 수준의 향상은 여성에게 더 많은 자원의 분배가 가능하게 하였다. 여성들은 가정에서 벗어나 사회로 나아가 다양한 분야에서 여러 방법을 통해 이러한 자원들을 적극적으로 활용함으로써 자신의 삶의 질을 높이고자 한다. 이러한 여성들의 다양한 욕구충족을 위해 사회는 능동적이고 적극적으로 지원할 필요가 있다.

무엇보다 여성은 과거 가부장적 문화 속에서 남성에게 빼앗기거나 양보해야만 했던 교육기회의 제약에서 벗어나 더 많이, 그리고 더 깊이 배우고 싶은 욕구를 가진다. 여성들은 여성이기 때문에 고등교육을 받을 필요가 없다거나, 가정과 관련된 영역에서의 교육받는 것이 유도되는 전통적인 남성 중심적 사고에서 벗어나, 더 전문적이고 기술적인 분야로의 진출을 꿈꾼다. 최근 과학기술, 정치, 경제 영역에서 심심찮게 볼 수 있는 여성들의 적극적인 진출은 과거에 전형적인 남성 영역으로 여겨지던 영역들이 더 이상 그들만의 영역이 아니라는 것을 보여준다.

상자글 3-5 재취업 지름길 '주부재취업설계프로그램'

다양한 프로그램으로 기초 직업 능력 향상

주부재취업설계프로그램은 취업을 희망하지만 출산 및 육아로 인해 경력이 단절된 여성이 기초 직업 능력을 제고함으로써 재취업 분야 결정 등 경력 계획을 수립할 수 있도록 지원한다. 또한 계획 수립에 그치는 것이 아니라 재취업 분야 진입을 위한 방안을 실행할 수 있도록 다양한 프로그램을 통해 돕는다.

프로그램은 크게 3개의 목적을 가지고 운영된다.

경력 단절 여성이 ① 자신에 대한 이해와 직업 세계에 대한 이해를 바탕으로, ② 자신의 재취업 분야를 설정하고, ③ 그 분야에 재취업하기 위한 계획을 수립해 실천 방안을 모색할 수 있도록 하는 것이다.

이러한 프로그램의 목적하에 재취업 동기 명료화, 재취업 분야 구체화, 재취업 실행 방안 수립, 취업 자신감 회복, 취업 장애 요인 극복 등 다섯 가지의 세부 교육 목표를 가지고 실행된다.

또한 30~50대 경력 단절 여성을 대상으로 하며, 학력이나 경력 등과 무관하게 프로그램을 이해하고 참여할 수 있도록 진행되고 있다.

프로그램은 4일 동안 매일 워크숍 형태로 진행돼 단기간에 집중적으로 목적을 달성하도록 하고 있다. 하루에 5시간, 4일 동안 총 20시간을 이수하는 형태로 운영된다.

동기 부여부터 취업 지원까지 원스톱 서비스

주부재취업설계프로그램은 크게 '자기 탐색', '직업 탐색', '재취업 전략: 걸림돌과 성공요인', '재취업 구직 기술'로 구성되어 있다.

1일차에는 재취업 동기 및 재취업 직종을 알아보고, 2일차에는 참가자 개인별 특성의 이해 및 특성에 맞는 직업 탐색을 하게 된다. 3일차에는 재취업의 걸림돌을 제거하고, 재취업 성공요인을 분석하는 시간을 갖는다. 마지막 날에는 자신의 강점을 발굴하고, 셀프 마케팅을 수행하는 방법 등이 진행된다.

이후 '새롭게 출발하기' 시간을 통해 참가자들이 스스로에게 상을 주는 시간을 가지고, 마지막으로 수료식이 열린다.

프로그램을 이수한 후에는 재취업에 필요한 전문 직업 교육, 인턴십, 취업 등 후속 단계가 지원된다. 단순히 재취업에 대한 동기 부여 및 계획을 세우는 것에서 끝나는 것이 아니라 실질적인 재취업 성공을 위해 다양하게 지원한다.

주부재취업설계프로그램 진행자 양성교육

한국고용정보원은 주부재취업설계프로그램에 관심이 있는 고용서비스 분야 종사자들을 위해 '주부재취업설계프로그램 진행자 양성교육'도 실시하고 있다.

진행자 양성 교육은 '사이버진로교육센터'(cyber-edu.keis.or.kr)를 통해 교육 일정이 공지되며, 해당 홈페이지에서 교육 참가 신청을 할 수 있다.

진행자 양성교육 참가자들은 주부재취업설계프로그램 내용과 진행 기법을 명확하게 이해하고 진행할 수 있도록 제작된 주부재취업설계프로그램 운영자 매뉴얼 · 보충자료를 통해 교육을 받는다. 진행 매뉴얼에는 각 프로그램 구성별 개요와 핵심 활동을 안내하는 세부 내용이 수록되어 있다.

출처: 2015. 10. 19 http://blog.naver.com/PostPrint.nhn?blogId=nicesemu&logNo=220513242492

과거에 결혼과 동시에 출산과 육아로 인해 가사에만 전념할 수밖에 없었던 주부들은 이제 취업교육과정을 이수함으로써 자아실현의 욕구를 충족하는 것과 동시에 경제활동에 참가할 수 있는 기회를 얻는다. 이러한 여성의 사회참여는 가정의 경제에 보탬이 될 뿐만 아니라 개인적인 차원에서 여성의 자존감을 높일 수 있고, 가정 내에서만 생활함으로써 발생할 수 있는 우울증, 홧병 등의 예방과 치료에도 도움이 될 수 있다.

여성들은 수준 높은 교육을 받고, 이를 통해 경제활동에 참여하는 것에 만족함으로써 적극적으로 사회의 흐름을 변화시키고자 하는 욕구를 가진다.

최근에 인권 보호, 노동권 보장, 반부패에 관한 영역에서의 여성들의 활동도 더욱 활발해지고 있다. 그뿐만 아니라 환경오염 반대, 전쟁 반대와 평화 운동, 기아 해결 촉구 등등의 세계적인 이슈들에도 관심을 가진다. 각종 매스컴을 통해 여성들이 시간적 · 공간적 한계를 뛰어넘어 국내적 이슈에 한정하지 않고 국제적인 이슈들에도 관심을 가지며 이에 대응하여 적극적으로 활동하는 모습을 볼 수 있다. 위와 같이 여성에게 새롭게 나타나는 다양한 욕구들의 충족을 위해 사회는 그들에게 더 많은 기회와 자원을 제공할 수 있어야 한다. 이러한 사회의 역할은 결국 여성만을 위한 개인적 · 집단적 차원에서 의미가 있는 것이 아니라 남성과 여성이 구성하고 있는 사회 전체의 긍정적 발전을 유도할 수 있다. 이는 더 나아가 시간적 · 공간적으로 한 사회의 복지향상뿐 아니라 세계적으로 지구라는 공동체의 복지발전에 영향을 미칠 수 있다.

2. 여성복지의 개념과 대상

1) 여성복지의 개념

여성 문제의 원인이나 해결방법에 대한 시각이 다양하기 때문에 여성복지의 개념을 한마디로 정의하기란 쉽지 않다. 그러나 다양한 시각에도 불구하고 여성복지는 소극적으로는 여성의 현실적 불평등을 개선하고 적극적으로는 인간으로서 여성의 삶의 질을 향상시키는 데 기여해야 한다는 점은 여성을 위한 복지의 공통적인 출발점이 된다 하겠다.

여성복지의 개념을 정립하고자 했던 연구들의 흐름을 살펴보면, 여성복지가 사회복지의 한 분야로 자리매김하기 전부터 여성복지라는 용어는 이미 여러 학문 분야에서 사용되고 있었다. 하지만 여성복지의 개념 정의에 대한 시도나 합의를 위한 노력은 1990년대 후반에 들어서야 활발해졌다.[4)]

초기의 여성복지 개념은 '여성을 위한 복지'라는 일반적 개념이나 혹은 '여성에게 영향을 미치는 복지정책과 프로그램을 총칭'하는 것으로 사용되었고, 구체적인 현실적 활동보다는 이념적이고 상징적인 개념으로 사용되었다. 그러나 여성복지가 사회복지의 한 분야로 자리 잡기 위해서는 선언적인 의미나 이념적인 개념 정의보다는 현실적이고 구체적인 활동이 포함되어야 한다. 이 같은 측면에서 이루어진 첫 번째 시도가 한국여성개발원의 개념 정의다.[5)]

한국여성개발원에 따르면,[6)] 여성복지란 "여성이 국가나 사회로부터 인간의 존엄성과 인간다운 생활을 할 권리를 동등하게 보장받음으로써 여성의 건강, 재산, 행복의 조건들이 만족스러워지는 상태를 의미하며 동시에 가부장적 가치관과 이에 기초를 둔 법, 기타 사회제도 개선 등으로 여성의 인간다운 삶을 실현하기 위한 모든 실천적 노력을 포함하는 개념"이다. 이 정의에서는 여성복지를 성평등의 실현이라는 이념적 목적과 함께 가부장적 사회제도 및 입법체계를 개선하는 구체적인 측면까지 포함하는 개념으로 보고 있다.[7)]

이에 따라 후속 연구에서 나온 여성복지에 대한 개념 정의를 보면, 먼저 이상덕은 여성복지를 "여성이 국가나 사회로부터 인간의 존엄성과 인간다운 생활을 할 권리를 동등하게 보장받음으로써 여성의 건강, 재산, 행복 등 삶의 조건들이 만족스러운 상태를 의미함과 동시에 적극적으로는 가부장적 성차별주의와 그에 근거를 둔 법이나 사회제도, 문화 등을 개선해 나가는 주체적인 노력을 포함하는 개념"으로 정의했다.[8)] 또한, 김미혜는 "여성복지란 여성이 국가나 사회로부터 남성과 동등하게 인간다운 삶을 누릴 수 있는 권리를 보장받으며 이를 위해 가부장적 가치관과 자본주의에 의한 생산 역할에 기초한 법과 기타 사회제도를 개선하여 양성평등의 사회를 실현하려는 모든 실천적 노력을 포함하는 개념"으로 정의하여 가부장제 외에도 자본주의의 모순까지 구체적으로 명시했다.

2000년대에 들어서면서 여성복지의 개념에 대한 정의들은 가부장제와 자본주의로 인해 나타난 성불평등의 타파를 통한 성평등 실현이라는 여성주의적 입장과 이를 구체적으로 실

4) 김윤정 외, 『여성복지론』, 서울: 대학출판사, 2001, pp. 12-16.
5) 위의 책, p. 13.
6) 한국여성개발원, 『여성복지법제에 관한 연구』, 1990.
7) 김윤정 외, 앞의 책, p. 13.
8) 한국여성단체연합, "사회복지의 새로운 패러다임과 여성복지", 『여성복지 확대를 위한 정책토론회 자료집』, pp. 1-7.

현하기 위한 사회제도 및 법체계뿐 아니라 여성 개인의 능력에 대한 관심과 사회복지적 방법을 통한 대인적 노력까지도 강조한다. 예컨대, 김인숙 등은 여성복지를 "여성이 국가나 사회로부터 남성과 동등하게 권리를 보장받을 수 있도록 가부장적 가치관과 이에 근거한 각종 법, 사회제도를 개선하는 것뿐 아니라 여성 개인의 능력을 고양시킴으로써 여성의 인간다운 삶을 보장하기 위한 정책적 · 실천적 차원의 모든 조직적 활동"으로 정의했고,[9] 조흥식 등은 "모든 여성이 한 사회의 구성원으로서 삶의 질을 영위할 수 있도록 여성의 욕구나 문제를 해결하기 위하여 사회구성원들이 공 · 사 차원에서 행하는 공동체적 노력"으로 정의했다.[10]

이상에서 볼 때, 여성복지란 모든 여성이 인간다운 삶을 누리기 위해 가부장제와 자본주의와 같은 여성을 억압하는 기제를 제거하고 양성평등을 실현하는 것을 목적으로 하여 사회 전체가 모든 여성을 대상으로 거시적(제도적 · 정책적) 측면과 미시적(기술적 · 대인적) 측면에서 수행하는 모든 이론적 · 실천적 노력을 의미한다.

2) 여성복지의 대상

우리나라 여성복지는 처음에 매우 잔여적이고 사후 대책적인 성격으로 이루어졌다. 1970년대까지 여성들에 대한 사회복지적 접근은 윤락여성, 미혼모 등 요보호여성 중심으로 실행되었고, 명칭도 부녀복지로 불렸다. 윤락여성이나 미혼모들은 사회에서 정해 놓은 정상적인 범주에 들지 못하는 여성이기 때문에 이들에게 제공되는 부녀복지는 엄밀한 의미에서 사회복지라기보다는 문제집단에 대한 소극적 대처과정이라 하겠다. '부녀'라는 용어 역시 여성을 독립적 개인으로 보지 않을 뿐더러 여성을 비하하고 남성의존적으로 표현하는 가부장적 용어임에도 오랫동안 계속 사용되어 왔다.

1980~1990년대에 이르는 시기에는 산업화, 대형사고, 공해 등 복잡한 사회환경으로 인한 사회적 위험의 증가로 중년기 남성의 사망이 증가하였고 또한 가족에 대한 가치관의 변화로 이혼이 늘어나면서 모자가정이 주목을 받았다. 앞서 본 윤락여성이나 미혼모가 사회에서 비난을 받는 요보호여성이라면, 같은 요보호여성이라 하더라도 온정의 손길을 받는 여성들은 정상적인 결혼 상태에서 생계 부양자를 잃은 모자가정이었다.

9) 김인숙 외, 『여성복지론』, 서울: 나남출판, 2000, p. 35.
10) 조흥식 외, 『여성복지학』, 서울: 학지사, 2000, p. 80.

부자(父子)가정이 아닌 모자(母子)가정에 국가가 먼저 개입한 이유는, '정상적인 가족'이라면 남성 가장이 생계를 부양한다는 통념에서 가장이 사망, 유기, 질병 등의 이유로 가족부양을 하지 못하면 경제적 곤란이 생길 것이라고 봤기 때문이다. 즉, 부모 두 사람과 자녀를 중심으로 한 가정이 구성되며 남성은 부양자이고 여성은 의존자인 가족이 '정상 가족'이라는 가부장적 가치를 전제로 했던 것이다. 따라서 모자복지는 여성을 독립적인 개인으로 본 것이 아니라 가장 없이 아이를 키우는 요보호여성들에게 모성 역할을 도와주는 시혜적 부녀복지였다.

이렇듯 우리 사회의 여성복지는 여성의 불평등 극복뿐 아니라 여성 전체를 대상으로 삶의 질 향상을 추구하는 성인지적 복지라기보다는 정상적인 가족을 이루지 못할 때 국가가 사후적으로 보호해 주는 잔여적 복지의 역할을 수행하였다.

1990년대 중반부터 여성 자신의 욕구와 자아실현 및 성평등을 지향하는 복지 개념이 등장하였다. 부녀복지가 아닌 여성복지라는 용어가 사용된 것도 이때부터다. 여성운동이 강력하게 주장하였던 성폭력과 가정폭력 범죄자 처벌의 길이 열렸고 여성복지를 위한 기본법인 여성발전기본법이 제정되었으며, 남녀고용평등법의 개정과 남녀 차별금지 및 구제에 관한 법률을 통해 남녀 차별을 적극적으로 개선하려는 시도를 하게 되었다. 이에 한 발 더 나아가 양성평등 실현을 위해 여성부가 2000년에 신설되었다.

이 같은 흐름은 여성 대다수가 사적 영역에서 겪을 수 있는 문제인 성폭력과 가정폭력에 국가가 공적으로 개입하고, 성불평등을 적극적으로 극복해 나가며 궁극적으로는 여성의 삶의 질 향상을 위한 사회적 노력을 하겠다는 의미로 해석된다. 즉, 특정 요보호여성만이 아닌 여성 전체를 대상으로 복지를 제공한다는 뜻에서 말 그대로의 여성복지를 추구하겠다는 것이다.

그러나 많은 법 조항들이 강제규정이 아닌 임의규정으로 남아 있기 때문에 법이념을 실제로는 구현하기 어려운 실정이다. 이제 우리 사회의 여성복지는 여성복지 관련 법들의 실효성을 법에서만 아니라 현실에서도 보장해야 하는 과제를 안고 있으며, 여성들의 적극적인 사회적 · 정치적 참여를 통해 달성될 수 있을 것이다.

3. 여성복지의 범주

여성복지는 여성 전체가 겪는 여러 가지 문제에 대처함과 동시에 여성 개인이 일생에서 겪는 다양한 경험에도 대처할 수 있어야 한다. 집단으로서 여성은 보편적인 여성 문제를 겪으며 개인으로서 여성은 자신만의 독특한 생애사를 갖기 때문이다. 최근에는 여성복지의 범주를 일반적으로 주요 문제, 모성 역할, 생애주기를 중심으로 구분한다.[11] 여기서도 이런 구분에 따라 살펴보도록 하겠다.

1) 주요 문제를 중심으로 한 구분

여성은 가정폭력, 성매매, 빈곤 등 다양한 여성 문제를 겪는다. 주요 문제를 중심으로 여성복지의 범주를 구분하면, 제2부에서 보듯이 노동과 빈곤 문제, 성폭력과 아내폭력 문제, 이중 차별 문제로서 장애여성과 노인여성 문제, 성매매와 독신모(미혼모) 문제, 결혼 문제 등으로 나눌 수 있다.

여성복지의 범주를 주요 문제 중심으로 분류할 경우, 문제를 겪는 저소득 모자가정, 독신모(미혼모), 가출여성, 매매춘 여성, 학대받는 여성, 저임금 근로여성 등 요보호여성만으로 한정되는 단점이 있는 반면 생애주기를 중심으로 구분하면 일반 여성들까지 포함할 수 있어서 유용한 기준이 될 것이라는 의견이 있다.[12]

주요 문제로 여성복지의 범주를 구분하는 시도는 요보호 대상과 일반 여성으로 구별하는 것, 더 나아가 '요보호여성'이라는 명칭을 사용하여 고통받는 여성을 한 번 더 낙인찍는 국가와 남성의 태도가 문제라 하겠다. 만약 이런 문제를 겪는 여성들을 요보호여성이라 부른다면, 차라리 글자 그대로 도움을 필요로 하는 모든 여성을 요보호여성으로 확대하여 더 적극적으로 사회복지적 개입을 하는 것이 보편적 복지의 한 방법이다.

2) 모성 역할을 중심으로 한 구분

일반적으로 여성은 모성의 역할을 하도록 기대되고 가족을 보살피는 노동에 1차적으로 책임을 진다. 국가가 가족복지 또는 여성복지를 통해 서비스를 제공하는 것도 주로 이런

11) 김윤정 외, 앞의 책, p. 17.
12) 김인숙 외, 앞의 책, pp. 36-38.

이유에서다. 예컨대, 모자가정 자녀에 대한 교육비 지원, 탁아비용 보조, 직업 알선 등이 여기에 해당된다. 그러나 이렇게 역할을 중심으로 여성복지의 범주를 구분하는 것은 가족복지 또는 아동복지와 중복되기도 하고 여성을 어머니로만 인식한다는 측면에서 진정한 의미의 여성복지라 하기에는 한계가 있다.[13)]

그러나 여성복지에서 여성의 양육자 역할에 대해 지원하지 않는다면 주로 여성들이 보살핌 역할을 한다는 현실을 간과하는 것으로 보일 수도 있다. 실제로 보육 관련 업무를 여성부에서 할 것인가 보건복지부에서 담당할 것인가를 두고 논란을 빚기도 했다. 보육 관련 업무는 여성부에서 가져가는 게 맞지 않겠냐는 입장에 대해 보육 관련 업무를 여성부에서 한다는 것은 결국 여성이 보살핌노동의 책임자라는 가부장적 전제를 인정하는 것이 아닌가라는 우려가 있었기 때문이다.

따라서 여성의 역할에 대한 복지서비스는 여성만이 아니라 사회와 남성이 함께 양육자 역할을 한다는 전제에서 출발해야 한다. 이를 위해 우선 가족 내의 보살핌노동과 가사노동을 남녀가 함께 하려는 인식 전환이 필요하며, 저소득층 모자가정 외에도 전체 가정에 모성수당 지원, 보육서비스 확대, 여성의 부담을 줄이는 재가복지 및 지역사회복지 강화, 또한 남성의 육아휴직을 사회적으로 정착시키는 조치를 취해야 한다. 동시에 이러한 지원이 양육자 역할을 하지 않는 여성을 차별하는 쪽으로 가서는 안 될 것이다.

3) 생애주기를 중심으로 한 구분

여성의 생애주기(life cycle)를 중심으로 한 구분은 주요 문제를 중심으로 한 분류보다 여성 개인의 연속적인 삶을 포괄할 수 있고, 문제를 가진 여성 외에도 일반 여성까지 포함할 수 있는 유용한 기준이다. 생애주기를 중심으로 한 구분이란, 출생에서 사망에 이르는 과정을 특성에 따라 단계별로 구분하고 각 단계에서 여성의 욕구 및 사건을 중심으로 여성복지의 범주를 정하는 것을 말한다.[14)] 생애주기는 크게 두 가지 차원에서 접근할 수 있다.

첫째, 보편적이고 규범적인 일생 동안의 사건들을 중심으로 접근하면 교육 생활, 직업 생활, 가족 생활이 포함된다.[15)] 사회복지는 주로 여성의 직업 생활과 가족 생활에 개입하여

13) 위의 책, p. 37.
14) 위의 책, p. 38.
15) 김미혜, 『양성평등이 보장되는 복지사회』, 미래인력연구센터, 1999, p. 44.

고용 기회 및 승진 차별, 국민연금제도상의 차별, 아동보육 지원의 결여, 모성에 대한 제도적 지원 결여, 여성노인에 대한 불충분한 의료보장, 배우자의 사망으로 인한 가족 내 역할 등의 문제해결에 도움을 주고자 한다. 둘째, 생활주기 동안 발생하는 위기를 중심으로 접근한다. 생애주기 동안 겪을 수 있는 사건들은 이혼, 가족원의 갑작스러운 사망, 여성의 실직, 보살핌 노동을 필요로 하는 가족구성원 발생 등을 들 수 있다. 이상과 같이 생애주기를 중심으로 한 구분은 생애에서 겪을 수 있는 보편적 사건이든 위기적 사건이든 여성의 전 생애를 연속선상에서 포괄할 수 있다.[16]

이상으로 여성복지의 범주를 살펴보았다. 여성복지는 양성평등의 목표 아래 주요 문제와 모성의 역할 및 생애주기별로 개입함으로써 모든 여성의 다양한 욕구를 적절히 충족시키고 연속적인 복지서비스를 받을 수 있도록 해야 할 것이다.[17]

4. 여성복지의 접근방법

성불평등을 극복하고 삶의 질을 높이기 위해 여성복지의 접근방법은 일반적으로 정책적 측면과 대인적 측면으로 구분된다. 정책적 접근방법은 여성의 복지와 관련된 전체 내용들을 법 · 제도와 더불어 구체적인 정책으로 만들어 실행하며, 실천적 접근은 다양한 욕구에 따라 개별적으로 복지서비스가 제공되는 복지를 말한다. 여성들은 오랫동안 사회 전반에 걸친 불평등과 가부장적 구조를 타파하고, 그들이 겪게 되는 열악한 환경을 개선하기 위해 집단적 행동들로 적절한 대책 마련을 요구해 왔다. 이러한 적극적 집단행동들 역시 여성복지를 발전시키는 하나의 동력이 된다.

정책적 · 대인적 · 운동적 접근방법들은 어떤 수준에서 출발하느냐 하는 차이일 뿐 궁극적으로 여성의 삶의 질 향상을 추구한다는 점에서는 상호 보완적 관계에 있으므로 삼자를 조화롭게 통합적으로 잘 활용해야 할 것이다.[18]

16) 김인숙 외, 앞의 책, p. 38.
17) 위의 책, pp. 35-39.
18) 조흥식 외, 『여성복지학』, 서울: 학지사, 2000, pp. 81-86.

1) 정책적 접근

여성복지에 대한 정책적 접근은 여성복지정책으로 불린다. 여성복지정책은 일반적으로 국가가 시행하는 '여성을 위한 법이나 제도와 관련된 정책', 즉 여성정책의 하위 개념으로 사용된다.

1995년에 제정된 여성발전기본법은 우리나라 여성정책 수립의 기본 바탕이 되었고, 2000년부터는 여성정책 전반을 여성부에서 담당하였다. 국가는 여성발전기본법에 따른 제1차 여성정책기본계획(1998~2002)을 통해 남녀평등의 촉진, 여성의 사회참여 확대, 여성의 복지증진을 목표로 적극적으로 여성복지에 개입하기 시작했다. 뒤이어 제2차 여성정책기본계획(2003~2007)에서는 남녀의 조화로운 동반자 관계 형성, 지식기반 사회 여성의 경쟁력 강화, 사회 각 분야에서 여성의 대표성 제고, 여성의 복지증진 및 인권보호 강화라는 4가지 목표를 세우고 실질적으로 남녀평등사회를 실현하기 위해 진일보하였다. 이 시기에는 실제 여성부가 성인지적 정책의 형성과 시행을 위해 성별영향평가제도(2004년 시범사업 시작)와 성인지예산제도(2004 시범분석)의 도입을 위해 적극적으로 노력하였다. 또한 2004년에는 성매매특별법을 제정하고, 2005년에는 호주제를 폐지하는 등 법적 · 제도적 발전이 급속하게 이루어져 남녀평등사회의 기틀을 마련하였다. 이러한 법적 · 제도적 발전은 제3차 여성정책기본계획(2008~2012)을 통해 여러 정책을 만들어 시행함으로써 실질적 변화로 이어지게 되었는데, 성주류화 전략이 도입되어 국가 운영과 사회관계 전반에 남성과 여성의 동등한 참여를 보장하고, 성평등지표를 개발함으로써 사회의 전반적인 영역에서의 성평등 수준을 측정하고 분석하는 것을 추진하였다. 또한 여성의 역량을 강화하고, 다양성과 차이를 존중하는 것을 정책목표로 세워 여성 인력을 더욱 적극적으로 활용하고, 여성의 권익을 보호하며, 여러 성평등 정책을 추진함으로써 지속 가능한 성평등 사회를 구현하고자 노력하고 있다.

2015년 7월부터는 여성발전기본법의 명칭을 양성평등기본법으로 바꾸었으며, 2016년 개정안에서는 고용노동부와 공공기간에 개선을 요청할 수 있게 함으로써 여성의 실질적인 권리보장과 정부의 공공역할을 강조하고 있다. 2019년에는 한국여성인권진흥원의 설립에 관한 내용을 추가하였으며, 2020년 개정안에서는 각 지자체에 양성평등위원회의 설치를 의무화하는 등 평등 실현을 위한 구체적인 제도를 마련하고 있다. 그러나 남녀 양성만을 인정하고 있는 것으로 보여 성소수자에 대한 인식이 결여되어 있다는 비판을 받고 있다.

위에서 살펴본 여성정책의 기본 계획 수립과 시행, 여성복지와 관련된 법 · 제도의 발전을 시도하는 것을 정책적 접근이라고 말할 수 있다. 즉, 여성의 삶의 질을 향상시키기 위해 한 사회의 법과 제도 및 정책 등을 개혁하고 만들어 가는 사회복지적 차원의 조직적 활동으로 볼 수 있다. 이러한 접근은 성평등을 위한 사회적 조건을 창출해 가는 방법으로서 직접적으로 여성 개인과 만나면서 이루어지기보다는 여성복지정책 차원에서 전체적으로 논의될 수 있다. 여성정책은 사후적 측면보다는 예방적 측면에서 여성 문제에 대해 제도적·법률적·거시적으로 접근하는 것이다. 따라서 여성정책은 국가가 여성을 위해 시행하는 모든 활동을 의미한다 하겠다.[19)]

2) 대인적 접근

여성복지에 대한 대인적 접근이란, 욕구가 있는 여성에게 필요한 여러 가지 서비스를 여성 개인에게 직접적으로 제공하는 것을 말한다. 여성복지서비스는 주로 공공기관에서 여성복지사업이라는 이름으로 제공된다. 여기에는 여성의 경제적·사회적 욕구를 충족시키기 위해 지원되는 직업 알선과 직업훈련 프로그램, 재취업훈련 프로그램, 탁아 프로그램 외에도 사회적·정서적 욕구충족을 위한 교육 프로그램과 지도력 향상 및 자기표현을 위한 각종 프로그램이 있다.

또한 여성이 자립하기 어렵거나 열악한 환경조건 때문에 독립적 삶이 불가능한 경우 모자보호시설, 모자자립시설, 미혼모시설, 일시보호시설, 성폭력피해시설 등에서 시설보호서비스가 제공된다.

예컨대, 한부모가족을 위한 지원들을 살펴보면, 한부모가족 자녀에게 양육비(12세 미만 자녀, 월 5만 원) 및 교육비(고등학생 자녀, 입학금 및 수업료)를 지원하고, 청소년한부모의 자립을 위해서 아동양육비, 검정고시학습비, 고등학생교육비, 자립촉진수당 등을 지원한다. 또 한부모가족복지시설을 설립하고, 시설 기능을 보강하며, 장비 등이 필요할 때 이를 지원한다. 저소득 한부모가족에게는 복지자금을 대여함으로써 창업 및 사업 운영 등을 통해 자활할 수 있도록 지원하며 가족역량강화 서비스 지원단을 운영함으로써 가족이 위기에 처했을 경우 상담이나 각종 서비스를 제공받음으로써 문제를 해결할 수 있도록 돕는다. 자녀양육비 이행지원서비스는 저소득 한부모가족, 일반 한부모가족, 미혼모·부자가족, 조손가족 등에게 제공되는데, 이혼율이 높아짐에 따라 발생할 수 있는 여러 문제들 속에서 아동의 건강한

19) 위의 책, p. 82.

성장과 복지를 보장하기 위해 양육비에 관련된 사항에 관한 무료법률상담이 제공된다. 한부모가족복지시설 입소자들에게는 상담 · 치료 서비스가 제공되며, 미혼부 · 모들에게는 임신 · 출산 · 자녀양육을 위한 정보와 상담이 지원된다.[20]

이와 같은 대인적 접근에서는 주로 심리적 · 정서적 수준에서 개입하는 여러 가지 다양한 기술과 기법이 중요하다. 그동안 사회복지 영역에서 여성을 대상으로 이루어진 대인기술적 서비스가 여성주의적 관점이 없었을 뿐더러 개입과 대책에 대한 사회복지의 독특한 정체성을 보여 주지 못한 것이 사실이다.

그러나 최근 들어 여성의 고유한 특성과 조건을 고려하여 여성복지적 차원에서 이루어지는 기술적 접근이 활발해지고 있는데, 대표적인 것이 바로 여성 중심적 상담이다. 여성 중심적 상담은 기존의 많은 대인기술적 접근에 여성 중심적 관점을 첨가하여 여성의 문제해결을 돕는 방법이다. 따라서 인지치료나 정신분석적 접근을 비롯한 기존의 이론적 접근을 여성의 관점에서 재해석하여 활용하는 것이다.[21]

전통적으로 프로이트의 정신분석은 많은 비판을 받아 왔다. 페미니스트들은 프로이트의 정신분석을 거부하거나 새롭게 해석하려는 시도를 해왔다. 예컨대, 여성이 당한 성폭력을 마치 여성 자신이 원하는 것처럼 해석하는 남성 중심적 시각은 정신분석이 가장 비난을 받은 대목 중 하나다.

하지만 사회복지 영역에서는 여성 클라이언트의 문제해결을 위한 개입에 정신분석기법을 사용하면서 페미니즘이 가질 수 있는 문제의식을 거의 제기하지 못했다. 이러한 문제점을 비판하면서 나온 것이 바로 여성 중심적 상담이다. 현재 우리나라에서 많이 활용되는 여성 중심적 상담기법으로는 개인 중심의 상담과 의식고양훈련(CR: Conscious Raising)이 있다. 개인 중심의 상담은 여성이 겪는 위기 상황을 해결할 수 있도록 돕는 문제해결 중심 방식이고, 의식고양훈련은 집단모임을 통해 여성을 의식화하는 것이다. 최근에는 여성 스스로에게 힘을 부여함으로써 문제를 해결할 수 있게 하는 역량강화(empowerment)에 많은 관심이 모아진다.[22]

20) 여성가족부, 「2012년도 한부모가족지원사업 안내」, 2012.
21) 김인숙 외, 앞의 책, p. 41.
22) 위의 책, pp. 41-42.

3) 여성운동적 접근

여성복지의 접근방법은 사회복지의 일반적인 접근방법을 따라서 주로 정책적 접근과 대인적 접근으로 구분되지만, 김인숙은 여성의 특수한 상황을 고려하여 여성운동적 접근을 덧붙였다.

김인숙은 사회복지 분야에서 운동적 접근이 필요하다는 인식이 오래전부터 있었지만 이를 공식적인 사회복지 접근방법으로 체계화하지 못했다고 지적한다. 특히, 여성복지 분야는 인구의 절반이 클라이언트 집단이라 할 수 있기 때문에 다른 어떤 사회복지 분야보다 대상의 폭이 넓을 뿐 아니라 문제의 근원이 성차별적 이념, 가치, 정책, 제도 등으로 인해 생기는 경우가 대부분이다. 이는 여성 개인만 바뀌어서는 될 일이 아니라는 인식을 공유하게 했다. 때문에 오래전부터 이러한 구조적 틀을 변화시키기 위한 여성운동적 접근이 이루어졌지만 사회복지 내에서 충분히 수용되지 못한 것이 사실이다. 우리나라 여성복지의 발달을 보면, 여성복지 관련 법과 정책 형성에 여성운동의 역할이 가장 컸음을 부인할 수 없다. 예컨대, 성폭력 및 가정폭력특별법이나 성매매방지법 제정과 이를 통한 사회복지적 대응은 여성운동에서 꾸준히 해결을 모색하고 촉구한 결과로서 이루어진 것이다. 또한, 호주제 역시 성불평등한 부계혈통주의라는 여성운동의 끈질긴 지적이 받아들여졌기 때문에 법적으로 폐지된 것이고, 다양한 가족 형태가 출현하여 이에 대한 여성복지적 대응이 절실한 상황에서 호주제 폐지는 반드시 필요한 정책적 결정이었다. 호주제 폐지나 성폭력 등의 여성 문제 관련 특별법과 같이, 여성복지에 긍정적으로 작용할 수 있는 정책을 만들고 서비스를 전달하기 위해서는 여성의 문제를 알리고 정책결정과 서비스 전달을 요구할 수 있는 강력한 움직임이 선행되어야 한다. 이 때문에 정책적 접근과 대인적 접근 외에 여성운동적 접근이 필요한 것이다.

이 장의 요약

1. 기존의 여성복지는 가부장적 질서를 잘 수행하기 위해 여성을 통제하는 부녀복지에 지나지 않았다. 그러나 오늘날 남성보다 더 긴 수명을 갖는 여성의 인구학적 특성과 다양한 가족 형태, 성불평등적 현실 등은 진정한 의미에서 여성을 위한 복지를 필요로 하고, 이러한 여성의 성불평등 극복과 삶의 질 향상을 이루는 데 여성복지가 기여해야 한다.
2. 여성복지는 주로 요보호여성을 대상으로 이루어져 왔다. 이 같은 복지는 여성복지 대상자를 오히려 낙인

찍는 결과를 초래했고, 잔여적 복지라는 비판을 들어 왔다. 따라서 여성복지는 문제가 발생하여 사후적으로 개입하는 것이 아니라 전체 여성의 일상적 삶을 포괄할 수 있는 보편적 복지로 확대되어야 한다.

3. 여성복지의 범주는 주로 여성 문제와 모성 역할 및 생애주기에 따라 구분된다. 여성 문제를 중심으로 보면, 문제해결에 초점을 맞추어 매매춘, 성폭력, 빈곤 문제 등에 개입하게 된다. 모성 역할을 중심으로 보면, 여성이 어머니로서 수행하는 역할에 사회적으로 개입하게 되고, 생애주기를 중심으로 보면, 여성의 전 생애에 걸쳐 일어나는 다양한 사건과 위기에 개입하게 된다.
4. 여성복지의 접근방법은 크게 세 가지로 구분할 수 있다. 먼저 정책적 접근은 정책과 법 및 제도를 통해 여성의 삶에 개입하는 것이고, 대인적 접근은 여성복지사업으로 실시하는 프로그램 수행과 사회복지사의 대인기술을 통한 서비스로 여성 개인에게 개입하는 것을 말한다. 마지막으로 운동적 접근은 여성복지정책을 만들고 서비스를 전달하기 위해서 여성의 문제를 알리고 정책결정과 서비스 전달을 강력하게 요구하는 움직임이다.

주요 용어

- **적극적 조치**(affirmative action): 차별을 철폐하고 평등을 촉진할 목적으로, 기존의 차별로 인해 현재의 여성이 권리행사를 할 때 겪는 장애를 조정하여 그 영향을 없앨 수 있도록 잠정적으로 현재의 정치 · 사회 · 경제구조를 개선하는 조치를 말한다.
- **빈곤의 여성화**(feminization of Poverty): 세계화, 산업 이전 및 기술 혁신, 가족구조의 변화, 여성의 역할 변화 등에 의해 노동시장의 취약성, 노동 가능성 약화, 가족의 보살핌 책임의 문제로 여성이 빈곤화되는 현상을 말한다.
- **부녀복지**: 여성을 남성의 의존자로 보고 영세여성가구주, 미혼모, 윤락여성, 가출여성 등 소위 요보호여성에 대한 단편적인 서비스를 제공하는 국가적 대책을 뜻한다.

더 읽을거리

1. 공미혜 외, 『여성복지론』, 서울: 신정, 2010.
2. 김인숙 · 정재훈, 『여성복지의 실천과 정책』, 파주: 나남출판, 2008.
3. 여성한국사회연구소 편, 『새로 쓰는 여성과 한국사회』, 사회문화연구소, 2000.
4. 조흥식 외, 『여성복지론』, 서울: 학지사, 2000.
5. 멜린다 게이츠, 『누구도 멈출 수 없다』, 강혜정 역, 부키, 2020.

PART 02

현대 사회의 여성 문제와 여성복지

Chapter
04

여성 노동과 여성 빈곤

산업화 이전 사회에서도 남녀에 따른 차별이나 구별은 있었으나 산업화는 그러한 차별과 구별을 체제에 유리한 방식으로 재구성하였다. 즉, 가사에 전념하는 것을 여성 본연의 의무로 부여하여 여성들은 노동자이면서도 노동자가 아닌 존재로 취급받아 왔다. 이 장에서는 여성 노동과 여성 빈곤 문제를 다루고 있다. 우리나라 여성 노동의 특징 중 하나는 노동시장 내 여성의 지위가 낮다는 점이다. 가부장적 구조에 의한 성별 직업분리 및 가사노동은 노동시장 내에서 여성의 지위를 저하시키는 근본 원인으로 작용하는데, 여기서는 이러한 노동시장의 이중구조를 설명하는 이론들을 고찰해 본다.

노동시장 내에서 여성들이 경험하는 차별은 여성 빈곤의 주된 원인으로 작용하는데, 여성 빈곤의 근본적인 발생 원인은 대부분 개인적 차원의 문제가 아니라 성차별적 사회제도 및 남성 중심적 자원 분배의 결과로 파악될 수 있다. 따라서 여성 빈곤 문제에 접근할 때 성적 요인은 결코 간과될 수 없는 요인이 된다. 이 장에서는 이런 성별 요인들을 고려함으로써 다양한 각도에서 여성 빈곤의 원인과 실태, 그리고 그 해결방안 등에 대해 논의해 보고자 한다.

1. 여성 노동의 특징과 변화

노동시장에서 여성이 받는 차별은 여성 빈곤의 주된 원인으로 작용한다. 가부장제 사회에서 여성은 아이들을 포함한 가족원을 보살펴야 하는 의무를 가지고 있으며 이는 노동시장에서 여성의 노동에 영향을 미친다. 즉, 여성의 노동주기는 여성의 생애주기에 따라 결혼, 출산, 자녀양육기 노동단절을 경험하게 된다.

이 절에서는 노동시장에서 여성이 겪는 불평등에 초점을 맞추어 살펴본다. 우리나라 여성 노동의 특징과 변화를 살펴보고, 노동시장에서 나타나는 여성의 지위와 불평등의 현상 및 성차별의 원인을 파악한다. 나아가 현재 우리 사회의 여성 노동과 관련된 복지정책 현황과 그 문제점 및 과제를 생각해 본다.

우리나라 여성 노동력 구조의 변화 특징은 다음과 같은 몇 가지로 요약할 수 있다. 여성 노동력의 꾸준한 경제활동 참여 증가에 따라 노동시장에서는 '노동력의 여성화'[1]를 나타내고 있으나, 여성의 새로운 일은 주로 서비스 부문에서 창출되고 있어서 '여성 노동의 서비스화'가 급속도로 진행되고 있다. 또 여성들의 경제활동 참여가 증가함에도 불구하고 여성의 고용 형태는 비정규직으로 구조화되어 고용의 안정성은 감소하고 있다.

이와 같은 전반적인 특징을 갖는 우리나라 여성 노동의 변화와 특징을 여성의 경제활동 참가율, 여성취업구조의 변화와 특징을 통해 살펴보고 여성 노동의 비정규직화가 어떻게 진행되고 있는가를 구체적으로 파악해 본다.

1) 여성 경제활동 참가율의 특징과 변화

(1) 전반적 경향

1980년대 이후 우리나라 여성의 경제활동참가율은 지속적으로 증가해 왔다. 전반적인 경제활동 참가율 변화의 특징을 보면 다음 〈표 4-1〉과 같다.

● 이 장은 『현대사회와 여성복지론』, 김영화 외(2006)의 조희금의 글을 초안으로 권신영이 수정·보완하여 집필하였다.

1) 스탠딩(Standing, 1989)은 노동력의 여성화 과정은, 남성 노동력에 대한 여성 노동력의 대체, 전통적인 여성집중 부문의 확장, 여성과 관련된 고용 형태의 확장 — 즉, 파트타임이나 임시직의 확장 — 등 다양한 구체적인 과정을 통해 진행된다고 하였다(강이수, 2001, p. 15.에서 재인용).

〈표 4-1〉 혼인상태별 경제활동인구 (단위: %)

구분	기혼	미혼	여성 전체
1980	40.0	50.8	42.8
1985	41.0	44.7	41.9
1990	46.8	45.6	47.0
1995	47.6	50.4	48.4
2000	48.7	47.0	48.8
2005	49.0	53.6	50.1
2010	49.1	50.5	49.4
2015	51.3	53.9	51.9
2020	51.9	55.4	52.8

출처: 한국여성정책연구원, 『한국의 성인지 통계』.

한국여성정책연구원에 따르면, 여성의 경제활동참가율은 1963년 이후 지속적으로 증가하는 경향을 보였으나, 2020년 기준으로도 남성(72.6%)에 비하여 상대적 19.8% 낮은 52.8%의 참가율을 보인다[2].

이는 결혼과 관련된 것으로 보인다. 혼인 상태에 따라 여성의 경제활동 참가율 변화를 살펴보면, 여성의 경제활동참가율의 지속적인 증가는 기혼 여성의 경제활동 참가가 1980년 이후 지속적인 증가를 보이고 있다는 점에서 미혼 여성보다는 기혼 여성의 경제활동 참가율 증가가 주도하고 있음을 볼 수 있다. 미혼 여성의 경제활동 참가율은 연도에 따라 변화가 있으며, 1985년 44.7%에서 계속 증가하면서 1995년 50.4%까지 증가하였다가 2000년에 47.0%로 감소하는데 이는 경제위기의 환경적 영향으로 보인다. 다시 2005년까지 53.6%까지 증가하였고으나, 역시 금융위기인 2009년 49.6%로 감소했다가 2010년 다시 50.5%로 증가하는데, 이와 같이 여성의 경제활동 참가율이 경제위기로 인해 증감을 반복하는 것은 해고된 여성들이 실업 상태에서 구직을 하는 실업자가 아니라 구직조차 하지 않는 비경제활동인구로 이행하였기 때문으로 짐작된다.

(2) 연령계층별 경제활동 참가율

여성의 연령별 경제활동 참가율의 변화를 〈표 4-2〉와 [그림 4-1]에서 보면, 연령에 따라 차이가 있다. 즉, 우리나라 여성의 연령별 경제활동 참가율은 20대 초반과 40대의 참가율이 높아서 두 개의 최고점을 가지는 쌍봉형(M자형)을 나타낸다. 이와 같은 여성의 경제활동 참

2) 한국여성정책연구원, 『2020 한국의 성인지통계』. p. 40

가율 변화의 유형은 여성의 가정 내 활동인 자녀출산 및 양육의 영향을 받는 것이다. 자녀출산 및 양육기인 20대 후반에서 30대에 걸쳐 노동단절을 경험한 다음, 40대 이후인 자녀양육 후 재취업하는 형태로 여성의 노동주기가 생애주기에 따라 영향을 받는 것을 나타낸다.

〈표 4-2〉 연도에 따른 여성의 연령별 경제활동 참가율

(단위: %)

구분	15~19	20~24	25~29	30~34	35~39	40~44	45~49	50~54	55~59	60+
1970	44.1	47.1	34.6	38.3	42.7	47.0	46.5	37.1	37.1	14.7
1980	34.4	53.5	32.0	40.8	53.1	56.7	57.3	53.9	46.2	16.9
1990	18.7	64.6	42.6	49.5	57.9	60.7	63.9	60.0	54.4	26.4
2000	12.5	60.8	55.9	48.5	59.1	63.4	64.6	55.2	50.8	29.8
2005	10.3	62.6	66.1	50.3	59.0	65.6	63.1	58.4	49.1	28.1
2010	8.5	53.5	69.8	54.6	55.9	65.9	65.6	61.3	53.3	26.9
2015	9.9	56.3	72.7	61.6	55.9	64.8	70.4	67.4	58.7	30.0
2020	8.0	49.3	73.6	67.6	60.5	63.4	67.4	67.7	62.4	35.0

출처: 한국여성정책연구원, 『한국의 성인지 통계』.

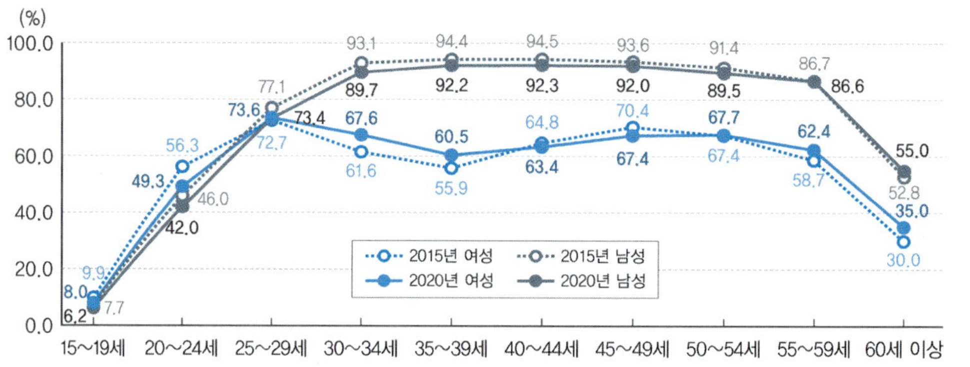

출처: 한국여성정책연구원, 『한국의 성인지 통계』.

[그림 4-1] 우리나라 연령별 경제활동 참가율

(단위 : %)

구분	15~19	20~24	25~29	30~34	35~39	40~44	45~49	50~54	55~59	60+
2015남	7.7	46.0	77.1	93.1	94.4	94.5	93.6	91.4	86.7	52.8
2020남	6.2	42.0	73.4	89.7	92.2	92.3	92.0	89.5	86.6	55.0
2015여	9.9	56.3	72.7	61.6	55.9	64.8	70.4	67.4	58.7	30.0
2020여	8.0	49.3	73.6	67.6	60.5	63.4	67.4	67.7	62.4	35.0

출처 : 한국여성정책연구원, 『한국의 성인지 통계』.

이처럼 여성들의 연령별 경제활동 참가율이 전형적인 M자형을 나타내는 것은 남성들의 연령별 참가율이나, 자녀양육 비용의 사회적 부담이 합의되어 있는 스웨덴 등 서방 선진국가 여성들의 경제활동 참가가 연령에 관계없이 80~90%의 고원형(역U자형)을 나타내는 것과는 차이가 있다. 이들 서방선진국 여성의 노동주기는 가족 내 생애 사건에 영향을 받지 않는 연속적인 노동주기를 갖는다.

연도별로 살펴보면, 여성의 전 연령계층에서 경제활동 참가율이 증가하였으나, 연령대에 따라 다소 차이가 있다. 20~24세 여성의 경제활동 참가율은 상급 학교의 진학률로 인해 2000년 61.2%에서 2015년 54.6%로 하락하였으며, 2020년에는 49.3%까지 하락하였다. 25~29세 연령층의 참가율은 2000년 55.9%에서 2015년 72.7%로 증가하여 더욱 활발해진 데 비해, 35~39세 여성의 경제활동 참가는 2000년 59.3%에서 2015년 55.9%로 소폭 낮아졌다가 2020년 60.5%로 회복하였다. 이는 초혼 연령이 증가하면서 출산과 육아로 인해 노동시장에서 퇴장하는 주 연령층이 30~34세 연령층에서 35~39세 연령층으로 이동한 것으로 볼 수 있으며, 육아휴직 등 일·가정양립 정책의 활성화로 다소 회복된 것으로 보인다. 40대 이후 기혼 여성의 경제활동 참가율은 꾸준히 증가하고 있으며, 45~49세 연령층의 참가율은 20~24세 연령층의 참가율을 넘어서고 있다는 점에서 과거보다 완화되었으나 여전히 M자 형태의 그래프를 형성함으로써 여성의 경제활동은 가족 내 생애주기에 지대한 영향을 받고 있음을 알 수 있다.

2) 여성취업구조의 특징과 변화

노동시장에 진입한 여성들의 취업구조의 특징과 변화를 살펴보기 위해 직종별, 종사상 지위별, 혼인상태별 여성취업자의 취업구조를 살펴본다.

(1) 직종별 여성취업자 구조

〈표 4-3〉에서 직종별 여성취업자 분포를 살펴보면, 2015년 전문가 및 관련 종사자 직군에 가장 많은 여성이 취업한 것으로 나타났으며, 그 다음이 사무종사자, 서비스 종사자 순으로 나타났다. 2020년에는 전문가 및 관련 종사자가 역시 가장 많았으며, 그 다음은 기능원 및 관련 기능종사자, 사무종사자, 서비스 종사자 순으로 나타났다.

〈표 4-3〉 직종별 취업자 분포

(단위: 천 명)

직업(비율)	2015			2020		
	계	여성	남성	계	여성	남성
계	26,178	11,022	15,156	26,904	11,523	15,381
관리자	358	37	321	395	62	334
전문가 및 관련 종사자	5,189	2,474	2,714	5,480	2,626	2,855
사무종사자	4,446	2,072	2,374	4,691	2,377	2,314
서비스 종사자	2,813	1,854	959	3,046	2,030	1,016
판매근로자	3,129	1,607	1,522	2,897	1,449	1,448
농림어업 숙련 종사자	1,243	490	753	1,383	521	861
기능원 및 관련 기능 종사자	2,395	310	2,065	9,012	2,458	6,554
장치, 기계조작 및 조립 종사자	3,187	412	2,776	2,336	283	2,053
단순노무직 근로자	3,437	1,766	1,672	2,957	336	2,621

주:한국표준직업분류기준이 2018년 기준으로 전부개정으로 수치 차이가 있음
출처: 한국여성정책연구원, 『2020 한국의 성인지 통계』, 2020, p.249.

〈표 4-4〉 직종별 여성 비율

(단위: %)

구분	관리자, 전문가	사무종사자	서비스, 판매종사자	농임어업 숙련 종사자	기능원 및 관련 기능종사자	장치, 기계조작 및 조립종사자	단순노무 종사자
2013	43.2	46.3	57.3	40.4	13.8	13.0	52.6
2016	45.4	47.6	58.2	38.4	13.6	12.4	51.4
2019	46.6	49.5	58.5	38.4	12.7	12.0	49.8
2021	46.8	51.1	58.8	37.0	12.1	11.3	48.9

출처: 한국여성정책연구원, 『한국의 성인지 통계 DB』을 재작성

다만, 이들을 남녀 비율로 따져보면, 2013년 이후 여성의 비율이 가장 높은 것은 서비스 판매종사자, 사무종사자, 관리자 전문가 순으로 나타나는데, 기능원 및 관련 기능종사자는 절대적인 취업자는 많으나 2021년 기준으로 전체 종사자 중 12.1%만이 여성으로 이루고 있다는 점에서 상당히 낮다고 볼 수 있다. 이처럼 〈표 4-4〉를 보면 여성취업자의 대부분이 몇 개의 직종에 몰려 있음이 나타난다. 전반적으로 각 직종에서 여성의 비율이 연도에 따라 증가하고 있는데, 2021년의 경우 서비스, 판매종사자의 58.8%가 여성, 사무종사자의 51.1%의 비율을 나타내 이들 2개 직종이 주로 여성 직종임을 보여 주고 있다. 반면, 기능원 및 관련 기능종사자의 여성 비율이 단 12.1%에 불과하고 장치, 기계조작 및 조립종사자 중 여성 비율은 11.3%로 남성의 비율이 80~90%를 차지하고 있다는 점에서 이들 직종은 아직도 남성 직종임을 나타낸다.

(2) 종사상 지위별 여성취업자 구조

한국여성정책연구원에 따르면, 1960년~1970년대는 여성취업자의 절반 이상이 무급 가족종사자의 지위였으나, 1980년대부터 피용자의 비율이 증가하기시작하였다. 종사상 지위별 여성취업자의 분포는 〈표 4-5〉에 나타나 있듯이, 2020년 여성의 취업자 형태 중 임금근로자는 902만 8000명으로 취업자의 78.3%를 차지하고 있으며, 이중 상용직이 50.8%로 가장 높고, 임시직이 23.7%, 자영자가 10.8%, 무급가족종사자 7.7%, 일용직 3.8%, 고용주가 3.2% 순으로 나타났다. 여성취업자 상용직 비율은 1990년 21.4%에서 2000년에 19.2%로 하락하지만, 이후 상승하여 2010년 34.5%, 2015년 43.1%, 2020년 50.8%로 나타났고, 반면 일용직 비율은 점차 하락하여 2000년 13.9%에서 2020년 3.8%를 나타내었다. 무급가족 종사의 비율은 1990년 24.5%로 매우 높았으나, 2015년 9.1%로 취업자에서 차지하는 비율이 10% 이하로 하락하였다. 전반적으로 여성취업자 상용직이 여성취업자 종사상 지위분포에서 50.8%로 가장 높게 나타지만, 종사자 지위가 불안정한 27.5%의 임시 및 일용직 여성 취업자에 대한 지원이 필요하다.

〈표 4-5〉 여성취업자의 종사상 지위별 분포

(단위 %)

구분	비임금근로자			임금근로자			계
	고용주	자영자	무급 가족종사자	상용	임시	일용	
1990	2.7	16.0	24.5	21.4	22.5	12.9	100
1995	3.3	16.0	21.1	25.5	24.2	9.8	100
2000	3.0	16.2	19.3	19.2	28.4	13.9	100
2005	3.5	15.3	13.9	25.7	30.2	11.3	100
2010	3.3	12.9	10.9	34.5	30.0	8.4	100
2015	3.5	11.0	9.1	43.1	27.6	5.8	100
2020	3.2	10.8	7.7	50.8	23.7	3.8	100

출처: 한국여성정책연구원, 『2020 한국의 성인지 통계』, 2020, p.257을 재구성

(3) 교육 정도별 여성취업자 구조

교육 정도별 여성취업자 분포를 〈표 4-6〉에서와 같이 살펴보면, 1990년 이래 고졸과 대졸이상 여성 경제활동 참가율은 상승하고 중졸 이하는 하락하는 추세이며, 1990년 고졸과 대졸이상 여성의 경제활동 참가율은 2000년 각각 49.4%와 57.8%로 그리고 2020년 53.5%와

66.0%로 점차 증가하였다. 교육 정도별 여성의 경제활동 참가율은 남성에 비해 전체적으로 낮다. 남녀불문하고 교육정도에 있어 전문대졸의 경우가 가장 많은 비율로 경제활동에 참가하고 있으나, 2020년 기준으로 전문대의 여성경제활동 참가율은 남성에 비해 큰 차이로 낮음을 알 수 있으며, 대졸 이상에서도 전문대졸 다음으로 높은 차이를 보이고 있다.

〈표 4-6〉 교육 정도별 여성 경제활동 참가율 (단위: %)

구분	중졸이하		고졸		전문대졸		대졸 이상	
	여성	남성	여성	남성	여성	남성	여성	남성
1990	45.6	63.2	47.5	80.0	66.2	93.5	53.1	93.2
2000	43.6	57.8	49.4	78.5	64.4	91.1	57.8	87.3
2015	34.2	46.4	55.6	74.4	66.9	92.0	64.3	87.8
2020	34.2	45.6	53.5	71.0	68.4	88.1	66.0	85.3

출처: 통계청, 『경제활동인구연보』; 한국여성정책연구원, 『2020 한국의 성인지 통계』, 2020, p. 218.

(4) 혼인 상태별 여성취업자 구조

〈표 4-7〉에서 2019년 혼인 상태별, 산업별 여성취업자 분포를 보면, 미혼 여성은 전문직과 사무직, 서비스판매직에 93.1%가 종사하고 있고 기혼 여성은 서비스판매직과 전문직에 52.0%가 집중되어 있다.

〈표 4-7〉 직업별 혼인상태별 취업자 분포(2019) (단위: %)

구분	관리자, 전문가	사무종사자	서비스, 판매종사자	농임어업 숙련 종사자	기능원 및 관련 기능종사자	장치, 기계조작 및 조립종사자	단순노무 종사자
미혼	35.4	31.2	26.6	0.3	0.9	1.4	4.4
기혼	21.8	19.3	30.2	5.8	2.9	3.5	16.5
이혼/사별	8.8	7.9	36.6	6.6	3.6	3.1	33.7

출처: 한국여성정책연구원, 『2020 한국의 성인지 통계』, 2020, p. 255.

미혼 여성 노동력은 상급 학교 진학률의 증가로 경제활동 참가율이 감소했을 뿐만 아니라 1980년대 이후 확대된 하위사무직으로 이동하였다. 그동안 농림어업직에 주로 종사하던 기혼 여성 노동력은 미혼 여성 노동력이 빠져나간 생산직을 보충하면서,[3] 전통적으로 기혼

3) 조희금 · 이연숙, "기혼 여성의 생산직 참여배경과 노동부담", 『대한가정학회지』 제36권 제2호, 1998, pp. 161-173.

여성의 중심 직종인 서비스, 판매종사자의 증가로 이어졌다. 특히, 자녀양육 후 노동시장에 진입하는 기혼 여성 노동력은 노동시장 진입 장벽이 낮은 서비스판매직과 생산직으로 재취업하고 있다. 가장 큰 문제는 이혼/사별 여성의 경우로, 미혼 여성이 주를 이루는 관리자, 전문가, 사무종사자는 급감하고, 서비스, 판매종사자, 단순노무종사자가 급증함을 알 수 있다. 특히, 단순노무종사자의 근로조건이 좋지 않음을 감안하면, 이혼/사별 여성의 경제적 어려움을 예측할 수 있다.

3) 여성 노동의 비정규직화

통계청에 따르면 우리나라 노동시장에서 1980년대 이후부터 증가하기 시작한 비정규직 근로자[4]는 외환위기 이후 급격히 증가하여 2021년 전체 임금근로자의 38.4%를 차지하고 있다.[5] 비정규직 근로자의 증가는 이들의 고용이 불안정하고 노동 조건이 매우 열악하다는 점에서 문제가 된다. 비정규직 근로자는 대체로 단기고용이거나 항상 해고의 불안을 가지고 있으며, 임금 수준이 낮을 뿐만 아니라 각종 수당이나 퇴직금이 없는 경우가 많고, 사회보험이나 사내복지의 혜택도 없는 경우가 많다. 그러므로 비정규직 근로자의 증가는 한계근로자의 증가를 의미하는 것으로 사회구성원의 전반적인 삶의 질이 저하되는 것이다.

이런 비정규직 근로자의 문제는 바로 여성근로자의 문제이다. 왜냐하면 2020년 기준 여성 임금근로자의 45%가 비정규직이기 때문이다. 특히, 비정규직 여성근로자의 규모를 추정할 때 장기임시직의 분류가 중요한데, 장기임시직은 임시직 가운데 고용기간을 미리 정하지 않았지만 스스로 임시직 또는 일용직이라고 생각하고 있는 근로자들로 주로 식당이나 슈퍼마켓 등 종업원 10인 미만의 소규모 사업장에서 근로하고 있는 사람들을 말한다.[6] 이들을 포함한 비정규직 근로자의 특징은 여성에서 높게 나타난다. 경제위기 때 퇴출되었던 여성 노동력은 1999년 이후 경기가 회복되면서 주로 비정규직 고용을 통해 노동시장에 복귀한

4) 비정규직 근로자에 대한 개념 정의는 다양하다. 김태홍(2000)은 비정규직 근로자란 전통적인 의미의 정규직 근로자와 고용계약기간, 근로시간, 근무방법, 고용계약 형태, 기업 내부에서의 신분 등이 다른 근로자를 말하고 이와 같은 고용 형태를 비정규직 고용이라 하며, 이런 비정규직 고용 형태에는 임시직, 일용직, 시간제, 파견제 등이 있다고 정의하고 있다(한국여성개발원, 2000, p. 102). 장지연(2001)은 비정규 근로(atypical employment)란 정규 근로가 아닌 근로 형태로 정의하고 고용계약기간, 근로시간, 고용계약 주체와 사용자의 일치 여부, 계약의 종류 등의 기준 중에서 어느 한 가지라도 전형적인 형태에서 벗어나는 경우를 모두 비정규 근로로 본다고 하였다.

5) 통계청 홈페이지. 경제활동인구조사.

6) 장지연, "비정규직 노동의 실태와 쟁점", 『경제와 사회』 제51호, 2001, pp. 68-96.

것으로 나타났다. 분명한 것은 여성은 비정규직에 취업하게 될 가능성이 높고, 이런 현상이 최근 들어 점점 심해지고 있다는 것이다.

한국의 성인지 통계 조사(2020)를 기준으로 볼 때, 2000년 여성임금근로자 중 비정규직은 28.6%이며, 2017년은 41.1%, 2020년은 45.0%로 증가한 것으로 나타났으며, 이에 반해 상용직은 2000년 18.4%에서 2014년은 27.4%로 상대적으로 낮게 증가하였다. 이는 여성의 고용 안정성이 낮음을 나타내는 것이다. 이들 여성 비정규직 근로자들은 여성 정규직 노동자와 비교해 볼 때, 판매서비스직과 단순노무직에 주로 분포되어 있는 것으로 나타났는데, 장기임시근로자의 61%, 시간제근로의 73%, 파견근로자의 82%, 용역근로의 90%, 호출근로의 78%, 독립도급의 84%가 판매서비스직과 단순노무직의 두 직종에 속하고 있다. 또 이들은 정규직 근로자에 비해 임금격차가 날 뿐만 아니라 사회보험과 퇴직금, 상여금 등 부가급여 수혜에서는 더 큰 차이를 나타내고 있다.[7]

우리나라 노동시장에서 여성들은 남성과 유사한 수준의 인적 자본을 가진 경우에도 정규직 취업 기회를 갖기가 더 어렵고, 같은 시간 일하고도 임금과 다른 모든 처우에서 불리한 위치에 서게 된다. 이처럼 여성들이 쉽게 비정규직 근로자가 되는 이유는 먼저 우리 사회의 가부장적 가치가 여성들의 노동력을 저평가하고 이로 인해 여성은 차별적인 노동시장에 직면하게 된다는 점을 지적할 수 있다. 또 기혼 여성의 경우는 가정 내에서 가족원을 보살피고 가사노동을 전담해야 하므로 여성의 시장노동력에 영향을 미친다. 나아가 성별에 따라 구분되는 직종 및 직무분리가 또한 그 원인이 된다. 만일 여성들이 특정 직종에 몰려 있고 이 직업들이 노동에 대해 낮은 보상을 받는다면 성별 임금격차가 나타날 수밖에 없다. 마찬가지로 여성들이 집중되어 있는 직종의 비정규직화 경향이 분명하다면, 여성임금근로자의 비정규직 비중은 증가할 수밖에 없다. 앞에서도 살펴본 바와 같이 여성은 서비스직과 판매직 등 특정직종에 집중되어 있는데, 이들 직종은 압도적으로 비정규직으로 운영되고 있는 직종이므로 여기에 속하는 근로자의 대부분은 비정규직으로 일하게 되는 것이다.

이런 추세는 지난 20~30년간 세계화와 노동력의 유연화 추세에 따라 노동시장의 성별 전환 및 여성 노동의 재구조화가 진행되어 온 서구의 여성 노동시장과 유사한 변화와 특징을 갖는 것으로 보인다. 그러나 우리나라 여성 노동시장을 서구와 비교할 때, '노동력의 여성화'는 진행되지만, 경기변동에 따라 노동시장에서 밀려나 쉽게 비경제활동인구로 전환되는

7) 장지연, 위의 책, pp. 79-83.

등 제한적이며 불안정한 형태를 띠고 있다. 즉, 경제위기 국면에서 여성 우선 해고에 따른 여성실업의 증가는 여성실업자의 상당 부분이 실망 실업자화하여 비경제활동인구로 이전하는 현상을 보였다. 또 기혼 여성의 증가, 서비스 부문의 확대라는 공통성을 갖지만, 기혼 여성의 취업 경험은 생애주기에 따라 단절적이고 서비스 부문은 더욱 사적이며 분산적인 형태로 이루어지고 있다. 반면, 파트타임이나 파견근로와 같은 비정규근로의 확대 등으로 우리나라 여성 노동의 비정규직 확대는 서구의 경우보다 훨씬 급격하고 광범위한 형태로 진행되고 있는 것으로 분석된다.[8)]

2. 노동시장에서 여성의 지위와 불평등

여성 노동의 특징 가운데 하나는 노동시장에서 여성의 지위가 낮다는 것이다. 일반적으로 여성들은 임금 수준이 낮고 근로조건이 열악하며 능력 개발이나 승진의 기회가 제한된 직종에 집중적으로 취업해 있다. 이 부분에서는 여성들이 노동시장에서 경험하는 성차별과 불평등의 실태를 보기 위해 성별 직종분리 현상과 성별 임금격차 현상을 분석한다. 나아가 이런 노동시장 성차별의 원인을 파악해 본다.

1) 성별 직종분리

여성이 특정 직종에 집중하여 있는 현상은 우리나라뿐 아니라 많은 국가에서 발견할 수 있는 현상이다. 성별 직종분리의 원인으로는 첫째, 직업에 대한 성별 선호도의 차이, 둘째, 직무수행에서 성별 직무 능력의 차이, 셋째, 기업의 직접적 성차별, 넷째, 여성의 직업 진출을 가로막는 법, 관습, 문화 등의 제도적인 차별을 들고 있다.[9)]

우리나라 노동시장의 성별 직종분리 정도가 어느 정도인지를 남녀의 직종격리 정도를 나타내는 지표인 던칸지수를 통해 살펴본 결과 1985년에 비해 1990년에 약간 개선되었으나,[10)] 1993~2000년 사이의 성별 직종분리 정도는 오히려 악화되고 있었다. 이 시기는 여성의 경제

8) 강이수, “변화하는 노동시장과 여성 노동자”, 『경제와 사회』 제51호, 2001, pp. 10-37.
9) Johnson, G. E. & P. Stafford, “Alternative approaches to occupational exclusion”, 1998 ; 금재호, “노동시장 이중구조와 성차별: 직종분리를 중심으로”, 『제3회 한국노동패널 학술대회 자료집』, 2001, p. 307에서 재인용.
10) 김태홍, 앞의 책, pp. 92-93.

활동이 특히 증가한 시기이나, 이러한 증가가 직종분리 현상을 완화시키지 못하였다는 것을 나타내는 것이다. 즉, 새로 늘어난 여성근로자의 대부분은 전통적인 여성 직종에 진입한 것으로 나타났다.[11] 특히, 1990년대 후반 이후에는 여성의 사회참여에 대한 인식이 향상되고 남성의 전유물로 여겨지던 직종의 진입 장벽이 완화됨에 따라 성별 직종분리 현상도 개선될 것이라는 인식이 일반적인 통념이었으나, 실증분석의 결과는 성별 직종분리 현상은 오늘날까지도 여전히 지속되거나 강화되는 것으로 나타났다.

전체 직종 중 여성취업자가 가장 많이 종사하고 있는 여성집중 직종에 대한 분석[12]에서 여성집중 직종은 54개에 비해 남성집중 직종은 92개로 나타났다. 또한 월평균은 남성집중 직종은 264만 4,000만원, 여성집중 직종은 153만 6,000원으로 그 차이가 컸으며 여성집중 직종의 정규직 비율은 48.8%로 가장 낮은 수치를 보여 여성집중 직종의 고용불안정성을 나타내고 있다. 남성집중 직종에서 고임금 · 고숙련 직종에 해당하는 직업은 여성 근로자 비율은 높지 않고, 저임금 직종에 해당하는 직업에서 여성근로자 비율이 높게 나타났다. 여성집중 직종에서도 남성근로자는 여성 근로자보다 임금을 더 높게 받고 있었으며, 여성집중 직종에 해당하는 직업은 주로 고도의 기술을 요구하는 직종이 아닌 저숙련직으로 나타났다. 여성근로자는 주로 유치원교사, 영양사, 가사 및 육아도우미 등 업무에 비해 저임금이거나 저숙련직에 종사하는 것으로 나타났다. 여성의 경제활동 참여율이 증가하고 있지만 여성은 저임금, 저숙련 직종에 머물러 있는 것이다. 남성집중 직종, 여성집중 직종 및 혼합직종과 상관없이 여성은 남성 근로자보다 더 낮은 임금을 받는 것으로 나타났는데, 경력연수와 근속연수에 따른 것으로 분석되고 있다. 여성이 참여하고 있는 노동시장의 구조는 변화할 필요가 있으며 동일노동, 동일임금으로의 임금체계 전환 및 여성 근로자의 경력과 근속을 유지할 수 있는 지원체계가 필요하다고 할 수 있다.

2) 성별 임금격차

노동시장에서 남녀의 지위는 성별 직종분리 정도와 성별 임금격차를 통해 살펴볼 수 있다. 특히, 성별 임금격차는 모든 형태의 성차별을 종합적으로 설명할 수 있는 대표적인 지표

11) 금재호, "노동시장 이중구조와 성차별: 직종분리를 중심으로", 『제3회 한국노동패널 학술대회 자료집』, 2001, pp. 307-330.

12) 박수연, "성별에 따른 집중직종과 임금차이에 대한 분석, 한국기술교육대학교 전문대학원 석사학위논문, 2014.

라고 할 수 있다.

우리나라 남녀 근로자의 임금격차를 보기 위해 남성의 임금을 100으로 했을 때 여성의 임금을 비교하면 〈표 4-8〉과 같다. 〈표 4-8〉에서 보면 남녀의 임금격차는 점차 완화되는 것을 볼 수 있다. 즉, 1980년대 남성 임금의 40%대에 불과하던 여성 임금은 점차 그 차이가 줄어 2007년 59.3%, 2015년 59.5%, 2019년 64.4%로 나타났다. 이러한 수준은 세계적으로는 물론 아시아에서도 여성의 임금이 남성의 임금에 비해 현저히 낮은 대표적인 국가에 속한다. 한국의 성별 임금격차는 OECD 회원국 중에서 가장 크다. 그러나 1985년 51.9%에서 2020년 32.3%로 감소하여 지속적으로 성별 임금격차가 점차 완화되고 있는 추세이다.[13)]

〈표 4-8〉 남성의 월평균 임금에 대한 여성 임금비 (단위: %)

구분	2007	2009	2011	2013	2015	2016	2017	2018	2019
여성 임금비	59.3	59.0	59.7	60.5	59.5	60.6	61.5	63.3	64.4

출처: 한국여성정책연구원, 『2020 한국의 성인지 통계』, 2020, p. 269.

노동시장에서 남녀 임금격차를 분석해 보면, 남녀 간 생산성의 차이에 의한 합리적인 요인에 의한 격차와, 차별에 의한 비합리적인 요인에 의한 격차로 나눌 수 있다. 우리나라 노동시장에서 남녀의 임금격차를 이러한 차이로 분석한 결과에 의하면, 2000년 한국노동패널조사 자료를 기준으로 남녀 임금격차를 분석한 연구[14)]에서는 남성근로자의 월평균 임금에 비해 여성근로자의 월평균 임금은 56.8~58.8% 수준으로 나타났으며, 이와 같은 성별 임금격차의 38.1%만이 생산성의 격차로 설명되고 나머지 61.9%가 설명되지 않는 성차별적인 임금격차인 것으로 나타났다. 또 다른 연구에서는 남녀의 임금격차 가운데, 생산성의 차이 등 합리적인 격차 부분이 1990년 43.9%, 1995년 44.9%, 1998년 52.5%, 2013년 55.1%로 추정되어 임금격차에서 합리적인 부분이 다소 상승하고 있으나, 아직도 남녀의 임금 차이는 설명할 수 없는 성에 따른 차이인 비합리적 부분이 44.9%를 차지하고 있는 것으로 나타났다.[15)] 2019년 연구에서는 20대 대졸 노동자의 임금격차를 검토한 결과, 5점 리커트척도 기

13) e-나라지표. 남성대비 여성 임금비율, 2022.06.16. 검색기준

14) 금재호, 앞의 책, pp. 307-331. 이 연구에서 저자는 우리나라 노동시장의 성별 임금격차가 노동시장의 과밀가설(crowding hypothesis)을 증명하는지 검증했으나, 이를 증명할 수 없다고 하면서 우리나라 여성들의 경우는 여성 직종에 종사하는 여성 근로자의 임금이 더 높다고 하였다. 오히려 여성 임금근로자들 사이의 임금불평등도가 남성에 비해 심각하다고 주장한다. 이는 강이수(2001)에 의해서도 제기되고 있는 여성 노동력 내부의 격차가 점차 커지고 있는 것으로 설명하고 있다.

준으로 재직 1년차 남성의 월평균 임금 기댓값은 4.333, 여성은 4.311으로 성별에 따른 초기 값이 유의미하게 차이가 있음을 언급하였다. 해당 연구에서는 이와 같이 여성의 임금 기댓값이 낮은 이유를 여성이 노동시장에서 궂은 일자리(bad jobs)에 할당되기 때문이라고 짐작하였다. 해당연구는 현재 시행되고 있는 모 · 부성 보호제도, 일 · 생활균형지원, 여성 관리자 진출 지원 등의 정책도 이 격차를 해소하는데 미흡하다고 지적하였다.[16] 따라서, 노동시장에 진입하는 시기부터 좋은 일자리(goods jobs)을 가질 수 있도록 유도하는 정책이 필요하다.

3) 노동시장 이중구조와 성차별의 원인

노동시장에서 성별 직종분리와 성별 임금격차를 설명하는 이론으로는 크게 인적자본이론, 이중노동시장이론, 페미니즘이론 등이 있다.

(1) 인적자본이론

인적자본이론이 가정하는 노동시장은 완전경쟁시장으로서 임금은 순수히 노동시장에서의 수요와 공급, 노동자가 지닌 인적자본의 가치에 의해 결정된다. 인적자본이란 노동자의 생산성을 결정하는 다양한 인적 특성으로 공식적 · 비공식적 교육과 현장훈련은 인적자본을 높이는 요소이다. 여성과 남성의 인적자본에 대한 투자는 차이가 있는데, 여성은 가사노동과 임신, 출산, 육아 등으로 인해 노동시장에 참여하는 것이 불연속적이므로 지식과 기술의 습득에 필요한 투자를 꺼리게 된다. 또 교육과 훈련의 효과가 남녀에게 다르게 나타나는 노동시장 구조도 여성의 인적자본 투자량을 제한하는 원인이 된다. 이처럼 여성에 대한 인적자본 투자는 상대적으로 적으며 이는 여성의 낮은 임금 수준, 즉 성별 임금격차를 초래하는 주요 원인으로 작용한다. 또한 여성의 낮은 인적자본 투자는 고생산성 · 고임금 직종의 여성 진출을 제한하고 저생산 · 저임금 직종에 집중적으로 취업하게 함으로써 성별 직종분리가 발생하게 된다. 노동 수요의 측면에서도 기업은 고학력 · 고숙련을 요구하는 직종에 남성을 선호하게 된다. 경험과 직장 내 훈련이 이들 직종의 생산성 형성에 결정적이고, 따라서 직장 단절의 위험이 높고 간접노동비용이 큰 여성보다는 남성이 우선적으로 채용된다는

15) 김태홍, 성별 고용 형태별 임금격차 현황과 요인 분해, 여성연구, 84호, 2013, pp. 23-24.
16) 신용우 · 조영일, 20대 대졸 여성은 차별받지 않는가: 성별과 임금의 종단적 과계 및 조직몰입의 조절효과. 사회과학연구. 2022. 48(1). 2022. pp. 97-118.

주장이다.

이 이론에 대한 비판을 살펴보면, 노동시장을 현실적으로는 불가능한 완전경쟁시장으로 가정했다는 점과 노동시장 외부에 존재하는 성차별적 조건들을 주어진 전제로 가정하고 있어서 시장이 성차별 및 성별 격차를 고착화, 세습화시킬 위험성을 간과하고 있다는 것이다.

(2) 이중노동시장이론

이중노동시장이론 혹은 노동시장 분절론은 노동시장이 분절되어 있다는 가정에서 출발한다. 즉, 노동시장은 인적자본이론에서 가정하고 있는 것처럼 동질적인 완전경쟁시장이 아니라 고임금 · 고용안정의 특징을 갖는 1차 노동시장과 저임금 · 고용불안의 2차 노동시장으로 분리되어 있다는 것이다. 1차 노동시장은 고용안정성, 높은 임금, 내부의 승진 사다리, 직업훈련 등을 보장받는 직업들로 구성된다. 2차 노동시장은 고용이 불안정하고 임시적이며 저임금, 저기술, 승진 기회가 없거나 극히 적고, 직업훈련 기회도 거의 없는 직업들로 되어 있다. 이러한 이중노동시장구조에서 여성은 2차 노동시장을 구성하는 대표적인 집단이다. 노동시장 분절론은 성차별과 성별 직종분리의 문제로 연결된다. 성차별로 인해 특정 직종에의 진입이 제한될 경우 여성들은 취업이 가능한 일부 직종에 집중적으로 몰려들고, 이들 여성집중 직종의 임금은 낮아지게 된다는 과밀가설과 연결된다. 즉, 성은 노동력의 자연적 차이의 하나로서 노동시장을 분절화하는 가장 중요한 차별기준으로 활용되는 것이다.

이중노동시장이론에 의하면 여성이 받는 불평등한 대우는 여성 개인에게 문제가 있는 것이 아니라 노동시장의 구조적 요인에 기인한다고 설명하고 있다.

(3) 페미니즘이론

페미니즘이론은 여성이 노동시장에서 불평등한 대우를 받는 이유에 대해 가부장제와 가부장적 구조를 그 원인으로 설명한다. 즉, 남성이 여성을 지배하는 가부장적 구조가 가정뿐만 아니라 노동시장에서도 여성의 일에 영향을 미치고 있다는 것이다. 여성의 사회 · 경제적 역할에 대한 차별적인 인식은 여성에게서 교육 등 인적자본 투자 및 축적의 기회를 박탈하고 가사, 육아 등에만 집중하도록 가치관이 형성되었다. 그 결과 여성은 저임금 · 저생산성으로 대변되는 일부 직종에 종사하여 임금격차와 성별 직종분리 현상이 발생하게 된다. 이처럼 가부장제가 자본주의 노동시장에서 가장 잘 나타나고 있는 현상의 하나가 성별 직업분리이다. 성별 직업분리 때문에 노동시장에서 여성은 낮은 임금을 받게 되고 이는 여성을 남성에게 경제적으로 의존하게 만드는 기제가 된다. 가부장적 구조에 의한 성별 직업분리와 가사노동은 여성의 노동시장 지위를 낮게 만드는 근본적인 요소라고 설명한다.

3. 빈곤의 여성화

빈곤에 있어서 여성은 남성보다 취약하다. 빈곤에 관한 보고서들은 빈곤선 이하에 사는 인구 가운데 여성들이 60% 이상을 차지하고 있음을 보여 준다. 여성은 전 세계 인구의 50%를 차지하고 임금노동력의 1/3을 차지하며, 전체 노동시간의 2/3를 차지하지만, 전 세계 총소득의 1/10을, 그리고 전 세계 총자산의 1% 미만을 차지할 뿐이다.[17] 이는 여성 개인의 문제가 아닌 성차별적인 사회구조에서 그 원인을 찾을 수 있다. 이 절에서는 점점 심화되는 빈곤의 여성화 경향을 살펴보면서 여성 빈곤의 이유와 한국의 여성 빈곤 실태를 파악해 본다. 그리고 여성 빈곤 대책의 현황과 문제점을 제시해 본다.

빈곤 연구에서 여성 빈민 내지 '빈곤의 여성화(feminization of poverty)' 현상에 대한 관심이 나타나기 시작한 것은 1970년대부터였으며, 여성 빈곤에 대한 국가적 차원의 조사가 이루어지기 시작한 것은 1990년대 후반에 들어서이다.[18]

빈곤의 여성화란 표현은 빈곤이 '급속도로 여성 문제가 되어 감'을 관찰한 미국의 피어스(Diana Pearce)에 의해 처음 사용되었다. 1976년 피어스의 조사 결과에 의하면, 16세 이상의 빈민 중 약 2/3, 성인 빈민의 70% 이상이 여성이며, 빈곤 가구의 반 이상이 여성가구주였다.[19] 이러한 수치는 시간이 지남에 따라 더욱 높아지고 있는데, 이는 '경제적 빈곤계층 증가의 상당 부분을 여성이 차지하고 있다'는 사실을 말해 주고 있는 것이다.

우리나라의 여성 빈곤에 대한 접근 역시 사회 빈곤 문제의 일부로만 파악하고 있었을 뿐 그동안 누적되어 온 성차별의 결과라는 구조적인 측면을 간과해 왔다. 여성 빈곤이 발생하

17) Hanmer, Jalna / Statham, Daphne, *Women and Social Work, Towards a Woman-Centred Practice*, London: Macmillan Education LTD, 1988, p. 29 ; 김미원, "복지국가의 가부장적 특성에 관한 비판적 고찰", 『한국사회복지학』 제26호, 1995, p. 61에서 재인용.

18) 이배용, "여성 빈곤의 실태와 극복방안 - 도시저소득층 여성을 중심으로 -", 『여성학논집』 제13집, 1997.

19) Pearce, Diane, "The feminization of poverty: Women, work, and welfare", *Urban and Social Change Review*, Vol. 11, 1978.

는 이유에 대해, 여성이 자원 확보에 실패한 남성가구주와 살고 있다는 점에 있기도 하지만, 대부분의 경우 개인의 문제가 아니라 성차별적 사회제도와 남성 중심적인 자원분배의 결과로서 파악할 수 있다. 그러므로 빈곤 문제, 특히 여성 빈곤 문제에 대한 접근은 성적인 요인을 간과할 수 없고, 이런 요인들을 고려할 때 다양한 각도에서 그 원인을 살펴볼 수 있으며, 해결책에 대한 방안도 달리할 수 있다.

빈곤의 여성화 경향을 살펴보기 위해 여성 빈곤의 이유와 한국의 여성 빈곤 실태를 살펴본다.

1) 여성 빈곤의 원인

여성이 빈곤해지는 원인에 대해서는 여러 가지 견해가 있다. 빈곤이란 자본주의적 산업화 과정에서 불가피하게 생기는 것으로 소득계층에 따른 소득격차나 빈곤 등은 계급구조의 산물로 볼 수 있다. 그러나 빈곤이 계급적인 문제이긴 하지만, 계급만이 유일한 결정요소가 아니라 성이나 가부장제라는 개념이 여성의 빈곤을 이해하는 데 매우 중요하다. 왜냐하면 남성들은 일반적으로 동일계층의 여성들보다 잘 살기 때문이다.[20] 여성 빈곤의 대부분은 자녀양육과 부양의 책임을 혼자서 져야만 하는 여성들과 노동시장의 성차별적 구조로 인한 저소득, 그리고 모자가족을 위한 자활/자립대책의 미비로 인해 이들의 경제적 자립이 현실적으로 어렵고, 남성 위주의 사회보장제도에서도 배제되는 경우가 많아 결과적으로 빈곤이 장기화되며 심화된다.

이들 가운데 여성 빈곤의 원인을 설명하는 대표적인 이유를 들어 보면 다음과 같다.

(1) 노동시장에서의 주변화

노동시장의 성차별적 구조는 취업여성들을 저임금, 하위직에 머물게 한다. 노동시장에 여성의 참여가 꾸준히 증가하고 있음에도 불구하고 빈곤의 여성화가 지속되는 이유는 여성 노동의 비정규직화와 관계가 깊다. 특히, 서비스 부문 산업의 성장은 여성고용을 증대시켰으나, 이들은 파트타임이나 저임금의 불안정한 고용으로 이어져 여성 노동의 비정규직화를 심화시켰다. 이처럼 여성의 경제활동 증가에도 불구하고 노동시장의 주변에 머무르게 되는

20) 이혜경, "빈곤의 여성화: 한국여성 빈곤의 원인과 결과", UNDP 한국대표부, 『빈곤퇴치-한국의 경험과 교훈-』, 1998, pp. 169-223.

노동시장의 성차별은 직종분리에 따른 여성 직업의 하위직화와 성에 따른 임금 차별로 나타나고 이는 여성 빈곤의 원인이 된다.

이처럼 여성 노동이 노동시장에서 주변화 할 수 없는 이유를 다른 측면에서 살펴보면, 여성에게 부과된 가정에서의 가사노동이나 보호노동에 대한 가치를 평가하지 않는다는 것과 연결되어 있다. 가사노동과 가족원을 보호할 책임을 일차적으로 가지고 있는 여성은 노동시장의 주변에 머무르게 된다.

(2) 가부장적 가족관계

여성은 가정일, 남성은 바깥일이라고 하는 성별 역할 분리에 대한 관념은 여성이 무보수의 가사노동을 전담하게 한다. 여성이 가사노동을 전담하는 것은 전업주부뿐만 아니라 취업한 경우에도 마찬가지여서 취업주부 남편의 가사노동시간은 증가하지 않는다. 또 여성은 남성에 비해 가계소득에 대한 지배권은 적으나 일상적인 가계 운영의 책임을 가지고 있다. 이에 대해 랜드(Land, 1977)는 가정 내 자원의 지배권과 관리 그리고 성(gender)과의 관계를 지적하고 있다. " …부인이 조정할 수 있는 돈의 액수는 그 가정의 생활 수준에 대한 좋은 지표가 된다 … "고 말하고 있다.[21] 특히 저소득가정에서는 여성이 부족한 자원을 관리하는 임무를 가지고 있으며 경제적 곤경에서 아이들과 남편을 보호하는 책임을 지니고 있다.

자원의 지배권에 대한 성차는 가정의 경제 생활에서의 성차별을 나타낸다. 소득이 부족한 가계에서도 남편들은 자신의 개인적인 용도를 희생하지는 않는다. 반면에 자원이 부족할 때 여성에게 주어지는 몫은 거의 없다. 이처럼 가정 내 자원에 대한 여성의 접근과 남성의 접근에는 상당한 불평등이 존재하며, 이러한 불평등은 여성이 남성에게 경제적으로 의존하고 있다는 가부장제적 이데올로기에 근거하는 것이다. 이런 이유로 여성은 늘 남성보다 가난했으며, 빈곤에 관한 많은 연구에서도 남성과 여성의 소득 간에는 불평등이 존재함을 밝히고 있다.

(3) 이중적 복지체계

성차별적인 노동시장은 복지체계에서도 이중적인 체계로 연결된다. 즉, 노동시장의 중심

21) H. Land, "Inequalities in garge families", in R. Chester and J. Peel(eds.), *Equalities and Inequalities in Family Life*, Academic Press, 1997, p. 166 ; 이배용, 앞의 책, p. 105에서 재인용.

노동력을 구성하는 남성의 경우는 실직 시 사회보험의 수혜자가 되나 노동시장의 주변 노동력을 구성하는 여성의 경우는 실직 시 공공부조의 수혜자가 된다. 이와 같은 이중적인 복지체계는 성 분리 유형을 보이고 있다. 이는 남성은 생계 부양자, 여성은 가사 담당자라는 전통적인 성별 분리에 의해 남성은 '개인', '독립'된 시민이며 노동자이고 여성은 남성에게 '의존'적인 존재로 간주되고 있기 때문이다. 즉, 소득 보장 프로그램에서 남성은 사회보험, 여성은 공공부조로 특징화되고 있는 현상이 여성의 빈곤화를 더욱 가중시킨다는 것이다.[22]

이러한 현상은 우리나라의 경우 여성 중심적인 사회보장제도의 미비로 나타나고 있다. 예를 들어, 노후의 소득 보장을 위한 사회보장제도인 국민연금은 전일제로 일하고 육아나 출산으로 인한 휴직이 없는 남성을 기준으로 상정하고 구조화된 것으로, 여성은 남성에 비해 상대적으로 불리하다. 특히, 연금제도에서는 여성의 가사노동을 인정하지 않으며, 남성의 피부양자로 간주하고 있기 때문에, 배우자인 남성이 사망하게 되면 여성의 노후대책은 어렵게 된다.[23] 그러므로 전업주부였던 여성이거나 경제활동을 했더라도 일시적인 경우 또는 노년기에 이르렀을 때 여성은 빈곤에 취약할 수밖에 없다.

2) 한국 여성의 빈곤 실태

한국 사회 여성의 빈곤을 서술하는 데 가장 어려운 일은 정보의 부족이라고 지적한 이혜경(1998)은 한국에서 빈곤의 여성화 현상을 검증하기 위해 한국 사회의 유교적 가부장주의와 자본주의 경제성장이라는 두 변수 간의 상호작용을 검토하였다. 분석을 통해, 한국 사회가 자본주의적 경제발전을 이룩한 시기에 여성의 빈곤 실태는 빈곤 인구의 거의 2/3가 여성이라는 점, 빈곤한 노령인구 중 4/5가 여성이라는 점을 밝혀내었다. 특히, 빈곤이 계층과 성, 자본주의와 가부장제에 기반을 두고 있음을 강조하고 있다. 즉, 자본주의는 저소득층을 유지하므로 계층분화를 만들고 가부장제는 여성을 남성보다 더 가난한 집단으로 유지시키므로 가부장제와 자본주의의 결합은 더 많은 여성을 빈곤 인구에 남아 있게 한다는 것이다.[24]

한국의 여성 빈곤 실태를 집단별로 살펴보면 다음과 같다. 첫째, 노인의 상대적 빈곤율은 시장소득을 기준으로 할 때 2011년 57.8%에서 2020년 60.2%로 증가하고 있다.[25] 둘째, 여

22) 정미숙, "여성가구주, 성별화된 빈곤 그리고 일", 『경제와 사회』 제51호, 2001, pp. 38-67.
23) 공정원, 『한국 국민연금제도의 성불평등에 관한 여성론적 고찰』, 경북대학교 대학원 석사학위논문, 2001.
24) 이혜경, 앞의 책, pp. 169-223.
25) 통계청. 『2021 가계금융복지조사 결과』. 2021. p. 39.

성빈곤을 높이는 대표적인 요인으로 여성가구주의 증가라고 할 수 있다. 2018년 기준 여성가구주의 43.3%는 시장소득을 기준으로 중위소득 50% 이하의 빈곤 상태로 살고 있다. 이는 여성 가구주는 빈곤에 취약한 집단임을 보여 주는 것이다. 2020년 기준 여성가구주 세대는 684만 5,448명으로 총 가구 중 32.7%로 1975년 이후 2020년까지 지속적으로 증가하고 있으며 지속적으로 증가될 것으로 전망된다. 여성가구주는 가족의 생계유지와 자녀양육을 혼자서 감당해야 함으로 장기간 빈곤층에 머물며, 더욱 빈곤율이 확대될 가능성이 높다. 셋째, 절대빈곤층인 국민기초생활보장 수급자 중 여성의 비율은 2020년 기준 55%이다. 여성은 노동시장에서 정규직보다 비정규직에 종사하는 비율이 높으며 가사노동과 돌봄노동으로 인해 임금노동 참여의 제한을 가지는 경우가 많다. 직업의 불안정성, 저임금, 경력 단절, 비정규직 등으로 인해 노동을 소득으로 전환할 가능성이 낮아 빈곤 위험에 처할 상황이 높다.

4. 여성가구주 가정의 증가와 빈곤

여성 빈곤에서 가장 대표적인 집단은 모자가정 또는 여성가구주 가정의 여성과 여성노인들이다. 여기서는 여성가구주 가정의 빈곤에 대해 살펴본다.

1) 여성가구주 가구의 특성

〈표 4-9〉에서 보면, 전체 가구에서 차지하는 여성가구주 가구의 비율은 1975년 12.8%에서 2000년에는 265만 3,000가구로 18.5%, 2015년에는 531만 3,000가구로 28.4%. 2020년에는 684만 5,448가구를 기록해 계속해서 증가세를 보이고 있다. 여성가구주의 혼인 상태를 보면 사별의 비율이 줄어들고 이혼이나 미혼의 비율이 크게 증가하는 특징을 나타내고 있으며, 2020년에는 유배우의 비율이 크게 증가하였다. 여기서 여성가구주는 여성가장 혹은 여성세대주, 편모 등과 혼용되어 사용되기도 하고, 이들 가구를 모자가구, 여성가구주 가구, 미망인 가구로 쓰기도 하는데, 「인구주택총조사보고서」에서는 포괄적인 개념으로 주민등록상에 세대주로 등록되어 있는 여성을 모두 여성가구주로 이해하기 때문에 배우자가 있는 여성이나 미혼 여성도 포함되어 있어 여성가구주의 비율이 급속히 증가하고 있다.

〈표 4-9〉 여성가구주 가구 비율 (단위: %, 천 가구)

구분	여성가구주 가구의 혼인 상태					여성가구주 가구 비율
	유배우	사별	이혼	미혼	총가구 수	
1975	24.5	59.4	4.3	11.8	850	12.8
1980	22.2	58.1	3.9	15.7	1,169	14.7
1985	22.7	52.2	4.3	20.7	1,501	15.7
1990	17.7	56.3	5.6	20.4	1,787	15.7
1995	15.7	56.1	7.1	21.1	2,147	16.6
2000	16.6	50.5	11.6	21.4	2,653	18.5
2005	18.5	44.3	14.2	22.9	3,467	21.7
2010	23.4	38.1	16.0	22.4	4,457	25.7
2015	24.9	34.7	18.2	22.2	5,313	28.4
2020	32.7	25.9	16.5	24.9	6,845	32.7

출처: 통계청, 여성가족부, 통계로 보는 여성의 삶, 2015.

2) 여성가구주의 빈곤과 일

〈표 4-10〉에서 보는 바와 같이 여성가구주의 빈곤율은 점차 증가해 왔으며 2019년에는 남성 가구에 비해 빈곤율이 약 2.5배 정도 높아 여성가구주의 빈곤이 심각함을 알 수 있다.

〈표 4-10〉 여성가구주 가구 빈곤율(시장소득 중위 50%기준) (단위: %)

구분	2016	2017	2018	2019
여성가구주	43.6	43.3	43.4	44.0
남성가구주	16.7	17.0	17.2	17.4

출처: 통계청, 『가계금융복지조사』 원자료 각 연도, 한국보건사회연구원, 빈곤통계연보, 2021.

여성가구주의 빈곤 원인에 대해 시설모자가정을 조사한 박영란(1998)은 이들이 인적자본의 측면에서 취약하며, 자립 의지가 부족하고, 자녀 및 주거 문제를 가지고 있으며, 공식 · 비공식적 지원망이 부족한 복지체계의 문제점을 지적하고 있다.[26]

그러나 이에 대해 정미숙(2001)은 이런 요인들이 병렬적인 차원에서 존재하는 것이 아님을 밝히고 있다. 여성가구주가 노동시장에서 주변적인 지위를 가질 수밖에 없는 이유는 이들이 생계 부양자와 양육자의 역할을 동시에 해야 하는 상황과 상호 밀접한 관련이 있는 것으로 파악해야 함을 강조한다.[27]

26) 박영란, 『저소득 모자가정의 자립방안 연구』, 한국여성개발원, 1998, pp. 129-133.
27) 정미숙, 앞의 책, pp. 53-56.

즉, 여성가구주는 이중의 어려움을 가지고 있다. 한편으로는 자녀 등 가족원에 대한 '돌봄 노동(caring work)'에 대한 책임이 어머니에게 일차적으로 부여되어 있고, 다른 한편으로는 가계의 생계 책임자로 '노동시장'에서는 노동자이다. 즉, 좋은 엄마가 되는 것과 좋은 생계부양자가 되는 것이 양립하기 어려운 상황에서 여성가구주는 '시간 부족'이라는 문제를 겪게 된다. 성차별적이고 규제되지 않은 노동시장에서 여성가구주는 점점 더 값싼 노동력 집단을 구성하므로 독립적인 충분한 소득을 얻는 것이 불가능하다. 또 여성가구주는 자녀양육에 대한 일차적인 책임을 동시에 져야 하므로 자녀양육과 관련된 사회적 지원체계 없이는 어머니와 노동자 사이에서 선택을 해야만 한다. 따라서 성별화된 노동시장구조를 변화시키기 위한 국가의 적극적인 개입과 자녀양육을 위한 국가의 집합적인 지원 없이는 여성가구주의 빈곤 문제를 해결하기 어렵다고 본다.[28]

한국에서 저소득 여성가구주의 특징은 경제적으로 자립하고자 하는 의욕이 높고, 몸을 움직일 수 있는 한 일을 한다는 것이다. 그러나 이들의 일은 노동시장의 주변에 머물러 직종은 단순하위직이 대부분이며, 비정규직의 불안정고용 상태이다. 이들은 '취업'과 '실업'의 구분이 불분명한 상태로 일거리가 있느냐의 여부에 따라 취업에 가까운 상태와 실업에 가까운 상태를 넘나들고 있다. 그러므로 안정적인 소득을 얻기 어려우며, 더구나 실직 시에는 이런 노동의 특성상 고용보험의 실업급여를 받을 수도 없으므로 더욱 쉽게 빈곤층으로 떨어지는 악순환 속에 놓이게 된다.

3) 여성가구주 가정의 문제

저소득 여성가구주들의 가장 큰 어려움은 경제적인 것과 자녀에 관한 것이다. 자녀의 존재는 여성가구주들에게 삶의 목표이며 보람이 되는 동시에 이들을 돌보는 데 무력감을 느끼게 만든다. 특히, 저소득 여성가장에게 자녀로부터 받는 정서적 지원은 생활만족도의 원천이 된다. 그러나 자녀의 사교육비 부담은 가장 큰 경제적 어려움이라고 밝히고 있다.[29] 이들은 취업과 자녀양육을 병행하므로 자녀학습지도, 자녀와의 대화 부족 등의 문제를 가지며,[30] 모자가족의 어머니와 자녀는 일반가족의 모자들보다 가족 기능을 잘 수행하지 못한다

28) 정미숙, 앞의 책, pp. 45-46.
29) 옥선화 외, "경제위기 이후의 빈곤 여성가장의 생활실태 조사", 『대한가정학회지』 39-2, 2001, pp. 9-10 ; 옥선화 외, "저소득층 여성가장의 가족생활사건, 사회적 지원, 자녀의 지원과 생활만족도", 『대한가정학회지』 39-5, 2001, pp. 59-61.
30) 박영란, 앞의 책, pp. 131-133.

고 보고되고 있다.[31)]

이처럼 여성가구주들은 끊임없이 일과 모성 사이의 갈등을 경험하고 있다. 왜냐하면 우리 사회는 모자가구를 '결손가정'이라는 시각으로 바라보기 때문에 여성가구주들은 자녀양육 및 교육과 관련된 모성 역할의 도덕적 책임감을 더 깊이 느끼게 된다. 그러므로 자녀양육에 대한 사회적 지원이 미흡한 상황에서 일과 모성 역할 간의 갈등은 여성가구주들이 일을 갖지 못하게 하는 가장 중요한 장애로 나타난다. 또 고용이 된 경우라 하더라도 노동시장에서의 주변화된 고용으로 여성가구주들은 생계를 유지하기 위해서는 장시간 노동에 시달려야 하지만, 이런 상황은 양육에 대한 책임과 상충하기 때문에 파트타임 노동을 어쩔 수 없이 선택하게 되고 빈곤은 더욱 심화될 수밖에 없게 된다.

여성가구주의 빈곤은 여성가구주 개인들의 문제라기보다는 남성 생계 부양자 / 여성 가사 전담자라는 성별 분업 이데올로기에 의해 여성이 일차적으로 자녀양육을 책임지도록 하는 사회질서가 여성의 노동권을 근본적으로 위협하기 때문이다. 아이를 키우고 노인과 병자를 보살피는 책임이 개별 가족에게, 즉 여성에게 맡겨져 있는 사회에서 여성들은 노동단절을 경험하게 되며, 이러한 조건은 여성의 고용불안정과 고용차별을 심화시키는 원인으로 작용하게 된다. 따라서 여성가구주 가정의 빈곤 문제를 비롯한 많은 문제들은 바로 한 가족의 생계가 주로 남성소득에 의존하는 것을 전제로 구성되는 사회구조와 연결된 것이라고 할 수 있다.[32)]

5. 여성 노동과 빈곤에 대한 복지정책 현황과 과제

1) 여성 노동을 위한 복지정책 현황

우리나라 여성 노동의 특징 가운데 하나는 기혼 여성의 경제활동 증가이다. 기혼 여성의 경제활동 참여 증가는 가정 내 성별 분업과 가부장제적인 가족제도 아래서 여성의 이중노동을 의미하는 것이고, 여성 노동을 위한 복지정책은 여성의 사회참여를 도와주고 노동시장에서 나타나는 양성불평등을 완화시키는 것에 집중되어야 할 필요가 있다.

31) 권복순, "모자가족의 어머니와 자녀가 지각한 가족기능의 특성", 『한국사회복지학』 제40호, 2000, pp. 5-37.
32) 정미숙, 앞의 책, pp. 55-56.

우리나라에서 여성 노동을 위한 복지정책의 중심은 노동시장의 성차별을 완화하고 모성을 보호하는 법으로 설명된다. 대표적인 것으로는 남녀고용평등법과 모성보호법으로 통칭되는 노동시장의 모성보호관련법이다. 남녀고용평등법은 1985년 유엔의 여성차별철폐협약에 따라 1987년 제정되었고 2007년 12월 남녀고용평등과 일 · 가정 양립 지원에 관한 법률로 개정되었다. 이 법은 고용에 있어 남녀에게 평등한 기회와 대우를 보장, 직장 내 성희롱 금지 및 예방, 여성의 직업 능력 개발 및 고용 촉진, 모성보호 등의 내용을 포함하고 있다. 2001년 11월부터 시행하게 된 모성보호법은 남녀고용평등법을 비롯한 모성 관련 법인 근로기준법, 고용보험의 근로여성을 위한 모성보호의 3법에 관한 것이다. 이들 법률은 근로여성의 모성보호 강화, 직장과 가정의 양립 지원 및 모성보호 비용의 사회분담화를 다루고 있다.[33]

이 법의 주요 내용을 간단히 살펴보면, 여성근로자의 산전 후 휴가기간이 90일(다태아의 경우 120일)로 확대되고 산전 후 휴가급여를 지급하고, 육아휴직제도가 대폭 개편되어 1년의 육아휴직기간과 근로자에게는 육아휴직급여를 매월 통상임금의 100분의 40을 지급한다. 또 근로기준법상 모성보호 조항을 5인 미만 전 사업장으로 적용 범위를 확대하였으며, 남녀고용평등과 일 · 가정 양립 지원에 관한 법률은 임금, 해고 등 일부 조항을 제외하고 육아휴직, 직장 내 성희롱 등이 전 사업장으로 확대되었다. 또 이 법을 위반했을 경우의 벌칙 수준을 상향 조정하여 지금까지 법의 실효성이 확보되지 않았던 부분을 보완하였다.

2008년에 제정된 '경력단절여성 등의 경제활동 촉진법'은 경력 단절 여성의 경제활동을 촉진하여 여성의 경제적 자립과 자아실현을 위한 법으로 직업교육훈련, 인턴취업 지원과 관련된 사항을 규정하고 있다. 경력단절여성의 경제활동 촉진법은 2021년 여성의 경제활동 촉진과 경력단절 예방법으로 개정되었다. 이는 기존의 경력단절여성의 경제활동 촉진법이 주로 혼인 · 임신 · 출산 · 육아와 가족구성원의 돌봄 등을 이유로 경력이 단절된 여성만을 한정되어 추진해왔으나, 근본적으로 경제활동을 촉진하기 위해서는 예방의 기능이 점차 강조됨에 따라 적용대상을 취업 여성으로 확대함으로써 경제활동 더불어 촉진과 경력단절 예방을 위한 시책을 확대, 강화하였다.

2) 여성 노동을 위한 복지정책 과제

남성 노동자를 기준으로 하는 표준적인 노동시장의 조건은 자녀의 출산과 양육을 책임져

33) 남녀고용평등법 및 모성보호 관련 법에 관한 자세한 내용은 이 책 제13장 여성복지와 법을 참조할 것

야 하는 여성 노동자를 고려하지 않고 있다. 이에 대해 여성 노동자의 '차이'를 강조하는 것은 실질적 조건의 평등'이라는 차원으로 평등의 개념이 확대되어야 한다는 인식을 갖게 한다. 특히, 여성이 지닌 차이 중 생물학적 기능인 임신 · 출산과 사회적 역할인 양육을 분리해야 할 필요가 대두된다. 즉, 노동시장에서 생명의 출산을 위한 여성 노동자의 권리는 '모성권'으로 양육과 보살핌을 위한 권리는 '양육권'으로 구분될 수 있으며, 전자는 여성의 권리로 후자는 남녀노동자 모두의 권리로 개념화할 수 있다.[34)]

양육권을 여성에게 전담하는 사회구조는 노동시장에서의 여성차별을 가져오고, 노동시장에서의 여성차별로 인해 고학력 여성이나 기혼 여성의 취업이 기대하는 만큼 이루어지지 않는다. 가정에서 육아와 가사노동을 전담해야 하는 부담은 한국 여성들이 취업을 기피하는 또 다른 이유가 된다.[35)]

그러므로 기혼 여성 노동력의 적절한 활용을 위해서는 아동양육의 사회적 분담이 이루어져야 하고, 아동뿐만 아니라 노인, 장애인 등 여성이 보호노동을 해야 하는 가족원 보호의 사회화도 이루어져야 한다. 특히, 중장년 근로여성의 생활 특성을 고려할 때, 이들의 복지를 향상시키기 위해서는 여성 노동자 본인뿐만 아니라 그들의 가족 등 피부양자를 포함시켜야 하고, 경제적 욕구충족을 위한 프로그램, 그리고 건강과 문화복지 프로그램을 직장 내 공식적 프로그램으로 개발하는 것이 필요하다.[36)]

기업의 측면에서 보면, 가정과 직장을 양립해야 하는 여성 노동의 특성을 반영한 정책으로 각 기업에서 가족친화적인 고용정책을 채택하는 것이 필요하다. 가족친화적인 고용정책은 정책목표에 따라 분리정책과 통합정책으로 나누어 볼 수 있는데, 그랜디에 의하면 분리정책은 근로자들이 가정 영역의 문제를 해결할 수 있는 수단을 제공하지만, 여전히 직장 영역의 직무에 초점을 맞춘 정책이고, 통합정책은 근로자들이 직장과 가정 영역 일을 모두 수행할 수 있도록 직무구조의 개편까지 검토하는 정책을 말한다.[37)] 가족친화적인 고용제도의 예를 들어 보면 [그림 4-2]와 같다.

34) 신경아, "노동시장과 모성, 가족의 문제", 『경제와 사회』 제51호, 2001, pp. 97-122.
35) 박민자, "근로여성의 복지정책 분석: 남녀고용평등법을 중심으로", 『가족학논집』 제9집, 1997, pp. 191-212.
36) 한혜빈 · 정순둘, "중장년 근로여성의 생활특성에 기초한 복지 프로그램 개발을 위한 연구", 『한국사회복지학』 제35호, 1998, pp. 375-397.
37) 김태홍, 『가족친화적인 고용정책의 현황과 활성화 방안』, 한국여성개발원, 2001, pp. 24-36.

가족친화적인 제도의 유형	유형별 구체적인 가족친화적인 제도
① 분리정책의 일환으로 도입되는 가족친화적인 제도 유형	
보육 및 가족간호 관련 제도	직장보육시설 운영, 보육비용 지원제도, 질병, 야근 및 출장에 따른 특별 보육 지원제도, 보육 및 육아정보의 안내 및 상담, 방과 후 아동지도제도, 탁노제도, 가족을 위한 위탁간호서비스제도, 장애가족을 위한 특별지원제도 등
가족친화적인 휴가제도	법규 이상의 출산 및 육아휴직제도, 배우자에 대한 출산간호휴가제도, 가족간호휴가제, 청원휴직 등 개인 사유에 의한 무급휴직제도, 부친휴가 등
② 통합정책의 일환으로 도입되는 가족친화적인 제도 유형	
가족친화적인 근무제도	탄력적 근무제도, 주 5일 및 토요격주휴무제도, 시차출퇴근제도, 원격 및 재택근무제, 가족 문제가 있는 근로자에 대한 일시적인 업무전환제도, 정규직 신분을 유지하면서 근로시간만 단축시키는 제도 등
가족친화적인 서비스제도	파출부, 주택, 기타 가정 문제 관련 정보 제공, 스트레스에 대한 상담제도, 가사 관련 행정 및 법률 업무대행, 가족초청 행사 개최, 가정 관련 교육 실시 등의 행사 실시

[그림 4-2] 가족친화적인 고용제도의 예

3) 여성 빈곤에 대한 복지정책

빈곤의 여성화가 지속되는 현상은 궁극적으로 '남성 생계 부양자 / 여성 가사 전담자'라는 가부장적 이념과 직접적인 관계가 있다. 이는 여성의 남성에 대한 경제적 의존을 의미하는 것이며 기존의 사회복지정책은 이러한 가부장적 이념을 재생산하는 방식으로 형성되어 왔다. 즉, 현재 시행되고 있는 사회복지제도는 가부장적 성별 분업의 토대 위에 여성을 노동시장에서 구조적으로 배제하거나 차별적인 지위를 감수하도록 하고 있으며 각종 복지제도에서도 여성을 차별하고 있다.[38] 여성 빈곤 문제와 관련지어 사회복지정책은 여성과 남성이라는 성차이를 반영한 평등주의를 기반으로 복지권을 확립해야 한다. 즉, 여성의 특수성을 감

38) 김영란, "여성 빈곤과 복지국가의 재구조화", 『한국사회학』 제33집, 1999, pp. 551-583.

안하여 지금까지의 성맹적인 접근에서 성인지적인 정책으로 나아가야 한다.

우리 사회의 빈곤정책은 2000년 10월부터 시행된 국민기초생활보장제도의 시행으로 생계급여뿐 아니라 복지와 고용의 연계를 통한 저소득층의 자립기반 구축을 목적으로 하는 자활사업이 주요 내용이 되는 근로연계형 복지정책(workfare)을 적극적으로 추진하고 있다. 일을 통한 빈곤 완화는 노동시장에서 지위가 낮은 여성에게는 더 어렵다는 문제가 있다. 따라서 여성빈곤정책은 여성의 특수성에 맞는 지원정책으로 추진되어야 할 것이다.

(1) 저소득 모자가정을 위한 복지 현황

모자가정의 복지를 위해 1989년 제정된 모자복지법은 2002년 대상을 부자가정까지 확대하여 모 · 부자복지법으로 개정되었고, 2007년 한부모가족의 생활안정과 복지를 위해 한부모가족지원법으로 개정되었다. 복지급여로 ① 생계비, ② 아동교육 지원비, ③ 아동양육비, ④ 그 밖에 대통령령으로 정하는 비용을 제공하고, 복지대여를 할 수 있도록 하고 있다. 그러나 저소득 모 · 부자가정을 지원하는 예산은 매우 적어서 저소득 모 · 부자가정이 생활하는 데는 매우 부족한 액수가 지급되고 있다. 또 저소득 모 · 부자가정을 위한 보호시설인 모 · 부자보호시설은 2021년 기준 전국 122개가 운영되고 있으며 모자보호, 부자보호 및 모자자립시설에 1,035세대, 미혼모시설에 15세대, 미혼모자공동생활가정에 556세대, 미혼모공동생활가정에 320세대가 시설보호 및 생계 지원을 받고 있다.[39)]

한편, 저소득 모자가정을 위한 사회복지 프로그램도 제한적으로 제공되고 있는데, 예를 들어 영구임대주택단지의 사회복지관에서 제공되고 있는 저소득 모자가정을 위한 프로그램을 살펴보면, 다음의 몇 가지 영역으로 구성되어 있다.[40)]

① 경제적 지원: 결연 후원금 지원, 구호비 지급, 취업과 부업 알선, 밑반찬 제공, 자녀학비 보조 등

② 정서적 지원: 정서나 건강 문제를 위한 개별상담과 자조집단 운영, 의사소통방법, 부모역할 교육, 자녀 이해하기, 가족캠프 등

③ 사회적 지원: 야유회 개최, 문화행사 참여, 직업훈련, 취업 및 생활정보 제공 등이 있다.

이러한 프로그램들은 저소득 모자 가족들이 제시하는 문제 유형에 대한 대증적 처방일

39) 한국여성정책연구원 통계DB. 2022년 02.07 검색기준.
40) 권복순, "모자가족의 어머니와 자녀가 지각한 가족 기능의 특징", 『한국사회복지학』 제40호, 2000, pp. 5-37.

뿐 모자가족이 겪고 있는 가족 기능의 실제적인 문제를 해결하기에는 부족하다. 그러므로 이러한 프로그램 외에 가족 기능의 정상적인 수행을 위한 다양하고 통합적인 프로그램의 제공이 필요하다고 하겠다.

(2) 빈곤 여성 가정을 위한 복지대책

여성 빈곤이 발생하는 근본적인 원인인 노동시장의 성차별적인 관행이 개선되어야 하며, 여성 가장으로서 가정 내에서 자녀와 상호 지원을 주고받을 수 있는 여성과 자녀 모두를 위한 프로그램, 그리고 이들을 지원해 주는 종합적인 지원대책이 필요하다.

빈곤 여성 가정을 위한 대책으로는 첫째, 국민연금을 비롯한 사회보험의 경우 적용 범위를 전 사업장으로 확대하여 여성들의 고용 특성인 시간제 임시직 등 다양한 불완전고용 유형이 포함되도록 해야 한다. 나아가 전업주부의 경우도 남편을 통한 권리의 획득이 아니라 여성 자신의 권리, 가사노동과 보호노동의 가치를 인정한 독자적인 노후생활보장대책이 필요하다. 즉, 여성의 독자적인 연금수급권이 확보되어야만 남편의 부재나 결혼의 해체로 여성들이 겪게 되는 빈곤을 막을 수 있다.

둘째, 저소득층 여성가구주가 겪는 가장 큰 어려움은 자녀양육과 일을 동시에 수행하는 것이다. 그러므로 사회복지서비스를 확대하여 여성이 가사와 자녀양육 부담, 의존자의 보호 등을 구체적으로 분담 혹은 대체함으로써 여성의 이중 부담을 덜어 주어야 한다. 이는 노동시장에서 여성의 지위를 향상시키는 데도 기여할 것이다.

셋째, 빈곤 여성에 대한 사회안전망을 구축해야 한다.[41]

모자가족은 일반가족에 비해 가족 기능을 수행하기 어렵기 때문에 이들의 안정된 생활을 위해서는 가족 기능을 향상시킬 수 있도록 노력해야 한다. 이러한 가족 기능은 어머니들에게 어머니와 아버지 역할을 동시에 수행하는 역할 모델과 행동통제 능력을 보강하는 프로그램 등을 제공할 필요가 있다. 또 자녀들에게는 세대 차이와 아버지 없는 가정의 특성을 이해할 수 있는 의사소통방법을 습득할 수 있는 훈련 프로그램이 필요하다고 하겠다.

41) 김영란, “빈곤의 여성화와 사회복지정책”, 『한국사회복지학』 제31호, 1997, pp. 1-28.

이 장의 요약

1. 우리나라 여성 노동력의 구조적 변화 특징은 첫째, 기혼 여성의 꾸준한 경제활동 참여 증가가 노동시장에서 '노동력의 여성화' 현상을 주도하고 있고, 둘째, 노동의 성격을 살펴보면 여성에게 주어지는 새로운 일이란 주로 서비스 부문에서 창출되고 있어 '여성 노동의 서비스화'가 급속도로 진행되고 있으며, 셋째, 여성들의 경제활동 참여가 증가함에도 불구하고 여성들의 고용 형태는 비정규직으로 구조화되어 고용안정성은 급격히 감소하고 있다.
2. 우리나라 여성의 연령별 경제활동 참가율이 전형적인 M자를 나타내는 것은 여성의 가정 내 활동인 자녀 출산 및 양육노동의 영향을 받은 것이다. 즉, 자녀 출산 및 양육기인 20대 후반에서 30대 사이에 노동단절을 경험한 후에 40대 이후 재취업의 형태로 여성 노동주기가 생애주기에 따라 영향을 받은 것이다. 이는 양육의 사회분담화가 이루어져 있는 서방 선진국 여성들의 경제활동 참가가 연령과 관계없이 80~90%의 연속적인 노동주기(역U자형)를 나타내는 것과 대조를 보인다.
3. 우리나라 여성 노동의 특징 중 하나가 노동시장에서 여성의 지위가 낮다는 것이다. 가부장제 사회에서 여성은 가족원의 보호노동을 수행해야 하고 이는 노동시장에서 여성의 노동에 영향을 미친다. 가부장제적 구조에 의한 성별 직업분리 및 가사노동은 여성의 노동시장 내 지위를 저하시키는 근본 원인으로 작용하며 아울러 노동시장 내에서 여성이 받는 차별은 여성 빈곤의 주된 원인이 된다.
4. 노동시장의 이중구조, 즉 성별 직종분리와 임금격차를 설명하는 이론으로 인적자본이론, 이중노동시장이론, 그리고 페미니즘이론 등이 있다. 인적자본이론은 여성에 대한 낮은 인적자본 투자로 인해 성별 직종분리가 발생한다는 것이고, 이중노동시장이론은 노동시장은 분절되어 있고 여성이 2차 노동시장을 구성하는 대표적인 집단이라는 것이다. 노동시장 분절론은 성차별과 성별 직종분리의 문제로 연결된다. 페미니즘이론에서는 남성이 여성을 지배하는 가부장적 구조가 가정뿐만 아니라 노동시장에서도 여성의 일에 영향을 미치고 있다는 것이다.
5. 우리나라의 여성 빈곤에 대한 접근 역시 그동안 누적되어 온 성차별의 결과라는 구조적 측면을 간과해 왔다. 여성 빈곤의 발생 원인은 여성이 자원 확보에 실패한 남성가구주와 함께 살고 있다는 점도 있지만, 대다수의 경우는 개인적 차원의 문제가 아니라 성차별적 사회제도 및 남성 중심적 자원 분배의 결과로 파악할 수 있다. 따라서 여성 빈곤에 대한 접근에서 성적 요인을 간과할 수 없고, 이런 요소들을 고려할 때 다양한 각도에서 여성 빈곤의 원인과 해결책이 모색되는 것이다.
6. 기존의 사회복지정책은 우리 사회의 가부장적 이념을 재생산하는 방식으로 형성되어 왔다. 다시 말해, 현재 시행되고 있는 사회복지제도는 가부장적 성별 분업의 토대 위에 여성을 노동시장에서 구조적으로 배제하거나 차별적인 지위를 감수하도록 하고 있으며 각종 복지제도에서 여성을 차별하고 있다. 따라서 여성 빈곤 문제와 관련해 사회복지정책은 여성과 남성의 성차이를 반영한 평등주의를 기반으로 기본적인 복지권을 확립해야 하는데, 즉 지금까지의 성맹적인 접근에서 성인지적인 방향으로 정책이 수립되어야 한다.

주요 용어

- **M자형(쌍봉형)**: 우리나라 여성들의 경제활동 참가율의 변화 특징을 말해 주는 전형적인 형태로, 경제활동 참가율은 연령별로 큰 차이를 보여 20대 초반과 40대 연령에서 참가율이 높아 두 개의 최고점을 가지는 M자형을 나타내며 이는 서방 선진국 여성들의 것과 좋은 대조를 이룬다.
- **성별 직종분리**: 여성이 특정 직종에 집중해 있는 현상으로, 일반적으로 여성은 임금 수준이 낮고 근로조건이 열악하며 능력 개발이나 승진 기회 등이 제한된 직종에 집중적으로 취업해 있다. 이것은 많은 국가에서 흔히 발견되는 현상으로 그 근본적인 원인은 여성의 직업 진출을 가로막는 법 · 관습 · 문화 등의 제도적 차별로부터 기인한다.
- **빈곤의 여성화(feminization of poverty)**: 빈곤의 여성화란 표현은 빈곤이 '급속도로 여성 문제가 되어 감'을 관찰한 미국의 D. 피어스에 의해 1970년대에 처음 사용되었다. 더욱이 빈곤 인구 가운데 여성이 차지하는 비중이 시간이 지남에 따라 더욱 높아지고 있어 빈곤의 여성화 추세가 전 세계적 현상임을 말해 주고 있다.
- **가족친화적 고용정책**: 기업의 입장에서 가정과 직장을 양립해야 하는 여성 노동의 특성을 반영한 정책으로, 근로자들이 직장과 가정 영역의 일을 모두 수행할 수 있도록 직무구조의 개편까지 검토하는 적극적이고 통합적인 정책을 말한다.

더 읽을거리

1. UNDP 한국대표부, 『빈곤퇴치-한국의 경험과 교훈』, 1998.
2. 강이수, 『한국 근현대 여성 노동: 변화와 정체성』, 문화과학사, 2011.
3. 김경애, 『한국 여성의 노동과 섹슈얼리티』, 서울: 풀빛, 1999.
4. 김수현, 『한국의 가난』, 한울, 2009.
5. 셸라 레웬학, 김주숙 역, 『여성 노동의 역사』, 이화여자대학교 출판부, 1995.
6. 신인령, 『세계화와 여성 노동권』, 이화여자대학교 출판부, 2002.
7. 임인택, 안수찬, 임지선, 전종휘 저, 『4천원 인생(열심히 일해도 가난한 우리 시대의 노동자 일기)』, 한겨레출판사, 2010.
8. 소준철, 『가난의 문법』, 푸른숲, 2020.

볼거리

- **나는 날마다 내일을 꿈꾼다**, 김미례 감독, 2001년

비정규직여성권리찾기 운동본부에서 제작한 비정규직 여성 노동자들의 현실을 다룬 다큐멘터리. 여성 노동자 4명 중 3명이 비정규직이다. 비정규직에 대한 차별은 날로 심화되고 있으며, 비정규직 노동자는 계속 늘어나고 있는 실정이다. 이러한 현실 속에서 이 땅에서 비정규직으로, 여성으로 살아간다는 것이

어떤 의미인지를 짚어 보고자 한다. 이 영화는 비정규직 여성 노동자들의 삶, 일, 투쟁을 다루고 있다. 대다수가 비정규직이면서 여성이 차지하고 있는 직종인 골프 경기보조원, 학원강사, 구성작가, 청소미화원, 식당조리사, 파견사무직 - 이들이 겪는 현실을 생생하게 드러내 보여 주고 있다. 연약한 표피를 벗겨내듯 그 모습을 숨김없이 드러낸 비정규직 여성 노동자들의 생활 실태와 현실, 투쟁을 통해 진한 감동을 느낄 수 있을 것이다.

- **동행**, 김미례 감독, 2002년
  위의 볼거리 〈나는 날마다 내일을 꿈꾼다〉의 후속작으로 파견직이나 용역직, 영세사업장에서 일하는 중장년 여성들의 힘든 삶을 중점적으로 다룬 다큐멘터리이다.
- **겨울에서 겨울로 – 한성 CC 경기보조원 노조 투쟁일지 –**, 박옥순 감독, 2001년
  경기보조원들은 말한다. 우리도 노동자이고 싶다. 그러나 경기보조원은 법적으로 근로자가 아니며, 사회통념상 일반적인 노동자 군에서도 제외된다. 그래서 노조결성과 교섭과정이 더 어려운 것은 말할 것도 없고, 같은 노동자 사이에서도 경기보조원들은 천대받고 있다고 느낀다. 이 영화는 회사 측의 상습적인 성희롱, 일방적 해고조치에 대한 불안감, 타구 사고 시 합당한 보상, 전무한 후생복지 등에 대해 노동자로서 최소한의 권리를 보장받기 위한 소박한 출발로서 2000년 6월, 노동조합을 결성한 한성 컨트리클럽(한성 CC) 경기보조원들의 노조 결성, 파업, 해고, 261일간의 투쟁, 원직 복직에 관한 보고서이다.

관련 사이트

- 서울여성 노동자회(http://www.equaline.or.kr/): 직장에서 성차별, 직장 내 성희롱, 부당해고, 임금체불 등 고용평등을 위한 상담 및 여성 한부모가 겪는 빈곤 문제, 자녀와의 문제, 사회와 소통하는 문제 등을 위한 한부모자립지원상담 제공
- 여성 노동법률 자료실(http://www.women119.or.kr/): 자료창고를 통해 여성 노동법률 및 여성 노동정책 관련 자료 제공
- 위민넷(http://www.women.go.kr/): 여성가족부에서 운영하는 사이트로 여성 관련 정책과 정보 제공, 위기에 처한 여성들을 위한 실시간 상담 및 직업/커리어, 여성 노동 등에 관한 전문가 상담 제공
- 한국여성노동자회(http://www.kwwnet.org/): 전국 각 지역 여성노동자회와 한국여성노동자회협의회에서 만든 여성노동정보 제공 사이트, 여성노동계 주요 소식, 관련 자료 수록

Chapter 05

여성과 폭력: 성폭력 · 아내폭력

우리 사회의 성불평등은 여성을 황폐화시킬 수 있는 치명적인 폭력을 불러일으킨다. 여성은 아버지나 남자 형제 혹은 남편을 포함하여 친구나 낯선 사람들에 의한 폭력의 희생자가 될 수 있다.[1] 특히, 친숙한 사람에 의한 폭력은 범죄임에도 불구하고 가족비밀주의로 인해 은폐되고 묵인되는 경향이 있으며, 더욱이 여성에 대한 남성의 지배를 당연시하는 사회분위기는 이러한 폭력을 지속화시키고 심화시킨다. 여성에 대한 폭력은 현재 신체적 · 정서적 학대, 성폭력 등 다양한 형태로 끊이지 않으며, 이는 살인과 죽음으로까지 이어져 그 문제는 매우 심각하다고 할 수 있다.

이 장에서는 여성에 대한 범죄적 폭력인 성폭력과 아내폭력의 개념 및 실태를 통해 폭력이 여성 개인에게 일어나는 개별적 사건이 아니라 불평등한 사회적 맥락 내에서 발생함을 이해하고자 하였다.

또한 폭력 발생에 대한 접근이론들을 제시함으로써 여성에 대한 폭력의 성격을 구체적으로 이해하도록 돕고자 하였으며, 이러한 여성에 대한 폭력 근절을 위한 대책 및 과제를 제시하였다.

1) 장휘숙, "여성과 폭력", 『여성심리학』, 박영사, 2008.

1. 개념 및 실태

1) 성폭력 개념 및 실태

성폭력은 '성을 매개로 해서 상대방의 의사에 반해 이루어지는 모든 가해행위'로서 성희롱이나 성추행, 성폭행 등이 이에 포함된다. 그리고 인터넷을 통해 음란물을 보내는 등의 사이버 성폭력과 일방적으로 전화를 하거나 쫓아다니는 스토킹도 넓은 의미의 성폭력이라고 할 수 있다. 즉, 성폭력은 상대방의 동의 없이 성적 행위를 하거나 성적 행위를 하도록 강요, 위압하는 행위 및 유인하는 것으로 성을 매개로 한 신체적 · 언어적 · 정신적 폭력을 포함한다. 우리나라 법제도에서 규정하는 성폭력의 유형은 다음과 같다.[2)]

상자글 5-1 성폭력 유형

- 강간: 폭행 또는 협박으로 상대방의 동의없이 강제적으로 성적 교섭(성기 삽입)을 하는 행동, 폭행협박은 상대방이 반항할 수 없거나 곤란할 정도의 물리력 행사 의미
- 유사강간: 폭행 또는 협박으로 사람에 대하여 구강, 항문 등 신체(성기는 제외한다)의 내부에 성기를 넣거나, 성기, 항문에 손가락 등 신체(성기는 제외한다)의 일부 또는 도구를 넣는 행위
- 강체추행(폭행/협박 수반): 폭행 또는 협박으로 사람에 대하여 추행(성교행위에 이르지 아니하는 비자발적 성적 접촉) 하는 것
- 준강간, 강제추행(폭행/협박 미수반): 사람의 심신상실 또는 항거불능의 상태를 이용하여 간음 또는 추행하는 것
- 간음, 추행(업무상 위력 등에 의한): 업무, 고용 기타 관계로 인하여 자기의 보호 또는 감독을 받는 사람에 대하여 위계 또는 위력으로써 간음 또는 추행하는 것, 위계: 상대방이 알지못함, 착각, 오인을 이용, 위력은 사회적, 경제적, 정치적인 지위나 권세를 이용
- 미성년자의 제강간, 추행: 13세 미만의 미성년자를 간음하거나 추행하는 행위
- 공중밀집장소에서의 추행: 대중교통수단, 공연, 집회, 그밖에 공중이 밀집하는 장소에서 사람을 추행하는 것(폭행 또는 협박을 요하지 않음)
- 성적인 목적을 위한 공공장소의 침입: 성적 욕망을 만족시킬 목적으로 화장실이나 목욕탕의 불특정 다수가 이용하는 다중이용 장소에 무단 침입하거나 같은 장소에서의 퇴거요구 등을 불응하는 경우
- 통신매체 이용음란: 자기 또는 다른 사람의 성적 욕망을 유발하거나 만족시킬 목적으로 전화, 우편, 컴퓨터, 그밖의 통신매체를 통하여 성적 수치심이나 혐오감을 일으키는 말, 음향, 글, 그림, 영상 또는 물건을 상대방에게 도달하는 경우
- 카메라 등 이용촬영: 카메라 등 기계장치를 이용하여 성적 욕망 또는 수치심을 유발할 수 있는 다른 사람의 신체를 그 의사에 반하여 촬영하거나 그 촬영물을 유포하는 행위

2) 여성가족부, "직장내 성희롱, 성폭력 사건처리 매뉴얼", 2019. pp. 19-24

우리 사회에서 성폭력 개념은 주로 성폭력 유형(강간, 강제추행, 강간미수, 추행, 불법촬영 등)으로 법적 근거를 가지는데, 이것은 성폭력에 대해 그 행위가 성립하는지에 대한 여부만을 의미한다. 예컨대, 강간의 법적 정의에 의하면 대체로 강간은 여성의 동의 없이 여성의 성기에 남성의 성기를 삽입하는 특정 성접근 행위로 규정된다. 즉, 동의가 있었는가 없었는가, 남성 성기가 여성 성기에 삽입되었는가 아닌가의 양분법적 접근을 취한다. 이러한 접근은 여성이 폭력을 당할 때의 경험을 배제함[3]으로써 적절한 보호를 받지 못하게 하는 원인이 된다. 다음 사례[4]는 이러한 상황을 단적으로 보여 준다고 할 수 있다.

A사건 피고인이 간음할 목적으로 피해자의 집에 담을 넘어 침입해서 안방에 들어가 누워 자고 있는 피해자의 가슴과 엉덩이를 만지면서 강간을 기도하다가 피해자가 고함을 지르며 반항하자 도망했다(1990. 5. 25. 대법원 판례).

B사건 피고인이 간음할 목적으로 여자 혼자 있는 방문 앞에 가서 방문을 열어 주지 않으면 부수고 들어갈 듯한 기세로 방문을 두드리고 피해자가 위험을 느끼고 창문에 걸터앉아 가까이 오면 뛰어내리겠다고 하는데도 베란다를 통해 창문으로 침입하려고 했다(1991. 4. 9. 대법원 판례).

위의 두 사건에서 A사건은 무죄였고 B사건은 강간의 착수가 있었다고 인정되었다. A사건에서는 피해자가 저항하지 않았다는 이유로 여성의 치부를 만진 행위가 아무런 처벌을 받지 않은 것이다. 특히, 우리나라 형법은 여자들이 '완강히 저항'하지 않는 한 합의에 의한 성관계로 파악한다. 따라서 폭행과 협박 상태에서 저항하지 않으면 강간으로 입증받기 어려우며 장애인이라 하더라도 항거 불능 상태였음을 입증해 내야 하는 문제가 있다. 따라서 성폭력은 폭력 당시의 맥락에서 여성이 인지한 위협의 정도로서 그 여성이 남성의 행동을 어떻게 규정했는지를 간주할 필요가 있다.

성폭력은 우리 사회에서 이웃, 거리, 영화관, 직장, 교회,[5] 학교,[6] 시설, 데이트 중, 지하철, 사이버 공간[7] 등 때와 장소를 가리지 않고 발생하고 있다.

---

3) 맥나일(McNeil)은 성폭력의 심각도에 근거하여 위계를 만드는 것은 부적절하다고 하였다. 여성들은 성기노출자를 만났을 때 가장 염려하였던 것이 '죽음'이었다는 연구 결과를 제시하면서, 강간의 위협과 길에서 희롱과 같은 형태의 성폭력을 심각도로 단순히 위계를 정하는 것은 적절치 못하다고 하였다.

4) 배은경, "성폭력 문제를 통해 본 여성의 시민권", 한국여성연구회, 『여성과 사회』, 1997, pp. 62-67.

5) 교회 내 성폭력은 교회나 기독교 기관 등 기독교 공동체의 구성원 사이에 발생하는 성폭력을 의미하며, 흔히 교회의 지도자나 목회자가 종교적인 특수성이나 자신의 권위를 남용하여 다양한 관계와 형태로 일어난다(임수정, 교회 내 성폭력 피해 여성의 치유를 위한 목회상담적 고찰, 이화여자대학교 석사학위논문, 2013).

6) 김혜선(1997)의 연구에 의하면, 학교 내 성폭력도 상당한 비율로 나타나고 있는데, 중 · 고등 여학생의 경우 교사에 의한 가벼운 추행(등이나 엉덩이를 은근히 만짐)이 19%, 심한 추행(강제로 껴안거나 키스를 함)이 1.5%로 나타났다(『교사, 교수에 의한 학생 성폭력의 실태와 의식』, 한국여성의전화연합).

상자글 5-2 **데이트에서도 폭력이 발생한다?**

- 데이트 성폭력 사례: 대학생 B양의 남자 친구는 술만 마시면 B양에게 집에 들어가지 말라고 종용하고 거부하면, '처녀가 아닌 주제에 내숭떠냐', '나를 사랑하긴 사랑하냐' 등의 폭언을 자주한다. 그 다음 날이 되면 B양에게 다시는 그러지 않을 거라며 민망할 정도로 사과를 한다. 이런 상황이 반복되어 남자 친구를 계속 만나야 할지 고민이지만 잘못했다고 사과를 하는데, 헤어질 것까지 있나 싶어 고민 중이다.
- 데이트 성폭력: 데이트 중에 상대방이 원하지 않는 성적인 행동을 하거나 강요하는 것을 말한다. 데이트 성폭력은 상대방의 의사를 제대로 확인하지 않아 발생하는 경우가 많고, 서로 좋아하는 감정을 가지고 있기 때문에 피해자와 가해자 모두 성폭력이라고 인식하지 못하기도 한다.

출처: 한국여성민우회 성폭력 상담소.

여성가족부 성폭력안전실태조사(2019)에 따르면 평생 동안의 성폭력 피해율을 보면 여성의 경우 성추행(폭행/협박 미수반) 17.9%, 성추행(폭행/협박 수반) 1.7%, 강간미수 0.6%, 강간 0.2%였고 성추행, 강간미수, 강간을 포함하는 신체적 성폭력 피해는 18.5%로 나타났다. 음란전화 등 10.4%, 불법촬영 0.5%, 불법촬영물 유포 0.2%, 성기노출 등 22.9%, 성희롱 9.8%였다. 남성의 경우 성추행(폭행/협박 미수반) 1.2%, 성추행(폭행/협박 수반) 0.1%, 음란전화 등 10.5%, 불법촬영 0.1%, 성기노출 등 1.9%, 성희롱 1.6% 였다. 남성에게서는 강간미수, 강간 및 불법촬영물 유포의 피해경험이 발생하지 않는 것으로 조사되었다. 여성은 모든 성폭력 유형에서 피해가 발생하고 있는 것으로 나타났다.

또한, 피해자 연령별로는 2018년 기준 여성 강간 피해 5,875건 중 16~20세인 경우가 1,281명으로 21.8%를 차지하고 있으며, 21~30세가 1,981명으로 33.7%를 차지해 전체 피해자의 50% 이상이 16세 이상 30세 이하에 속하는 것으로 나타났다. 특히 여성 피해자의 연령이 21~30세인 경우는 2014년 29.3%에서 2018년 33.7%로 지속적으로 증가하는 경향을 나타내고 있다[8]. 이는 전체 여성의 강력범죄 피해 중에서 살인이나 강도에 비해 피해연령이 상대적으로 낮은 것으로, 성폭력 피해는 여성 중에서도 젊은 층의 위험이 높음을 예측할 수 있다.

성폭력 피해자와 가해자 관계에서는 강간의 경우 2018년 기준으로 가해자 유형은 친인척 이외의 아는 사람이 80.9%, 친인척이 12.7%, 전혀 모르는 사람이 17.7% 로 나타났다. 발생

7) 사이버 공간의 온라인 성폭력은 컴퓨터 통신망에서 컴섹(컴퓨터 통신 대화를 통해 섹스 행위를 재현)을 강요하거나 "너 가슴 크냐"는 등의 언어폭력으로 여성에게 정신적 피해를 가하는 경우를 말한다.

8) 경찰청, 범죄통계. 각 년도.

장소는 집 45.2%, 인구밀집 상업지 42.8%, 야외, 거리, 등산로, 산책로, 대중교통시설 등 13.5% 순으로 나타났다[9]. 또한 한국여성의전화 조사[10]에서는 폭력피해 초기상담을 분류한 결과 가해자가 전/현 배우자, 전/현 애인, 데이트 상대자가 51.8%(4,254건)을 차지하는 것으로 나타났다. 이는 대부분의 성폭력 사건은 일상적이고 친밀한 관계에서 발생하고 있음을 의미한다.

성폭력피해자 통합지원센터인 해바라기 센터의 2019년 자료[11]에 따르면 2018년 한해 27,450명이 접수되어, 상담지원이 125,347건, 의료지원이 100,929건, 수사법률지원이 58,227건이 이루어졌으며 피해자의 성별은 여성이 93.1%, 남성은 5.8%로 성폭력 피해자는 여성, 가해자는 남성의 구도에 대한 원인 성찰이 필요하다는 것을 알 수 있다.

상자글 5-3 학교 내 성폭력 사례

- 성추행: 신입생 때의 일이다. 과 선배가 '착하다, 귀엽다'며 나에게 접근해 왔다. 혼자 있으면 음료수도 사주고 점심도 사 주며 호의를 보여 왔다. 그러던 가운데 선배의 눈치가 이상해지기 시작했다. 둘만의 시간을 갖자며 교제를 요구해 왔다. 때로는 불쾌한 표현(언어적)을 하고 신체 접촉을 시도해 왔다. 겁도 나고 해서 피하게 되었는데, 뒤에 알고 보니 과 내의 여학우 상당수가 같은 일을 겪었다. 그 가운데 한 친구는 정신적 피해가 커서 일상적 생활을 못하였다.
- 컴퓨터 음란물을 이용한 성희롱: 전공 공부와 리포트 작성 등을 위해 전산실을 이용하는 기회가 많다. 일을 마치고 전산실의 누드 사진 PARK 프로그램을 실행하면 화면에 음란한 그림이 나오는 경우가 종종 있다. 완전히 벌거벗은 여자의 모습이 사진을 그대로 옮겨 놓은 듯이 선명하고 세밀하게 화면에 나타난다. 그럴 때마다 민망하면서도 많은 학생이 함께 이용하는 전산실 컴퓨터 음란 프로그램을 설치한 사람에게 분노를 느낀다(이 행위는 포르노 사진 등을 상대방에게 강제적으로 보임으로써 불쾌감을 유발하는 시각적 성희롱 행위이다).
- 언어적 성희롱: 어느 날 저녁 좌석버스를 타고 집에 가는 길에 동문 선배와 옆자리에 앉아서 집에 가게 되었다. 선배는 술을 조금 마신 상태였고, 서로 일상적인 대화가 오간 뒤 선배는 자신의 연애 경험담을 이야기하면서 곧 애인과의 육체적 관계에 대한 경험을 민망할 정도로 상세하게 이야기한 뒤 나중에는 "너는 해봤냐? 해보고 싶지 않느냐? 가르쳐 줄까?" 따위의 말을 하였다. 그 뒤로 그 선배에 대한 혐오감을 갖게 되었고 다시는 동문회에 나가지 않았다.

출처: 이나영, 『학교 내 성희롱 실태와 대책』.

9) 여성가족부(2019), 2019년 성폭력안전실태조사.
10) 한국여성의전화(2021), 2021년 한국여성의전화 상담통계분석
11) 여성가족부(2019), 2018년 해바라기센터 운영실적

성폭력의 피해여성들은 대부분 신체적인 고통뿐만 아니라 정서적 · 행동적으로 상당한 수준의 고통을 경험한다. 정서적 측면에선 두려움, 치욕감, 당황스러움, 걱정, 공포, 혼란, 분노, 보복감, 증오, 우울, 무감각, 남성 불신, 배신감, 외상성 후장애 등을 겪으며, 신체적 측면에선 두통, 수면장애, 악몽, 성병 감염, 원치 않는 임신 등을 겪게 된다. 그리고 행동적 측면에선 성행위에 대한 회피, 남성에 대한 회피, 자살 행동, 약물중독 등을 겪게 된다. 또한 성폭력은 피해여성 개인의 문제로서 끝나는 것이 아니라 사회적으로 영향을 미치는데, 성폭력에 대한 불안감은 여성의 일상 생활에까지 영향을 미쳐 여성의 활동 범위를 축소시키고, 남성 일반으로부터의 보호를 위해 개인 남성에게 더욱 의존하게 만든다.[12] 개인 남성에의 의존은 이에 따른 여성의 고립과 함께, 남성들이 여성 자신의 집에서 여성을 공격하고 학대하는 것을 보다 용이하게 한다.

2) 아내폭력 개념 및 실태

상자글 5-4 아무도 주목하지 않는 작은 애도식

가정의 달이라는 5월에도 어김없이 신문에는 남편에 의해 살해된 아내에 대한 기사가 올라왔다. 부산에서는 '홧김'에, 아산에서는 '말다툼' 끝에, 서귀포에서는 '가정불화'로, 고성에서는 '부부싸움'하다가 남편이 아내를 죽였다. 순천에서는 아내 살해 후 남편이 스스로 목숨을 끊었다.

부산경찰, 홧김에 아내 살해한 50대 구속 | 기사입력 2010-05-25 23:57
마산경찰, 말다툼 끝에 아내 살해한 50대 검거 | 기사입력 2010-05-10 07:12
서귀포서 가정불화로 남편이 아내 살해 | 기사입력 2010-04-30 10:30
순천서 아내 살해한 50대 자살 | 기사등록 일시 [2010-05-19 08:08:25]
고성, 부부싸움 중 흉기로 아내 살해 | 기사등록 일시 [2010-05-15 07:30:07]

우리가 흔히 말하는 '부부싸움'이나, '말다툼', '가정불화'라는 단어는 가정폭력과 크게 다른 말이 아니다. 기사가 보여주듯이 남편은 부부싸움 중에 아내를 '홧김에' 죽인다. 죽은 아내들은 말이 없으니 이 남편들이 평소에 아내를 지극정성으로 돌봤는지, 방임했는지, 존중했는지, 무시했는지에 대해서 정확히 알 방법은 없다. 위의 간단한 기사 내용만 보더라도 가정폭력의 암담한 현장이 그려진다.

출처: 김홍미리, 한국여성의전화, 2010. 6. 강화여성의전화 소식지글 요약.

12) 최영애, "성폭력 피해자 지원체계 현황 및 과제", 『피해자학연구』 제8호, 2000, p. 388.

아내폭력은 남편이 일방적으로 자신의 아내를 의도적 · 반복적 · 계획적으로 구타하는 폭력으로, 강간, 성적 학대, 의처증, 남편의 경제적 통제 혹은 무능력, 집요한 협박, 알코올 남용, 폭언 등 언어적 · 심리적 · 경제적 · 성적 · 정서적 폭력을 동반한다. 이는 아내의 치명적인 신체의 손상과 정신적 황폐화를 초래한다.

부부싸움과 아내폭력은 매우 다른 것이다. 부부싸움은 가족 생활에서 갈등이 일어날 때 발생하는 것으로 남편에 의해서만큼 아내에 의해서도 같은 비율로 시작된다. 그리고 폭력이 행사된다고 하여도 시간이 지나면서 더욱 심화되지 않고, 폭력 동기도 특정 상황에서 터져 나오는 비의도적인 경우가 많다. 그러나 아내폭력은 폭력의 가해자가 주로 남편이고, 주로 남편이 공격을 시작하며 시간이 지나면서 폭력이 심화되고 폭력의 동기도 "남편에게 순종하지 않는다", "시댁 관계에서 문제가 있다", "아내의 품행이 좋지 않다" 등[13]으로 자신의 아내를 소유물로 간주하려고 한다. 많은 가해 남편들은 사회적 환경이나 직장에서보다는 자신의 가정에서만 폭력행동을 행사하는데, 이는 자기 아내를 권력으로 통제하고자 하기 때문이다. 아내폭력은 두 가지 방식으로 나타날 수 있는데, 그 유형은 다음과 같다.[14]

상자글 5-5 아내폭력 유형

- 물리적 폭력
  - 강요와 위협을 이용한 폭력: 신체적 상처를 입히기, 집을 나가라고 윽박지르기, 합법적인 행동을 못하게 하기(소송을 취하하도록 강요 / 위협하기)
  - 경제적인 학대를 이용한 폭력: 직업을 갖지 못하게 하기, 돈을 요구하기, 생활비를 한정된 액수만 주기
  - 남성 특권을 이용한 폭력: 아내를 하녀 취급하기, 주요한 의사결정을 독단적으로 하기, 전통적인 성역할을 고집하기
  - 자녀를 이용한 폭력: 자녀에게 죄책감 들게 하기, 자녀와 떼어 놓겠다고 위협하기
- 정서적 폭력
  - 협박을 이용한 폭력: 눈빛 / 행동 / 제스처로 겁주기, 물건 파손하기, 흉기나 무기를 보여 주면서 겁주기
  - 정서적인 학대를 이용한 폭력: 욕하기, 미친 사람 취급하기, 죄의식 느끼게 하기
  - 고립을 이용한 폭력: 아내의 행동(하는 일 / 보는 것 / 말하는 것 등)을 통제하기
  - 과소평가 / 불안정 / 비난을 이용한 폭력: 아내폭력을 가볍게 여기기, 아내폭력 행위를 부인하기, 아내에게 폭력 행위의 책임 전가하기

13) 조주현, "가정폭력의 원인과 대책", 『창립 40주년 심포지엄 자료집』, 한국가정법률상담소, 1999, p. 10.

14) 이 자료는 박기자(1996)가 Michale P. Johonson(1995)에서 인용하여 재구성한 것을 정리한 것임(박기자, 아내구타, 가부장적 테러리즘의 권력과 통제, 여성연구논집, 7, pp. 95-112, 1996).

이러한 아내폭력은 두 가지 관점[15]으로 정리된다. 먼저 사회과학 일반에서 제기되는 가정폭력 관점은 아내폭력을 아동학대, 노인학대와 같이 가정 내에서 발생하는 폭력의 한 형태로 보며, 가족 내부의 갈등, 스트레스 또는 관계상의 부적응이나 역기능을 폭력의 원인으로 간주한다. 이것은 폭력에 대해 부부 공동의 책임을 강조하는 것으로, 아내폭력을 배우자 학대, 부부폭력, 가정폭력과 같은 용어로 표현하며, 사회에서 여성이 처한 불평등한 사회적 맥락을 모호하게 한다. 두 번째 관점은 페미니스트 관점으로 이 관점에서 아내폭력은 남편이 아내를 통제하는 하나의 수단으로 사용하는 신체적 · 비신체적인 공격 행위를 의미한다. 여기서는 폭력의 발생과 계속에 대한 우선적인 책임은 가해자에게 있다고 본다.

우리나라에서 아내폭력의 실태를 조사한 결과들[16]은 조사지역과 대상에 따라 그 결과에 차이를 보이는데, 대체로 기혼여성 28~40%가 남편으로부터 폭력을 경험하는 것으로 이는 10명 중 2~4명이 폭력적 상황에 있음을 나타내는 것이다.

한국여성의전화가 2021년 한 해 동안 언론에 보도된 기사를 집계한 결과 남편이나 애인 등 친밀한 관계의 남성에 의해 살해된 여성들은 최소 83명으로 평균 5일에 1명꼴로 나타났으며, 살해 시도가 미수에 그친 사건도 177건에 달하고 있다. 이는 친밀한 관계에 있는 남성으로부터 살해되거나 살해 위험에 노출되어 있는 것으로 폭력의 일상성과 동시에 여성폭력이 보편적 범죄로 자리잡고 있음을 알리는 지표가 된다. 여성 살해 가해자들의 범행 동기로는 "이혼 결별을 요구하거나 재결합 만남을 거부해서"가 가장 높았고, "다른 남성과의 관계에 대한 의심", "홧김에, 싸우다가 우발적", "자신을 무시해서" 등으로 나타났다. 이는 갈등상황에서 일어난 우발적 사건이 아니라 이전부터 지속되고, 반복된 폭력의 연장선으로 발생한 것이라고 할 수 있다.

폭력 유형에는 밀치거나 팔, 어깨, 머리 등을 움켜잡기가 가장 많고 그 다음으로 손바닥으로 뺨이나 신체를 때리거나 다치게 할 수 있는 물건을 던지는 폭력이 많았으며,[17] 쉼터를 이용하는 여성들의 경우에는 무차별 구타, 기구를 동원한 폭력인 경우가 상당수 된다.[18]

15) 김인숙 외, 『여성복지론』, 서울: 나남출판, 2000, p. 276.
16) 아내폭력에 대해 이루어진 조사(정희진, 『저는 오늘 꽃을 받았어요』, 또 하나의 문화, 2001, p. 35. 1993년 이후 자료정리 및 보완) ; 정복희(1993), 대구지역 경험률 44.4% ; 이영희(1993), 부산지역 42.2% ; 김재엽(1997), 전국 31.4%, 법무부(1999) · 여성가족부, 2013년 가정폭력,성폭력실태조사, 전국 34.4% ; 여성가족부, 2019년 가정폭력 실태조사, 전국 28.9%.
17) 여성가족부, 2019년 가정폭력 실태조사
18) 변화순 · 최영애 외, 『가정폭력의 예방과 대책에 관한 연구』, 한국여성개발원, 1993.

폭력이 시작되는 시기는 결혼 5년 이후 경우가 46%였고, 절반 이상이 결혼 후 5년 미만에 발생하는 것으로 나타났다. 특히 결혼 후 1년 이상 5년 미만이 30%, 결혼 후 1년 미만이라고 응답한 경우가 20.6%, 결혼 전 교제기간도 3.3%로 대부분 결혼 초기에 폭력을 경험하는 것으로 보고되고 있으며,[19] 대부분의 아내들은 남편의 첫 폭력을 실수로 간주하려는 경향이 있다. 그러나 폭력은 일단 한 번 일어나면 반복적 · 습관적이 되기 쉬우며 가해의 정도가 점점 깊어지면서 규칙적이고 반복적인 주기성을 띠게 되는 특성을 가진다고 한다[20]

폭력에 대한 피해여성들의 대응은 대부분 그냥 맞고만 있거나 자리를 피하거나 집 밖으로 도망다니거나 하며 같이 때리고 싸우는 식으로 대응하는 경우였으며 주위 사람에게 도움을 청하는 경우는 다른 대응방식에 비해 현저히 낮다.[21] 또한 여성 대부분이 그냥 당하고 있는 이유로는 '배우자이기 때문에'가 가장 많았으며 '대응해도 달라질 게 없을 것 같아서', '폭력이 심각하지 않다고 생각해서', '그 순간만 넘기면 될 것이라고 생각해서', '내 잘못도 있다고 생각해서'의 순으로 보고된다.[22]

폭력의 피해자인 아내는 신체적인 증상과 고통 외에도 자존심 손상과 수치심, 굴욕감, 자신의 정체감 혼란, 억울함, 다시 폭력을 당할 것에 대한 두려움, 손발 마비, 소화불량, 무기력감 등을 느끼게 된다.

폭력의 대상이 되는 여성들은 왜 폭력관계를 중단시키지 못하는가? 왜 남편을 떠나지 못하는 것일까? 이에 대한 대답은 독립의 두려움과 경제적 취약성, 자녀양육, 남편의 변화에 대한 기대, 죄책감, 자기비난 등 다양한 이유가 있다. 그리고 이러한 요인은 사회적 지지체계와 서비스 부족으로 더욱 강화된다.

19) 여성가족부, 『2019년 가정폭력실태조사』, 2019.
20) 이소희 외, 『여성복지』, 서울: 형설출판사, 2001.
21) 여성가족부, 『2019년 가정폭력실태조사』, 2019.
22) 여성가족부, 『2019년 가정폭실태조사』, 2019.

상자글 5-6 남편살해로 구속 재판 중인 이수남 씨 사례

피해 구속자 이수남 씨는 27년 동안의 결혼생활을 폭력 속에서 살아온 가정폭력피해자이다. 27년이라는 기나긴 시간 동안 이수남 씨는 남편이라는 이름의 남자와 함께 생활을 한다는 이유만으로 수도 없는 폭력을 무방비 상태에서 당해야만 했다. 첫아이를 임신했을 때조차 쑤셔 죽인다는 언어폭력을 휘둘렀고, 밥상을 뒤집어엎고 깨질 만한 그릇들은 모조리 부수거나 돌멩이를 던져 머리를 깨놓고, 물어뜯고, 머리채를 잡고 끌고 다니고, 옆구리를 발로 차고 목을 조르거나 소파에 꼼짝없이 붙들어 놓고 구타를 하는 등 크고 작은 폭력들이 수도 없이 진행되었다. 남편이 이수남 씨를 구타하지 않는 날이 오히려 드물 정도였고 일 년에 열한 달은 구타가 있었다. 그러면서도 교묘하게 상처가 밖으로 드러나지 않는 부위만을 골라서 구타를 했고, 술과 노름으로 한 가정의 삶을 어두운 구렁텅이로 몰아넣었다. 이런 남편은 결혼 이후 한 번도 생활을 제대로 책임지지 않았고, 이수남 씨 혼자 공사장 부역, 풀빵 장사, 비닐하우스 날품팔이, 산에서 나무를 하는 등 온갖 일을 하면서 생활을 책임질 수밖에 없었다.

이수남 씨는 이런 숱한 인권의 유린에도 불구하고 자식들이 본인처럼 부모를 떠나 불행한 삶을 살게 될까 걱정이 되어 참고 또 참는 생활을 했다. 10일, 남편의 생일상을 차린 이수남 씨에게 남편은 밥을 다 먹고 밖에 나갔다 오더니 "무나물은 제사 지낼 때나 쓰는 것인데 나 죽으라고 무백나물을 해 줬냐?"며 구타를 시작, 구타하다 지치면 잠시 쉬었다가 다시 일어나 구타하기를 반복했다. 남편은 이때 "이년아, 이제까지 참았는데 이제부터 시작이다"라는 말을 하며 구타를 멈추지 않았다. 이수남 씨는 10일 아침 이후 삼일 동안 아무것도 먹지 못해 정신조차 명료하지 못했으며, "이제부터 시작이다"라는 말만 귀에 계속 맴돌아 이렇게 하다간 죽겠다는 생각밖에 들지 않았다고 한다. 남편과 사는 27년 동안 이수남 씨의 소원이 있다면 "자고 싶을 때 자고 먹고 싶을 때 먹는 것"이었다.

출처: 서울여성의 전화, hotline.jinbo.net 자료실.

2. 여성폭력 발생의 이론적 접근

1) 정신분석론적 접근

정신분석이론은 초기 생활 경험으로 인해 생긴 심리적, 성격상의 문제를 폭력행동의 원인으로 본다. 폭력행동은 성격상의 문제로서, 충동통제의 어려움, 친밀감에 대한 두려움, 우울, 손상된 자아 기능 등[23]으로 나타난다. 그리고 폭력의 대상이 되는 여성은 아동기 때 적절한 보살핌을 받지 못하여, 자신들이 학대받아 마땅하다고 생각하고 학대에 저항하기보다는 복종하고 자신을 무가치하게 느끼기에 가해자의 폭력을 증폭시킨다고 본다.

23) Adams, D., "Treatment Models of Men Who Batter: A Profeminist Analysis", In Kersti Yllo & Mich Bograd(Eds.), *Feminist Perspectives on Wife Abuse*, Newbury Park, CA: Sage Publications, 1988.

이 이론에서의 개입 목적은 아동기로부터의 과거 경험이 현재 행동에 어떠한 영향을 미치고 있는지 알게 하는 것이다. 즉, 폭력행동을 다루기보다는 아동기 경험을 탐색하게 만들어, 건강한 자아 기능을 회복하도록 만드는 데 중점을 둔다. 그러나 이 접근은 폭력 발생의 사회문화적 측면을 축소하고, 폭력을 아동기 경험 때문에 일어난 것으로 봄으로써 가해자에게 지지적이고 공감적인 개입 환경을 제공하게 된다.[24] 이것은 폭력행동에 대한 직면을 불가능하게 하고, 가해자가 책임을 회피하도록 구실을 제공하며 아내폭력의 중요한 권력과 통제의 측면을 고려하지 않는다는 한계를 가지고 있다.

2) 상호작용 혹은 체계이론적 접근

체계적 관점은 폭력을 상호작용적 관계에서 생긴 결과로 본다. 즉, 남편과 아내 간 상호작용에서 나타난 표현방식으로 누가 피해자고 가해자랄 것 없이 동등하게 책임이 있는 것으로 본다. 이러한 관계는 '부부폭력' 또는 '학대적 체계'라는 용어로 표현되는데, 이것은 각각 깨지기 쉬운 자아감을 가진 두 사람이 융합되어, 폭력 또는 학대가 관계의 특성으로 나타난다. 이 접근의 개입 목표는 두 사람 간의 역기능적 상호작용을 파악하여 이를 변화시키는 것이다. 그러나 이 접근은 당사자 모두에게 책임을 강조함으로써 남성과 여성 사이의 권력 불균형의 문제를 무시하게 되고, 암묵적으로 여성에 대한 남성의 통제와 지배를 당연하게 한다.

3) 학습이론적 접근

학습이론은 폭력을 학습된 행동으로 본다. 가해자는 폭력적인 환경에서 성장하여, 폭력을 관찰하거나 경험함으로써 폭력적인 행동을 지지하는 신념을 내면화하게 된다. 이 접근의 개입 목표는 어떻게 현재 행동을 배우고 보상받았는지를 파악하여 그들에게 비폭력적 행동을 학습할 기회를 주며, 비합리적이고 경직적인 사고 패턴을 변화시키는 것이다. 그러나 이 접근은 성차별주의와 권력 및 통제의 문제를 배제한 채 사용될 가능성이 있는데, 즉 가해자는 권력과 통제에 대한 학습 없이 새로운 행동들만 배우게 되는 것으로만 자신이 치료되었다고 말할 수 있다.[25] 성불평등에 대한 인식이 없다면 여성이 폭력의 주된 대상이 되는 원인을 설명할 수 없다.

---

24) 김경신 · 김정란, "가정폭력 가해자 개입프로그램 실태분석", 『대한가정학회지』 제38권 10호, 2000, p. 3.
25) 위의 책, p. 120.

4) 여성주의 접근

여성주의 접근에 따르면, 여성에 대한 폭력은 여성을 낮게 평가하고 폭력이 정당한 자원으로 인정되는 사회에서 남녀 간의 불평등한 권력 배분 때문에 발생한다. 이러한 측면에서 아내폭력은 남성이 여성을 통제하기 위한 수단으로 폭력을 사용하는 것이며, 근본적으로 남녀불평등에서 비롯되어 가족 내에서 '지배자 남성과 복종자 여성'의 틀을 지속시키는 기제로 사용된다는 것이다.[26] 또한 성폭력은 남성 중심의 가부장제를 유지, 강화하기 위한 기제로 작용하는 것이며, 이러한 맥락에서 남녀의 관계는 지배관계로서 개념화되고 성폭력은 더 잘 발생하며 쉽게 정당화되고 가해자는 윤리적 책임을 회피하게 된다고 본다.

여성주의 접근은 아내폭력, 성폭력을 남성의 개별적인 폭력에 초점을 두기보다는 남성이 여성에게 폭력을 왜 사용하는가, 그리고 어떻게 사회적 · 문화적 · 정치적으로 폭력이 강화되는가를 밝히고자 한다. 그러므로 이 접근은 아내가 학대자에게서 벗어나 생존하는 것은 다양한 권리의 취득에 달려 있다고 본다. 여성 스스로 여성에 대한 가부장제와 성차별에 대한 인식을 얻는 피해 아내의 의식 전환과 향상이 있어야 한다고 주장한다.[27] 그러나 이 접근은 폭력의 당사자인 여성과 남성의 욕구보다는 사회의 변화에 개입 초점을 두고 있어서, 내담자의 욕구와 사회적 자원, 변화를 연계시키도록 돕는 사회복지실천기술이 구체적으로 개발되어 있지 않다는 한계를 가진다.

이상에서 살펴보면, 여성에 대한 폭력을 심리 · 성격상의 문제, 상호 관계의 역기능, 폭력행동의 학습으로 보는 접근은 폭력을 극소수의 일탈적인 남성들의 행위로 보는 것으로, 이는 폭력이 대다수 남성들의 일반적인 심리적 · 행동적 유형이라는 보편성을 간과하는 것이다.

여성에 대한 폭력의 해결 및 예방을 위해서는 이 폭력이 가지는 성격을 명확히 이해해야 할 필요가 있다. 따라서 여성에 대한 폭력은 폭력을 행사하는 남성 개인 영역의 행동뿐 아니라 이 폭력을 조장시키고 지속시키는 사회문화적 영역에서의 문제로 이해될 필요가 있다.

26) 조흥식 외, "아내학대와 가족", 『가족복지론』, 2010, pp. 272-275.
27) 위의 책, p. 273.

3. 여성폭력에 대한 대책 및 과제

1) 폭력에 대한 사회문화적 규범과 가치

우리 사회에서 남성과 여성, 남편과 아내, 어른과 아이, 교사와 학생, 직장 상사와 부하 직원의 관계에서 전자는 후자에 비해 절대적인 권력을 갖는다. 따라서 힘이 있는 남성, 남편, 어른, 교사, 직장 상사 등에 의해 힘을 갖지 못한 여성, 아내, 자녀, 부하 직원에 대한 폭력이 쉽게 발생하고 있다. 이러한 위계적이고 권위적인 관계는 폭력 발생을 조장하고 지속시키는 요인이 된다. 또한 남성 중심적 성문화는 남성의 성 횡포를 가능하게 하고, 구타와 강간의 요인으로 작용한다. 왜곡된 성문화는 남녀 사이의 진정한 애정과 신뢰에 기반을 둔 성관계가 아닌 왜곡된 성관계 및 행위를 자극하므로 남녀 관계를 더욱 불평등하게 만들게 된다. 남성만이 성의 주체이고, 여성은 성적 대상이거나 수동적이어야 한다는 인식은 여성에 대한 폭력의 일차적 요인이라 할 수 있다.[28)]

따라서 성폭력이나 아내폭력은 성의 문제라기보다는 권력의 문제이다. 남성의 입장에서 폭력이 규정되고 여성을 무시 · 비하하거나 함부로 처우하는 데서 기인한다는 사실을 인식하여 여성에 대한 폭력의 성격을 구체적으로 이해해야 할 필요가 있다.[29)]

상자글 5-7 성폭력에 대한 잘못된 생각들

- 여자가 조신하거나 끝까지 저항하면 막을 수 있다(성폭력은 '부주의'한 여성에게만 일어나는 것은 아니다).
- 성폭력은 성관계나 성 호감일 뿐 폭력 범죄가 아니다.
- 남성은 성욕이 강하므로 성충동을 억제할 수 없다.
- 성폭력은 성적인 신체적 접촉이 심각한 경우에만 해당한다.
- 가해자는 전형적인 특성을 지닌다(교육 수준과 연령, 결혼 상태, 지위와 상관없이 나타난다).
- 성희롱에 대해 무시하는 태도를 보이면 성희롱은 중지될 것이다(무시하는 태도는 가해자의 행위에 동의나 최소한 묵인으로 간주되어 그 빈도나 정도가 심해질 수 있다).

28) 손덕수, "성폭력의 정치경제학-여성복지적 측면에서 본 성폭력의 사회적 의미와 그 대책들", 『사회과학연구집』 제3호, 대구가톨릭대, 1995.
29) 이원숙, 『성폭력과 사회복지』, 강남대학교 출판부, 1998, pp. 257-259.

우리 사회의 성폭력에 대한 통념은 착한 여자, 얌전하게 다니는 여자는 성폭력을 당할 수 없으며 반대로 헤픈 여자, 노출이 심한 여자가 성폭력을 당한다는 식으로 피해여성에게 책임을 전가하고 비난하는 피해자 유발론적 시각을 반영하고 있다. 이러한 생각들은 피해자가 피해 사실을 은폐하도록 사회적 압력을 가하고 가해자가 처벌을 받지 않고 빠져나갈 가능성을 높인다. 이러한 시각은 성폭력이 지속되도록 하며 피해자가 치료받을 기회를 박탈당하고 혼자서 평생 고통받으면서 살아가도록 하는 부정적 영향을 미친다.[30] 따라서 성폭력에 대한 잘못된 사회적 통념을 바로잡는 것은 왜곡된 피해자 유발론적 시각을 가해자 책임론으로 전환시키고 성폭력을 근절할 수 있는 사회적 분위기를 조성하는 데 매우 중요하다.

우리 사회에서 만성화되고 은폐되어질 성폭력 문제들을 성범죄 피해사실로 공론화하고 사회문제로 제기하는 '미투운동'이 이어지고 있다. 미투운동은 조직 내 만연화된 성폭력 문제를 다루는 내부 고발운동이다. 우리나라에서는 2016년 문화예술계의 성추문 폭로 사건으로 미투운동이 본격적으로 촉발되었고, 2018년 1월 정부 주요 권력기관인 검찰청 조직에서 서지현 검사가 검사장으로부터 당한 성추행을 성범죄로 폭로하면서 미투운동은 대중들 사이에서 크게 가속화되었다. 이후에도 정치권의 유력한 대선주자와 문학계, 영화계, 정치계, 대학 및 학계, 연예계, 체육계, 종교계, 기업체 등에 종사하는 여러 유명인들을 대상으로 미투운동이 확산되었다. 대부분의 가해자는 권력과 힘을 가진 남성들이었고 피해자 대부분은 여성들이었다. 미투운동은 이른바 "위계와 권력에 의한 성범죄" 전반으로 확산되기에 이르렀다[31].

미투운동은 여성에 대한 남성의 폭력을 폭로하기 보다 권력을 가진 가해자가 그렇지 않는 피해자에게 행하는 '갑-을 관계'에서의 폭력이라고 보는 견해가 많다. 하지만 성범죄의 특성상 대부분의 가해자는 남성이고 피해자는 여성이라는 점을 고려할 때 두가지 측면을 모두 가지고 있다고 할 수 있다. 사회 각계에서 발생된 성추행, 성폭행은 남성이 자신의 힘과 권력을 이용하여 약자의 위치에 있는 여성에 대해 이를 행사하고, 여성의 필수적인 요구보다 남성이 자신의 요구와 욕망을 독단적으로 상대방에게 들이미는 행동이라고 할 수 있다. 이는 지배적이며 힘과 통제력을 가진 가부장제의 남성들이 남성의 권위에 도전하는 여성들을 내리누르는 행동이기도 하다.[32]

---

30) 위의 책, 1998.
31) 홍미영, 박지영, 미투운동 이후 성폭력 대응체계의 효율적 운영방안, 부산여성가족개발원
32) 김수인(2018), 미투운동이 우리사회에 미친 영향, THE 이화메디컬 저널, 41(2) , p. 25-26.

상자글 5-8 미투운동(Me Too Movement)

- '미투 우동(Me Too Movement)' 혹은 '미투 캠패인(Me Too Campaign)'은 2006년 미국의 여성사회운동가로 알려졌던 '타라나 버크(Tarana Burke)'가 약자인 소수인종의 여성 및 아동들이 자신의 각종 폭력의 피해를 드러내고 신고할 수 있도록 독려하기 위해 창안된 운동이다.
- 1997년 버크는 열세살 흑인 소녀로부터 성학대 경험을 듣게 된다. 이야기를 듣는 동안 그는 아무말도 하지 못하고 소녀을 제대로 돕지 못했다. 이 경험은 버크의 트라우마로 남았다. 그는 이후 같은 상황이 다시 온다면 어떤 말을 들려줘야 할 것인가를 고민했다. 오랜 세월이 지난 후 찾은 최선의 답은 '나도 그렇다'라는 뜻의 'ME, Too' 였다. 그는 이짧은 문장을 '공감을 통한 권한 부여'로 봤다. '나도 너처럼 나쁜 일을 겪어봤다', '네가 느끼는 수침과 절망에 공감한다' '너의 슬픔과 고통을 더는 일에 나도 동참한다'는 여러 가지 뜻이 함축되어 있는 것이다.
- 미투운동은 2017년 한 영화제작자에게 성추행을 당했던 헐리우드의 여배우들이 이를 공론화하는 과정에서 '#me too'라는 해시태그로 다시 등장했다. 아역배우 출신 앨리사 밀라노는 '성희롱이나 성추행을 당한 여성이라면 'Me Too'라는 댓글을 달아달라는 메시지를 눈에 띄웠고 기네스 팰트로, 안젤리나 졸리와 같은 톱스타가 참여하면서 더 많은 주목을 받게 됐다.
- 버크는 '미투는 성폭력을 겪는 모두를 위한 것이지 여성운동이 아닙니다. 미투운동은 폭력을 당한 모두를 위한 것입니다. 남자들은 적이 아니라는 점을 분명히 해야 합니다. 다만 우리가 여성을 중점으로 두고 말하는 이유는 대부분의 피해자가 여성임을 숫자가 증명하기 때문이죠' 라는 말을 남겼다.
- 미투운동은 대중화된 스마트폰과 소셜네트워크서비스의 해시태그를 통해 각종 성희롱, 성폭력 경험에 대해 피해자가 고발하고 다른 피해자와 연대가 이루어진다는 데 큰 의미가 있다. 최근 미투운동은 '나도 당했다'라는 단순한 의미를 넘어서 '나도 고발한다', '나도 말한다'의 적극적 의미로 발전되어 피해자의 주체성과 자발성의 의미를 담아가고 있다.

출처: 박정민, 나도그래, 너와함께 할게, 미투운동 창시자, 타라나버크, 사람답게 사는 세상이야기, 통권 130호, p.30–31

미투운동은 성범죄 피해여성들에게 용기를 내어서 밖으로 피해사실을 알릴 수 있는 사회분위기를 만들었고 그 피해사실이 소셜네트워크서비스(SNS)를 통해 빠르게 퍼져나가 사회적 영향을 줄 수 있다는 사실을 경험하는 계기가 되었다. 우리 사회에 만연해 있는 성폭력 문제에 대해 경각심을 갖도록 만들었고 궁극적으로 성범죄 예방에 기여할 수 있는 중요한 이정표가 된 것으로 평가된다.

미투운동을 계기로 그동안 묵인했던 사회구조적 성차별의 관행과 피해를 직시하고 사회구성원 모두가 성폭력 피해에 대한 인식을 높이며, 피해자 보호는 물론 예방교육 등 성평등 문화 확산을 위해 노력해야 한다.[33)]

33) 홍미영(2018),성폭력 대응정책의 방향과 과제, 부산여성가족개발원, 59. pp. 6-7.

상자글 5-8 아내폭력에 대한 잘못된 생각들

- 시간이 지나면 또는 아이를 낳으면 나아질 것이다(시간이 지나면 나아지겠지 혹은 아이를 낳으면 등의 이유로 세월이 지나면서 더 구타의 강도나 빈도가 심해지는 경우가 많다).
- 세상에는 맞을 짓이 있다(집안 살림을 못한다느니, 아이교육을 잘 못시킨다느니 하는 여러 가지 핑계를 대면서 남편들이 구타를 한다. 남편은 아내가 맞을 짓을 하였기 때문에 그에 대한 처벌로 하는 것이 아니라 자신의 화풀이 방법의 하나로 구타를 하는 것이다).
- 때린 후에는 당연히 미안해 할 것이다(때리고 사과하고 뉘우치고 또 때리고 사과하고 이것의 반복으로 평생 구타당하며 사는 경우가 많다. 진정한 사과는 다음에 또 다시 그런 행동을 하지 않는 것이다).
- 나만 참으면 가정의 평화가 유지된다(가정의 평화가 아니라 표면적인 유지가 될 것이고 그동안 아내의 자존심이나 육체는 병들어 가며 아내는 구타당하면서도 아무런 항거도 못함으로 해서 자녀에게도 무기력한 엄마로 무시당하게 되는 결과를 낳는다).
- 자녀에게는 때리는 아버지라도 있는 편이 낫다(일상적으로 폭력에 노출된 아이들은 폭력을 당연시 하며 폭력을 쉽게 용인하고 표출할 가능성이 높다).

출처: 대구여성의전화, www.dwhotline.or.kr

우리 사회의 아내폭력에 대한 통념은 "시간이 지나면 해결된다", "맞을 짓을 해서 맞는다" 등이고, 주로 여성들이 폭력의 피해를 상의했을 때 "참고 살아라"라는 설득을 주로 받으며,[34] 여성이 참고 살면 폭력이 없어질 것이라는 사고가 매우 강하다. 이는 여성에 대한 남성의 폭력을 허용하고, 여성에 대한 남성의 소유권을 인정하는 가부장제 문화로서 이 문화는 남성에게 때릴 힘과 때릴 권리를 동시에 부여해 주는 것이다. 따라서 아내폭력은 남성들에게 공격행동을 범하도록 하는 사회적 문화를 변화시킬 때만이 방지될 수 있다. 요컨대, 아내폭력에 대한 잘못된 통념이 깨어져야 하며, 가부장적 문화 대신에 민주적 · 탈가부장적 · 평등적 가족의 확립이 매우 필요하다.

2) 여성폭력 관련법

성폭력과 아내폭력이 사회문제로 인식되면서, 1994년 성폭력 범죄의 처벌 및 피해자 보호에 관한 법률(이하 성폭력특별법)과 1998년 가정폭력범죄의 처벌 등에 관한 법 및 가정폭력방지 및 피해자 보호 등에 관한 법이 시행되었는데, 이 법들의 주요 내용과 그 과제를 살펴보면 다음과 같다.

---

34) 한국여성의전화연합, 『가정폭력방지법, 그 평가 및 대안』, 1999.

(1) 성폭력 관련 법

성폭력특별법은 1994년에 시행되고, 1998년 1월 1일 개정되었다. 이 법은 성폭력 근절을 위한 예방, 처벌, 피해자 보호대책이 함께 수립된 최초의 종합대책으로서 여성계와 사회단체의 강력한 요구에 의해 입법화되었다. 주요 내용은 성폭력 범죄에 대한 가중처벌과 신종 성폭력범죄에 대한 처벌 규정, 성폭력범죄의 수사와 재판 절차에서 피해자의 비밀보장을 위한 형사소송상의 특례, 성폭력의 예방과 상담, 피해자 보호시설 등에 관한 행정적 사항을 규정하고 있다. 또한 13세 미만의 미성년자에 대한 친고죄 폐지와 성폭력의 가중처벌, 친족의 범위를 4촌 이내의 혈족과 2촌 이내의 인척으로 확장, 장애인의 범위를 정신장애까지 확대, 18세 미만을 보호하고 있는 자가 성폭력 피해 사실을 알았을 때 신고 의무화, 피해자의 신원과 사생활 보호조항에 벌칙규정 신설, 몰래 카메라에 대한 처벌조항 삽입 등으로 규정하고 있다.

2010년 성폭력특별법은 근본적으로 성폭력을 예방하기 위해 성범죄자에 대한 처벌을 강화하고 재범 방지를 위한 사항이 강조되어 일부 조정되었는데, 그 내용으로는 친족관계에 있는 사람이나 13세 미만의 여자에 대한 강간죄 형량이 증가되었고, 미성년자에 대한 성폭력범죄에 대하여 공소시효 적용은 성년이 된 때부터 개시하는 것으로 변경되었으며, 성폭력범죄 피의자의 신상 정보 공개로 성범죄자에 대한 처벌이 강화되었고, 재범 방지를 위한 내용들이 포함되었다.

여성가족부와 법무부는 성폭력 방지 및 피해자 보호 등을 강화하기 위하여 1994년 제정된 성폭력특별법을 각각 법무부 소관의 성폭력범죄자 처벌법과 여성가족부 소관의 피해자보호법으로 구분 입법하기로 하였다. 이는 성폭력특별법이 법은 법무부 소관으로, 시행령과 시행규칙은 각각 여성가족부로 이원화되어 일관된 법 집행이 곤란하고, 피해자 보호 관련 조항을 독자적으로 개정하는 데 어려움이 있었기 때문이다.[35)]

이를 위해 여성가족부는 2009년 상반기 법무부와의 협의를 거쳐 성폭력방지 및 피해자보호 등에 관한 법률안을 마련하였으며, 이 법안에는 성폭력 피해아동에 대한 전학 지원, 성폭력피해자 보호시설의 인가제로의 전환(종전 신고제)과 보호시설 입소자에 대한 생계비 지원 등의 내용을 담고 있으며, 이 법은 2011년 1월 1일부터 시행되었다.

35) 여성가족부, 『성폭력실태조사 1부』, 2010, pp. 34-35.

상자글 5-9 부부 강간 인정 최초 판결(2009년 부산지법)

부산에 사는 A씨(남, 40대)는 결혼정보회사를 통해 20살 연하의 외국인 아내 B씨와 결혼했다. 그런데 B씨는 생활비를 주지 않는데다 폭행을 일삼는 남편 A씨를 피해 결혼 넉 달 만에 가출하여 공장을 전전했다. 하지만 불법체류자 단속에 걸린 B씨는 어쩔 수 없이 집으로 돌아왔다. 며칠간 두 사람은 평온하게 지내는가 싶더니 생리 중이라는 이유로 B씨가 성관계를 거부하자 A씨는 폭발하였다. 그는 B씨를 흉기로 위협하면서 기어이 간음하였다.

부산지법이 판결을 통해 밝힌 결론을 정리해보면 다음과 같다.

'강간죄에서 처를 제외할 아무런 근거가 없고 현행법으로도 그렇다. 강간죄의 보호법익인 성적 자기결정권은 처에게도 당연히 있다. 따라서 이미 깨진 부부뿐 아니라 정상 부부 사이에서도 강간이 인정되어야 한다. 강간의 수단인 폭행과 협박도 일반 강간과 같은 수준이면 족하다. 가정폭력을 처벌하면서 훨씬 죄질이 중한 강간을 방치하는 것은 논리적으로도 모순이며 행복추구권을 보장하는 헌법과 정의관념에도 어긋난다.'

그러나 성폭력특별법은 아직도 성폭력 개념을 '정조에 관한 죄'로 사용하고 있어, 성폭력을 성기 삽입 중심으로 한정하고 있다. 이것은 성폭력이 여성에게 어느 정도로 피해를 주었는가에 초점을 두는 것이 아니라, 여성이 '순결'을 어떻게 지키려고 했는가에 초점을 맞추는 것이 된다. 때문에 성폭력을 사회적 범죄로 인식하기보다는 개인적 차원의 불행으로 보게 하여 성폭력을 은폐하도록 만든다.

따라서 성폭력의 개념은 성적 자기결정권에 대한 침해로 규정되어야 하는데, 성폭력이 범죄로 구성되는 요건에 피해여성의 행동이 판단의 초점이 되는 것은 문제가 된다. 즉, 피해자가 목숨을 건 저항을 했는가를 중시하며, 그렇지 않았다고 판단된 경우 피해여성이 묵시적으로 승낙한 것으로 간주한다. 이것은 심신상실이나 항거불능에 처하지 않는 여성이 강제적 성관계를 하고 만 20세 이상 여성이 위계나 위력으로 성관계를 하였다면 그 행위는 현행법 어디에도 해당되지 않아 이런 경우는 법의 보호를 받을 수 없다. 따라서 성폭력 범죄 구성요건은 피해자가 말이나 의사표현으로 동의할 수 없는 상태나 동의하지 않는 모든 강제적 성행위를 강간으로 규정해야 할 것이다.

성폭력특별법이 실제로 적용되는 과정에서 증거우선 원칙, 수사 및 재판과정의 담당자들의 잘못된 인식과 성폭력 수사의 미숙 등으로 피해자가 다시 한번 상처를 받게 되는 경우가 보고되고 있다. 매년 신고된 강간의 40%만이 검찰 처리 단계에서 처리되고 나머지는 불기소처분을 받아 처벌 대상에서 제외하여, 오히려 피해자가 가해자로부터 무고죄로 고소당함으로써 사건의 진의 여부가 성폭력범죄의 진의 여부보다는 명예훼손 여부에 초점이 맞추어지고, 무고죄의 무혐의 사실이 판명되기까지 시일이 오래 걸림으로써 피해자 스스로가 고소를 취하하게 되는 경우가 많다. 그리고 피해자의 성 경험을 문제삼아 유발 행위 가능성에 초점을 맞춤으로써 가해자의 범죄 행위 확보에는 별다른 신경을 쓰지 않는다는 점도 지적되고 있다.[36)]

따라서 이러한 문제점을 해결하기 위해서는 피해자의 진술이 중요한 증거자료로 채택되어야 하며 관련 여성단체나 기관이 제시하는 자료도 증거로 채택되어야 할 것이다. 또한 성폭력 담당 인력들이 성폭력 피해여성의 입장에서 충분히 사건을 고려할 수 있도록 성차별적 시각 또는 통념 극복을 위한 교육과정이 의무화되어야 할 것이다.

(2) 가정폭력 관련 법

가정폭력특별법은 가정폭력범죄의 형사처벌 절차에 관한 특례를 정한 법으로 1997년 12월 제정된 가정폭력범죄의 처벌 등에 관한 특례법, 가정폭력방지 및 피해자 보호 등에 관한 법률이 포함된다.

가정폭력방지 및 피해자 보호 등에 관한 법률(이하 보호법)은 가정폭력예방 및 피해자 보호 지원을 강조하는 것으로 2006년 개정되었는데, 피해자의 심리적 치료, 의료 및 법률 관련 지원은 물론 자립자활교육과 취업 지원에 대한 것으로 피해자들의 일시보호 뿐만 아니라 자립자활을 지원하도록 하고 있다. 그러나 현행 보호법이 피해자 보호와 지원에 목적을 두고 있어 퇴소 이후 안정적이고 건강한 생활을 할 수 있도록 사후관리에 대한 지원시스템이 마련되어야 할 필요가 있으며 사법체계, 의료기관, 교육기관, 사회복지기관 등의 통합적 지원책이 제공될 필요가 있다.[37)]

가정폭력범죄의 처벌 등에 관한 특례법(이하 특례법)은 가정폭력범죄를 행한 자에 대하여 환경의 조정과 성행(性行)의 교정을 위한 보호처분을 행함으로써 가정폭력범죄로 파괴된 가정의 평화와 안정을 회복하고 건강한 가정 육성을 목적으로 하고 있다. 그리고 아동교육 담당자, 아동이나 60세 이상의 노인 등의 치료담당 의료인, 복지시설의 종사자나 상담소의 상담원 등 일정한 직무에 있는 자의 신고 의무를 부과하고, 가정폭력행위자가 자기 또는

---

36) 구수경, "성폭력특별법에 관한 여성학적 고찰", 『여성 연구』 제4집, 부산여자대학교, 1998, pp. 98-100.
37) 여성가족부, 2010년 가정폭력 실태조사, 제3장, 2010, pp. 34-35.

배우자의 직계존속인 경우에도 고소할 수 있도록 하였다. 특히, 가정폭력의 신고를 받은 경찰은 즉시 현장에 출동하여 폭력행위의 제지 및 범죄 수사, 피해자를 상담소나 보호시설, 의료기관 등에 인도하는 것 등의 응급조치를 할 의무를 규정하고, 검사 및 법원은 사건의 성질, 동기 및 결과 행위자의 성행 등을 고려하여 보호처분을 처함이 상당하다고 인정하는 때에는 가정보호 사건으로 처리하여 관할 가정법원 등에 송치할 수 있도록 하고 있다.

현행 특례법은 가정폭력 사건을 기소 혹은 가정보호 사건으로 처리할 것인가를 결정하는 데 있어서 피해자의 의사를 존중하도록 규정하고 있는데, 이러한 피해자 의견 존중의 규정은 형사처벌을 기피하고 보호처분 혹은 상담조건부 기소유예로의 처리로 초점화되는 경향을 가중시키며, 피해자 인권보호에 미흡한 한계점이 있는 것으로 지적되고 있다.

〈표 5-1〉 가정폭력범죄의 처벌 등에 관한 특례법의 주요 내용

구분	내용
응급조치	진행 중인 가정폭력범죄에 대하여 신고받은 경찰은 즉시 폭력 장소에 출동하여 폭력을 제지, 중단시키고 수사를 개시하는 한편 피해자를 가정폭력상담소나 보호시설에 인도해 주고 긴급치료가 필요한 경우 의료기관에 데려다 주어야 한다. 또 피해자에게 임시조치를 신청할 수 있음을 통보해 주어야 한다.
임시조치	가정폭력의 수사 또는 재판 중에 피해자를 보호할 필요성이 있는 경우 법원은 가해자에게 피해자 또는 가족이 거주하는 주거 또는 방으로부터의 퇴거 등 격리시키거나 피해자의 집 또는 직장 등에서 100m 내 접근금지, 의료기관 기타 요양소에의 위탁, 경찰서 유치장 또는 구치소에 유치 등을 할 수 있다. 격리 및 접근금지는 2개월을, 위탁 및 유치기간은 1개월을 초과할 수 없으며, 단 피해자를 위하여 필요한 때에는 1차에 한하여 연장할 수 있다.
보호처분	가해자가 피해자에게 접근하는 행위 및 피해 자녀에 대한 친권행사를 6개월 이내에서 제한할 수 있으며 접근금지 또는 친권행사를 제한받은 가해자가 이를 위반할 경우에는 2년 이하의 징역 또는 2천만 원 이하의 벌금 또는 구류에 처한다. 보호관찰 등의 법률에 의하여 100시간 이내에서 사회봉사 및 수강명령을 내릴 수 있고 6개월 이내의 보호관찰 처분을 받을 수 있다. 6개월 이내에서 보호시설에의 감호위탁, 의료기관에의 치료위탁, 상담소에의 상담위탁 처분을 할 수 있다. 보호처분의 종류와 기간은 변경 가능하고 1회에 한하여 연장할 수 있다. 또한 법원의 보호처분을 이행하지 않을 경우 법원은 보호처분을 취소하고 사건을 검사에게 송치하여 형사사건으로 처리할 수 있다.
배상명령	피해자는 가정폭력 행위로 입은 물적 피해, 치료비, 당사자 사이에 합의된 배상액, 그리고 부양료 등에 대하여 법원에 배상명령을 신청할 수 있다. 배상명령이 확정되면 그 결정서 정본은 민사판결의 확정결정본과 같은 효력을 가지므로 그 결정서를 가지고 강제집행을 할 수 있다.

출처: 대구여성의전화, www.dwhotline.or.kr, 자료실 내용 정리.

법 집행에서 경찰은 아내폭력 사건을 가장 먼저 접하게 되는 국가기관이다.[38] 경찰 입건

38) 여성가족부, 위의 자료, 2010, p. 39.

가정폭력 사건은 증가 추세로 나타나고 있으며, 2011년 이후 2013년에는 2배, 2015년 기준으로는 5배로 나타나 가정폭력이 가정내 문제에 머무르지 않고 이전에 비해 적극적 대응으로 나타나고 있다[39]. 2014년 가정폭력 전담 사법경찰관 제도가 도입되면서 현장에 나가서 폭력 행위를 제지하고, 행위자와 피해자를 분리하여 범죄를 수사하고 피해자의 동의가 있는 경우에 가정폭력 상담소 또는 보호시설로 피해자를 인도하고, 긴급치료가 필요한 때에는 피해자를 의료기관으로 인도하는 등의 응급조치를 취하여 하며, 폭력 행위 재발시 임시조치를 신청할 수 있음을 통보하게 되어 있다(법 제5조). 사법경찰제도가 도입되면서 피해자의 상담소, 보호시설 연계 등의 응급조치 비율은 증가하는 것으로 나타나고 있으나[40], 경찰이 직접 긴급임시조치를 취하기 보다는 법원의 임시조치를 청구하는 경우가 많은 것으로, 경찰관의 현장 대응의 적극성이 요구된다고 할 수 있다. 그러나 가정폭력 경찰대응 실태조사에서 피해자의 신고에도 불구하고 현장진입 및 조사를 거부하는 경우 진입하지 않겠다는 응답이 11%나 되었고 진입하지 않는 이유로는 '피해자가 개입을 원하지 않아서', '강제 진입하였다가 민원, 배상 등이 문제될 수 있어서' 등이 많았으며, '가정폭력은 당사자가 거부하면 강제진입이 불가능하다'는 응답도 나타나, 법 내용의 숙지가 부족한 문제로 나타나고 있다. 가정폭력특별법이 실질적 행사를 할 수 있으려면, 가해자의 폭력행동을 근절시키고자 가해자에게 보다 엄격해야 하며, 법률명령 및 사후관리가 제대로 이루어져야 한다.[41]

가정폭력 행위자의 처분을 하는 기관인 법원의 문제점도 지적되고 있다. 즉, 가정폭력발생시 가해자를 피해자로부터 즉시 분리하는 것이 중요한데, '응급조치' 유형에 가해자를 현행범으로 체포할 수 있는 근거조항이 없어 활용도가 낮게 나타나고 있다. 또한 임시조치 및 긴급임시조치위반에 대한 제재가 과태료 처분으로서 경미하여, 가정 폭력발생 및 피해재발의 실효성을 발휘하지 못하고 있다. 따라서 상담명령이나 보호처분 등을 받은 가해자들에게 피해자의 거주지로부터 떠나도록 한다든지 가해자가 피해자를 위협할 경우 형벌을 높이는 등의 특별한 조치가 필요하다.

또한 가해자들의 상담과 교정 치료 등에 재정 지원을 확대하여 실질적으로 가해자의 가정폭력 재발을 방지할 수 있도록 해야 한다. 그리고 정부는 각 시 · 도에 가정폭력에 대한 상담소, 보호소 시설을 설치하도록 하고 있지만 아직까지 실질적 예산 지원은 미흡하다고 할

39) 경찰청, 범죄백서. 2018.
40) 경찰청, 범죄백서, 2018.
41) 김정혜(2018), 가정폭력 경찰대응의 한계와 피해자 인권보호를 위한 경찰개입방안, 한국정책연구원

수 있다. 가정폭력상담소나 임시보호시설에 대한 실질적인 예산 지원이 이루어져야 하고 피해자가 치료받을 수 있는 병원이 지정되어야 현실적인 도움이 될 수 있다. 그리고 피해자들의 자립을 위한 주거지 마련과 경제적 자립에 대한 예산상의 적극적 조치가 있어야 할 것이다.

(3) 여성폭력방지기본법

여성폭력방지기본법은 2018년 12월 24일에 제정되어 2019년 12월 25일부터 시행된 법률이다. 여성폭력방지기본법은 여성폭력방지와 피해자 보호지원에 관한 국가 및 지방자치단체의 책임을 명백히 하고 여성폭력방지정책의 종합적, 체계적 추진을 위한 기본적인 사항을 규정함으로써 개인의 존엄과 인권증진에 이바지 함을 목적으로 한다. 또한 이 법은 여성폭력방지정책의 추진을 통하여 모든 사람이 공공 및 사적영역에서 여성폭력으로부터 안전할 수 있도록 하고 이를 지속적으로 발전시킴으로써 폭력없는 사회를 이루는 것을 기본이념으로 한다.

여성폭력방지법 관련법과 정책은 성폭력, 가정폭력, 성매매 등 분절적으로 발전되어 왔고, 성폭력, 가정폭력 등에 대해서는 각각의 법률에서 행위중심으로 정의되어 있어서, 젠더에 기반한 여성폭력방지 정책의 종합적이고 체계적 추진을 위해 여성폭력방지기본법이 제정되었다.

이 법은 여성폭력에 대한 정의를 최초로 법정화 하였고, 기존에 없었던 여성폭력에 대한 2차 피해, 즉 성폭력 수사, 재판, 언론보도, 치료 등의 과정에서 겪는 사후적 피해와 집단따돌림, 사용자로부터의 불이익 조치 등에 관해 정의되었고, 실제 이를 적극 방지하기 위한 제도지침 마련과 교육의무화 등 국가의 책무를 명문화하였다. 그러나 여성폭력방지법에서 여성폭력 방지와 피해자 보호 및 지원에 대한 국가 책임과 지방단체의 책무가 실효성이 가질 수 있도록 구체적인 시행방안이 마련되어야 하며, 여성폭력을 근절하기 위해 피해자 보호 정책뿐만 아니라 근본적이고 효과적인 방안과 협력체계(법무부, 경찰청, 여성가족부 등)를 구축할 필요가 있다.

〈표 5-2〉 여성폭력방지기본법[42]

이 법에서 사용하는 용어의 뜻은 다음과 같다.

1. "여성폭력" 이란 성별에 기반한 여성에 대한 폭력으로 신체적, 정신적 안녕과 안전할 수 있는 권리 등을 침해하는 행위로서 관계법률에서 정하는 바에 따른 가정폭력, 성폭력, 성매매, 성희롱, 지속적 괴롭힘 행위와 그밖에 친밀한 관계에 의한 폭력, 정보통신망을 이용한 폭력 등을 말한다.
2. "여성폭력피해자"란 여성폭력 피해를 입은 사람과 그 배우자(사실상의 혼인관계를 포함한다), 직계친족 및 형제자매를 말한다.
3. "2차 피해" 란 여성폭력 피해자(이하 "피해자"라 한다)가 다음 각 목의 어느 하나에 해당하는 피해를 입는 것을 말한다.

가. 수사, 재판, 보호, 진료, 언론보도 등 여성폭력 사건 처리 및 회복의 전과정에서 입는 정신적, 신체적, 경제적 피해
나. 집단 따돌림, 폭행 또는 폭언, 그밖에 정신적, 신체적 손상을 가져오는 행위로 인한 피해(정보통신망을 이용한 행위로 인한 피해를 포함한다)
다. 사용자(사업주 또는 사업경영담당자, 그밖에 사업주를 위하여 근로자에 관한 사항에 대한 업무를 수행하는 자를 말한다)로부터 폭력피해 신고 등을 이유로 입은 다음 어느하나에 해당하는 불이익 조치

1) 파면, 해임, 해고, 그밖에 신분상실에 해당하는 신분상의 불이익 조치
2) 징계, 정직, 감봉, 강등, 승진 제한, 그밖에 부당한 인사조치
3) 전보, 전근, 직무 미부여, 직무 재배치, 그 밖에 본인의 의사에 반하는 조치
4) 성과평가 또는 동료평가 등에서의 차별과 그에 따른 임금 또는 상여금 등의 차별지급
5) 교육또는 훈련 등 자기계발 기회의 취소, 예산 또는 인력 등 가용자원의 제한 또는 제거, 보안정보 또는 비밀정보 사용의 정지 또는 취급자격의 취소, 그밖에 근무조건 등에 부정적 영향을 미치는 차별 또는 조치
6) 주의 대상자 명단 작성 또는 그 명단의 공개, 집단따돌림, 폭행 또는 폭언, 그 밖에 근무조건 등에 부정적 영향을 미치는 차별 또는 조치
7) 직무에 대한 부당한 감사 또는 조사나 그 결과의 공개
8) 인허가 등의 취소, 그밖에 행정적 불이익을 주는 행위
9) 물품계약 또는 용역계약의 해지, 그 밖에 경제적 불이익을 주는 조치

3) 사회복지서비스 체계

여성폭력에 대한 사회복지서비스는 피해여성의 상담 및 보호로 이루어지고 있으며 대표적 기관으로는 폭력상담소, 피해자 보호시설, 여성긴급전화 1366, 여성폭력피해자 지원센터인 해바라기센터를 들 수 있다.

42) 정춘숙의원실, 한국정책연구원, "여성폭력방지기본법 제정, 평가와 과제: 제24차젠더와 입법포럼, 국회아동, 여성인권정책포럼, 2019 ,p.36

폭력상담소는 2020년 여성가족부의 집계에 의하면 전국에 가정폭력상담소 215개소, 성폭력상담소 169개소가 설치 · 운영되고 있으며, 폭력피해자상담, 피해자 임시보호 및 의료기관 또는 보호시설로의 인도, 폭력행위자에 대한 사법처리 절차에 대한 법적 기관에 필요한 협조와 요청 등을 주된 기능으로 한다.

피해자 보호시설은 2020년 기준 전국에 가정폭력피해 보호시설 65개소, 성폭력 보호시설 33개소가 설치 운영되고 있으며, 주요 업무로는 폭력 피해자의 일시보호, 상담 및 치료회복 지원, 수시법률지원 및 서비스 연계, 폭력피해 치료 및 건강관리를 위한 의료지원 및 연계, 동반자녀 상담과 취학지원, 취업지원 등 그 밖에 피해자 등의 보호를 위하여 필요한 서비스를 제공한다.

여성긴급전화 1366은 1998년부터 운영되기 시작하였으며 전국 18개 광역시 · 도에 설치 운영되고 있다. 1366은 여성폭력긴급전화를 365일 24시간 운영하고 있으며 긴급피난 및 보호가 필요한 아내폭력, 성폭력 등의 피해여성에 대하여 24시간 이내에 긴급보호조치를 통해 관련 기관(상담소, 복지시설, 112, 119, 행정기관, 수사기관, 병원 등)과 협조하여 계속 보호조치하도록 하고 있다. 또한 상담소는 피해자 전화상담, 폭력 가해자 및 피해자 상담, 치료 프로그램, 법률상담 등을 실시하고 있다.

여성폭력피해자 지원센터는 학교 · 여성 One-stop 지원센터, 해바라기아동센터, 해바라기 여성 · 아동센터 3개의 기존 센터가 2014년 해바라기 센터로 통합하여 일원화되어 운영되고 있다. 해바라기센터는 2022년 39개소가 설치 운영되고 있으며, 이 지원센터에서는 경찰, 상담원, 의료진이 365일 24시간 상주하여 의료, 상담, 수사, 법률서비스를 통합 제공함으로써 피해자의 시간, 비용 절약 및 상담수사과정에서 반복 진술로 인한 2차 피해를 방지하는 기능을 수행하고 있다.

그러나 폭력 피해여성에 대한 심리적 지원 및 보호는 예산 지원이 부족하여 전적으로 자원봉사자체계에 의존하고, 자체 운영비로 운영되고 있는데, 이로 인해 피해자를 지원하기에는 역부족이며 경찰, 병원, 시설 등 관련 기관 간의 협력체계가 마련되어 있지 않아, 폭력에 대한 즉각적이고 지속적인 통합적 개입이 이루어지지 않고 있다.

상자글 5-10 가정폭력 사례 지원 시 유의사항

- 상담 지원 시
  - 피해자의 생활 및 태도에 대한 평가성 발언이나 가해자 입장을 동조하는 등 부적절한 언행 절대 엄금
- 수사지원 시
  - 피해자가 수사를 원하지 않는다는 의사표시를 하는 경우라도 진상을 명확히 파악하도록 노력
  - 가정폭력범죄는 재발위험성이 높기 때문에 신속히 수사
- 법률 지원 시
  - 신고와 이혼과는 전혀 별개의 사안이라는 것과 가정보호사건으로 처리하는 경우 징역 · 벌금 · 구류 등 형사처분을 받지 않음을 설명
  - 피해자가 사건처리는 하지 않고 접근금지 등 임시조치만을 원할 경우, 조사 단계에서 가정보호사건으로 처리 희망하도록 설명
- 모든 지원과정에 해당하는 유의점
  - 피해자를 탓하거나 모욕 · 굴욕감을 주는 용어 사용 금지
  - 가해자를 두둔하거나 범죄를 미화하는 언행 금지
    예) "남자가 화가 나면 한 대 때릴 수도 있지"

출처: 여성가족부, 여성아동폭력피해자지원, 2022년 해바라기센터사업안내.

폭력 피해여성들은 정신적 · 심리적 · 신체적 · 법적 · 의료적 · 사회적 지원 등 종합적 지원을 필요로 한다. 피해여성들에게는 절대 안정이 필요하며 심리적 지원과 상담이 전문적으로 지원되어야 한다. 이를 위해서는 24시간 상담기구의 확충, 서비스 제공기관 간 연계가 요구되며, 그 지원이 극대화될 수 있도록 실질적 행 · 재정 지원이 뒷받침되어야 한다. 그리고 여성주의적 시각을 가진 상담 인력을 확보해야 할 필요성이 있다. 왜냐하면 상담가가 어떤 시각을 가지고 내담자에게 접근하느냐에 따라 그 서비스의 내용 및 결과가 달라지기 때문이다. 폭력 피해여성들에 대한 치료는 여성의 고유한 경험과 인식을 중요한 분석 기준으로 삼는 '여성주의적 치료' 접근방법이 가장 적절한 방법이다. 따라서 성으로 인한 불평등의 입장을 고려하는 성인지적 복지서비스를 제공할 수 있는 방법을 구체적으로 모색하는 것이 중요하다.

이 장의 요약

1. 성폭력과 아내폭력은 여성 개인에게서 일어나는 개별적 사건이 아니라 불평등한 사회적 맥락 내에서 발생하는 것이다.
2. 성폭력은 상대방의 동의 없이 성적 행위를 하거나 성적 행위를 하도록 강요, 위압하는 행위 및 유인하는 신체적 · 언어적 · 정신적 폭력을 말한다. 성폭력 피해여성들은 대부분 신체적인 고통뿐 아니라 정서적 · 행동적으로 상당한 수준의 고통을 경험한다.
3. 아내폭력은 남편이 일방적으로 자신의 아내를 의도적 · 반복적 · 계획적으로 구타하는 폭력으로 강간, 성적 학대, 의처증, 남편의 경제적 통제 혹은 무능력, 집요한 협박, 알코올 남용, 폭언 등 언어적 · 심리적 · 경제적 · 성적 · 정서적 폭력을 동반한다.
4. 여성폭력 발생에 대한 이론적 접근은 정신분석론 접근, 상호작용 혹은 체계이론, 학습이론적 접근, 페미니스트 접근이 있다. 정신분석론 접근은 초기 생활 경험으로 인해 생긴 심리적, 성격상의 문제를 폭력행동의 원인으로 보며, 상호작용 혹은 체계이론은 당사자들의 상호작용적 관계에서 생긴 결과로 본다. 그리고 학습이론적 접근은 폭력을 학습된 행동으로 보며, 페미니스트 접근은 사회의 성차별적 인식과 여성에 대한 억압적인 체계를 폭력 발생의 근원적 원인으로 본다.
5. 여성폭력에 대한 과제는 사회문화적 규범과 가치, 폭력 관련 법, 사회복지서비스 영역으로 살펴보았다. 먼저 폭력에 대한 사회문화적 규범과 가치 변화가 요구되는데, 남성들이 쉽게 폭력적 행동을 범하도록 하는 가부장적 문화 대신에 민주적 · 탈가부장적 · 평등적 문화가 확립될 필요가 있다.
6. 그 다음은 폭력 관련 법인 성폭력특별법과 가정폭력법의 실질적 법체계 수립 및 적용이다. 성폭력특별법은 성폭력 근절을 위한 예방, 처벌, 피해자 보호대책이 함께 수립된 종합대책이며, 가정폭력법은 가정폭력범죄로 파괴된 가정의 평화와 안정을 회복하고 건강한 가정을 육성하는 것을 목적으로 하는 법이다. 폭력 관련 법의 과제는 성폭력의 개념 재규정, 법의 실질적 적용, 사후관리연계 등이 있다.
7. 마지막으로 사회복지서비스 확충이다. 여성폭력에 대한 사회복지서비스는 피해여성의 상담 및 보호로 이루어지고 있으며, 대표적 기관으로는 가정폭력상담소, 성폭력상담소, 여성긴급전화1366, 해바라기지원센터 등이 있다. 사회복지서비스 체계가 폭력에 대한 즉각적이고 지속적인 개입을 하기 위해서는 국가적 재정 지원이 요구되며 경찰, 병원, 시설 등 관련 기관 간의 협력체계가 마련될 필요가 있다.

주요 용어

- **성폭력**: 성폭력은 상대방의 동의 없이 성적 행위를 하거나 성적 행위를 하도록 강요, 위압하는 행위 및 유인하는 신체적 · 언어적 · 정신적 폭력을 말한다.
- **아내폭력**: 남편이 일방적으로 자신의 아내를 의도적 · 반복적 · 계획적으로 구타하는 폭력으로 강간, 성적 학대, 의처증, 남편의 경제적 통제 혹은 무능력, 집요한 협박, 알코올 남용, 폭언 등 언어적 · 심리적 · 경제적 · 성적 · 정서적 폭력을 동반한다.
- **성폭력특별법**: 성폭력특별법은 1994년에 시행되고, 1998년 1월 1일 개정 및 2010년 일부사항이 조정되었다. 주요 내용은 성폭력범죄에 대한 가중처벌과 신종 성폭력범죄에 대한 처벌규정, 성폭력범죄의 수사

와 재판 절차에서 피해자의 비밀보장을 위한 형사소송상의 특례, 성폭력의 예방과 상담, 피해자 보호시설 등에 관한 행정적 사항이 있다.

- **가정폭력특별법**: 가정폭력범죄의 형사처벌 절차에 관한 특례를 정한 법이다. 이 법은 가정폭력범죄를 행한 자에 대하여 환경의 조정과 성행(性行)의 교정을 위한 보호처분을 행함으로써 가정폭력범죄로 파괴된 가정의 평화와 안정을 회복하고 건강한 가정을 육성함을 목적으로 하고 있다.

더 읽을거리

- **정희진, 『저는 오늘 꽃을 받았어요-가정폭력과 여성인권-』**, 또 하나의 문화, 2001.
  "꽃을 기다리지 말고 경찰을 부르세요. 남편은 언제나 안 때렸다고 한답니다." 이것은 캐나다의 길거리에서 흔히 볼 수 있는 '아내폭력'에 대한 공공 포스터 문구다. 여기에서 제목을 따 온 『저는 오늘 꽃을 받았어요』는 지난한 여성운동 경험을 지닌 여성학자 정희진 씨가 새로운 관점에서 '아내폭력'을 조명한 책이다.

볼거리

- **돈 크라이 마미(Bastard out of Carolina)**, 안젤리카 휴스턴 감독, 제니퍼 제이슨리, 지나 말론 주연.
  가정폭력에 관한 영화
- **피고인(The Accused)**, 톰 토폴 원작, 조나단 캐플란 감독, 조디 포스터, 켈리 맥길리스 주연
  강간에 대해 새롭게 생각하게 해주는 영화
- **건 포 제니퍼(A Gun for Jennifer)**, 토드 모리스 감독, 데보라 트위스, 벤자 케이 주연, 1997년작
  가부장제 사회 속에서 고통을 겪고 자란 여성들이 사회에 대응하는 영화

관련 사이트

- 여성긴급전화 1366: 모든 폭력으로부터 여성의 인권을 보호하고 여성의 복지증진과 가정, 직장, 사회에서 성 평등을 이룩하고 정치 · 경제 · 사회 · 문화 등 모든 영역에 여성들이 주체적으로 참여하는 사회를 만들고자 하는 여성의 전화는 주로 '가정폭력'이나 '성폭력' 전화상담을 주 활동 내용으로 한다.
- 한국성폭력상담소(http://www.sisters.or.kr/): 한국성폭력상담소는 성폭력 피해여성들과의 심리적 · 법적 · 의료적 상담을 통해 피해를 극복하고 건강한 삶을 살 수 있도록 함께 하며, 성폭력의 원인 및 예방대책에 대한 연구를 토대로 인간 중심적인 성문화를 정착시키고, 여성의 인권을 회복시켜 보다 평등하고 자유로운 사회를 만들어 가는 활동을 한다.

- 한국성폭력위기센터(http://www.crisis-center.or.kr): 성폭력 피해상담, 무료법률지원, 의료지원, 관련기관 연계지원을 하고 있다.
- 대한가정법률복지상담원(http://www.lawqa.simin.org/)
- 여성긴급전화 1366 서울센터(http://www.seoul1366.or.kr)
- 한국가정법률상담소(http://lawhome.or.kr/)
- 여성 관련 법률 소개(http://city.cheju.cheju.kr/ad60/13/ad6013_h016.html)

Chapter 06

여성과 이중차별: 장애여성과 노인여성

장애를 가진 여성과 노령의 여성은 가부장제와 자본주의 사회구조에서 이중적으로 차별을 받게 된다. 여성이자 장애를 가졌기 때문에, 그리고 여성이자 노인이기 때문에 겪게 되는 다양한 문제들을 살펴본다. 또한 그들의 복지를 위해서 우리가 어떠한 시각을 가지고 접근해야 하며 각종 문제들에 대한 해결방안들은 어떤 것들이 있는지 알아본다.

1. 장애여성과 이중차별

1) 장애의 사회적 측면

일반적으로 많이 인용되는 장애의 개념은 세계보건기구(WHO)의 정의에 따른 것이다. 세계보건기구는 1980년 장애의 계층적 개념을 도입하여 장애를 다음과 같이 분류(ICIDH: International Classification of Impairment, Disabilities, Handicaps)한 바 있다.[1)]

• 신체손상(impairment): 심리적, 신체적, 또는 해부학적인 구조나 기능의 손실(상실)을 가져

● 이 장은 『현대사회와 여성복지론』, 김영화 외(2006)의 공정원과 명선영의 글을 초안으로 최영진이 2011년 수정 · 보완한 것을 권신영이 수정 · 보완 집필하였다.

1) 오혜경, 『장애인복지학입문』, 서울: 아시아미디어리서치, 1997, pp. 17-18.

다 준 영구적 또는 일시적인 병리적 상태를 말한다.

- 기능장애(disability): 생산적인 일상 생활을 하기 위한 기능적 능력의 감소를 말하는 것으로서, 기능장애는 대체로 각종 기능상실로 인해서 일상 생활이나 취업행위를 해나가는 데 받는 제한 또는 장애를 일컫는다. 중요한 사실은 기능상실이 반드시 기능장애를 수반하지 않는다는 점과 기능상실이 일반적으로 영구적인 성질을 가지고 있는 데 비해 기능장애는 적절한 치유에 의해서 제거 또는 완화될 수 있다는 것이다.

③ 사회적 불리(handicaps): 사회적 불리는 신체손상에 따라 독립성, 교육, 취직 등이 저해되는 사회적 장애를 말한다. 사회적 불리는 사회적 장애로 인해 야기되는 사회적 결과를 총칭하며, 기능상실과 사회적 장애는 상대적인 의미를 가지고 있어서 한 개인의 사회적 · 경제적 · 교육적 배경 또는 성격구조에 따라 사회 생활을 영위해 나가는 데 제한의 요소가 될 수도 있고 안 될 수도 있다.[2)]

이후 1997년 WHO는 새로운 장애분류표(ICIDH-2)에서 이러한 세 가지 장애의 개념을 손상(impairment), 활동(activity), 참여(participation)로 분류하여 기존에 장애가 개인적인 손상에서 출발해서 능력장애나 사회적 불리로 고착된다는 개념을 중립적으로 바꾸었다. 새로운 분류는 이러한 세 가지 개념들의 상호 관련성에 주목하여 개인적인 질환과 정신 보건 상태, 그리고 사회환경적인 요인의 상호작용을 강조하고 있다. 2001년 5월 WHO는 이 장애 개념을 통용될 수 있도록 승인하였다.

이러한 장애 분류 중에서 주목할 대목은 장애의 사회환경적 측면이다. 신체손상과 기능장애가 있다 하더라도 사회적 배경에 따라 사회적 불리는 발생하지 않을 수 있기 때문이다. 어떤 개인에게 장애가 있는지를 결정하는 데는, 또는 누군가를 장애인으로 만드는 데는 신체적 · 정신적 제약 외에도 사회적 · 환경적 요인이 함께 작용한다. 요컨대, "장애는 개인적 특성이 아닌 사회와 개인 간의 '관계'일 뿐"이다.[3)]

따라서 장애의 예방과 극복은 개인의 기능적 능력을 재활시킴으로써 가능할 뿐 아니라

2) 예컨대, 대학에 입학하려는 사람이 사고로 인해 다리를 절단하면 신체적 손상(impairment)을 입은 것이다. 그럼에도 불구하고 입학해서 학업 생활에 지장이 없다면 기능장애, 즉 능력장애(disability)는 문제가 되지 않는다. 하지만 신체손상 때문에 생기는 사회적 반응과 환경적 장벽으로 인해 활동에 어려움을 겪거나, 일반인들의 편견으로 인해 대학생활이나 또는 입학하는 과정에서 어려움을 당할 때 사회적 불리(handicap)를 겪게 된다.

3) Sven E. Olsson, "Sweden", in John Dixon and Robert P. Scheurell(Eds.), *Social Welfare in Development Market Countries*, London and New York: Routledge, 1989 ; 고세훈, 『복지국가의 이해: 이론과 사례』, 서울: 고려대학교 출판부, 2000에서 재인용.

기능장애가 있는 사람에 대한 사회의 태도를 바꿀 때 실현되는 것이다.[4] 바로 이 점에서 볼 때, 장애를 "사회적 · 문화적으로 기대되는 역할을 수행하는 데 제한이 되는 신체적 · 정신적 조건"으로 정의한 포프(Pope)의 관점은 보다 더 설득력이 있다.[5]

2) 장애여성의 이중차별에 대한 이론적 연구

우에노 치즈코는 이중차별을 단순히 차별의 산술적 겹침을 의미하는 중층적 차별과 구별하여 '복합차별'이라 부른 바 있다.[6] 그만큼 이중차별이 가져다 주는 고통이 질적으로 다르며 크다는 의미일 것이다. 특히, 수많은 경쟁 속에서 '효율성'과 '속도'를 숭배하는 자본주의 사회에서 장애인이면서 여성으로 살아가는 것은 매우 힘든 경험이다.

상자글 6-1 여성 장애인의 인권

여성장애인은 몸과 마음이 불편한 여성이라는 이유로 모든 기회와 참여에서 차별과 억압의 대상으로 사회일반의 주변부로 철저히 소외되어 살아왔다. 가부장제의 권력관계로 여성에게 가해지는 정치 · 사회 · 문화적 차별과 폭력이 여성장애인에게 존재하고, 또한 장애인이어서 가해지는 사회적 배제와 소외가 가중되어 여성장애인은 사회 최약자로서의 인권유린의 대상이 되었다.

장애와 여성이라는 복합적 구조가 가족관계에서는 사회적 관계 형성의 차단과 폭력의 대상으로, 성역할이 규정되고, 아이를 낳고 키울 수 있는 권리와 선택이 자유롭지 못했으며, 교육의 진입에서 차단 당하고, 이는 노동시장진입의 자격도 갖추기 힘들게 되어 빈곤한 삶으로 이어지게 되었다. 또한 끊임없이 가정폭력, 성폭력의 대상이 되고, 지역사회 안에서 독립적 인간으로 살아가는 데도 많은 어려움을 겪었다.

여성 인권은 보편적 인간의 권리이며, 타인에게 양도될 수 없는 불가분적 권리이다. 또한 인종, 연령, 언어, 종족, 문화, 종교와 장애로 인하여 혹은 그들이 토착민이라는 이유로 힘의 증진이나 발전을 가로막고 있는 다수의 장애에 직면하는 모든 여성과 소녀를 위하여 모든 인권과 기본적인 자유의 동등한 향유를 도모하려는 노력을 강화하여야 한다.

출처: 제4차 세계여성회의 북경선언문 ; 한국여성장애인연합(www.kdawu.org).

---

4) 김경화, "장애여성의 실태와 복지향상을 위한 과제", 『여성 문제연구』, 효성가톨릭대학교 사회과학연구소, 1998, p. 42.
5) Pope, A., *Disability on America: Toward a National Agenda for Prevention*, National Press, 1991 ; 위의 책, p. 42에서 재인용.
6) 우에노 치즈코, 『複合差別論』, 유명기, "외국인, 외국인 노동자, 열린 사회를 향한 디딤돌인가 걸림돌인가", 『당대비평』 9호, 서울: 삼인, 1999, p. 203에서 재인용.

이중차별 또는 복합차별을 겪는 대표적 집단인 장애여성은 장애인이면서도 동시에 여성이기 때문에 장애인으로서 정체성과 여성으로서 정체성을 함께 경험하게 된다. 이는 곧 장애인이라는 이유로 가해지는 불평등과 차별(disablism)뿐 아니라 여성으로서 받는 불평등과 차별(sexism)도 함께 겪는다는 의미임과 동시에 전혀 새로운 문제와 욕구를 유발한다는 의미이기도 하다. 이러한 배경하에서 장애여성의 이중차별(double discrimination)을 이론적으로 살펴보자.

상자글 6-2 **여성장애인 '우리 이야기'**

◎ 몸이 이상하다고 말할 수 없었다.

우리집 식구들은 내가 몸이 이상하다고 하면 그 이유가 장애 때문이어서 어쩔 수 없는 것이라고 생각하는 것 같았다. 나도 원인을 알 수 없기 때문에 식구들에게 뭐라고 요구할 수도 없었다. 나중에는 나도 포기하게 되었다. 그리고 식구들에게 더 이상 아프다고 말하기도 싫어졌고 말할 수도 없었다.

◎ 양해도 없이 갑자기 인턴들이 죽 들어와 나를 들여다보고 있었다.

다리에 자꾸 힘이 빠져 뇌성마비 장애와 관련이 있을까 싶어 병원에 갔다. 의사는 바지를 벗고 진료대에 누우라고 해서 진료과정이라 생각하고 그대로 했다. 그런데 조금 있다가 갑자기 인턴으로 보이는 사람들이 주욱 들어와 나를 둘러싸고 섰다. 그것도 다리 아래쪽에 늘어서는데 참 황당하고 당황스러웠다. 하물며 여자 환자한테…미리 양해도 구하지 않고. 공부도 좋다지만 몹시 불쾌했다. 모든 환자에게 이런 식으로 하는지… 장애인이어서 더 부주의한 건지… 회진 중인 병실도 아니고….

◎ 성장기에 같은 보장구를 6년이나 바꾸지 못했다.

13~17살까지 같은 보장구를 착용했다. 그 때문인지 상체는 커지는데 하체는 커지는 것 같지 않았다. 집안이 어렵기도 했지만 정보도 부족했다. 동사무소에서 담당이 가끔 장애와 관련한 조사나 점검을 하고 갔지만 의료에 관련한 내용은 없었다. 성장하면서 다리가 조이고 때로 아픈 것을 참았던 것을 생각하면, 한창 커야 할 때 5년이나 보장구 지원을 못받고 정보도 지원도 없이 방치되어 있었다니. 성장기의 장애청소년들은 비장애인과 다른 지원이 있어야 한다.

출처: 한국여성장애인연합(www.kdawu.org), 인권정책, 건강권.

(1) 장애차별과 성차별

장애여성의 이중차별을 설명하는 이론은 대개 장애차별이론과 성차별이론을 결합한 것이다. 장애차별(disablism)은 장애인을 주변화(marginalization)시키는 사회적 권력, 문화적 가치, 개인적 편견 등이 결합된 것을 의미한다. 장애차별은 장애인을 부정적으로 묘사함으로써 장애인을 억압하고, 장애인이 주류(mainstream) 사회에 참여하는 것을 가로막는 강력한 무기로 작용한다.[7] 정상인 범주를 미리 정해 놓은 채 그 안에 포섭되지 않는 사람들을 장애인이라 부르고 장애인의 능력과 상관없이 정상인보다 열등할 것이라 단정짓는 장애차별은 문제의 원인이 장애인에게 있는 것이 아니라 장애인과 정상인을 인위적으로 구분하는 사회적 장치에 있음을 잘 보여 준다.

또한, 성차별이론은 일반적인 페미니즘이론으로 설명할 수 있다. 장애여성 역시 가부장제 사회 또는 자본주의 사회가 가하는 사회적 압력과 불평등을 겪게 된다. 그러나 장애여성은 그렇지 않은 여성보다 훨씬 더 심각한 불평등을 겪는다. 또한, 장애여성 문제는 같은 장애인 운동 내에서도 소외되었을 뿐 아니라 훨씬 일찍부터 전개된 여성운동에서 함께 고민되지 못했고, 페미니스트 내부에서도 장애여성의 독특한 경험은 배제되었다는 비판이 제기된다.

성차별이론과 장애차별이론에 비추어 보면, 장애여성은 장애인이 받는 사회적 편견과 배제를 겪음과 동시에 여성이라는 이유로 장애가 없는 여성과 비슷한 사회적 차별을 경험한다. 그러나 장애여성에게는 장애와 여성이라는 이중의 요소가 작용하기 때문에 장애남성보다 그리고 장애가 없는 여성보다 더 낮은 사회적 지위를 부여받게 된다.

(2) 장애여성의 몸으로 본 이중차별

앞서 장애차별이론과 성차별이론으로 장애여성의 이중차별을 설명했다. 그러나 이 두 이론은 각각 나열되기만 할 뿐, 장애차별과 여성차별이 구체적으로 어떻게 얽히고 맞물려서 장애여성 문제가 발생하는가를 체계적으로 설명해 주지 못한다. 장애여성 문제가 1990년대에 와서야 본격적으로 논의되기 시작했다는 점을 상기한다면 이는 당연한 결과라 하겠다.

장애여성에 대한 체계적인 이론 연구가 없는 까닭에 연구자들은 기존의 이론들이 가진 통찰력을 빌려 와서 다시 분석하는 작업을 하고 있다. 여기서는 김경화의 연구를 중심으로 장애여성의 이중차별을 살펴보았다.[8]

① 차별과 배제의 정치학

흔히 장애여성에 대한 차별과 배제는 신체의 기능적 손상 때문이라고 말한다. 즉, 장애여

7) 장애차별을 설명하는 이론에는 일반적으로 사회진화론, 우생학적 이론, 낙인이론, 생산성이론, 재활이론 등이 있다(오혜경, 앞의 책, p. 38).
8) 김경화, "장애여성의 육체와 정체성의 형성", 한국여성학회, 『한국여성학』 제15권 2호, 1999.

성의 신체가 '정상적인 몸'의 기준에 미달되고 자신에게 맡겨진 역할을 수행하기에는 기능적으로 부족하다는 통념을 바탕으로, 장애여성에 대한 차별을 생물학적 조건에 의한 당연한 결과라고 본다. 그러나 신체를 규제하고 여기에 의미를 부여하는 방식이 역사적 시기에 따라 달랐다는 푸코(Foucault)의 관점에서 본다면, 장애에 대한 규정은 사회적으로 결정되며, 몸이란 무엇이고 어떠해야 하는가 역시 그 사회의 지배적인 담론체계에 의해 유지된다. 이는 곧 장애란 것이 원래부터 있었던 것이 아니라 그 사회가 무엇이 장애라고 규정하기 때문에 장애인이 발생한다는 것이다.

장애여성의 경험을 사회적으로 결정하는 권력은 이분법적인 분할과 분리의 원리를 바탕으로 한다. 우리 사회에서 장애가 없는, 소위 '정상인'은 장애인이 낄 수 없는 배타적인 공간을 독점하고 있다. 정상인의 기준에 맞추어진 교통수단, 정상인이 독점한 노동시장과 정치구조 등 이 모든 것은 장애인을 일상의 영역 밖으로 몰아낸다. 일상의 영역 밖으로 밀려나 존재하지 않는 장애여성은 여성이라는 개념 속에도 존재하지 않게 된다.

전통사회가 장애를 '전생에 지은 죄의 대가'라든가 '신의 저주'로 설명하며 장애인에 대한 차별을 주술적으로 정당화했다면, 근대사회는 이를 '합리적'이고 '과학적' 접근으로 대체하여 장애를 치유해야 할 '병'으로 규정한다. 의학적인 담론은 건강 / 질병, 정상 / 비정상의 구분을 근거로 장애가 없는 몸을 '정상적' 몸으로, 장애는 정상에서 일탈되고 결함이 있는 '비정상'의 상태로 분류한다. 장애인의 몸 상태에 대한 판단은 '정상'이라 간주되는 장애가 없는 사람(주로 정상인 남성)을 중심으로 이루어지며, 장애인은 병들고 기능적으로 부족하고 모자라는 존재로 규정된다. 장애는 혼신의 노력을 기울이면 치유되고, '정상'으로 돌아올 수 있으며, 또 '정상화'되어야 하는 것으로 간주된다. 즉, 장애인이 갖는 차이가 그대로 인정되기보다는 바뀌고 제거되어야 할 대상으로 부정된다.

② 신체적 장애와 성 정체성의 부정

장애여성은 장애 정도와 무관하게 신체적 장애가 있다는 사실만으로도 여성으로서 정체성에 위협을 받는다. 손이나 팔, 다리 등의 외형에 손상을 지닌 여성은 '기능적인 제약을 지닌 여성'이 아니라 '여성이라는 범주에서 제외'된 존재다. 따라서 장애여성은 '결혼적령기'가 되어도 주위에서 결혼하지 않느냐는 질문을 받지 않는다. 장애여성은 '여성이 아니다'라는 사회적 편견이 작용하기 때문이다. 반면, 장애남성은 다르다. 장애여성과 장애남성의 부모들이 자녀의 결혼에 대해 갖는 태도는 매우 대조적인데, 장애남성인 경우 부모들은 아들을 장애가 없는 여성이나 자신의 아들보다 더 경증인 여성과 결혼시키고자 적극적인 노력을 한다. 심지어 중국에까지 가서 조선족 여성을 구해 오는 경우도 있다.[9)]

장애여성은 '비정상'으로 불리면서 '정상적인 여성'과는 구분되고 차별받는 존재가 된다. 더 나아가 장애여성들 중에는 자신들에 대한 사회의 시선을 내면화하여 스스로를 '비정상인'으로 비장애인을 '정상인'으로 칭하는 경우가 많다. 경증 장애여성의 경미한 장애는 성행위와 출산, 또는 가사노동을 하는 데 지장을 주지 않음에도 불구하고, 신체적 '결함'은 여성으로서 정체성에 결정적인 영향을 미친다. 장애의 정도나 기능적인 능력과 무관하게 장애여성에게 배제가 가해지는 것이다.

장애여성에 대한 '무성적' 시선은 이들을 '어린애'로 보도록 하는 경우도 있다. 장애여성들에게 남자들이 머리 위에 함부로 손을 올리거나 말을 함부로 하는 경우를 종종 겪는다. 장애여성은 '어린아이'기 때문에 남성들이 함부로 해도 되는 존재로 인식하는 남성들의 태도는 '무기력하고 나약한 여자아이'에 대한 폭력적 행위라 하겠다.

이처럼 장애여성은 '비정상적 인간'이며 '무성적인 존재'로 규정되기 때문에 인간으로서, 여성으로서 아무런 역할이 기대되지 않는 '역할 없는' 존재로 본다. 장애여성에게는 전통적인 성역할(gender roles)이 요구되지 않으며, 아내 또는 어머니가 되기를 기대하지 않는다. 개인은 자신에게 부여되는 역할을 통해 타인과 가족과 사회와 연결되기 때문에, 역할이 없는 장애여성은 실제로 있으면서도 가족 속에 있지 않는 존재이다. 사회에 존재하지 않으며, 어떠한 역할도 부여받지 못한 타자화된 장애여성은 자신의 욕구를 충족하고 자신의 능력을 평가받을 수 있는 기회가 박탈될 뿐 아니라, 자신의 욕구나 자신의 능력에 대한 인식조차 하지 못하게 된다. 많은 수의 장애여성이 무기력감과 자기비하에 빠지는 이유가 여기에 있다.

장애에 대한 장애여성들의 인식은 이중적이다. 한편으로는 자신이 장애인임을 인식하고 장애가 있는 자신을 무가치하고 무의미한 존재로 여긴다. 또 다른 한편으로는 자신의 장애를 거부하며, 자신을 정상인의 세계에 연결하기를 간절히 바란다. 자신의 몸에서 장애가 있는 부분을 분리해 내고, 이를 자기 몸의 일부로 인정하지 않으려 한다. 장애가 있는 팔다리는 자기 몸의 일부지만 스스로에게 낯설게 다가온다. 이러한 분리 현상은 우리 사회에서 나타나는 장애인과 정상인의 분리를 그대로 반영한다. 즉, 장애를 차이로 인식하기보다는 교정되어야 하는 것으로 여기는 배제와 분리의 정치가 작용한 결과이다.

9) 김경화, "장애여성의 결혼과 성", 한국여성장애인연합, 『여성장애인의 인권과 복지』, 2000, p. 32.

상자글 6-3 **장애여성 문제, 이중차별인가 다중차별인가**

장애 문제와 여성 문제 모두 개인의 문제가 아니라 사회적인 상호작용 속에서, 그러한 조건을 이유로 차별하는 사회로 인해 발생하는 문제다. 그러한 탓에 그 두 가지 조건이 단순하게 합쳐질 뿐만 아니라, 장애와 여성이라는 조건 그 자체가 상호작용을 하는 가운데 복합적인 문제를 만들어 낼 수밖에 없는 것이 우리의 현실이다.

국제장애인권리협약서 '다중적 차별' 대상으로 명시

장애여성이 겪는 차별은 '이중의 차별'보다는 '다중의 차별'에 가깝다고 할 수 있다. 국제장애인권리협약에서도 장애여성을 '다중적(multiple) 차별'의 대상으로 명시하였는데, 이는 당시 협약에 장애여성 조항을 별도로 만들고자 고군분투했던 한국 장애여성들의 합의사항이었고 전 세계장애인들이 동의해준 내용이었다.

"각국은 장애여성과 장애소녀가 다중적 차별의 대상이 되고 있음을 인정하고, 이러한 측면에서 모든 인권과 기본적인 자유의 완전하고 동등한 향유를 보장하기 위한 조치를 취한다."(국제장애인권리협약 제6조 제1항)

…중략

'다중적 차별'이라는 정의가 우리 장애여성의 경험을 완벽하게 담고 있다고 여겨지지는 않으나, 적어도 이중의 차별보다는 장애여성 감수성에 한 발자국 다가간 것으로서 세계장애인들의 공감과 합의를 이끌어 낼 수 있었던 것이다. '다중적 차별'은 법률적 용어가 아니라 장애여성의 언어로 풀어서 표현하자면, 아마도 '경험할 기회를 원천적으로 빼앗기는 것'이라고 말할 수 있을 듯하다. 학생으로서의 경험, 가족구성원으로서의 경험, 여자로서의 경험, 직장인으로서 경험을 할 기회를 아예 갖지 못하는 분리와 배제가 우리가 겪는 차별을 어느 정도 설명해 줄 수 있을 것이다.

출처: 여성주의 저널 일다, 경험으로 말하다, 2009. 6. 18.

이처럼 장애가 자신을 정상인의 범주에서 제외시키는 요인이므로 장애여성은 장애를 자신의 몸에서 떼어내 버리고 싶고 부정하고 싶으나, 현실적으로는 불가능하다. 때문에 장애여성은 '정상인'의 문화와 규범을 받아들여 실행함으로써 '정상인'처럼 보이고자 한다. 여성으로서 역할이 기대되지 않는 장애여성들이 스스로를 여성적으로 보이기 위해 가부장적 가치관을 강하게 내면화하고 이를 실현하고 싶어 하는 것은 바로 이런 이유에서다.

③ 가부장적 소비자본주의와 장애여성의 몸

소비자본주의 사회에서 여성의 몸은 자본주의적 권력과 가부장적 권력의 중층화된 사회관계 속에 놓여 있다. 소비자본주의 사회는 여성에게 모순된 역할을 동시에 요구한다. 한편으로, 여성의 몸은 재생산을 담당하는 기능을 수행한다. 다른 한편으로, 소비의 확대과정에서 여성의 몸은 쾌락의 수단이며 구경거리로 등장했다. 때문에 자본주의 세계에서 경쟁하기 위해 여성들은 가정에서 필요한 것과는 다른 특성, 즉 '매력적인 외모'를 갖추어야 한다.

자본주의 시장에서 몸의 각 부분은 규격화되고 수량화됨으로써 판매와 소비가 가능한 상품이 된다. 외모의 아름다움과 매력은 소비의 체계, 차이의 체계 속에서 교환되고 소비된다. 몸의 사용가치가 교환가치에 의해 지배됨으로써 외모의 상품가치는 이상적인 어느 한 모델에 얼마나 일치하는가에 의해 결정되고, 개인들은 이를 바탕으로 차별되고 서열화된다. 이에 따라, 여성은 차이의 교환을 통해, 즉 동일한 코드를 공유하고 이를 경쟁적으로 모방함으로써 자신의 개성과 정체성을 확인한다.[10)]

단일한 코드에 의해 지배되는 여성의 이미지는 다양성이나 개인차를 무시한다. 외모와 육체에 대한 관심이 커지면서 장애여성의 몸에 대한 차별화와 등급화는 더욱 심화된다. 그 속에서 교환가치를 갖지 못한 장애여성의 몸은 차이의 의사소통에서 배제되고, 여성으로서 정체성을 확립할 기반을 박탈당한다. 더욱이 거대한 다이어트, 성형수술 등 육체산업의 등장과 함께 몸은 돈과 기술로 자유롭게 변형할 수 있다는 신화가 유포되어 있지만, 장애여성의 몸은 고정되고 바뀔 수 없기 때문에 장애여성은 자신의 몸에 대한 열등감과 불만을 계속 만들어 내도록 사회적으로 조정된다. 이러한 상품의 논리가 일상적 삶 영역으로 확대될수록, 장애여성은 이상적인 몸과 불만스러운 자신의 몸 사이에서 발생하는 갈등을 더욱 크게 경험한다.

2. 장애여성의 차별 실태와 욕구

1) 장애여성의 현황

보건복지부가 발표한 2020년 기준 장애인 통계에 의하면 등록장애인 수는 약 263만 명으로 전체 인구의 5.09%를 차지하고 있다. 전반적으로 남성 장애인의 수가 여성 장애인보다 더 많지만 장애여성의 비율은 2005년 전체 장애인 인구의 36.4%에서 2020년에는 42.2%로 시간이 흐르면서 서서히 증가해 왔으며, 노령 장애인 인구의 증가와 함께 장애여성의 비중은 점차 커질 것으로 예상된다.

10) 보들리야르, J., 『소비의 사회, 그 신화와 구조』, 서울: 문예출판사, 1993 ; 김경화, 앞의 책, p. 199에서 재인용.

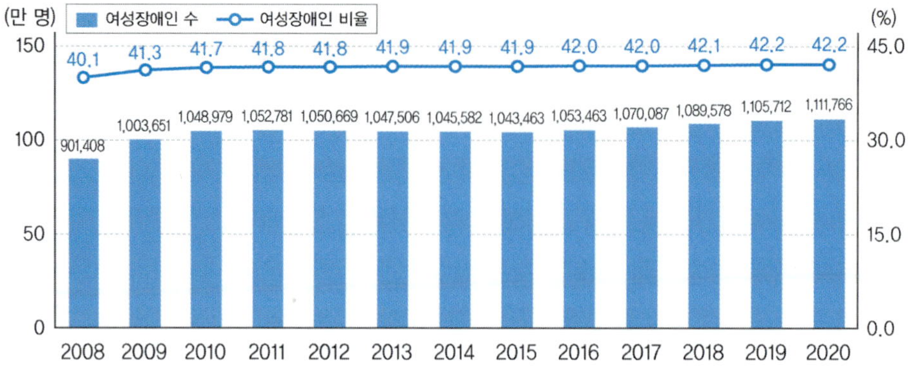

자료: 보건복지부, 등록장애인현황, 각 연도
출처: 한국장애인고용공단 고용개발원, 『2021 장애인통계집』

[그림 6-1] 장애인구 대비 여성장애인 비율

장애 범주별 통계를 살펴보면, 남성의 경우는 지체장애, 청각장애, 시각장애, 뇌병변장애, 시각장애가 높은 출현율을 보였고, 여성의 경우 지체장애, 청각장애, 뇌병변장애, 시각장애의 순으로 출현율이 높게 나타났다.

〈표 6-1〉 성별 · 장애 유형별 등록장애인 인원 (단위: 명)

구분	지체장애	뇌병변 장애	시각장애	청각장애	지적장애	정신장애	기타	전체
여성	507,642	106,704	102,587	187,185	86,341	50,787	70,520	1,111,766
남성	699,726	143,703	149,737	208,604	130,767	52,738	135,985	1,521,260

출처: 한국장애인고용공단 고용개발원, 『2021 장애인통계집』, p. 35.

2) 장애여성의 이중차별 실태

(1) 혼인 및 가족 내에서의 성차별

많은 장애여성들이 결혼을 하지 못한 채 혼자 살고 있는데, 그 원인은 대체로 장애로 인한 결혼의 불가, 출산의 불가, 양육에 대한 부담 등이다. 장애여성에게 결혼과 가정의 유지는 매우 어려운 과제가 될 수 있다.

2020년 장애인 실태조사의 결과에 따르면 만 18세 이상 여성장애인의 경우 미혼이 11.5%, 유배율이 39.1%, 사별이 39.9%, 이혼이 8.7%, 별거가 0.1%로 나타났다. 남성장애인에 비해 여성장애인의 경우 사별 비율이 높게 나타나 장애여성의 생활이 더욱 힘든 상황임을 유추할 수 있다.

〈표 6-2〉 여성 장애인의 결혼 여부

(단위: %, 명)

구분	남자	여자	전체
미혼	21.8	11.5	17.4
유배우	60.4	39.1	51.3
사별	6.6	39.9	20.8
이혼	10.5	8.7	9.7
별거	0.7	0.7	0.7
기타	0.0	0.2	0.1
계	100.0	100.0	100.0

주: 만 18세 이상 기준

출처: 보건복지부, 『장애인 실태조사, 2020』, p. 626.

일반적으로 장애여성의 성욕구는 무시되거나 소홀히 여겨지는 경우가 많으며, 암묵적으로 그러한 성욕구를 표출하는 것이 억제된다. 다른 가족 구성원들은 장애여성이 결혼이나 출산 등에 대한 욕구를 드러낼 때 수치심을 느끼게 하거나 그러한 것들에 대해 관심이나 흥미를 가지는 것을 사전에 차단하기도 한다. "결혼 생활이 얼마나 힘든데, 거기다 아이들을 그 몸으로 어떻게 기르겠니? 2세도 장애가 있으면 어떻게 할 거니?"라는 말들로 여성장애인의 능력에 대해 사전에 낙인찍어 버린다. 2020년 보건복지부의 장애인 실태 조사의 결과 장애여성의 경우 결혼을 하지 않는 이유들을 보면 '건강 또는 장애 때문에'라는 것에 답한 비율이 여성 장애인의 경우 43%로 매우 높게 나타났다.

〈표 6-3〉 장애인의 결혼하지 않는 이유

(단위: %)

구분	성별		연령별			장애 정도		전체
	남자	여자	18~44세	45~64세	65세 이상	심한 장애	심하지 않는 장애	
이성을 만날 기회가 없어서	18.8	14.3	16.7	18.5	19.1	16.0	22	17.6
결혼할 생각이 없어서	17.5	17.2	14.2	20.8	23.7	15.4	23.1	17.5
가족 등 주위의 반대로	0.8	0.4	0.6	0.8	0.8	1.0	–	0.7
건강 문제와 장애 때문에	33.9	43.0	34.1	40.3	40.3	42.9	18.6	36.4
경제적 어려움	4.0	0.4	1.9	4.0	4.0	1.3	7.5	3.0
결혼과 일을 병행하기 어려워	0.8	1.9	1.1	1.0	1.0	1.3	0.7	1.1
결혼에 적당한 나이를 놓쳐서	8.8	5.6	4.1	12.4	12.4	4.8	16.6	7.9
결혼하기 이른 나이여서	13.4	14.5	25.2	–	–	14.8	10.7	13.7
기타	1.8	2.7	2.1	2.2	2.2	2.5	0.8	2.1
계	100.0	100.0	100.0	100.0	100.0	100.0	100.0	100.0
전국 추정 수	318,563	124,741	240,595	171,497	31,212	325,075	118,228	443,303

출처: 보건복지부, 『2020 장애인 실태조사』, p. 629.

이렇게 장애여성이기 때문에 결혼에 대한 욕구가 사전에 좌절되는 것뿐만 아니라 결혼 후에 여전히 여성이기 때문에 겪는 성차별 역시 비장애여성의 경우와 마찬가지로 겪게 된다. 그러나 장애를 가졌다고 해서 가사노동의 책임에서 벗어나지 못한다는 것을 다음의 〈표 6-4〉를 보면 잘 알 수 있다. 하루 평균 집단일 참여시간을 살펴보면 여성 장애인의 경우 '3시간 이상' 집단일 참여 응답비율이 27.7%로 남성(4.2%) 대비 23.5% 더 높게 나타났다. 또한 집단일 부담 정도에 있어서도 남성(26.5%)보다 여성(43%)의 부담된다는 응답비율이 높게 나타났다.

〈표 6-4〉 하루 평균 집단일 참여 여부와 집안일 부담 정도 (단위: 명, %)

하루평균집안일 참여여부	추정수	0분	1시간 미만	1시간-2시간 미만	2시간-3시간 미만	3시간 이상	계
전체	248,575	20.2	21.8	26.1	17.5	12.4	100
장애남성	140,875	24.3	29.3	30.1	12.1	4.2	100
장애여성	107,700	14.9	11.9	20.9	24.5	27.7	100
집안일 부담정도	**추정수**	**전혀부담 되지않음**	**부담되지 않는편**	**부담되는 편**	**매우 부담됨**	**부담되는편+ 매우부담**	**계**
전체	198,250	12.9	53.0	31.8	2.4	34.1	100
장애남성	106,637	18.0	55.5	24.8	1.8	26.5	100
장애여성	91,613	6.9	50.1	40.0	3.1	43.0	100

출처: 한국장애인개발원, 『2020 장애인삶 패널보고서』, p.177.

(2) 교육의 차별

일반적으로 교육 수준은 취업 여부와 노동의 질을 결정하는 핵심적 요인이다. 대다수의 장애여성들은 장애남성이나 비장애여성/남성들과 비교할 때 교육의 기회가 현저히 낮으며, 이는 취업 기회의 감소와 저소득으로 이어져 경제적으로 열악한 상태에서 살아가게 함으로써 삶의 질을 낮추는 것으로 귀결된다.

〈표 6-5〉를 보면 전체적으로 모든 인구를 볼 때 교육 수준이 점점 높아지고 있다는 것을 볼 수 있다. 초졸 이하의 인구가 점점 줄고 있고, 대졸 이상의 인구가 점점 늘고 있어 장애인과 비장애인 구분 없이 교육 수준이 높아지고 있다. 그러나 장애인과 비장애인, 여성 장애인과 남성 장애인을 구분하여 살펴보면 두 가지 경우 모두 후자가 상대적으로 교육 수준이 높음을 알 수 있다. 여성 장애인의 경우는 대졸 이상의 고학력 비율이 2000년에 4.1%, 2005년에 5.1%, 2011년에 5.9%, 2017년에 9%로 증가하고 있지만 상대적으로 낮은 편이며, 2017

년 현재 장애여성의 약 55%가 초졸 이하로 교육 수준이 매우 낮음을 알 수 있다.

〈표 6-5〉 장애인의 25세 이상 인구의 학력 구성비 (단위: %)

구분			전체	초졸 이하	중졸	고졸	대졸 이상
2000	전체	전체 인구	100.0	23.0	13.3	39.4	24.3
		장애 인구	100.0	54.2	13.9	23.3	8.7
	남성	전체 인구	100.0	15.1	12.3	41.6	31.0
		장애 인구	100.0	43.4	16.0	28.8	11.6
	여성	전체 인구	100.0	30.4	14.3	37.3	18.0
		장애 인구	100.0	71.1	10.4	14.4	4.1
2005	전체	전체 인구	100.0	19.1	11.2	38.3	31.4
		장애 인구	100.0	47.3	16.6	25.5	10.6
	남성	전체 인구	100.0	12.2	10.2	39.7	37.8
		장애 인구	100.0	35.5	18.7	31.3	14.4
	여성	전체 인구	100.0	25.5	12.1	37.0	25.4
		장애 인구	100.0	64.6	13.4	16.9	5.1
2011	전체	전체 인구	100.0	17.1	10.2	36.9	35.8
		장애 인구	100.0	44.7	18.3	25.0	12.0
	남성	전체 인구	100.0	10.9	9.5	38.3	41.3
		장애 인구	100.0	31.9	20.6	31.0	16.5
	여성	전체 인구	100.0	22.9	10.8	35.6	30.6
		장애 인구	100.0	62.3	15.1	16.6	5.9
2017	전체	전체 인구	100.0	17.0	10.5	30.8	41.7
		장애 인구	100.0	37.8	16.7	30.4	15.1
	남성	전체 인구	100.0	13.3	9.5	30.9	46.3
		장애 인구	100.0	24.4	18.3	37.6	19.7
	여성	전체 인구	100.0	21.3	11.1	30.6	37.0
		장애 인구	100.0	55.6	14.5	20.9	9.0

출처: 통계청, 보건복지부, 2017년 장애인실태조사, 2018;, 한국장애인고용공단고용개발원, 『장애인실태조사』 각 연도.

(3) 고용의 차별

장애여성은 앞서 살펴본 대로 교육을 받을 기회나 그 수준이 낮아 취업 가능성도 떨어지고, 직업을 가지더라도 소득이나 안정성이 낮다. 한국장애인고용공단에서 발표한 2021년 장애인 경제활동실태조사에 의하면 2021년 5월 기준 장애인구의 경제활동 참가율은 37.3%, 고용률은 34.6%, 실업률은 7.1%로 나타난 반면, 전체 인구의 경제활동 참가율 및 고용률, 실업률은 각각 63.7%, 61.2%, 4.0%로 나타나 전체 인구에 비해 장애인구의 경제활동 상태는 현저히 낮은 수준이고, 특히 실업률은 약 1.7배 정도 높다. 여성 장애인의 경우 경제활동 참가율과 고용률은 24.1%와 22.2%로 남성장애인의 절반 수준이며 실업률은 7.6%로 남성장애인 에 비해 높은 수준으로 나타나 여성 장애인이 상대적으로 더 취업과 고용에서 열악한 위치에 있음을 알 수 있다.

〈표 6-6〉 장애인의 경제활동 상태

(단위: 명, %)

구분	15세 이상 인구	경제활동 인구			비경제 활동 인구	경제활동 참가율	실업률	고용률
		계	취업자	실업자				
장애 인구	2,574,907	959,950	891,804	68,146	1,614,957	37.3	7.1	34.6
남성	1,482,416	697,101	649,036	48,065	785,315	47.0	6.9	43.8
여성	1,092,491	262,849	242,768	20,081	829,642	24.1	7.6	22.2
전체 인구	45,049,000	28,698,000	27,550,000	1,148,000	16,351,000	63.7	4.0	61.2
남성	22,184,000	16,298,000	15,645,000	653,000	5,886,000	73.5	4.0	70.5
여성	22,865,000	12,400,000	11,905,000	495,000	10,465,000	54.2	4.0	52.1

주: 1) OECD 기준, 즉 통계청의 경제활동인구조사의 경제활동판단기준(실업자 – 4주간 구직기간)으로 제시함
2) 가중치적용 등으로 전체 수치와 표 내의 합계가 일치되지 않는 경우가 있을 수 있음
3) 전체 인구의 경우 천 명 단위임
4) 경제활동 참가율(%)=(경제활동 인구/15세 이상 인구)×100
5) 실업률(%)=(실업자/경제활동 인구)×100
6) 고용률(%)=(취업자/15세 이상 인구)×100
출처: 통계청, 경제활동인구조사; 한국장애인고용공단 고용개발원, 장애인통계, 2021, p. 71

〈표 6-7〉의 장애여성의 취업 분야를 보면 단순노무종사자가 가장 많고, 서비스업, 판매업, 농림어업 분야에 집중되어 있음을 볼 수 있으며, 관리자 및 전문직이나 기능 종사자의 비율은 낮은 편이다.

〈표 6-7〉 취업 장애인 직업 현황

(단위: %)

구분	성 별		
	소계	남성	여성
전체	100.0	100.0	100.0
관리자, 전문가	9.3	9.4	9.2
사무종사자	12.9	13.6	10.9
서비스, 판매종사자	14.6	11.3	23.9
농림어업 숙련종사자	12.8	11.9	15.4
기능, 기계 조작 종사자	23.2	29.1	6.5
단순노무종사자	27.1	24.6	34.1
모름/응답거절	0.1	0.1	0.0

자료: 2017년도 장애인경제활동 실태조사
출처: 한국장애인고용공단 고용개발원, 장애여성 고용활성화 방안, 2018, p. 30

최근에는 장애인고용정책의 일환으로 기업체 중 상시근로자 50명 이상 기업체는 장애인 고용의무기업체로 일정비율을 장애인을 고용해야 한다. [그림 6-2]는 2021년 성별, 규모별 장애인 근로자 고용현황을 나타내는 데, 상시근로자 50명 이상의 고용의무기업체는 기업체 규모가 커질수록 전체 근로자 중 남성의 비율이 점차 높아지는 것으로 나타나고 있으며, 장애인 근로자의 경우 여성의 비율이 점차 높아지는 것으로 나타난다. 그러나 장애인 근로자 경우 모든 기업체 규모에서 볼 때 장애인 여성의 비율은 장애인 남성 대비 현저히 낮게 나타나고 있음을 알 수 있다.

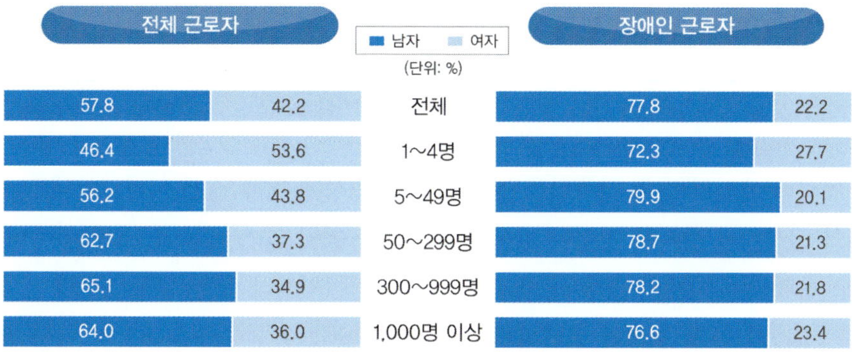

자료: 한국장애인고용공단, 『2021 기업체장애인고용실태조사』, 2021.

[그림 6-2] 장애인 근로자 고용현황-성별, 규모별

(4) 폭력

폭력의 본성은 자기보다 약한 존재에게 권력을 행사하는 것이기 때문에 사회적으로나 가정 내에서도 가장 취약한 사람에게 물리적 폭력, 언어폭력, 인격 모독, 무시와 멸시 등이 가해진다.

대부분의 장애여성들은 가정 내에서 부모나 형제들에게 의존해서 살고 있고, 결혼한 장애여성의 경우도 가족이나 자녀들에게 의존하여 살아가는 경우가 많다. 따라서 비장애인들보다 훨씬 더 사회나 가정 내에서부터 여러 폭력의 대상이 되기 쉽다.

2020년 한국장애인개발원 패널조사에 의하면 장애인이라는 이유로 괴롭힘이나 폭력을 당한 경험을 살펴보면 장애여성의 경우 언어적 및 정서적 학대의 경험이 4.9%로 가장 높으며, 폭력경험은 5.1%로 장애남성(3.5%)보다 높게 나타나고 있다.

〈표 6-9〉 괴롭힘이나 폭력을 당한 경험과 폭력을 행사한 사람 (단위: 명, %)

폭력경험	추정수	언어 및정서적 학대	신체적 폭력	성희롱, 성적 폭력	방임 및 유기	경제적 착취	종교적 폭력, 강요	통합비율
전체	251,277	4.0	0.3	0.1	0.1	0.1	0.0	4.2
장애남성	142,540	3.3	0.2	0.0	0.0	0.2	0.0	3.5
장애여성	108,737	4.9	0.4	0.2	0.2	0.1	0.1	5.1

폭력행사한 사람	추정수	부모	배우자	형제, 자매	그 외 가족구성원	친구/지인/동료	그외주변 이웃	모르는사람	계
전체	10,530	3.6	9.3	1.0	0.9	40.5	19.6	25.1	100
장애남성	4,962	1.9	7.5	1.9	1.3	39.4	21.2	26.9	100
장애여성	5,568	5.1	10.9	0.1	0.6	41.5	18.2	23.6	100

출처: 한국장애인개발원 『2020 장애인살 패널조사보고서』, p. 296

또한 여성 장애인의 경우 성폭력을 경험한 일반 여성에 비해 적게 나타나는데[11], 그 이유는 여성의 입장에서 성폭행 경험이 밖에 알려지기를 원치 않기 때문이고, 뿐만 아니라 대부분의 정신지체 장애여성의 경우 의사표현 능력이 떨어지거나 표현해도 무시되기 때문이기도 하다. 이는 한 마을 전체가 장애여성에게 성폭력을 가하고도 집단적으로 이를 은폐하거나 오히려 피해자 여성에게 책임을 전가하는 경우가 많다는 사실에서도 잘 알 수 있다.

성폭력의 기본적인 특성에서 무엇보다 주목해야 할 부분은 성폭력이 단순한 성적 욕구 해소를 위한 현상에 그치는 것이 아니라 기본적으로 힘의 관계가 내포된 문제란 사실이다. 즉, 성폭력은 사회적 또는 신체적으로 우월한 위치에 있는 사람이 자신보다 열등한 사회적 위치 및 신체적 입지에 있는 사람에게 폭력을 가함으로써 자신의 우월한 위치를 확인시키고 그 상태를 고수해 나가기 위한 목적에서 행해진다. 이러한 상황 속에서 성폭력의 피해자는 주로 사회적 약자인 여성일 수밖에 없으며 장애인의 경우는 더욱 빈번히 피해를 당하는 입장에 놓이게 되는 것이다. 특히, 장애여성의 경우, 신체적으로 항거할 능력이 없고, 성폭력을 당한 후에도 적절한 대응을 하기 어렵다는 등 여러 가지 측면에서 비장애여성보다 더 취약하기 때문에 이들에 대한 성폭력은 더욱 심각하다 하겠다.

11) 여성가족부, 2010 전국성폭력실태조사, p. 12.

3. 장애여성복지의 기본 전제

장애여성의 인권과 삶의 질을 향상시키기 위해 장애여성 스스로의 자각과 더불어 지난한 투쟁이 있어 왔다. 앞서 언급했듯이, 대안적 삶을 모색하는 운동과정 내에서도 장애여성은 소외되었다. 즉, 여성의 권리를 위한 여성운동 내에서도 전체 여성의 문제가 해결되면 '장애' 여성의 문제도 해결될 것이고, 같은 장애인운동 내에서도 역량을 결집해서 장애인의 문제를 해결하고 나면 '여성' 장애인의 문제도 순차적으로 해결될 것이라는 생각이 지배적이었다. 그야말로 편견덩어리의 사회에서 겪는 차별도 이중이고, 대안적 삶의 모색을 위한 과정에서도 이중적 불평등을 겪는 것이다.

따라서 장애여성의 복지를 위한 과제를 해결해 나가기 위한 전제조건은, 여성과 장애인과의 연대 속에서도 분명히 장애여성으로서 독자성이 있으며, 이것은 장애인 문제나 여성 문제의 해결에 초점을 흐리려는 시도가 아니라 여성장애인의 적절한 고유성과 정체성을 확립하기 위한 시도라는 점에서부터 출발한다.[12)]

1) 자기결정권

자기결정권이란, 장애인이 주체적 삶을 보장받고 스스로의 삶에 대한 결정권을 가지며 스스로 자기 삶의 책임자가 되기 위한 평등한 권리를 말한다. 장애인 자신이야말로 스스로에게 필요한 게 무엇인지를 가장 잘 알고 있으며, 자신의 삶을 스스로 관리하고 조절할 권리가 있다. 장애인의 의사가 존중되지 않는 것은, 시설에 수용된 장애인이든 가족의 보호를 받는 장애인이든 비슷하다. 특히, 장애여성의 경우 의존적이고 무능력한 존재로 규정되면서 자기결정권을 심각하게 침해받고 있다. 여성운동에서는 성적 자기결정권이라는 개념이 보편화되었지만, 이는 자기결정권이라는 개념을 좁게 규정한 것이다. 인간은 성적인 영역 외에 교육, 대인관계, 노동 등에서 자기결정권을 충분히 발휘할 때 창의적이고도 훌륭한 인간으로 성장할 수 있다.

---

12) 김효진, "장애여성운동의 흐름과 과제", 대구여성장애인연대, 『장애여성 아카데미』, 2001, pp. 61-64.

2) 당사자 중심주의

오래전부터 장애인의 문제를 해결하기 위한 노력이 있었음에도 불구하고 장애인의 인권이 제자리걸음을 하고 있는 이유는 장애인 당사자의 요구를 뒤로 한 채 장애인을 위한다는 사람들이 장애인의 의사를 대변해 왔기 때문이라고 볼 수 있다.

장애인은 너무나 오랫동안 환자로 취급된 나머지 의사나 재활전문가의 도움을 받아야 할 수동적 대상으로 규정되어 왔다. 자신의 이익은 자신이 투쟁하지 않으면 보장될 수 없다는 논리는 노동자, 소수집단 문제, 여성 문제를 다룰 때 누구에게나 인정되는 자기대표(self-representation)의 원리이다. 그럼에도 불구하고 유독 장애인의 경우에만 전문가와 서비스 제공자의 조언이 장애인의 견해를 대표하는 것으로 간주되었던 것이다. 1980년대 이후 장애인운동에서 장애여성이 차지하는 비중은 수적으로 거의 동등했었지만 장애인운동 내에서조차 장애여성은 주변화되었다. 결국 장애여성 역시 자신의 조직을 통해 독자적 목소리를 냄으로써 사회환경을 스스로 바꿔 나가는 주체적인 존재로 자리매김해야 한다.

3) 완전한 참여와 기회 균등

장애인의 문제는 시혜와 동정으로 해결될 수 없으며, 완전한 참여와 균등한 기회가 보장될 때 해결될 수 있다. 장애여성의 경우, 일반적으로 여성이 겪는 교육, 고용, 정치, 문화 영역의 불평등을 겪을 뿐 아니라 장애라는 특성이 낳는 욕구를 사회가 제대로 충족시켜 주지 못하기 때문에 일상 생활에 완전히 참여하거나 균등한 삶의 기회를 누리기가 어렵다. 따라서 장애여성의 완전한 참여와 기회 균등을 위해서는 교육권, 재활권, 노동권, 사회보장권, 자립생활권, 사회적 · 문화적 활동에 대한 참여권, 영향력을 행사할 권리, 평등한 동반자로서의 권리 등이 필요하다.

4. 장애여성복지를 위한 실천과제

1999년도 개정 장애인복지법에 장애여성에 대한 국가 책임이 명시된 이래 장애여성 문제에 관한 관심이 높아지고 있다. 그러나 장애여성에 대한 차별은 우리 사회의 다른 어떤 집단보다 더욱 심각한 상태인 것으로 나타났다. 여기서는 장애여성에 대한 차별 요인을 제거하

고 장애여성들의 삶의 질을 향상할 수 있는 정책을 제시하고자 한다.[13)]

1) 정상화를 실현하기 위한 제반 조건 완비

장애여성이 그 밖의 사람들과 동등한 권리를 누리기 위해서는, 직업훈련 및 고용을 포함하여 개인의 능력을 최대한 발휘하고 자립적이며 사회 생활에 완전히 참가하는 데 필요한 조치가 있어야 한다.

구체적으로는 장애여성에 대한 맞춤형 직업훈련교육 및 장애여성 고용할당제 강화, 장애여성 전용직업훈련시설 확대, 재택고용일자리 확대 등 장애여성 실질적 고용정책과 서비스가 마련되어야 한다.

또한 장애여성은 복합적인 의료서비스를 필요로 하므로 일반의료 및 정신건강센터가 종합병원 내에 설치되어야 한다. 예컨대, 임신상담, 가족 계획, 부모역할, 건강, 심리상담, 자조-지원집단활동을 위하여 전문가들이 팀을 구성하여 의료서비스를 비롯한 필요한 종합적 서비스를 확충할 필요가 있다.

2) 장애여성의 인권, 재활운동으로서 자립 생활운동의 활성화

장애여성의 인권이나 실체적 권리의 보장 없이 완전한 통합과 참여는 기대할 수 없으며, 장애여성의 주체적인 자립 생활의 완성 없이 권리나 인권이 보장되었다고 할 수 없다. 이러한 자립 생활운동(IL: Independent Living)에는 다음 세 가지의 철학적·이론적 준거가 있다.

첫째, 소비자로서의 주권운동이다. 여기서 말하는 소비자는 생산자에 대칭되는 소비자가 아니라 자기결정권(self-determination)이 인정되는 소비자를 말한다. 다시 말해, 재활이나 복지 프로그램까지도 선택하는 권리를 가짐으로써 장애여성 스스로 결정하게끔 하는 소비자 개념(consumerism)을 말한다.

둘째, 장애여성 스스로의 의존권(self-reliance) 확보이다. 비록 중증장애인이라 하더라도 스스로의 권리와 이익을 찾도록 자기 자신의 자원을 부단히 개발할 필요가 있다.

셋째, 정치적·사회적 권리(political & economic rights)의 쟁취이다. 장애여성도 지역사회나 국가사회 속에서 일어나는 일에 자유롭게 참여할 수 있기 위해서는 정치적·경제적 권리를 가져야 한다.

---

13) 한국여성장애인연합 홈페이지(www.kdawu.org).

3) 장애여성을 대변하는 단체와 장애여성 지도자의 육성

장애여성의 문제를 해결하고 권익을 보호하기 위한 여성단체를 비롯한 민간기구들의 활동이 활성화되어야 한다.

장애여성들은 스스로 집단을 형성해서 조직적으로 장애문제를 제기할 수 있어야 하고, 일반 시민단체들과의 연대를 통해 장애여성의 권익을 옹호할 필요가 있다. 예를 들면, 장애여성의 권익을 대변하고 세력화시킬 수 있는 기구의 설립과 활동을 지원해야 하며, 여성의 자립적인 삶을 위한 전문적인 연구와 상담, 실질적인 서비스 외에도 의료적 · 정서적 지지를 제공하는 기관을 설립해야 한다. 그리고 장애여성을 위한 훈련 프로그램, 일반 여성단체와 활발한 연계, 자조운동 강화, 적극적인 정치참여가 이루어질 수 있도록 지원해야 한다.

또한, 장애여성이 인권과 권리 그리고 사회통합의 주역이 되기 위해서는 장애여성 지도자의 발굴 및 육성이 우선적으로 필요하다. 장애여성 지도자는 장애여성 스스로의 결정권과 자기의존권에서부터 출발하되 더불어 사는 사회에서 다른 사람들과 함께해야 한다는 인식을 가져야 하며 전문지식을 겸비한 지도자로서의 자질을 갖추어야 할 것이다.

4) 장애여성에 관한 체계적인 연구 수행

장애여성은 다양하고도 복합적인 욕구를 가지고 있다. 특히, 자녀를 가진 장애여성의 경우, 육아와 자녀교육, 부모역할에 필요한 정보 제공, 상담, 서비스 지원망, 자녀 돌보기에 유용한 기구개발 등의 활동이 필요하다. 따라서 장애여성 관련 연구에서는 장애를 가진 당사자의 관심, 경험, 욕구 등을 중요한 자료로 적극 수용하고 실질적이고 창조적인 연구와 서비스를 제공할 수 있어야 한다.[14)]

5) 장애여성 고용할당제 강화

1999년도 개정 장애인복지법 제9조 제2항은 "국가와 지방자치단체는 여성 장애인의 권익을 보호하기 위하여 필요한 시책을 강구하여야 한다"고 명시해 놓았다. 이는 여성 장애인의 문제에 대한 국가의 책임을 분명히 밝힌 규정이라 하겠다. 또한, 제정된 장애인고용촉진 및

---

14) 예를 들면, 장애여성을 위한 부모역할 지침서, 임신과 출산, 부모역할에 적합한 도구, 아이디어 등을 개발하고 보급하는 역할을 수행할 수 있어야 한다. 장애여성 관련 연구논문, 소식지, 정보지 발간 사업 등의 꾸준한 연구활동이 필요하다.

직업재활법에 중증장애인과 여성 장애인의 할당고용제에 관한 사항이 명시되어 있다. 이는 장애여성이 우리 사회 전 분야에 참여할 수 있는 기회가 조금씩 확대된 것으로 이해할 수 있다.

구체적인 방안으로서, 고용에서 일정 비율을 장애여성에게 배려해야 하며, 정부의 주요 요직이나 의회 등에도 진출하도록 전문지식과 소양을 갖춘 장애여성 지도자를 일정 비율로 할당해야 한다. 또한 장애인 문제를 연구하는 기관에서도 장애여성의 역할과 기능 등을 재조명하고 더 깊이 연구하도록 장애여성 분과 설치 등에 우선순위를 두어야 할 것이다.

6) 장애여성의 모성보호

장애여성의 특수성을 고려하여 결혼과 자녀양육 대책 등에 대한 법적 · 제도적 · 행정적 지원이 요청된다.

장애여성의 경우 결혼과 임신, 출산, 자녀양육과 가사노동 등 어려운 일들이 많다. 가정봉사원(home helper)을 파견해 주는 일 등이 뒷받침될 때 조금은 쉽게 자녀를 양육할 수 있을 것이다. 따라서 장애여성의 결혼, 자녀양육에 대한 종합적인 대비책이 국가적 · 사회적으로 마련될 때 장애여성의 사회참여도 촉진될 것이다.

5. 노인여성과 이중차별

1) 노화에 대한 성별 이중 기준

노화에 대한 이중 기준(double standard)이란 남녀의 노화에 대해 사회가 각기 상이한 기준을 적용함으로써 노인여성을 노인남성보다 더욱 부정적으로 지각하는 것을 의미한다. 즉, 우리 사회에서 남성의 주름과 흰 머리카락은 중후함과 관록의 상징으로 인식되는 반면, 여성의 노화는 화장이나 성형수술 또는 염색으로 감추어야만 하는 수치스러운 것으로 지각된다. 그리고 남성의 성적 매력은 중년기 이후까지 지속된다고 생각되는 반면, 여성들은 노화와 더불어 그들의 성적 매력을 상실한다고 평가되는 것이다.[15)]

15) 그 단적인 예로 중년기나 노년기 남성들이 배우자와의 이혼이나 사별 후에 자신들보다 훨씬 더 젊은 여성과 재혼할

여성주의자들은 노인여성에 대한 이러한 부정적 고정관념을 '여성은 단지 남성에게 매력적이고 유용할 때만 존재가치가 있다'라고 하는 성차별주의자의 생각을 확장한 것에 지나지 않는다고 주장한다. 즉, 사회에서 여성의 지위나 자아 개념은 남성에 비해 신체적인 외형에 의존하는 반면 남성다움은 외모보다는 권력이나 지위에 보다 관련되어 나타난다. 따라서 여성에게 나이가 들어간다는 것은 결국 자신의 가치가 저하되는 자아 개념 형성에 부정적인 영향을 주게 되고, 신체적 매력이 감소된다고 느끼는 시점에서 남성보다 더 빨리 노화를 자각하게 되는 것이다.[16] 그러므로 우리 사회의 노인여성들은 성별에 기초한 차별과 연령에 기초한 차별, 이 양자에 의해 이중의 고통을 겪는다. 즉, 하나의 계층으로서의 여성들은 남성들보다 더 낮은 지위를 차지하고, 이와 같은 남녀의 차이는 노화와 더불어 오히려 강화되는 것이다.

한 가지 예로 60세 이상의 노년 여성들이 식품 광고를 제외하고 TV의 광고모델로 출연하는 것은 극히 드문 일이다. 그리고 중년기 이후의 발달 단계에 대한 심리학적 연구에서도 남성 표본만을 대상으로 하는 연구가 대부분이라는 사실도 이러한 이중 기준의 단적인 예이다. 실제로 노인여성들이 노년 인구의 대다수를 차지하는 현실에도 불구하고 노년층 연구로부터 노인여성들이 제외된다는 것은 크나큰 아이러니가 아닐 수 없다.

이와 같이 우리 사회는 노화에 대한 우리의 행동에 대해 인지 또는 거부라는 성별 이중잣대를 세워 놓고, 우리의 행동이 얼마나 논리적이고 이성적인가 하는 것보다는 그 행동이 얼마나 관습과 규범(때로는 극히 비논리적인)에 순응할 것인가에 따라 판단되는 것이다. 또한 나이 든 남성에 비해 나이 든 여성의 특성을 묘사하기 위해 사용되는 용어들이 가져온 부정적 함의의 역사는 매우 길다. 이렇게 나이 든 여성들에 대한 부정적인 성격 규정은 대체로 사람들이 인지하고 있는 노인여성들의 낮은 사회적 지위를 그대로 반영하는 것이다.

2) 노인여성의 인구학적 특성

노인여성은 노인남성에 비해 평균수명이 더 길고, 이로 인해 노인인구의 성비 및 유배우율의 성별 격차는 매우 심각한 실정이다. 이러한 노인인구의 인구학적 특성을 조금 더 자세히 살펴보자.

수 있는 것과는 대조적으로 늙은 여성과 젊은 남성의 커플은 이루어지기 어렵다.

16) 전길양, "노년기의 성", 『또 하나의 문화 제16호-여성의 몸, 여성의 나이-』, 도서출판 또 하나의 문화, 2001, pp. 254-255.

우리나라의 평균수명은 보건의료 수준의 향상, 국민들의 영양 상태 개선 및 건강에 대한 관심 제고 등에 힘입어 광복 이후 지속적으로 증가해 왔다. 인구의 노령화는 노인의 건강, 복지에 관련된 많은 문제를 양산하였고, 앞으로 이러한 현상은 가속화될 것으로 예상되어 이에 대한 적절한 대책이 필요한 실정이다.

〈표 6-10〉의 통계청이 발표한 자료에 의하면 남녀 전 연령의 조사망률이 2004년에 503.7명에서 16년이 지난 2020년에는 593.9명으로 증가하여 왔음을 알 수 있다.

〈표 6-10〉 성 · 연령별 사망률 추이 2004-2020

(단위: 인구 10만 명당, %)

구분		전 연령	연령		
			60~69세	70~79세	80세 이상
남녀 전체	2004	503.7	1,306.8	3,506.6	11,199.5
	2013	526.6	831.8	2,475.5	8,902.6
	2014	527.3	781.7	2,358.0	8,902.6
	2020	593.9	1,327.3	3,933.1	7,824.5
남자	2004	556.1	1,945.3	4,912.6	13,134.3
	2013	579.8	1,209.1	3,534.4	11,044.8
	2014	580.6	1,154.1	3,380.9	10,608.0
	2020	645.0	1,971.8	5,681.8	9,419.9
여자	2004	451.0	766.2	2,674.1	10,404.6
	2013	473.4	461.1	1,707.8	8,013.0
	2014	474.1	431.8	1,606.1	7,743.3
	2020	543.0	715.4	2,554.1	7,034.5
사망률 성비(남 / 여)	2020	1.18	2.75	2.22	1.33

주: 조사망률 = 인구 10만 명당 사망자 수
출처: 통계청 인구동향과, 『사망원인통계』

2020년 남자의 조사망률은 645명이고 여자의 조사망률은 543명으로 사망률 성비가 1.22로 남자가 더 높음을 잘 알 수 있다. 60세 이상의 노인인구들의 수치를 보면 이러한 차이가 더욱 확연히 드러난다. 남성노인의 경우 60~69세 사이의 조사망률은 2004년에 1,945.3명이었고 2020년에는 1,971.8명으로 상당히 높아졌음을 알 수 있다. 같은 시기 같은 연령층의 여성의 경우는 766.2명에서 715.4명으로 낮아져 이 시기에 남성과 여성의 사망률 차이가 심하다는 것을 알 수 있다. 남성과 여성의 사망률의 차이는 70~79세 사이에서도 크게 나타나고 있다는 것을 알 수 있다.

최근에는 55세 이상의 고령층의 이혼율이 증가하고 있다. 통계청의 2021년 인구동향조사의 결과에 따르면, 2000년에 2.0%에서 2005년에 3.3%, 2021년에는 5.2%로 비율이 증가하였다.[17] 이혼 후 노인여성은 생활보장 문제, 장기보호 문제, 자녀와의 갈등, 심리적 고독감, 성 및 재혼 문제 등 다양한 문제들에 직면할 가능성이 높다. 예컨대, 많은 경우 장기요양보호 노인을 간호하는 주 부양자가 배우자임을 감안할 때, 무배우 노인여성의 경우 고령으로 인한 신체적 의존도가 높아짐에 따라 앞으로 부양 및 간호 문제가 보다 심각하게 대두될 수 있다.[18]

3) 노인여성 차별의 문제

(1) 노인여성의 빈곤

① 노인여성의 빈곤 실태

노인들이 겪고 있는 가장 심각한 문제는 경제적 어려움으로 우리나라에서 노인은 빈곤계층을 이루는 중심 집단이며 노령화할수록 그 빈곤의 정도는 가중된다. 더욱이 노인여성들은 남성보다 오래 살기 때문에 배우자가 없는 여성들이 많고 남성들보다 낮은 취업률과 빠른 퇴직으로 인해 경제적으로 더 불안정한 생활을 하고 있다.

통계청 2020년 독거노인가구 비율을 보면 독거노인가구는 7.9%이며, 전년대비증감은 0.4%로 증가했으며, 한국보건사회연구원 실태조사(2021)에 의하면 노인대상자 중 독거노인 수는 2004년 20.6%, 2011년 19.6%, 2014년 23%, 2017년 23.6%, 2020년 19.8%로 노인 10명 중 2명은 혼자 생활하는 것으로 볼 수 있으며, 2020년 기준 독거노인 중 여성독거노인 비율은 78.9%로 독거노인 중 여성이 많다고 할 수 있다. 그리고 여성노인은 남자 노인에 비해 고연령 구성비율을 보이며, 경제상태에 있어 더 취약한 특성을 보이는 것으로 나타났다. 경제상태에서 남자노인은 제3오분위에서 제5분위의 구성비가 높은 반면, 여성 노인은 제1오분위-제2오분위의 구성비가 높은 것으로 나타났다.[19]

한국보건사회연구원의 연구 결과에 의하면, 균등화 가처분 중위소득 50% 미만에 해당되는 65세 이상 여성노인가구가 2013년에 51.5%였고, 2014년에 51.9%, 2016년에는 51.8%로

17) 통계청, 2021년 혼인, 이혼통계, 인구동향조사

18) 박차상 외, 『한국노인복지론』, 서울: 학지사, 2009, pp. 57-66 ; 김영화 외, 『현장과 함께 하는 사회문제』, 2011, pp. 199-208.

19) 한국보건사회연구원(2021), 「한국노인의 삶과 인식변화:노인실태조사 심층분석」

상대빈곤율에 속하는 여성노인인구는 과반수에 이르고 있다. 비율이 증가하고 있다. 특히, 여성노인의 상대빈곤율은 남성노인의 상대비곤율보다 높은 것으로 여성노인의 빈곤 문제가 심각하다는 것을 알 수 있다.

〈표 6-11〉 성별, 연령대 상대 노인빈곤율 추이

(단위: %)

구분	성별		연령대		
	남	여	60대	70대	80대
2013년	41.5	51.5	35.0	54.1	54.8
2014년	40.0	51.9	31.4	52.9	62.2
2015년	36.0	50.3	32.3	48.8	57.2
2016년	38.7	51.8	32.7	51.3	58.9

주: 상대노인빈곤율은 균등화 가처분 중위소득 50% 미만에 해당하는 노인인구가 전체 노인인구에서 차지하는 비율을 의미함
자료: 통계청(각연도), 가계동향조사, 출처: 한국보건사회연구원, 『다양한 노인빈곤지표 산정에 관한 연구』, 2017.

이와 같이 노인여성 소득 실태 및 소득 보장 실태가 남성에 비해 매우 열악함을 발견할 수 있어 여기에 대한 특별한 대책이 요구되는데, 노인여성의 소득 보장 문제는 세대별 소득 보장과 달리 시간적으로 기다리면 자연히 해결되는 문제가 아니라 구조적인 소득 보장체계의 개선이 필요한 시급한 문제이다.

② 노인여성의 빈곤 원인

노인여성이 빈곤한 근본적인 원인은 자본주의 경제구조에 뿌리를 두고 있다. 즉, 여성은 소득과 직접적으로 연결되지 못하고 무임금의 가사노동에 종사하며 남성의 수입에 의존하도록 구조적으로 분리되어 있기 때문이다. 이러한 경제 · 사회적 구조는 남성이 없는 여성들, 즉 여성세대주 가구 및 노인여성들에게는 소득의 단절을 의미하며 곧바로 빈곤으로 이어질 수밖에 없다는 구조적인 문제점을 지니고 있다.[20)]

특히, 앞서 논의한 남녀 간 평균수명의 차이와 노인인구의 성비 불균형, 그리고 유배우율의 차이 등과 같은 인구사회학적 실태는 노인여성의 빈곤화를 더욱 가속화시키고 있다. 그 중에서도 배우자의 유무는 노인여성의 경제적 빈곤에 보다 직접적인 영향을 미치고 있는데, 즉 무배우 노인여성이 유배우 여성보다 경제적으로 더욱 빈곤하고, 이는 여성을 남성에 종속

20) 한국여성정책연구원, 「경제위기에 따른 취약계층의 변화실태」, 연구보고서, 2011, pp. 21-22.

시키는 사회구조 내에서 노인여성의 경우 배우자의 상실이 곧 빈곤 문제와 직결되기 때문이다. 대다수 노인여성은 결혼해서 가정 내 주부로서의 역할에 충실했으며 사회 · 경제적으로 남편에게 의지해 왔고 자신의 경제적 안정을 위해서 아무런 준비도 하지 못했다. 따라서 노인여성의 빈곤 문제는 남성 중심적 자원분배 결과로서 여성이 남성에 경제적으로 의존할 수밖에 없도록 만드는 사회구조 내에서 일생 받아 온 차별로부터 직접 기인하는 것이다.[21]

이와 같이 빈곤한 노인여성은 태어나면서부터 모든 여성들이 받아 왔던 교육 기회의 차별, 가정 내 권력 불평등, 노동시장 불평등, 연금제도 등에서의 불이익 등 모든 측면에서 일생 불평등한 처우를 받아 왔고, 따라서 노년기에도 빈곤에서 벗어날 수 없는 악순환의 연결고리 속에 처하게 된 것이다.

(2) 노인여성의 건강과 장기보호

① 노인여성의 질병

고령기의 '삶의 질' 향상에 가장 핵심적인 요소는 바로 건강이며, 따라서 건강은 삶의 질을 평가하는 유용한 지표이다. 여성들은 남성들보다 오래 살기는 하지만 질병으로 더 많은 고통을 당한다. 건강을 알아보는 객관적 지표 중 하나가 유병률인데, 일반적으로 노인여성은 남성보다 유병률이 높고, 만성질환의 유형별로도 노인여성의 상병률이 높은 것으로 나타났다.

2020년 전국 노인실태조사의 결과에서 만성질병 유병률을 살펴보면 노인남성의 유병률은 81.3%, 노인여성의 경우 86.1%로 노인여성이 노인남성보다 약 5% 높았다. 우울증상에서는 노인남성은 10.9%, 노인여성은 15.5%로 노인여성의 우울증상 비율이 4.6% 높게 나타났다. 또한 보건의료기관 이용률에서 노인남성의 이용률은 66.9%, 노인여성의 이용률은 73.5%로 노인여성의 의료기관 이용율이 높게 나타났다. 주관적 건강상태에 대한 긍정적 응답율에서는 노인남성은 55.3%, 노인여성은 44.8%로 나타났다.[22] 여성노인들의 건강상태 및 질병은 여성의 노후에 겪는 어려움을 가중시키는 요소가 된다.

② 노인여성의 장기보호

노인들은 위에서 살펴보았듯이 다양한 질병들에 의해 일상생활을 하는 데 있어 상당한

21) 박광준 외, 『고령화사회와 노인복지』, 부산: 세종출판사, 1999, p. 165.
22) 보건복지부, 『2020년도 노인실태조사』, 2021, p. 194

어려움을 겪는다. 보건복지부가 시행한 2020년도 노인실태조사의 결과에 의하면 노인여성의 요양병원 입원율은 0.5%, 노인남성은 0.3%로 나타났으며 장기요양등급 신청률은 노인남성은 3.2%, 노인여성은 5.1%로 등급신청률이 노인남성보다 높게 나타나고 있다. 또한 노인여성의 만성질환 유병률이 노인남성보다 더 높기 때문에 일상 생활에서 어려움을 겪을 가능성이 높다고 분석할 수 있는데, 노인여성들의 건강이 악화될 때 그들을 돌볼 사람이 많지 않다는 것이 문제이다. 노인남성의 경우 돌봄을 받지 않는 경우가 6%인데 반해 노인여성이 돌봄을 받지 않는 경우가 12.6%로 나타났다.[23] 노인남성의 수발은 대부분 배우자인 여성이 담당하지만 노인여성의 경우 배우자 사별 후 건강이 악화되어 신체적 의존성이 심해졌을 때 그들을 간호·보호하는 수발자의 문제가 심각하게 대두되는 것이다.

전체 인구의 고령화에 따라 만성질환이나 치매 등으로 인한 장기요양보호를 요하는 노인들이 많아지고 있다. 최근에는 치매에 대한 인식이 높아지면서 치매 진료자 수도 급격히 증가하고 있다. 2017년 45만 9천명으로 2013년 31만 5천명에 비해 1.5배 증가하였고, 특히 80세 이상에선 1.8배 증가하였다.[24]

이러한 급속한 증가에 따라 정부는 노인장기요양보험을 2008년부터 시행하고 2013년 3등급에서 5등급으로 확대하여 전환된 노인 장기요양보험 급여 자격자는 2017년 65세 이상 노인인구 대비 8% 수준으로 증가하였다. 그러나 전문적인 의료복지서비스의 공급이 부족한 상태로 치매노인이나 장기요양보호 노인을 위한 요양시설을 확대하고, 이러한 시설들이 전문의료서비스를 체계적으로 제공할 수 있도록 국가의 통합적이고 체계적인 노력이 필요하다. 아울러 가정에서 요양하거나 홀로 사는 노인여성들을 위해 재가보호서비스를 강화하고 가족수발자 지지서비스의 개발, 지역사회 보건의료서비스의 확충 및 노인 케어 전문인력 확대 등의 조치가 뒤따라야 할 것이다.

(3) 노인여성의 역할 상실

노인여성들은 중년기 이후 자녀의 결혼, 배우자나 친구의 상실, 취업이나 재취업 등의 생애 사건으로 인해 자신들의 관계적 역할이나 직업 역할에서 큰 변화를 겪는다. 중년기 이후 여성의 역할 변화를 이해하기 위해서는 다음 세 가지 사실을 고려해야 하는데, 첫째, 과거 수세대 동안 여성의 역할은 남성의 역할보다 훨씬 더 극적으로 변화되었고, 둘째, 중년기

23) 장휘숙, 『여성심리학-여성과 성차』, 서울: 박영사, 1996, pp. 299-300.
24) 통계청, 한국의 사회동향 2018, 보도자료.

이후의 발달에서 성별 관련적 차이가 무시되어서는 안 되며, 셋째, 개인이 수행하는 역할은 상호 관련되어 있다는 것이다.[25)]

사회적 시계(social clock)에 맞춰 가정을 이룬 여성들은 중년기에 이르러 부부만 남게 되면 외로움을 느끼고 때로는 비현실적인 공포감에 휩싸인다. 심리학자들은 자녀가 성장하여 가족이 더 이상 어머니를 필요로 하지 않는다고 생각될 때, 중·노년기 여성들이 나타내는 증상을 '빈둥지 증후군(empty-nest syndrome)'이라 일컫는다. 그들은 여성의 유일한 역할로서 어머니 역할을 지각하도록 사회화되었기 때문에, 막내자녀가 집을 떠날 때 어머니 역할이 거의 끝났다는 생각에 고통받는다. 특히, 노인여성들은 어머니로서, 또는 할머니로서 평생을 가족에 희생하며 살아왔으나 이런 전통적인 역할이 가족 내에서 더 이상 유효하지 않을 때 이를 대치할 수 있는 새로운 역할을 발견하기가 힘들다.[26)]

노화와 더불어 수반되는 신체적·정신적·사회적 기능 상실이 노인여성에게 스트레스 근원으로 작용하여 그들을 무기력하게 만든다. 따라서 신체적 노화로 인해 활동 범위가 축소되고, 역할 변화로 인해 소외감과 무력감이 가중되는 노인여성들에게 새로운 삶의 경험을 줄 수 있는 기회를 제공하여 주변 사람들에게 스스로 필요한 존재라는 인식을 심어주는 등 적극적인 자존감 지지가 필요하다.

변화하는 현대 사회에서 일생 가족중심적·사회 비활동적으로 살 수밖에 없었던 노인여성들에게 삶의 지위와 역할 상실 등으로 인한 문제에서 탈피할 수 있도록 하고, 그들이 처한 현재의 상황을 생산적·창조적으로 활용하여 삶을 능동적이고 생동감 있게 전환하려는 방안들이 모색되어야 한다. 즉, 노인여성만을 위한 여가활동이나 놀이, 사회봉사 프로그램 등을 비롯하여 새로운 일거리나 역할 등을 부여하는 노년 사회화의 재정립 노력이 필요하다.

(4) 노인여성의 심리적 고독

노년기 삶의 만족도에 영향을 주는 가장 중요한 심리적 요인으로서 외로움은 노화의 불가피한 결과이다. 노인들은 심리적으로 우울하고 고립되어 있는 경향이 강하며 연령의 증가에 따라 우울증도 증가한다. 노년기의 우울증 경향은 건강의 악화, 배우자나 가까운 친지와의

25) 장휘숙, 앞의 책, p. 289.

26) 미첼과 헬슨(Mitchell & Helson, 1990)의 연구에 의하면, 사회경제적 지위가 높고 보다 좋은 건강 상태를 유지하고 있는 여성일수록 텅빈 보금자리를 긍정적으로 지각한다는 것이다. 그러나 만약 경제적 여유도 없고 건강하지 못하다면, 중노년기 여성들은 자녀들에게 투자했던 에너지를 다른 아무것에도 활용할 수 없기 때문에 이를 더욱 부정적으로 지각하게 될 것이라고 했다.

사별, 가족이나 사회로부터의 고립, 소득이나 역할 상실, 지나간 세월에 대한 회한 그리고 죽음에 대한 불안 등이 주원인이다.[27]

노인여성들은 무력감과 우울감을 느끼는 정도가 노인남성의 경우보다 더 높게 나타난다. 건강보험평가원에 따르면 우울감을 겪는 비율이 20대 미만에서는 남녀에 따라 별다른 차이가 없었지만, 20대 이후에는 여성이 남성보다 2.4배 많은 것으로 나타났으며[28], 한국복지패널 자료에 의하면 만 65세 이상 노인여성들은 남성보다 우울감이 약 2배 정도 높은 편으로 나타났다[29]. 노인여성들은 사회적 · 심리적으로 '가족 중심'적인 좁은 생활환경 속에 국한되어 살아왔으므로 사회적 연결망이 좁고, 노후 적응이나 고독감 해소 등의 이점을 제공받을 수 있는 활동들이 제한되기 때문에 남성보다 고독이나 우울증을 더욱 심각하게 경험하게 된다. 결혼이나 취업, 학업 등의 이유로 자녀가 가정을 떠나는 것에 남성보다 훨씬 더 부정적인 영향을 받게 되고, 배우자 상실로 인한 경제적 박탈감이나 사회적 관계망의 축소로 사회적 고립감은 더욱 심화된다. 이와 같이 노인여성들은 고령화될수록 가족 내 지위가 약화되며, 이웃과의 상호작용도 감소하여 사회적으로 고립되기 쉽고, 남성에 비해 정서적 만족도도 낮은 편이다.

이와 같이 여러 요인에서 야기된 노인여성의 심리적 고독이나 불만족은 불면증이나 우울증, 감정적 무감각 등 정신적 증상을 유발하기도 하고, 자신의 심리 · 정서적 문제를 완화시킬 수 있는 가족이나 사회적 지원체계가 결여되어 있을 경우 문제해결의 최후수단으로 자살 등의 방법을 선택할 수도 있다.[30] 자살과 관련된 많은 연구에서 노인의 경우 자살에 이르는 가장 중요한 원인은 우울증이고, 이는 남성보다 노인여성에게 훨씬 더 많이 발생되는 경향이 있다.

(5) 사회 변화에 따른 새로운 문제

사회 변화가 진전됨에 따라 노인여성의 문제는 전통적인 4고나 3악에서 벗어나 다양한 형태의 욕구와 문제들이 나타나고 있다. 예컨대, 노인여성의 성, 자살이나 약물 등과 같은

27) 김영화 외, 앞의 책, 2011, p. 203.
28) 서울연합뉴스, 2010. 4. 6.
29) 이주미, 강예은, 김태완(2021), 여성노인의 소득, 자산과 우울 간의 관계, 이화젠더법학, 제13권 제1호, p.145-178.
30) 2009년에 자살한 노인의 수는 4,000여 명이다. 이는 경제협력개발기구(OECD) 국가 가운데 1위인데, 심각한 노인 자살의 가장 큰 원인으로는 우울증이 꼽히고 있다. 이 같은 자살률은 10년 전과 비교하면 무려 4배 가까이 높은 수치고 그중에서 80%가 우울증이 원인이다(문화일보, 2010. 12. 23).

일탈행위, 정신건강 문제, 정보 소외, 황혼 이혼이나 신빈곤 양상 등이 그러하다.

① 노인여성의 성

전통적인 가치관이 팽배한 우리 사회에서 그동안 노인들은 성생활이나 성행위가 불가능하고, 성적 욕구도 없으며, 성행위 자체가 건강에 해롭기 때문에 자제시켜야 한다는 그릇된 편견이 지배적이었다. 더욱이 노인여성들은 무성적(sexless)인 존재로 각인되어 일반노인에 대한 성적 논의에서도 철저히 배제되었다.

현실적으로 노인의 성행동에 관한 많은 경험적 연구들은 노인 역시 성에 대한 기본 욕구를 가진 존재이고 '성생활에는 정년이 없음'을 확인하고 있다. 한국소비자원(2012)이 제시한 65세 이상 노인을 대상으로 한 성안전실태조사에 따르면 성생활을 하고 있는 노인이 전체조사 노인의 62.4% 로 나타났으며, 복지부가 발표한 2008 노인실태보고서에서 성생활의 중요성에 대한 물음에 노인의 56.2%가 중요하다고 응답하였으며, 65세 이상 노인의 성생활 빈도를 조사한 결과에서는 조사대상 노인의 50.2%가 성생활을 하고 있다고 응답했다.[31)]

노인의 성에 대한 편견은 개인적이든 사회적 차원이든 노인의 기본적인 욕구충족의 기회를 실질적으로 제한하는 차별로 이어진다. 가부장제 사회에서 특히 노인여성은 자신의 성적 욕구를 자연스럽게 표출하지 못하고 사회적으로 강제된 금욕으로 스스로를 제약하게 된다. 이렇게 우리 사회의 몰이해로부터 촉발된 노인여성의 성 문제를 해결하기 위해서는 노인의 성에 대한 무지와 편견을 극복하고 문제해결을 위한 다양한 사회적 지원체계를 마련하는 것이 필요하다.[32)]

② 노인여성 학대

노인학대 역시 1980년대에 일반인들에게 처음 인식된 후 최근에는 의도적인 무관심에서부터 유기, 살인에 이르기까지 그 정도와 심각성이 커져 우리나라에서도 위험수위를 넘어서고 있다. 중앙노인보호전문기관이 밝힌 노인학대 현황에 따르면 학대를 받은 피해 노인의 성별은 여성이 7,499명으로 남성2,304명에 비해 3배 이상 많은 것으로 나타났다. 이와 반대로 학대자는 남성이 4,883명으로 여성 1,815명에 비해 훨씬 많았다.[33)] 이처럼 노인학대의 전형적인 피해자는 여성들이며, 그들은 육체적 · 정신적으로 손상돼 있고, 학대자와 동거하

31) 연합뉴스, 2010. 10. 01.
32) 김영화 외, 앞의 책, pp. 209-210.
33) 중앙노인보호전문기관, 2020년 노인학대현황보고서(최종본).

며 육체적 · 경제적으로 의존해 있는 것이 특징이다.

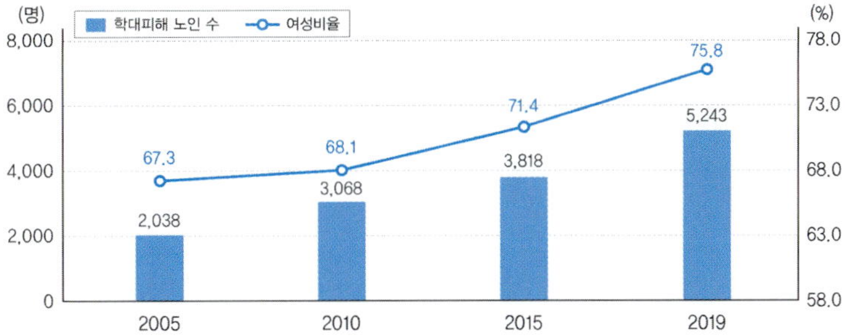

자료: 보건복지부, 연도별 『노인학대현황보고서』.
출처: 한국여성정책개발원, 『2020 한국의 성인지통계, 2021. p. 46.

[그림 6-3] 학대피해 노인여성 비율

이는 일생 받아 오던 성차별의 결과로 노후를 자식들에게 의존할 수밖에 없는 대다수의 노인여성들이 학대의 위험에 무방비하게 노출되어 있다는 것을 말해 준다. 노인학대의 주원인으로는 사회가 고령화에 따른 노인 부양 부담의 증가와 이로 인한 가족의 스트레스 증가가 지목된다.[34] 이는 결국 우리 사회에 만연된 성차별주의와 연령차별주의가 노인여성 학대의 원인을 제공하고 있다고 분석할 수 있다.

위에서 살펴보았듯이 노인학대는 급속히 증가하고 있어 이에 대한 국가의 적극적 개입이 절실히 요구되었다. 노인학대에 대한 대책 마련을 계속적으로 촉구한 결과 2004년 1월, 노인복지법이 개정되어 노인학대 방지를 위한 구체적인 법적 장치로서 학대받는 노인을 보호하기 위한 긴급전화(1389) 및 노인 보호전문기관을 설치하도록 하였고, 노인학대에 대한 신고의무와 조치사항 등을 규정하였다.

그러나 노인학대는 법만으로 해결될 수 있는 문제가 아니다. 우리나라에서 발생되는 노인학대의 근본적인 원인이 무엇보다도 과중한 수발 부담과 노인복지제도의 미비 등임을 고려할 때 노인학대를 예방하려면 가족들의 부양 부담을 덜어 주기 위한 사회적 차원의 지원과 상속문제 등의 분쟁을 미리 막을 수 있는 장치가 마련되어야 한다. 즉, 노인여성을 돌보고 있는 부양가족이 경제적 · 심리적으로 소진하여 학대의 상태로까지 가지 않도록 노인부양에 대한 사회적 원조체계를 구축해야 할 것이다.

34) 데이터뉴스, 2010. 6. 14.

4) 노인여성복지의 기본 방향

노인여성들이 안고 있는 제반 문제는 곧 그 사회 여성들의 권한척도 및 여성복지의 수준을 말해 준다. 따라서 남성 중심적 가치가 지배적인 사회에서 일생을 살아온 노인여성들의 복지를 위한 대책 마련이 시급하고, 이것은 그들의 삶의 특수성이 반영된 것이어야 하며 아울러 노인여성들에 대한 편견과 차별을 불식시키는 인식의 전환이 무엇보다 선행되어야 한다.[35)]

노인여성 문제를 해결하고 그들의 복지를 향상시키기 위해서 단기적으로는 현재 노인여성들이 안고 있는 복지욕구를 충족시키고, 장기적으로는 우리 사회에서 여성들에게 주어지는 성차별의 부정적 결과가 더 이상 누적되지 않도록 이를 원천적으로 차단하는 포괄적인 여성복지정책이 동시에 수행되어야 한다. 이와 같이 노인여성복지의 발전은 양성평등적인 이념과 제도의 지속적 추진으로부터 출발하여야 하고 그러한 기본 방향은 다음 세 가지로 설명할 수 있다.

(1) 사회복지적 측면

사회복지적 측면으로는 현재 노인여성들이 안고 있는 욕구에 대해 소득 보장, 건강보호, 정서적 지지 등 복지서비스를 강화하는 방안을 들 수 있다. 노인여성은 그 어떤 연령집단보다 의존도가 높은 취약집단이며, 특히 노인여성의 빈곤은 노령인구의 비율이 높아갈수록 더욱 심각해질 수밖에 없다. 따라서 노인여성의 복지에 대하여 '선 가족 후 복지'라는 틀을 벗어나 국가의 책임을 보다 강화해야 할 것이며, 아울러 노인여성의 문제를 남성의 것과 동일한 것으로 볼 것이 아니라 이를 여권주의적 생애주기 시각[36)] 및 인구사회학적인 측면에서 고유한 현상으로 이해하는 것이 필요하다. 또한 재가복지서비스 기능을 강화하여 요보호 노인여성에 대한 가족보호를 사회적으로 지원하여 장기요양보호서비스의 사회분담화가 이루어지도록 해야겠다. 노인여성에 대한 가족보호 의무를 다음 세대의 여성들이 전담하여 수행함으로 인해 그들이 신체적 · 경제적 · 사회적인 비복지 상태에 놓이지 않도록 하는 것이 이념적이고 실천적인 측면에서 모든 세대의 여성복지를 위한 중요한 과제가 될 것이다.

---

35) 박영란, "새로 쓰는 노인여성의 삶과 복지", 『또 하나의 문화』 제16호, 도서출판 또 하나의 문화, 2001, p. 233.

36) 여성의 삶을 전체적인 관점에서 고찰하고, 노인여성의 문제를 여성의 일생에 걸쳐 본질적으로 따라다니는 정치적 · 경제적 · 사회적 억압의 결과로 나타나는 것으로 인식하면서 여성의 삶의 질 향상이나 지위 변화 전략을 모색하는 연구방법론을 사용하는 것이다.

(2) 정치적 측면

정치적 측면에서는 노인여성의 복지를 위해 적극적으로 그들의 권익을 옹호하는 방안이다. 지금까지 여성계는 여성주의적 관점에서 노인여성을 위한 의식운동이나 복지 문제 등을 등한시하였다. 그러나 이제 노인여성의 수가 점차 증가함에 따라 옹호단체를 형성하여 그들의 사회경제적 지위를 향상시키고 노인여성의 권익과 복지를 위해 조직화된 정치적 힘을 모아 나가는 것이 필요하다. 사회복지계도 그동안 여타 여성단체들에 비하여 노인여성, 나아가 어려움에 처한 모든 여성들의 문제와 관련하여 미온적인 태도를 보여 온 것이 사실이다. 이제 사회복지계도 급변하는 사회 변화에 무기력하게 노출되어 있는 노인여성의 문제에 적절히 대응하기 위하여 우선 여성주의적 관점에서 문제를 이슈화하고, 체계적으로 연구하며, 나아가 제도화하는 노력까지 적극적으로 관여해야 할 것이다. 지금까지 탈정치적 입장을 견지하던 자세에서 정치에 적극적으로 개입하는 자세로 전환하고, 시민단체들과도 연계하여 노인여성복지를 위한 제3의 사회안전망으로서 효과적으로 기능할 수 있도록 최대한의 노력을 기울여야 한다.

(3) 여성주의적 측면

마지막으로 여성주의적 측면에서는 모든 성차별적 법, 제도, 관행 등을 과감히 개선하여 성불평등을 근본적으로 극복하는 것이다. 남녀차별 구조는 노인여성을 포함하여 모든 여성 문제에 대한 이론과 실천의 핵심이고 출발점이 된다. 다시 말해, 노인여성 문제의 종국적인 해결방안으로 남녀평등은 이론적, 분야별 차원을 초월하여 일치하는 명제가 된다.[37)]

아울러 여성복지의 개념을 보다 확대하여 주요 대상자가 요보호여성보다는 전체 여성, 그리고 전 세대의 여성을 모두 아우르는 보편적인 개념이 되어야 한다. 또한 여성복지 관련 법조항을 지속적으로 개선하고 여성복지 분야의 재정을 확대하여 실질적인 여성복지정책서비스가 제공되도록 해야 할 것이다. 이러한 서비스 정책들이 교육, 노동, 가족 등 모든 영역에서 동시에 진행될 때 보다 효과적이고 양성평등한 복지사회 실현에 한걸음 다가설 수 있다.[38)] 현재와 같이 노인여성에 대한 신체 · 경제 · 정서적 · 사회적 복지를 당연시하고 가족 내 성별 분업을 강화하는 가족책임주의를 고수하고 있는 한 우리 사회의 여성정책은 가부장

37) 이은재, 『여성과 행정』, 건국대학교 출판부, 2001, p. 14.
38) 김미혜 외, 『양성평등이 보장되는 복지사회』, 서울: 미래인력연구센터, 1997, p. 51.

적 이해관계를 그대로 반영하며, 따라서 전 세대 전체 여성의 복지실현은 요원할 수밖에 없다.[39)]

이와 같은 노인여성복지의 기본 방향들이 효과적으로 수행되려면 노인여성들이 가지고 있는 시대적 욕구를 잘 파악하여 이를 적절히 시책과 프로그램에 반영하여야 한다. 오늘의 노인은 더 이상 어제의 노인과 같지 않다. 시대마다 이들은 각기 다른 사회적 · 역사적 경험을 하고, 상이한 사회화 과정을 거쳐 노령기에 이르게 되었으므로 노인여성들의 욕구나 문제 양상이 시대 상황과 무관하게 동일할 수는 없다는 뜻이다. 따라서 수시로 욕구조사를 하고 이를 반영한 새로운 프로그램을 계획하는 것이 노인여성복지를 발전시키는 데 중요한 요소가 되며, 이는 곧 효과적인 노인여성복지사업의 전제가 된다.

이 장의 요약

1. 이중차별 또는 복합차별을 겪는 대표적 집단인 장애여성은 장애인이면서도 동시에 여성이기 때문에 장애인으로서 정체성과 여성으로서 정체성을 함께 경험한다. 이는 장애인으로서 가해지는 불평등뿐 아니라 여성이라는 이유로 가해지는 불평등도 함께 겪는다는 의미임과 동시에 전혀 새로운 문제와 욕구를 유발한다는 의미이기도 하다.
2. 장애여성은 장애남성과 비장애여성보다 훨씬 더 많은 차별을 겪는다. 장애여성의 몸에는 차별과 배제의 정치학이 작동하고 가부장적 소비자본주의에서 교환가치를 갖지 못한 장애여성의 몸은 여성으로서 성정체성이 부정된다.
3. 장애여성은 교육, 고용, 혼인 등의 영역에서 매우 심각한 차별을 겪고 손쉬운 폭력의 대상이 된다. 1999년 개정 장애인복지법에 여성 장애인의 권익보호를 위한 국가와 지방자치단체의 책임을 명시해 놓았지만, 법과 현실의 차이는 여전히 큰 것으로 보인다.
4. 장애여성복지를 위한 기본 전제로는 자기결정권, 당사자 중심주의, 완전한 참여와 기회 균등을 들 수 있고, 장애여성복지를 위한 실천과제로는 정상화를 실현하기 위한 제반 조건 완비, 장애여성의 인권 및 재활운동으로서 자립생활운동의 활성화, 장애여성을 대변하는 단체와 장애여성지도자의 육성, 장애여성에 관한 체계적인 연구 수행, 장애여성 할당제, 장애여성의 모성보호 등을 들 수 있다.
5. 성별에 따른 평균수명의 차이에서 기인한 무배우 노인여성의 증가는 생활보장 문제, 장기보호 문제, 자녀와의 갈등 문제, 심리적 고독감, 성 및 재혼 문제 등 제반 영역에 걸쳐 해결되거나 예방해야 할 많은 과제를 던져 주고 있다.
6. 노인여성의 빈곤 문제는 자본주의 경제구조에 뿌리를 두고 있는데, 즉 여성은 소득과 직접 연결되지 못하고 무임금 가사노동에 종사하며 남성의 수입에 의존하도록 구조적으로 분리되어 있기 때문이다. 이러한 경제사회적 구조는 남성이 없는 여성세대주 가구나 노인여성들에게는 곧바로 빈곤으로 이어질 수밖에

39) 김영화 외, 앞의 책, 2011, p. 83.

없는 것이다.

7. 인구고령화에 따라 만성질환, 치매, 중풍 등으로 장기보호를 요하는 노인여성들은 증가하고 있으나 이들을 효율적으로 치료 · 요양할 시설은 절대적으로 부족하다. 그리고 노인여성의 경우 배우자 사별 후 신체적 의존성이 심해졌을 때 그들을 적절히 간호 · 보호하는 수발자의 문제가 심각하다.
8. 사회 변화가 진전됨에 따라 노인여성의 문제는 전통적인 4고나 3악에서 벗어나 다양한 형태의 욕구나 문제들이 나타나고 있다. 예컨대, 노인여성의 성, 자살이나 약물 등과 같은 일탈행위, 정신건강 문제, 정보 소외, 황혼 이혼이나 신빈곤 등이 그러하다.
9. 노인여성의 문제를 해결하고 노인여성복지를 향상시키기 위해서 단기적으로는 현재 노인여성들이 갖고 있는 복지욕구를 충족시키는 것이고, 장기적으로는 우리 사회에서 여성들에게 주어지는 성차별의 부정적 결과가 더 이상 누적되지 않도록 하는 포괄적인 여성복지정책 및 서비스가 동시에 제공되어야 한다.

주요 용어

- **장애의 사회적 측면**: 신체손상과 기능장애가 있다 하더라도 사회적 배경에 따라 사회적 불리가 발생하지 않을 수 있기 때문에 어떤 개인에게 장애가 있는지를 결정하는 데는 또는 누군가를 장애인으로 만드는 데는 신체적 · 정신적 제약 외에도 사회적 · 환경적 요인이 함께 작용한다.
- **장애여성에 대한 차별과 배제의 정치학**: 장애여성의 경험을 사회적으로 결정하는 권력은 이분법적 분할의 원리를 바탕으로 한다. 근대사회는 건강 / 질병, 정상 / 비정상의 구분을 근거로 장애가 없는 몸을 '정상적' 몸으로, 장애는 정상에서 일탈되고 결함이 있는 '비정상'의 상태로 분류한다. 결국 장애여성이 가진 차이가 있는 그대로 인정되기보다는 바뀌고 제거되어야 할 대상으로 부정된다.
- **빈둥지 증후군**: 자녀가 성장하고 더 이상 어머니를 필요로 하지 않는다고 느낄 때 중 · 노년여성들이 나타내는 증상을 말한다. 그들은 어머니 역할을 여성의 유일한 역할로서 지각하도록 사회화되었기 때문에, 막내자녀가 집을 떠날 때 어머니 역할이 거의 끝났다는 생각으로 고통받는다.
- **여권주의적 생애주기 시각**: 여성의 삶을 전체적인 관점에서 고찰하고, 노인여성의 문제를 여성의 일생에 걸쳐 본질적으로 따라다니는 정치적 · 경제적 · 사회적 억압의 결과로 나타나는 것으로 인식하면서, 여성의 삶의 질 향상이나 지위 변화 전략을 모색하는 연구방법론을 사용하는 것이다.

더 읽을거리

1. 김혜연, 『세상의 절반, 여성이야기』, 서울: 우리교육, 2010.
2. 박석돈 · 박순미 · 이경희, 『노인복지론』, 양성원, 2016.
3. 장애여성공감, 『충분히 느리고 유쾌하고 까칠한 장애여성 공감 10년 활동사』, 한울아카데미, 2010.
4. 김은정, 『치유라는 이름의 폭력』, 후마니타스, 2022.
5. Walker-Hirsch, Leslie, 신현기 · 정진옥 공역, 『지적장애인의 성교육: 그리고 그 너머의 빛』, 2009.

볼거리

- **죽어도 좋아,** 박진표 감독, 메이필름, 2002년.
  사랑과 섹스엔 나이도 없다.
  다큐멘터리 형식을 빈 극영화 「죽어도 좋아」는 70대 커플의 일상생활(실은 성(性) 생활)을 집중해 보여주고 있다. 70대 노부부가 직접 출연, 실제 자신들의 이야기를 풀어 놓은 「죽어도 좋아」는 노인들의 성과 사랑에 포커스를 맞춘 작품이다. 파격적인 노출과 성 표현을 보여 주는 이 영화는 그러나 '엽기 에로'는 아니다. "너희가 노인들의 삶을 아느냐"고 묻는 영화다. 시시각각 죽음이 다가오고 있는 현재에서 섹스는 이들이 스스로 살아 있음을 확인하는 몇 안 되는 계기 중 하나다. 70대에 우연히 만나 살림을 차린 노부부가 누리는 '제2의 인생'의 충만한 기쁨이 화면 가득 배어나며, 노부부의 성생활이 지극히 건조하고 사실적인 시선으로 대여섯 차례 묘사되기도 한다. 이들이 아기자기 연애하고 부부로 정을 나누는 모습은 '노인'이란 이름 아래 인권 사각지대로 내몰려 왔던 세대에 대한 새로운 발견이다. 그러나 경우에 따라서는 입장을 달리하는 시각도 가능하다.
- **그대를 사랑합니다,** 추창민 감독, 세인트폴 시네마, 2011년.

관련 사이트

- 우리복지시민연합(http://www.wooriwelfare.org/): 여성, 장애인, 지역사회, 사회복지정책, 복지운동 등 사회복지 전반을 다루는 사회복지운동단체이다.
- 한국여성장애인연합(http://www.kdawu.org/): 장애여성이 겪는 이중차별에 맞서고 자신들의 목소리를 세상에 알리려는 이들의 모임이다.
- CAMP(http://camp.jinbo.net/): 군사주의와 매매춘에 반대하는 여성주의자 연대. CAMP는 사회 속에서 기지촌 여성의 문제를 '여성의 목소리'로 이야기하고자 하는 이들의 모임이다.
- 한국정신대문제 대책협의회(http://witness.peacenet.or.kr/kindex.html): 정신대 관련 자료들이 총 정리되어 있는 곳. 최근 소식, 소식지, 관련기사, 성명서, 사진자료들로 이루어져 있다. 영어로도 자료를 지원한다.
- 평등의 전화(http://www.kwwnet.org/line/): 각종 평등 관련 상담을 하고 있는 '평등의 전화'는 한국여성노동자회협의회에서 개설 운영하는 일하는 여성들의 권익보호와 증진 및 고충상담을 위한 사이버상담센터이다.
- 장애여성성폭력상담소(http://www.wde.or.kr/coun/main.php): 한국여성장애인연합에서 운영하며 성폭력 피해 장애여성들의 심리적 · 의료적 상담활동, 관련 자료 등을 소개한다.
- 까리따스 노인학대 상담센터(http://www.15889222.net/): 까리따스수녀회에서 운영하며, 1588-9222 전화로 연중 24시간 관련 문제에 대한 상담 진행, 사이버 상담실을 운영한다.

Chapter 07

성매매와 성윤리의 모순: 매매춘여성과 미혼모

여성주의적 관점에서 볼 때 현재 우리 사회의 성은 가부장적이며 이중적 가치를 가진다고 지적된다. 여성과 남성에게 부과되고 있는 성규범은 불평등하게 적용되고 있는데, 일반적으로 남성은 여성의 성을 착취할 수 있는 반면 여성은 성적 자율성을 억압받고 있는 경우가 많다. 이처럼 남성과 여성에게 다르게 적용되는 이중적인 성윤리는 성행위에 있어서도 지배와 복종의 관계가 구조화되어, 남성에게는 성적 주도권과 적극성을, 여성에게는 성적 수동성과 순종성을 정당화하고 있다.

이러한 가부장적 성문화와 자본주의가 결탁하여 여성의 신체에 대한 물상화와 향락산업이 번창하였는데, 가부장적인 자본주의 성문화의 대표적인 예 중의 하나가 바로 성매매이다.

이 장에서는 가부장적 성윤리 모순 현상 가운데 성매매와 미혼모 문제를 집중해서 다루고 있다. 성매매와 관련된 문제의 해법으로는 그것이 개인적 차원이 아니라 국가 사회적 차원에서 풀어야 할 공공의 문제라는 것에 대한 인식이 중요하다. 아울러 성매매여성의 문제에는 남성과 결부된 가부장제적 성차별적 요소가 전제되어 있으므로 제도의 변화에 보다 초점을 두어야 한다.

2004년 제정된 성매매방지 관련 법률로 성매매, 성매매 알선 등의 행위를 처벌하고 성매매 피해자를 보호, 지원할 수 있게 된 것은 큰 성과이다. 또한 우리 사회 미혼모 문제에 대해서는 미혼모를 바라보는 보다 다양한 관점들을 소개하고, 그 발생원인을 미 · 거시적으로 규명해 보며, 복지적 대책도 함께 생각해 본다. 하지만 미혼모 문제 역시 최우선적으로 미혼모에 대한 발상의 전환이 필요한데, 즉 미혼모도 국가 사회로부터 인간다운 생활권을 보장받고 자신의 성과 재생산에 대한 자율권을 가짐으로써 삶의 제 조건들을 만족스러운 수준에서 누릴 수 있어야 한다는 데 대한 사회적 합의이다.

1. 가부장제 자본주의 사회의 성문화

1) 가부장제 사회 성윤리의 모순

성(sexuality)은 사회적 산물이며, 그 사회의 규범과 가치에 의해 학습되고 표출되는 것이다. 그러므로 우리 사회 성문화의 특징은 우리 사회의 규범과 가치를 드러내고 있다. 성은 생물학적인 인간 본능의 하나이지만, 많은 학자들은 성이 사회조직을 통해 존재할 수 있는 사회적 구성물이라는 점에 동의한다. 다시 말하면, 성은 인간의 신체구조와 사회구조, 사회규범과 특정 사회제도의 복합적인 상호작용에 의해 그 개념의 폭과 깊이가 달라지는 것으로 성행위뿐 아니라 임신, 출산, 양육으로 이어지는 일련의 연속 개념으로 보아야 하는 것이다.[1)]

우리 사회의 성은 남성과 여성에 대해 적용되는 규범이 다르다. 즉, 여성은 결혼 전은 물론 결혼 후에도 목숨을 걸고 순결을 지켜 정숙한 여자로 살아가야 하지만, 남성은 성적인 활력이 남성적인 매력으로, 왕성한 성욕은 선망의 대상이 되므로 혼전 순결을 지키지 않는 것은 말할 것도 없고 혼외정사도 크게 문제되지 않는다.

이처럼 남성과 여성에게 다르게 적용되는 이중적인 성윤리는 성행위에서도 지배와 복종의 관계를 구조화한다. 남성은 지배적인 입장에서 주도권을 행사하는 반면, 여성은 성적 자율권과 결정권을 박탈당한다. 여성의 성은 가장인 남성의 소유로 되어 있으며, 남성에게는 성적 주도권과 적극성을, 여성에게는 성적 수동성과 순종성을 정당화하고 있다. 또 가부장제 성윤리의 모순은 성기 중심적이고 남근 숭배적이어서 남성과는 달리 여성에게는 성욕 표출이 금기시되어 자신의 성적 욕구에 대해 수치심을 느끼게 한다.

남녀에게 다르게 적용되는 이중적인 성윤리의 모순은 부적절한 성관계의 결과에 대한 책임도 남녀에게 다르게 부과된다. 혼전 임신으로 인한 미혼모의 경우 미혼부에게 책임을 추궁하거나 법적인 제재를 가하기보다는 미혼모가 사회적 비난과 임신 및 출산에 따르는 고통을 감수해야 한다.

● 이 장은 『현대사회와 여성복지론』, 김영화 외(2006)의 조희금의 글을 초안으로 권신영이 수정 · 보완하여 집필하였다.
1) 한국여성연구소, 『새 여성학 강의』, 서울: 동녘, 1999, pp. 161-162.

2) 자본주의와 성의 상품화

자본주의 사회에서 인간의 성은 시장경제원리에 따라 이윤의 증대를 목적으로 상업 문화에 이용되면서 상품화하고 있다. 이런 현상은 우리 사회에서 성을 매개로 한 상품 광고가 홍수를 이루고 향락산업이 급속도로 팽창하고 있는 것에서 쉽게 볼 수 있다. 자본주의 사회에서 가부장적인 남성 문화는 여성을 성적 대상으로만 규정하고 평가한다. 여성의 성적 매력은 여성의 노동시장에서도 공공연하게 인정된 조건이다. 향락산업에 종사하는 여성들은 성적 매력을 극대화하기 위해 노동 그 자체보다는 성적 매력을 위한 외모 가꾸기에 주력한다.

여성을 성적 대상으로 취급하면서 이익을 보는 집단은 바로 자본가 집단이다. 번창하고 있는 음란 외설물과 향락산업은 자본주의의 이익에 부합하고 있다. 이익을 극대화하기 위해 각종 소비상품에 대한 광고는 성적 매력과 에로티시즘을 강조하기 때문에 인간은 인격체가 아닌 하나의 사물이나 신체의 특정 부위만 부각되는 성적 대상으로 전락한다. 즉, 인간의 성과 육체에 대한 물상화는 성에 대한 향락과 퇴폐성을 가중시키고 성의 인간적인 가치를 떨어뜨린다. 이처럼 자본주의는 가부장적 성문화와 결탁하여 여성의 신체에 대한 물상화와 향락산업의 번창을 초래하였다.[2)] 가부장적인 자본주의 성문화의 대표적인 예 가운데 하나가 바로 성매매이다.

2. 여성과 성매매

어떤 형태이든 강요된 성매매는 옹호할 수 없으며, 특히 어린아이 거래를 포함한 강제적인 매매춘은 금지되어야 하고, 도망친 매매춘 여성을 위해서 쉼터가 필요하다. 장기적인 관점에서 볼 때 매매춘 여성의 복지를 위해서는 여성에게 가능한 삶의 선택구조를 바꾸어야 하는데, 이는 남성보다 더 적은 교육 기회와 가정에 대한 불공평한 책임, 그리고 여성의 고용 기회 제한 등에서 나타나는 성차별적인 강제를 제거함으로써 가능하다.[3)]

2) 한국여성연구소, 위의 책, pp. 163-164.

3) 앨리슨 재거, "매매춘에 대한 서구 여성주의 시각들", 『매매춘에 대한 여성학적 접근』, 이화여대 아시아여성학센터 제2차 아시아여성학 워크숍 자료집, 1996, pp. 15-16.

1) 성매매의 정의

성매매를 지칭하는 용어는 윤락행위, 매춘, 매매춘 등이 있다. 우리나라에서는 법적 용어로 '윤락행위'를 사용하고 있고, 과거에는 성을 파는 여성의 문제를 부각했기 때문에 '매춘'이라는 용어를 주로 사용했다. 그러나 최근에는 성을 파는 여성에게만 한정짓지 않고 이를 구매하는 남성이 공존하고 있음을 나타낸다는 의미에서 '매매춘' 혹은 '성매매'를 사용한다. 성매매에 관한 정의는 사회경제적 관계의 변화와 함께 인간의 성에 대한 개념에 따라 변화한다. 즉, 성매매의 기본적인 요소인 교환관계 아래서의 성 서비스에 초점을 두고 그러한 서비스를 둘러싼 관계가 어떻게 변화하는지에 주목하여 성 서비스의 제공자, 그것을 사는 자, 그리고 그를 관리하는 자로 구성되는 사회관계로서 이해되어야 한다.

성매매 알선 등 행위의 처벌에 관한 법률 제2조 제1항에 따르면, 성매매라 함은 불특정인을 상대로 금품, 그 밖의 재산상의 이익을 수수, 약속하고 성교 행위나 구강, 항문 등 신체의 일부 또는 도구를 이용한 유사 성교 행위를 하거나 그 상대방이 되는 것을 말한다고 정의한다.

2) 여성주의 시각에서 본 성매매

성매매 문제의 근본 원인은 보편화된 여성의 경제적 · 사회적 열등성과 가부장적 사회의 성별 노동분업제도, 가부장적 결혼 관행, 여성의 상대적 저임금, 온전히 평가되지 못하는 임금노동과 남성에 대한 경제적 의존 등으로 볼 수 있다.[4)]

여성주의에서 보는 성매매 여성은 가부장적 사회에서 남성의 탐욕을 만족시키기 위한 사회적 억압의 희생자로 인식하며, 성매매 역시 남성에 대한 여성의 종속으로 파악하고 있다. 그러므로 서구의 여성주의자들은 사회적 희생자인 매매춘 여성들을 '구제'하거나 사회에 '복귀'시키기 위한 방법에 관심을 가져 왔다. 여성주의의 성매매에 관한 입장은 여성주의적 관점에 따라 차이를 보인다.[5)]

자유주의 여성론은 성매매를 또 하나의 직업으로 간주한다. 그러므로 자유주의 여성론자들은 성매매를 규제하는 정책을 씀으로써 범죄화되는 것을 막아야 한다는 것이다. 만일 성

4) 앤 퍼거슨, "도덕적 위험부담, 매매춘", 『매매춘에 대한 여성학적 접근』, 이화여자대학교 아시아여성학센터 제2차 아시아 여성학 워크숍 자료집, 1996, pp. 19-29.
5) 앨리슨 재거, 앞의 책, pp. 1-17.

매매가 법적으로 규제된다면, 그 규제는 남성과 매매춘 여성을 구별하지 않도록 성 중립적인 언어로 쓰여야 하며, 이성애적인 성교뿐만 아니라 다양한 형태의 성적 서비스를 포괄해야 한다고 주장한다.

마르크스주의 역시 성매매를 임금노동에 비유하지만, 성매매를 정당화하는 것이 아니라 자본주의 속성에 따른 '임금 노예'의 비열하고 강제적인 속성을 강조함으로써 정당하지 않음을 주장한다. 즉, 이들은 매매춘 여성들을 자본주의에서의 착취가 집약적으로 드러난 실체로 파악하고 있다. 그러므로 자본주의 생산양식이 해체되고 사유재산제가 폐지되면 성매매 역시 필연적으로 사라질 것으로 보았다.

급진주의 여성론은 그 일차적 관심이 사회적 성(gender)으로서의 여성과 현대 정치적 구조에서 여성이 예속화되어 있다는 점을 밝히는 데 있다. 그러므로 성매매에 대해서도 자유주의나 급진주의에서처럼 이것을 하나의 직업으로 간주하는 성 중립적인 분석을 거부하고 성매매가 본질적으로 성별화된다고 주장한다. 또 급진주의는 여성들이 경제적 필요에 의해 비자발적으로 성매매로 유입된다고 보며, 매매춘 여성들은 성적으로 혹은 신체적으로 학대받는다는 점을 지적한다. 매매춘 여성들이 혹시 신체적으로는 구속받지 않는다 할지라도 그들이 그것을 자유롭게 선택하지 않았다는 점을 지적한다. 나아가 성매매제도는 일차적으로 남성의 성적 즐거움을 위해 존재하는 여성이라는 인식을 퍼뜨리기 때문에 거기에 관련되지 않은 여성들에게도 해를 끼친다고 주장한다.

한편, 1980년대 이후 서구의 포스트모던 여성주의에서는 일부 매매춘 여성의 권리를 옹호하는 주장이 생겨났다. 성매매 담론에 매매춘 여성들이 직접 참여함으로써 형성된 매매춘 여성 권리 옹호자들은 성매매를 합법적인 직업으로 옹호하고 매매춘 여성들의 행위주체성을 주장한다. 그러나 이들의 견해는 카리브해나 동남아 지역 등에서 행해지는 어린 소녀들의 성매매가 노예제도와 같은 관행을 가지며 불법적 감금, 강제노동, 부채, 고문 등에 의존하고 있다는 점을 고려하지 못한 서구적인 맥락에 한정된 것이다.

상자글 7-1 **사라지지 않고 진화하는 성매매 산업**

"회원 11만명..기업형 성매매사이트 운영 "

회원수 11만 명 규모의 성매매 사이트를 운영한 일당이 경찰에 붙잡혔다.

경기남부경찰청은 올해 1월부터 지난달까지 성매매 업소 428개소를 단속해 370여 명을 검거, 10명을 구속했다고 21일 밝혔다.

아울러 경찰은 확인된 범죄 수익금 69억 8000만여 원을 국세청에 통보하고 계좌 추적을 통해 파악한 현금 등 35억 8000만여 원은 법원에 추징 보전 신청을 했다.

검거된 성매매 사범 가운데에는 회원 11만 명의 성매매 홍보 사이트를 운영하고 직접 성매매 업소를 운영한 일당 29명도 있다.

경찰은 성매매 홍보 사이트를 운영한 혐의(성매매알선 등 행위의 처벌에 관한 법률 위반 등)로 A 씨 등 4명을 구속하고 25명을 불구속 입건해 검찰에 송치했다.

A 씨 등은 2020년 4월부터 지난 3월까지 온라인 성매매 홍보 사이트를 운영하며 서울 강남 일대에 성매매 업소도 함께 운영했다.

이들은 해외에서 서버를 임대해 단속을 피하는 한편 관할 경찰서를 수시로 방문해 경찰 단속 차량 번호를 수집하기도 한 것으로 알려졌다.

이 온라인 사이트의 회원은 약 11만 명이며 전국 545개 성매매 업소가 가맹점으로 가입돼 있었다. 이들은 지난 2년여간 업소 광고비 명목 등으로 22억여 원 상당의 돈을 취득했다.

경기남부청은 지난해 11월 '성매매 산업 전담 수사팀'을 구성해 현재까지 성 매수자 데이터베이스 8만 9328건을 확보하고 964명을 검거했다.

남부청은 사회적 거리두기가 종료되면서 성매매 범죄가 다시 늘어날 것으로 보고 지난달부터 2달간 성매매 집중 단속 활동을 벌이고 있다.

출처:두가온 기자, 동아닷컴, 2022.6.21

3) 성매매의 유형

성매매는 몇 가지 유형으로 분류할 수 있는데, 박종삼(1991)은 매매춘 행위를 네 계층으로 분류하여 첫째, 독립되어 남자에 꼭 쥐어져 있는 은둔지역 매매춘 행위, 둘째, 주류 판매나 여러 가지 접객업소에서 직업을 가지고 있으면서 매매춘 행위가 이루어지는 경우, 셋째, 매음굴에서 항상 거주하고 있는 여자와 거리에서 유인하여 여관 또는 일부 주택으로 침입하여 윤락행위를 하는 경우, 넷째, 전화를 통하여 윤락행위를 하는 콜걸 등으로 나누고 있다. 이에 대해 변화순과 황정임(1998)은 우리나라 매매춘의 형태를 매매춘만을 목적으로 하는지 여부에 따라 전통형 매매춘과 산업형 매매춘, 그리고 기타 유형으로 구분한다.[6] 또 김시업(2000)은 1990년대 중반 이후 나타나기 시작한 청소년의 원조교제를 청소년 매매춘으로 간주해야 한다고 주장한다.[7] 여기서는 성매매의 유형을 전통형, 산업형, 그리고 청소년 성매매로 나누어 살펴본다.

(1) 전통형 성매매

특정 지역을 중심으로 매매춘만을 하는 형태로 1960~1970년대에 가장 성행하였다. 전통형 매매춘은 매춘의 형태에 따라 거리의 창녀나 매춘가의 창녀로 나눌 수 있다. 현재도 특정 지역에 집촌화되어 '윤락가'로 불리며 각 도시의 일정 지역에 분포되어 있다. 예를 들면, 서울의 청량리 588, 용산, 미아리텍사스, 대구의 자갈마당 등이다.

(2) 산업형 성매매

1970년대 말부터 나타나기 시작하여 1980년대 말, 1990년대 초를 정점으로 성행했던 매매춘 형태이다. 전통형 매매춘과는 달리 주업이 있는 업소에서 음성적으로 이루어지는 것으로 주로 3차 서비스산업을 중심으로 이루어진다. 산업형 매매춘은 두 가지로 나누어지는데, 하나는 단란주점, 유흥주점 등 식품접객업소, 호텔 여관 등의 숙박업소, 사우나, 휴게텔 등의 위생접객업소, 또는 안마시술소, 전화방 등의 위생접객업소, 또는 안마시술소 등에서 서비스를 매개로 영업소 내에서 혹은 밖에 나가 매매춘을 하는 경우와 다른 하나는 특정 지역이나 업소에서 서비스를 매개로 하는 것이 아니라 연결(알선)을 통해서 매매춘을 하는 것으로 주로 직업상담소, 결혼상담소, 이벤트사 등을 통해 이루어진다. 경찰청(2012) 자료에 의하면 키스방, 성인 PC방, 휴게텔 등 신변종업소의 적발건수가 2012년 2,068건에서 2011년 2,932건, 2012년 3,185건으로 매년 증가하였고, 이는 우리 사회 발생하는 성매매가 지역적으로 고립된 곳에서가 아닌 우리 일상과 가장 가까운 곳에서 벌어지고 있음을 보여 주는 결과이다.[8]

(3) 청소년 성매매(원조교제)

일본에서 시작되어 유래된 것으로 1990년 중반 이후 우리나라에 소개되었다. 10대의 여학생들이 성인 남성을 대상으로 성관계를 가진 후 용돈이나 선물 등의 명목으로 대가를 받는

6) 변화순, 황정임(1998), 산업형 매매춘에 관한 연구, 한국여성개발원, pp. 46-47.
7) 김시업, "청소년 매매춘과 원조교제의 사회-심리적 요인에 관한 탐색적 연구", 『한국심리학회지: 여성』, 제5권 2호, 2000, pp. 15-27.
8) 김지영, 지역별 실태조사 결과를 통해 본 산업형 성매매의 현형과 특성, 여성과 인권, 8호, 2012.

행위이다. 최근 원조교제의 심각성은 여학생들의 나이가 점점 어려진다는 것인데, 초등학생까지 원조교제의 피해를 입고 있다.

원조교제와 같은 청소년의 성매매에 영향을 미치는 요인으로 김시업(2000)은 아동기에 받은 학대, 이른 시기의 성 경험, 가출 그리고 사회적 낙인을 들고 있다. 또 남미애(2001)는 매매춘의 경험이 있는 청소년의 특징을 다음과 같이 들고 있다. 첫째, 매매춘 청소년은 가출, 약물 사용, 경찰구속, 성 관련 시설 이용 등의 비행이 많았을 뿐 아니라 임신, 성병, 성추행, 성폭행 등 성 관련 피해 등이 많았다. 둘째, 매매춘 청소년들은 성적 학대, 방임 등 어린 시절의 가족 외상의 경험을 가지고 있다. 셋째, 매매춘 청소년은 이중적 규범이나 성상품화의 수용 등 사회문화적 영향을 상대적으로 더 많이 받고 있으며 이외에도 비행친구와의 교제, 자아존중감, 성의식과 성행동, 사회적 지지 부족 문제 등이 청소년 성매매에 영향을 미치고 있다.[9] 최근 청소년 성매매가 급증하고 있는 것은 청소년들이 SNS, 인터넷, 모바일 채팅 등을 통해 개별적으로 직접 상대를 찾을 수 있다는 점에서 더욱 빠르게 확산되고 있다.

상자글 7-2 채팅앱악용 청소년성매매합동단속 결과 20명 적발

여성가족부(장관 진선미)는 겨울방학 기간인 1월 2일부터 3월 5일까지 두 달간 일선 경찰관서와 '채팅앱악용 청소년대상 성매매'에 대해 합동단속을 실시하고 총 12건, 20명을 적발했다.

적발된 20명에는 성매수 등 성매매 행위자 6명, 알선자 3명 이외에도 피해청소년 등 11명이 포함된다. 피해청소년 등 11명의 연령대는 16세부터 19세까지로 고등학생 7명, 중학생 1명, 그 외 3명은 학교에 재학하지 않은 청소년이었다.

전년도 대비 변화 양상을 살펴보면, 성매매 알선자의 경우 또래 청소년에서 피해청소년과 채팅앱을 통해 만난 성매수남이 연인관계로 발전한 후 그 피해청소년에게 성매매를 알선하는 형태로 나타났다. 성매매 장소는 성매수남들이 정부단속을 피하기 위해 모텔 등 숙박시설보다는 자신의 차량에서 성매매행위를 하는 추세로 바뀐 것으로 나타났다.

여성가족부는 이번에 적발된 피해청소년 등(11명)에 대하여 민간전문기관인 성매매피해상담소* 8곳에 연계하여 상담사 상담, 심리치료 등을 지원받도록 피해보호조치를 실시하였고, 탈성매매와 자활을 위한 상담이나 교육과정 이수도 지원한다.

* 여성가족부는 청소년 등 성매매피해자의 사회복귀 촉진 및 성매매로의 재유입 방지를 위해 상담소 · 보호시설 94개소 지원운영

※ '18년 '채팅앱악용 청소년대상 성매매' 31건 적발, 피해청소년 35명 성매매피해상담소 연계

출처: 여성가족부, 보도자료, 2019.3.14.

9) 남미애, "청소년의 매춘에 영향을 미치는 요인에 관한 연구", 『청소년학연구』 제8권 1호, 2001, pp. 271-305.

4) 성매매의 발생요인

성매매의 발생요인에 대해 조흥식 등(2000)은 개인적 요인, 가정요인, 학교의 요인, 유해환경과 성의 상업화, 가부장적 성문화, 매매춘 문제에 대한 사회적 무관심과 대안 지연 등으로 나누었고,[10] 김정숙(2000)은 매매춘의 원인을 크게 환경적 차원과 개인적 차원으로 나누고, 환경적 차원은 다시 사회구조적 차원과 가정적 차원으로 나누어서 설명하고 있다.[11] 산업형 매매춘에 대한 영향요인을 변화순(1998)은 경제적 요인, 사회문화적 요인, 제도적 요인으로 본다. 여기서는 성매매의 원인을 경제적 요인과, 가부장제적 성문화, 그리고 자본주의 사회의 성상품화와 개방화를 통해서 살펴본다.

상자글 7-3 성매매 인식 및 경험 조사 결과

- 일반남성의 평생 성구매 경험: 남성 응답자들의 42.1%가 평생동안 한번 이상 성구매를 한 경험이 있었고, 이는 2016년 조사결과에 비하여 8.6% 포인트 감소한 수치임
- 성구매 남성들은 평균 24.5세에 최초 성구매를 경험하며, 최초 성구매 동기는 호기심(28.6%), 군입대 등 특별한 일을 앞두고(20.4%), 술자리 후(18.9%) 순으로 나타나며, 일행 중 누군가가 성매매를 가자고 제의했을 때 이를 제지하거나 거부하는 사람이 없이 함께 행동한 경험이 공통적으로 나타남

구분		성구매행위유형		
		성구매행위전체	유사성교행위	성교행위
응답수(명)		1,500	1,500	1,500
성구매경험자수	빈도(명)	210	178	154
	비율(%)	14	11.9	10.3
성구매 구매횟수(건)		1,060	599	461
구매경험자1인당 평균성구매 구매횟수(건)		5.05	3.37	2.99

주) 성구매행위전체: 유사성교행위+성교행위+해외성구매+성구매가능업소 이외에서 성구매 중에서 한번 이상 성구매경험을 가지고 있는 경우

출처: 여성가족부, (2019) 성매매실태 및 대응방안연구, p.14

(1) 경제적 요인

성매매의 원인이 되는 경제적인 조건은 크게 개인적인 것과 경제 · 제도적인 모순으로 나

10) 조흥식 외, 『여성복지학』, 서울: 학지사, 2000, pp. 333-335.

11) 김정숙, 앞의 논문, pp. 9-29.

누어 볼 수 있다. 성매매 여성이 되는 개인적 동기 가운데 가장 큰 것은 돈을 벌기 위한 것이며, 영업과 관련된 과도한 소비 수준과 선불금으로 인한 과도한 빚으로 윤락 생활을 지속하는 것으로 나타났다.[12] 또한 최근 청소년 성매매 유입 원인도 가출 후 생계비 마련이 34.6%로 가장 높게 나타나고 있어서[13] 개인적인 이유로는 경제적인 동기가 가장 강하다.

경제적 요인은 개인적인 차원만이 아니라 경제적인 구조와도 연결되는 것으로 여성이 노동시장에 접근하는 것이 용이하지 않고, 저임금의 하위직에만 몰려 있는 노동시장의 성차별적인 구조가 한 원인으로 작용할 수 있다. 즉, 제한된 취업 기회, 저임금과 불안정한 고용상태 등은 여성들로 하여금 자신의 성을 상품(화폐수단)으로 교환하여 소득을 올릴 수 있는 3차 서비스산업으로의 유입을 부추겼다고 볼 수 있다. 또 경제발전기의 불균형한 경제성장은 3차 서비스산업의 급속한 성장을 가져왔고, 서비스산업들이 대형화, 기업화하면서 산업구조 조정과정에서 발생한 여성 잉여노동력을 흡수하였다.[14]

(2) 가부장적 성문화

가부장적 성문화는 남성에게는 성적 자유를, 여성에게는 성적 통제와 억압을 가한다. 즉, 여성에 대해서는 성적 순결을 중시하고 성적 표현의 자유에 대해 억압적인 반면, 남성에게는 성에 대한 접촉과 향유가 당연한 것으로 받아들여지고, 남성의 성적 욕구 해소를 위한 기제가 필요하다고 인정되며 매춘 여성도 남성의 성욕을 해소하기 위해 필수불가결한 것으로 보았다. 가부장적 성문화가 가지는 이중적인 성윤리의 모순은 남성의 성적 특권을 허용하는 제도와 사회 관습으로서 매매춘제도, 축첩제도, 기녀제도, 남성의 외도 문화, 간통, 강간 등이 일부일처제 가족제도와 공존하게 하였으며, 여성을 정숙한 여성과 타락한 여성의 두 집단으로 구분짓게 했다. 다시 말하면, 매매춘여성은 가부장제 결혼의 이중적 성윤리가 갖는 모순의 대가로 매매춘여성이 있어서 정숙한 여성이 존재할 수 있다는 의식까지 생겨나게 하였다.

이러한 가부장적 성문화는 남성을 고객으로 하여 여성의 성을 서비스로 제공하는 업소들을 증가하게 했다고 볼 수 있다.[15]

12) 변화순, 유흥주점 및 유흥종사자의 규모와 인권실태, 여성과 인권, 8호, 2012, p.51.
13) 한국연성인권진흥원, 성매매 관련 통계, 여성과 인권 14호, 2014, p.271.
14) 변화순 외, 앞의 책, pp. 61-67.
15) 변화순 외, 앞의 책, pp. 67-69.

(3) 자본주의 사회의 성 상품화와 개방화

자본주의 사회에서 성은 하나의 상품으로서 일상 생활에 침투하고 사람들의 성생활은 이러한 상품적 성격의 영향을 받는다. 상업주의적인 소비사회의 이윤극대화 전략은 광고와 선전을 통해서 성을 상품화하고 성욕을 조장한다. 따라서 성욕은 개인의 자발적인 욕구이기보다는 선동적인 선전과 영리증대 목적의 상업주의에 의해 조작된다. 성의 상품화는 인간의 성을 물상화하고 여성의 성을 대상화한다. 즉, 여성의 성을 남성 성욕의 대상으로 취급해 온 가부장제의 전통이 성의 상품화 현상에 의해 심화되기 때문이다. 각종 소비상품과 광고는 주로 여성의 성적 매력과 에로티즘을 부각시키는 것에 초점을 맞추어 여성의 성과 육체를 소비하게 만든다. 또 소비사회는 여성의 성에 관한 교환과 유통을 다양한 형태와 방식으로 확대하고, 여성의 성을 상품화하는 각종 성산업이 발달하여 여성의 성매매를 급증시킨다.

성의 상품화와 함께 성의 개방화가 급속도로 진행되고 있다. 성 개방화는 우리 사회에서 여성의 성을 상품화하는 데 충분조건이 된다. 성 개방화는 성에 대한 쾌락적 추구와 성의 중요성이나 책임에 대한 무감각 등의 부정적인 결과를 가져왔고, 이로 인해 미성년부터 시작해서 주부에 이르는 다양한 계층의 여성이 성산업에 유입될 가능성을 높였다. 성 개방화의 풍조 속에 자신의 성을 이용해서 돈을 버는 어린 청소년, 젊은 여성들이 증가하고 있는 것을 볼 때, 이는 성 개방화와 성 상품화가 성매매를 조장하고 있음을 나타내는 것이다.[16]

5) 성매매여성을 위한 복지정책의 실태와 대책

현대에 와서 성매매여성의 인권 문제가 많이 거론되고 있다. 이에 대해서는 두 가지 입장이 있는데, 하나는 포스트모더니즘의 영향을 받아 1980년대 이후 특히 강조되는 성매매여성을 하나의 직업으로 간주하여 사회적으로 인정해야 한다는 입장이고, 다른 하나는 성매매 자체가 인권 박탈이므로 탈성매매를 할 수 있도록 도와주어야 한다는 입장이다. 우리나라의 성매매여성에 관한 정책은 성매매 자체가 실정법상 불법이므로 후자의 입장을 취하고 있다. 성매매여성이 탈성매매를 할 수 있도록 하는 환경의 조성과 사회통합을 통한 재활 차원에서 그들이 겪는 고통을 경감시킬 수 있는 대책이 필요하다. 또 성매매의 길로 들어서게 하는 동기나 원인을 제거하는 제도적 노력과 함께 무엇보다 자발적이지 않은 성매매를 차단하는 것이 요구된다고 하겠다.

16) 변화순, 앞의 책, pp. 73-75.

(1) 성매매 관련 복지정책의 실태와 문제

① 성매매방지 관련 법

2004년 3월 22일 제정되고 동년 9월 23일부터 시행된 성매매방지 관련 법의 내용은 크게 두 가지이다. 하나는 성매매, 성매매 알선 등의 행위 및 성매매 목적의 인신매매를 금지하고 이를 처벌하는 것(성매매 알선 등 행위의 처벌에 관한 법률)과 다른 하나는 성매매를 방지하고 성매매 피해자 및 성을 파는 행위를 한 자의 보호와 자립을 지원하는 것(성매매 방지 및 피해자 보호 등에 관한 법률)이다. 이를 위해 국가와 지방자치단체는 성매매의 예방 및 근절을 위한 교육 및 홍보를 위한 법적 · 제도적 대책을 마련하고 필요한 재원을 조달하도록 규정하고 있다. 법에 따르면, 성매매를 한 자나 성을 파는 행위를 하게 한 자에게는 처벌이 주어지나(법 제18조, 19조, 20조, 21조), 성매매 피해자의 성매매는 처벌하지 않는다고 규정하고 있어서(동법 제6조), 성매매 피해자에 대한 인권보호를 분명히 하고 있다.

이후 2014년에 성매매방지법의 전면 개정이 이루어졌는데, 주요 내용으로는 성매매 예방교육 강화와 피해자 보호체계 확대로, 성매매 정책 방향을 사전차단에 초점을 두고 공적 시스템 내에서 지원기간이 확대되었다. 일반지원시설의 경우 입소기간을 현행 1년 6개월인 지원기간을 최대 3년까지, 청소년 지원시설의 경우 현행 19세까지인 지원을 21세까지 연장하고 장애인은 피해 회복에 소요되는 기간까지 지원이 가능하도록 하고 있다.

상자글 7-4 **성매매 특별법**

한국여성단체연합 등 여성단체들의 노력으로 2004년 3월 22일 성매매방지에 관련된 두 개의 법률, 즉 '성매매 알선 등 행위의 처벌에 관한 법률'과 '성매매방지 및 피해자 보호 등에 관한 법률'이 제정되었다. 이들 법으로 성매매 · 성매매 알선 등 행위 및 성매매 목적의 인신매매를 처벌하고 성매매 피해자 및 성을 파는 행위를 한 자의 보호와 자립을 지원할 수 있게 되었다. 그러나 성구매 행위에 대한 소극적 처벌, 성매매 여성을 피해자와 그렇지 않은 사람으로 구분하고 처벌하는 항목, 피해자임을 스스로 증명하는 부분에 있어 제한이 있었다. 법 제정 후 2014년 성매매방지법의 전면 개정이 이루어졌는데, 주요 내용으로는 성매매 예방교육 강화와 피해자 보호체계 확대로, 성매매 정책 방향을 사전차단에 초점을 두고 공적 시스템 내에서 지원기간이 확대되었다.

2000년 7월 1일부터 청소년의 성보호에 관한 법률이 시행됨에 따라 19세 이상의 성매매 여성은 성매매 알선 등 행위의 처벌에 관한 법률의 적용을 받게 되고, 19세 미만의 청소년은 청소년성보호법의 적용을 받게 되었다. 청소년성보호법은 청소년 대상 성매매 범죄행위 등의 처벌, 대상 청소년의 선도 · 보호, 청소년보호를 위한 비밀 누설 금지 및 수사 절차상 배려, 청소년 대상 성범죄자의 신상 공개, 청소년 성범죄 예방을 위한 국가의 의무를 주요 내용으로 한다. 이 법에 따라 청소년보호위원회(http://www.youth.go.kr)에서는 매년 2회 청소년 대상 성범죄자 신상 공개를 하고 있다.

이후 2006년 아동청소년성보호법으로 개정안이 발표되었는데, 이 개정안은 보호대상을 '아동청소년'으로 명기하여 아동을 보호대상으로 명확히 하고 있다. 주요 개정 내용으로는 아동청소년 대상 모든 성범죄자의 신상정보를 등록하여 수형기간을 제외한 10년에 걸쳐 관리하도록 하고 있으며, 13세 미만자 대상 성범죄처벌을 강화하였고 유사성교행위도 강간과 동일하게 처벌하도록 규정하고 있다. 또한 친고죄 폐지 및 공소시효를 정지하여 피해자의 고소 없이도 처벌이 가능하며, 만 24세까지 공소시효가 정지된다. 친고죄 폐지에 대응해 피해자보호조치로 하여 가해자가 피해자(보호자 포함)를 괴롭히지 못하도록 하고 있으며, 친부 등의 성폭력 시 친권을 박탈하고 피해아동청소년에 대해 후견인 선임 또는 시설보호위탁 등 보호처분이 결정되도록 하고 있다.

② 성매매 관련 지원시설

성매매방지법에 의하면, 국가 및 지방자치단체는 성매매 피해자 등의 보호와 자립을 지원하기 위한 시설(외국인 여성을 위한 시설 포함)을 설치, 운영하게 되어 있다. 지원시설의 종류는 다음과 같다.

- 일반 지원시설: 성매매 피해자 등을 1년 이내의 범위에서 숙식을 제공하고 자립을 지원하는 시설
- 청소년 지원시설: 청소년인 성매매 피해자 등을 대상으로 19세가 될 때까지 숙식을 제공하고 취학, 교육 등을 통하여 자립을 지원하는 시설
- 외국인여성 지원시설: 외국인 여성인 성매매 피해자 등을 대상으로 3월 이내의 범위에서 숙식을 제공하고 귀국을 지원하는 시설
- 자활 지원센터: 성매매 피해자 등을 대상으로 1년 이내 범위에서 자활에 필요한 지원을 제공하는 이용 시설

일반 지원시설에서는 숙식의 제공, 심리적 안정 및 사회적응을 위한 상담 및 치료, 질병

치료 및 건강관리를 위한 의료기관에의 인도 등 의료 지원, 수사기관의 조사 및 법원의 증인 신문에의 동행, 법률구조기관 등에 필요한 협조 및 지원 요청, 자립자활교육의 실시와 취업 정보 제공, 국민기초생활보장법 등 사회보장 관련 법령에 따른 급부의 수령 지원, 기술교육(위탁교육 포함) 등을 하도록 규정하고 있다. 또 이용시설인 자활지원센터는 탈성매매 여성 자활역량강화, 전업준비를 위한 훈련, 공동작업장 등 자활참여자 지원사업, 취업 및 창업지원 등을 하도록 규정한다. 법에 의하면 지원시설인 쉼터 외에 성매매 피해자를 위한 성매매 피해상담소를 설치, 운영할 수 있도록 하고 있다.

성매매 피해자를 위한 지원시설은 2022년 기준 일반 지원시설 24개소, 청소년 지원시설 14개소, 상담소 31개소, 대안교육위탁기관 2개소, 자립지원공동생활시설 11개소, 외국인 지원시설 1개소, 자활 지원센터 13개소가 운영되고 있다.[17]

(2) 성매매여성을 위한 복지 대책

성매매에 관련된 문제를 해결하기 위한 복지 대책 수립을 위해서는 몇 가지 전제가 필요하다. 먼저 성매매여성을 보는 시각인데, 성매매여성의 문제는 개인적인 것이 아니라 공공의 문제이므로 사회적 · 국가적으로 대처해야 된다는 것이다. 또 성매매여성의 문제는 여성만의 문제가 아니라 남성과 결부된 성차별적인 요소가 있으며, 이는 가부장제의 이중적인 성윤리의 모순이 드러난 현상이므로 이의 변화에 초점을 두어야 한다. 나아가 성매매의 알선고리는 자본주의의 이윤추구적인 속성과 결부되어 있으므로 성매매여성을 통해 많은 경제적 이익을 얻는 성 서비스 산업의 문제이다. 이런 불법 퇴폐향락업소의 문제를 간과하고는 성매매여성의 문제를 해결할 수 없다.

성매매여성을 위한 복지 대책으로는 다음과 같은 점들을 고려해야 한다.[18]

첫째, 유해업소 연결고리와의 접촉 방지를 위한 복지대책을 강구해야 한다.

둘째, 유해업소 알선기관에 대한 대책을 마련해야 한다. 공식 기구인 결혼상담소, 직업소개소, 보도사무소 등에서 일어나는 유해업소 알선행위를 차단해야 한다.

셋째, 고용 중인 성매매여성에 대한 의료서비스, 상담서비스 및 현장접근서비스가 제대로 이루어질 수 있어야 한다.

17) 여성가족부(2022), 2011년 여성아동권익증진사업 운영지침
18) 조흥식 외, 앞의 책, pp. 347-351.

넷째, 자발적이든, 강제적이든 유해업소를 벗어난 성매매여성들이 빠른 시간 내에 안정적으로 사회에 복귀할 수 있는 대책이 마련되어야 한다. 이를 위해서는 직업훈련, 고등교육기회의 부여, 전업 및 사회통합, 일자리사업 제공 등으로 구성된 자활 지원 프로그램이 강화되어야 한다.

다섯째, 가족정책과 사회보장제도 등의 강화를 통해 새로운 성매매 여성의 유입을 방지할 수 있는 예방서비스를 강화해야 한다.

상자글 7-5 성매매집결지 현장지원사업

심신치료 및 정서회복	탈업소의 장해요인 제거	자활기반 마련 지원	탈업소 및 탈성매매유도	상담참여자에 대한 사후관리
• 상담활동 • 아웃리치 • 제반질병치료 • 심리치료 프로그램	• 법률 지원 (선불금, 빚 등) • 신용회복 및 파산 지원 • 성매매여성 탈업소 저해요인 확인 및 해결 지원	• 맞춤별 직업탐색 • 직업훈련 • 취업 또는 진학	• 자활지원센터, 공동생활시설 등 연계유도 • 자립단계시 자립지원 공동생활 및 공공주택입주 등 알선	• 탈업소하지 못한 자에 대한 지속적 사후관리, 탈업소 유도 • 취업, 창업자, 진학자에 대한 사후관리

출처: 여성가족부(2022). 여성아동권익증진사업 운영지침 p.346.재구성.

3. 미혼모와 사회적 낙인

미혼모들은 정당하고 합법적인 혼인 절차를 거치지 않고 임신 중이거나 아이를 출산한 여성을 말하며, 혼전 성관계로 미혼모가 된 여성들은 자신이 스스로 해결할 수 없는 심각한 문제에 직면하게 되고, 그 가족 및 사회도 여러 문제를 가지게 된다. 미혼모와 미혼모가 낳은 아이의 신체적 건강과 심리사회적인 적응 등 미혼모 문제의 해결을 위해서는 이들에 대한 낙인찍기와 부정적인 편견에서 벗어나 이들을 소외된 집단, 사회적 도움이 필요한 집단이라는 시각에서 접근할 필요가 있다.

상자글 7-6 '주홍글씨' 된 명칭 '미혼모' 이제는 바꿀 때다

'대부분 10대 임신으로 교육적 · 경제적 정도가 낮아 충분한 건강관리를 받을 수 없으며 부모로서의 발달 과업을 달성할 수 없다.', '신체적인 미숙과 영양 부족으로 유산, 조산, 저체중아 출산 등 고위험 임산부와 고위험 태아 및 신생아가 된다.'

보건복지부가 운영하는 '건강길라잡이' 사이트에 소개된 미혼모의 정의다. 이렇듯 아직 정부나 공공기관에서조차 미혼모에 대한 부정적인 인식이 뿌리 깊게 박혀 있다. 표준국어대사전에 따르면 미혼모는 '결혼하지 않은 몸으로 아이를 가진 여자'로 기재돼 있다. 그러나 전문가들은 생명에 대한 존엄성을 강조하는 사회 · 문화적 환경 속에서, 결혼제도를 통한 출산만이 합법적인 것으로 규정돼 편견을 낳을 수 있다고 지적한다. 지나친 고정관념 탓에 제도화된 결혼관계가 아닌 미혼 남녀의 출산이 모두 죄악시되고 있다는 것이다.

서울시 한부모가족지원센터와 20여 곳의 미혼모 관련 단체들은 4월 28일 '미혼모지원단체협의체'를 발족하고 미혼모의 새명칭 공모전과 미혼모에 대한 인식개선을 위한 토론 및 서명운동을 진행하였다.

출처: 서울신문, 2011. 5. 5.

1) 미혼모의 개념

미혼모에 대한 개념은 관점에 따라 약간의 차이를 보인다. 사전에는 미혼모(unmarried mother)를 "합법적이고 정당한 결혼 절차 없이 아기를 임신 중이거나 출산한 여성"으로 정의한다.[19] 만일 법적으로 미혼모를 혼인하지 않은 상태에서 임신한 경우로 포괄적으로 정의하게 되면, 사회의 일반적인 통념으로 생각하는 결혼해 본 경험이 없는 여성의 출산으로 정의하는 것보다 그 범위가 넓어지게 된다. 즉, 이미 혼인한 기혼녀가 이혼, 과부 등의 상태에서 법적인 배우자가 아닌 남자와의 관계에서 임신했을 경우나 독신녀가 인공수정으로 임신하게 된 경우를 포함하게 된다.[20]

우리나라에서는 미혼모에 대한 정확한 통계적인 실태가 파악되지 않고 있으나, 여성가족부의 통계[21]에 따르면 모자가족복지시설에 입소사유가 미혼모인 경우 2001년 29명, 2006년 41명, 2012년 59명, 2017년 65명, 2020년 51명으로 미혼모 출산은 증가되고 있음을 알 수

19) NASW, *Encyclopedia of the Social Work*, 15th ed., 1965, p. 797.

20) 미혼모보호시설에 입소하여 도움을 받을 수 있는 대상에 대한 정부 측의 개념 규정에 의하면, 미혼모란 그녀에게 아기를 임신하게 한 남자와 법적으로 결혼하지 않은 여자를 말하는 것으로서 별거, 이혼, 과부로서 본 남편 이외의 아기를 가진 여성, 즉 미혼은 물론 기혼까지 포함시키고 있다. 노상학(1999)은 미혼모를 지금까지 한 번도 결혼해 본 경험이 없는 처녀의 출산으로 좁혀서 정의하고 있는데("미혼모와 혼외자를 위한 사회복지대책연구", 『강남대학교 논문집』 제27집), 그의 견해를 제외하면, 한국여성개발원(1984) 등 많은 연구자들이 기혼을 포함해 법적으로 혼인하지 않은 상태에서 자녀를 임신 및 출산하는 경우로 포괄적으로 정의하고 있다.

21) 여성가족부, 모자가족복지시설 수 및 생활현황, 2020년

있다. 또한 한국여성정책개발원에 따르면 혼외출산에 대한 동의율은 2008년에는 2.4%, 2014년 3.7%, 2020년은 7.2%로 증가하고 있는 것으로 나타났다[22]. 또한 미혼모들의 양육희망비율은 1998년 12.1%에서 2005년 31.7%로 증가하였고 뿐만 아니라 입양을 결정한 미혼모 중 41%는 재정적인 지원이 이루어질 경우 아이를 양육하고 싶다고 응답한 것으로 나타났다(김혜영 외, 2010).[23] 통계청 자료에 의하면, 2020년 기준 미혼모는 20,572명, 미혼부는 6,673명으로 나타났으며, 그중 20세 미만인 미혼모는 231명, 미혼부는 0명으로 나타났다. 그간의 조사 결과를 통해 보면, 미혼모의 연령이 저연령화되고 있으며 연령이 낮은 미혼모는 학업중단의 가능성이 높고 가출이 증가하며,[24] 미혼모의 전체 학력은 기존에 비해 향상되어 고학력화의 경향을 띠고,[25] 양육 미혼모가 증가하고 있음을 알 수 있다. 미혼모의 유형은 미혼모가 된 이유에 따라 크게 자기선택형과 불가피형으로 나누어 볼 수 있는데, 자기선택형은 자의에 의해 미혼모가 되기를 선택한 유형이고, 불가피형은 처음부터 임신을 의도한 것이 아니라 어쩔 수 없이 임신이 되어 버린 경우이다. 양육 미혼모의 절반 이상이 기초생계비를 수급하고 있고 많은 미혼모들이 경제적 어려움을 겪고 있다[26]. 이에 자녀양육과 생계부양자의 역할을 수행하는데 있어 정책적 개입의 필요성이 발생한다고 할 수 있다.

2) 미혼모를 보는 관점

미혼모에 대한 이해를 위해서는 미혼모에 대한 다양한 관점을 살펴보는 것이 필요하다.[27]

(1) '성일탈자', '사회적 일탈자'로 보는 관점

혼전 성 경험을 개인의 도덕적 타락으로 인해 야기된 행동으로 간주하고 그 연장선상에서 미혼모의 발생 역시 비정상적인 일탈행위로 보는 것이다. 따라서 혼전임신을 사회적으로 용납할 수 없는 일로, 미혼모를 범죄자나 사회적 일탈자로 다룬다. 사회복지적 접근도 통제적 관점에서 미혼모 문제가 일반인에게 확대되지 않도록 격리, 수용하고 서비스의 내용은 미혼모의 도덕적 결함을 치료, 교정하는 데 초점을 둔다. 혼전 성관계를 규제하는 국가에서 볼 수 있다.

22) 한국여성정책개발원, 성인지통계, 통계DB, 2022
23) 김혜영,이미정,이택면, 김은지,신보영,장연진(2010), 미혼모의 양육 및 자립실태조사, 여성가족부
24) 성정현, 김지혜, 신원우, 『청소년 미혼모의 대안학교 경험에 관한 연구』, 한국가족복지학, 23(3), 2011.
25) 이숙희, 「보호시설 미혼모의 삶에 대한 참여연구」, 서울대학교 대학원 박사학위논문, 2001.
26) 이미정, 사회적편견과 미혼모관련 통계, 제60차 여성정책포럼, 한국여성정책연구원
27) 김윤정 외, 『여성복지론』, 서울: 대학출판사, 2001, pp. 337-340.

(2) 요보호자로 보는 관점

미혼모 문제를 개인의 문제가 아니라 사회구조적 관점에서 다룬다. 즉, 미혼모는 일정 수준의 교육, 의료수혜, 피임 지식과 서비스, 결혼 등에 접근할 기회가 결여되어 있는 사람으로 빈곤 문제, 학업 문제, 소외 문제, 건강 및 의료 문제, 미혼모 자녀의 양육 문제 등 다양한 심리사회적 문제에 직면해 있기 때문에 적절한 사회적 지원이 필요한 것으로 본다. 이는 사회 전체의 문제로 국가가 적극적으로 이에 개입해야 한다는 인식을 갖는다. 사회복지적 접근은 미혼모를 사회복지 수혜자로 인정하고 이들의 자립과 사회복귀를 위해 임신, 출산을 전후로 한 일정 기간의 시설보호와 양육이나 생활비에 대한 지원 상담과 교육, 직업훈련 등의 다양한 사회복지정책과 서비스를 행한다.

(3) 성차별의 희생자로 보는 관점

여성학적 관점에서 나온 것으로 미혼모 문제를 사회 내의 가부장적이고 자본주의적인 특성이 결합된 구조적인 여성 문제이며 성차별로 인해 생기는 문제로 본다. 미혼모는 남성 중심적인 성규범, 강력한 가부장적 가족의 유지, 모성의 일차적인 책임, 성차별적인 노동시장 등에 의해 억압을 받는 여성으로 간주한다. 특히, 미혼모들은 미혼모가 되기 전이나 된 이후에도 특정 유형의 가족을 지지하는 국가의 정책, 법적인 혼인의 합법성 여부 등에 의해 여성의 성과 재생산에 대한 통제를 통해 심각한 억압을 경험한다고 본다. 따라서 여성학적 입장에서는 성차별, 결혼의 합법성에 따른 차별 등을 없애지 않는 한 미혼모는 사회의 희생자가 될 수밖에 없다는 점을 지적한다.

(4) 다양한 가족 형태 중의 하나로 보는 입장

스칸디나비아 3국 등이 취하는 입장으로 미혼모나 혼전 성행위를 특별한 문제로 취급하기보다는 다양한 가족 형태의 하나로 받아들인다. 즉, 미혼모 문제를 사회구조적 요인과 더불어 개인의 성에 대한 태도, 가치관 등이 상호 연결된 복합적인 문제로 간주한다. 그러므로 이들 나라에서는 법적으로나 사회적으로 미혼모와 그 자녀들을 일반 여성과 구별하지 않고, '미혼모'라는 용어보다는 이혼녀나 미망인까지 포함하는 포괄적인 용어인 '독신모(single mother)' 혹은 '무의탁모(unsupported mother)'로 칭한다. 사회복지적인 접근도 복지수혜 자격에 결혼의 합법성에 따른 불평등이 존재하지 않는 보편적 시혜 원칙이 적용되어, 모와 아동을 대상으로 실시되는 출산급여, 가족수당 등의 경제적 지원, 가사보조서비스, 법적 서비스 상담 등을 실시하고 있다.

3) 미혼모 발생요인

미혼모가 왜 발생하는가에 대한 설명은 다양한 차원에서 이루어진다. 이론적으로 볼 때, 정신분석학에서는 미혼모가 잠재의식 속에 뿌리박고 있는 갈등의 표현으로 부모, 특히 어머니와의 갈등에서 오는 자기학대의 표출로 설명한다. 이에 대해 심리학에서는 어린 시절의 사회화 과정으로 설명한다. 즉, 어린 시절 사랑을 받지 못한 사람이 이를 얻기 위한 다른 방법이 봉쇄되어 있을 때, 사랑을 얻기 위한 수단으로 임신을 하게 된다는 것이다. 사회학적인 입장은 혼전임신을 또래집단 속에서 학습되는 하나의 문화 현상으로 보는 입장과 교육을 받지 못하고 장래에 대한 기대를 가질 수 없을 때 일정 시기까지 성적 행동을 연기할 수 있는 동기가 없으므로 미혼모가 된다는 입장이 있다. 성 행태적인 접근은 미혼모들이 어떤 특성을 공유한다는 동질성의 가정을 거부한다. 이 이론에서는 미혼모가 되는 혼전 성행위는 특정 집단의 성원만이 아니라 모든 사람에게 가능한 것으로 성관계가 생겨난 이후의 과정에 초점을 둔다. 특히, 피임과 관련되어 어떠한 상황에서 피임에 대한 차별적인 선택이 이루어지는가를 설명한다.[28)]

우리 사회에서 미혼모가 발생하는 현실적인 원인은 성교육의 부재, 무분별한 성충동, 신세대들의 성 개방 풍조, 음란을 방관하는 사회 현실 등 다양하면서도 복합적인 원인이 작용한다.[29)] 이를 더 구체적으로 살펴보면, 가출의 증가와 가출의 저연령화, 성 경험의 저연령화, 성충동 · 성폭행 등 예상치 못한 성관계의 증가, 가족해체와 가족 기능의 약화에 따른 생활규범의 문란, 성과 피임에 대한 지식 부족, 임신중절의 기회 상실, 원조교제, 유흥업소 취업 등 성 상품화의 만연, 그리고 미혼부에 대한 도덕적 · 제도적 제재 미비 등을 생각해 볼 수 있다. 이를 개인, 가정 및 사회문화적인 차원으로 나누어 살펴보면 다음과 같다.

---

28) Furstenberg, F. F. Jr., *Unplanned Parenthood: The Social Consequences of teenage Childbearing*, 1976, p. 38 ; 노현조, 『한국 미혼모 복지정책에 관한 연구』, 한양대학교 대학원 석사학위논문, 2000, pp. 8-10에서 재인용.

29) 이소희 외, 『여성복지』, 서울: 형설출판사, 2001, pp. 309-311.

(1) 개인적 차원

미혼모가 되는 개인적 원인은 개인 특성과 관련된다. 미혼모는 충동적이고, 반사회적이며, 무책임한 성격을 지니고 있다고 보는가 하면, 성격적 특성과는 관계가 없다는 견해도 있다. 일반적으로 미혼모의 경우는 학업성취도가 낮고, 교육 수준이 낮은 편으로 조사되고 있지만, 낮은 교육 수준이 개인의 역량 부족에 의한 것인지, 낮은 가정경제 수준에 의한 것인지 분명하지 않다. 또 개인적 원인 가운데 미혼모의 성 지식과 성에 대한 태도는 서로 상반된 견해를 보이는데, 미혼모가 되는 것은 성 지식의 결여로 인한 무분별한 성 태도에서 비롯된다는 견해와 반대로 성에 대한 많은 지식은 오히려 성에 대한 호기심을 불러일으켜서 미혼모가 될 가능성을 높인다는 견해가 있다. 일반적으로는 성에 대해 개방적일수록 미혼모가 될 가능성이 높은 것으로 인식되고 있다.

자아정체감과 관련해서 청소년의 안정된 자아정체감, 특히 성정체감의 결여는 무분별하고 무계획적인 성행동을 가져오게 되며 그에 따라 원치 않는 임신을 하게 되어 미혼모가 되는 원인으로 지적되기도 한다.[30] 한편, 청소년 미혼모와 일반청소년을 비교할 때, 미혼모는 본능적, 적극적, 창조적, 직관적, 감정적, 자발적, 행동적, 호기심을 많이 가지고 있는 자아 특성을 나타내고 있어서 충동적이고 즉각적인 면을 보충해 줄 필요가 있으며, 미혼모나 일반청소년 모두 인생에 대해서는 자타 긍정적인 인생 태도를 가지고 있었다.[31]

(2) 가정적 차원

가정적인 요인이 미혼모의 발생에 영향을 미치는 것으로 알려져 있다. 구조적 또는 기능적 결손가족의 경우 가족관계 내의 갈등과 억압 등이 자녀로 하여금 성을 그들의 적대감정의 돌파구로 이용하게 하고 경우에 따라 성범죄나 무분별한 성관계를 초래하는 요인이 된다. 또 사회경제적 지위가 낮은 가정의 청년기 소녀는 자신이 가진 생리적 · 문화적 욕구를 충분히 만족시켜 주기 어려운 가정 형편으로 낮은 자아정체감을 갖게 되며, 또 진학에의 욕구도 충족하기 어렵다. 따라서 이들에게 성행동을 억제할 수 있는 다른 심리적 보상이나 유인책을 주지 못할 뿐만 아니라, 똑같이 임신을 하였다고 하더라도 출산을 막을 수 있는 기회(피임이나, 임신중절, 결혼)에 대한 접근성이 낮아 다른 계층에 비해 쉽게 미혼모가 될 수

30) 안순덕 외, 『미혼모실태에 관한 연구』, 한국여성개발원, 1984, p. 143.

31) 배영미 외, "청소년 미혼모와 일반청소년의 자아상태, 인생태도 및 가족체계에 관한 연구", 『대한가정학회지』, 제40권 6호, 2000, pp. 39-51.

있다는 것이다.

나아가 부모의 성에 대한 태도 및 성교육과도 관련이 된다. 부모는 성역할 사회화의 주체이며, 자녀의 성행동에 대한 통제자로서 자녀의 성 태도 및 성행동에 영향을 미치게 된다. 부모의 성에 대한 태도가 보수적인지 개방적인지에 따라 자녀의 성행동이 영향을 받는다. 부모가 자녀의 성 가치관 형성에 긍정적인 영향을 미치면, 자녀가 혼전 성관계를 가지는 비율이 낮고, 경험이 있다 하더라도 효과적인 피임을 사용할 수 있다.

(3) 사회문화적 차원

우리나라는 경제발전 초기부터 노동집약적인 수출산업 중심의 경제정책을 시행했고, 이 과정에서 미혼의 여성 노동력은 경제발전의 원동력이 되었다. 이들은 농촌의 가정을 떠나 도시로 이주했고, 생활의 모든 책임을 혼자서 감당해야 했으며 이성교제의 기회도 많아지고 자유로워졌다. 이로 인해 가정의 통제나 성교육이 부재한 상태에서 혼전임신, 출산 등의 문제가 발생할 확률도 높아졌다.

최근에 와서는 향상된 소득과 충분한 영양 공급으로 신체적으로는 조숙해졌으나, 사회적으로는 교육기간의 연장 등 청년기의 연장으로 합법적으로 성적 욕구를 해결할 수 있는 기간이 지연되고 있다. 더욱이 성 개방 풍조의 유입, 성을 상품화하는 향락산업의 팽창, 자극적이고 선정적인 대중매체의 영향 등은 청소년의 성적 욕구를 증대시키고 있어서 이런 복합적인 요인들이 미혼모의 발생에 영향을 미치고 있다.

가부장제 사회 성윤리의 모순 역시 미혼모 발생의 한 요인을 제공한다. 성에 있어서 여성은 순종적 · 의존적이어야 한다는 가부장제적 성가치관은 미혼모의 경우 피임에 대한 지식이 부족하기보다는 이중적 가치관으로 인해 피임에 대해 소극적인 자세를 취하게 한다. 즉, 성관계에 있어 남성이 지배적이고 주도적인 역할을 해야 한다는 고정관념 때문에 여성이 적극적으로 피임을 계획한다는 것은 부끄러운 일이며 성관계에 대해 미리 계획하고 준비하는 것은 무계획적이고 우연적인 것보다 더 비도덕적이고 난잡한 것으로 생각하기 때문에 피임에 적극적이지 못하게 된다.

4) 미혼모의 삶의 모습

미혼모 보호시설에 있는 미혼모를 미혼모의 입장에서 여성주의적 참여연구방법을 통해 그들의 삶을 추적한 연구는, 미혼모의 삶의 모습을 제대로 이해하기 위해서는 미혼모가 처해 있는 상황적 맥락들과 함께 분석해야 한다고 주장한다.[32]

미혼모의 삶은 역사적 · 사회적 맥락과 연계된 '황폐한 삶'으로서 가족, 친구 및 남자관계 그리고 그 안에서 형성된 자아정체성과 관련되어 있다. 미혼모들은 가족과 남자관계를 통해 '굴절된 삶'의 배경을 가졌다. 어린 시절부터 부모와 가족의 사랑과 관심 대신 친/계부의 학대를 받으며 부정적인 자아를 형성하였고, 부족한 사랑의 욕구를 채우기 위해 사귄 또래집단의 친구관계와 남자관계는 예상하지 않은 임신을 초래하였다. 임신 후에는 낙태를 원하였으나 어쩔 수 없이 출산을 결정하게 되었고, 보호시설에 와서 미혼모로 낙인찍히는 두려움에서 벗어나 안정감을 느끼는 가운데 여성으로서 자아갈등과 모성으로서의 죄책감, 그리고 미래에 대한 불안감에 고통스러워하였다. 여성으로서 모성으로서 '미혼모는 미혼부의 책임회피와 가족과의 단절 혹은 체념적 수용, 그리고 사회의 편견과 차별의식'으로 인해 주변과 고립된 채 더욱 외롭고 막막하기 그지없는 황폐한 삶을 경험하였다. 이를 그림으로 나타내면 [그림 7-1]과 같다.

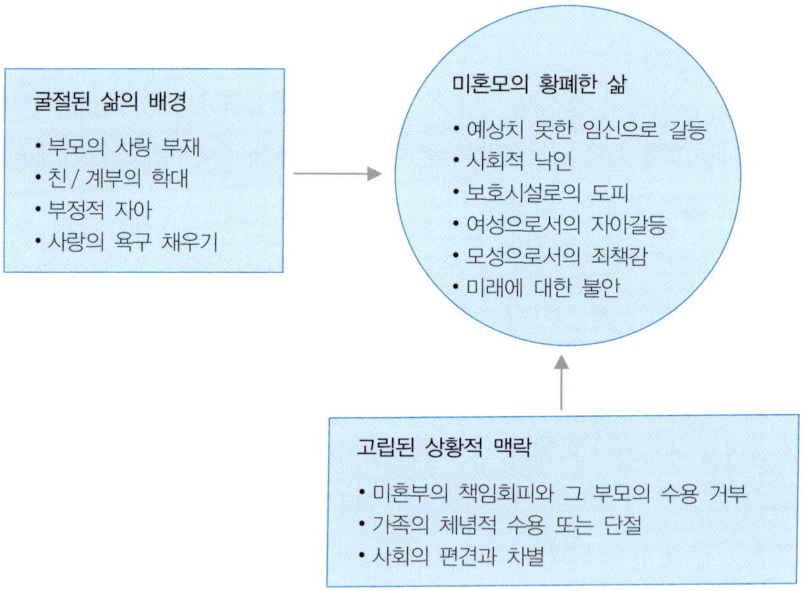

출처: 이숙희, 『보호시설 미혼모의 삶에 대한 참여연구』, 서울대학교 대학원 박사학위논문, 2001, p. 50.

[그림 7-1] 미혼모의 삶의 궤적

32) 이숙희, 『보호시설 미혼모의 삶에 대한 참여연구』, 서울대학교 대학원 박사학위논문, 2001.

이 연구에 의하면 미혼모의 삶에서 나타난 주요한 주제는 예상하지 않은 임신 후의 갈등, 사회적 낙인, 보호시설로의 도피, 여성으로서의 자아갈등과 모성으로서의 죄책감, 그리고 미래에 대한 불안이었다. 보호시설에 있는 미혼모들은 대부분 낙태를 원했으나 낙태 시기를 놓쳐 어쩔 수 없이 출산에 이르게 되어 미혼모가 된 경우였다. 이들은 성관계 후 여건만 허락된다면 낙태로 임신의 문제를 해결하고자 하였다. 미혼모들이 시설에 입소하기 전까지 가장 두려워하는 것은 사회적으로 낙인찍히는 것이었다. 그리하여 임신을 숨기고 혼자 갈등하며 방황하다가 보호시설을 찾는 경우가 대부분이었다.

미혼모들은 사회적으로 떳떳하지 못한 임신과 아기이기 때문에 계속적으로 임신과 출산에 대해 부정적인 생각을 나타냈다. 그리고 임신과 아기에 대한 부정적인 생각은 아기에 대한 미안함과 죄책감의 정서와 함께 복합적으로 나타난다. 특히, 출산 결정 이후는 아기에 대한 애착과 책임의식이 더욱 강해져 아기를 키워 볼 생각도 하게 되지만, 자신들의 양육이 오히려 아기를 불행하게 만들지도 모른다는 생각에 입양 결정을 내리고, 그로 인한 죄책감으로 괴로워하였다. 이들이 여성으로서 겪는 자아 갈등과 모성으로서의 죄책감과 같은 심리적 고통은 미혼부의 책임회피뿐 아니라 가족이나 사회의 적절한 지지 없이 모든 것을 혼자 감당할 수밖에 없는 현실 때문에 더욱 크게 느끼고 있었다.[33)]

상자글 7-7 **친구, 동료, 가족까지 외면하는 그들의 현실**

실제 생활에서 그 '주홍글씨'는 더 짙다. 김혜림(31 · 가명) 씨도 혹독한 과정을 겪었다. 2008년 임신 사실을 알게 된 김 씨는 결혼을 약속했던 남자친구에게 아이에 대한 소식을 전했다. 남자친구 역시 "책임지겠다."며 그를 안심시켰다. 그러나 말뿐이었다. 남자친구는 자신의 부모에게도 김 씨의 임신과 출산을 알리지 않았다. 김 씨는 철저히 혼자가 됐다. 갓난아이만이 유일한 안식처였다. 그는 직장에 다니면서도 동료들에게 미혼모라는 사실을 말하지 않았다. 그러다 우연히 동네에서 아기를 안고 있는 모습을 직장 동료가 보고 말았다. 당황했지만 그는 친한 동료라 믿고 사실대로 모든 것을 털어놨다. 그러나 말로는 이해한다던 동료는 점차 변했다. 시선이 달라졌고, 연락도 받지 않았다. 마치 김 씨가 '죄인'이라도 된 듯이. 결혼해서 자녀가 있는 친구들은 다를 것이라 생각했다. 어머니도 없는 그에게는 위안의 손길이 절실했다. 출산하기 바로 몇 달 전 그는 친구에게 임신 사실을 토로했다. 돌아온 대답은 "낙태해."였다. 결국 그 친구와도 연락이 끊겼다.

믿었던 동료나 친한 친구조차도 외면하는 모습을 보고 김 씨는 세상에 미혼모라는 사실을 드러내지 않기로 했다. 그는 "사람들은 미혼모라고 하면 그냥 나쁘게만 보는 것 같다."고 말했다. 어머니 대신 딸처럼 대해주던 외숙모와 외삼촌도 등을 돌렸다. 외삼촌은 "도와주지 말라."며 외숙모와 그를 가까이 하지 못하게 했다.

출처: 서울신문, 2011. 5. 5.

33) 이숙희, 위의 책, pp. 120-124.

5) 미혼모를 위한 복지정책 실태와 대안

(1) 미혼모를 위한 복지정책 실태

미혼모를 위한 복지정책의 실태를 현행 미혼모와 관련된 법, 보호시설과 복지서비스 프로그램 등을 통해 살펴본다.

① 미혼모 관련 법

미혼모에 관련된 법에는 헌법을 비롯하여 민법, 사회복지사업법, 국민기초생활보장법, 의료보호법, 입양촉진 및 절차에 관한 특례법, 한부모가족지원법, 아동복지법 등이 있다.

이 가운데 아동복지법에서는 입양기관의 운영과 아동복지시설에 대한 지원, 미혼모상담, 입양, 임시위탁양육 등의 서비스를 실시하는 근거를 제시하고 있으며, 한부모가족지원법은 1955년 모자보호시설을 설치한 데서 시작된 것으로, 1989년 모자복지법, 2002년에는 모·부자복지법, 2007년에 한부모가족지원법으로 개정되었다. 한부모가족지원법은 세대주에 의하여 양육되는 만 18세 미만(취학 시에는 만 22세 미만)의 자녀로 이루어진 가정으로 자녀비, 아동양육비, 복지자금 대여, 자녀양육비 이전 지원 등을 하고 있으며, 시설 지원으로는 미혼모자시설, 미혼모자·미혼모 공동생활가정, 취업 지원, 청소년한부모 지원 등을 포함하고 있다.

② 미혼모 보호시설 및 서비스

미혼모자시설은 2022년 기준 전국 20개소가 있으며, 미혼모의 안전분만을 지원하고 분만 후 심신의 건강을 회복할 때까지 보호하고 있다. 이들 시설은 미혼의 임산부 및 출산 후 6월 미만의 자이며, 보호기간은 1년 이내이나 6개월 연장이 가능하다. 또 미혼모자공동생활가정은 38개소로 3세 미만의 영유아를 양육하는 미혼모로서 일정기간(2년이며 1년 연장 가능) 숙식보호와 자립 지원을 하고 있으며, 미혼모공동생활가정은 2개소로서 출산 후 해당아동을 양육하지 아니하는 미혼모를 대상으로 하며 숙식보호와 자립 지원을 하고 있다.[34]

(2) 미혼모 복지정책의 문제점

미혼모에 대한 복지정책이 가지는 문제는 먼저 국가의 미혼모에 대한 시각을 문제삼을 수 있다. 임신이란 남녀가 동등하게 책임져야 할 문제임에도 우리 사회의 가부장제적 성에

34) 여성가족부, 『2022년도 한부모가족지원사업안내』, 2022.

대한 이중 기준은 남성에게는 허용적인 대신 미혼모에 대해서는 혹독한 비난과 냉대를 가해 왔다. 미혼모는 비록 자신의 아이라고 해도 규범적인 혼인에서 벗어났다는 이유로 자녀를 양육할 권리를 박탈당하고 각종 차별대우를 받게 된다. 최근에 와서 미혼모의 문제를 사회 구조적인 차원의 문제로 인식하기 시작하여 미혼모를 위한 정책과 서비스를 제공하고 있으나, 이런 복지정책들은 미혼모 여성의 복지를 바람직한 수준으로 끌어올리기 위한 최적의 사회적 환경과 지원을 제공하기보다는 최저 수준을 보장해 주는 소극적이고 시혜적인 수준에 머물러 있는 실정이다.

미혼모를 위한 단일법은 없고 여러 가지 관련 법에 근거해 지원하고 있다. 그러므로 미혼모와 관련해 각 법의 성격에 따라 부분적으로 제시하고는 있지만, 미혼모의 권리와 미혼모 복지에 대한 명확하고 구체적인 근거가 없는 실정이다.

미혼모보호시설은 미혼모의 임신과 분만관리만 중점을 두고, 출산 후 아동양육에 관한 사항은 제외되어 있으며, 미혼모 시설을 퇴소하는 한부모에게 초기자립을 위해 지원금을 지급하나 실제로 아동양육을 결정하기 어려운 지원이다. 또한 미혼모가정이 이용할 수 있는 모자 자립시설이나 임대주택이 매우 부족한 실정이다. 또한, 제공하고 있는 서비스는 미혼모가 가정이나 사회로 직접 복귀할 수 있도록 돕기보다는 사회복귀의 준비를 위한 과도 단계의 시설로 이용되고 있다. 이는 이들이 보호시설에 머무는 기간을 보면 잘 나타난다. 미혼모의 시설거주기간은 2~3개월 거주가 가장 많고, 1개월 미만, 5~6개월 이내의 순으로 되어 있다. 서비스의 내용도 시설보호자에게만 비중을 두며 사후지도서비스는 미흡한 편이다. 즉, 의료서비스, 숙식서비스는 입소자 중심이며, 상담서비스는 개별상담을 통해 주로 아동의 친권 포기, 입양 문제, 시설적응 문제 등에 대해 이루어지고 있다.

이처럼 미혼모에 대한 서비스는 지역사회에 거주하면서 도움이 필요한 사람들에 대한 서비스가 거의 없고, 서비스의 내용도 주로 출산 전후 조리에만 한정되어 있어서 이들의 자립 지원대책이 미흡하고, 미혼모 예방을 위한 체계적인 사업도 부족하다. 이로 인해 일부 미혼부모들은 아이를 유기하기도 하는데, 최소한의 보루로서 베이비 박스가 운영되고 있다. 베이비 박스는 혹독한 날씨 속에 아이를 유기하여 사망하는 경우를 방지하기 위해 서울의 이종락 목사가 2009년 처음으로 시행하였으며, 현재 민간단체들을 중심으로 운영되고 있어 전국적인 통계는 존재하지 않는다. 다만, 주사랑공동체교회 홈페이지에 따르면 2021년까지 1,935명의 아이들이 베이비 박스를 통해 구조되었다고 한다. 최근 아동학대나 영아를 유기 · 살해 사건이 지속적으로 발생하고, 베이비 박스, 미혼모, 입양 등을 소재로 하는 "브로커"라는 영화가 나오면서 베이비 박스에 대한 관심이 높아지고 있다.

우리나라가 시행 중인 가족관계의 등록은 지나치게 수직적이며, 이로 인해 한번 등록하면 말소가 사실상 불가능하다. 이로 인해 미혼부모들은 자녀를 책임지기 보다는 회피하게 되는데 영아에 대한 책임을 회피하여 유기한다는 것은 영아에게 심각한 위협으로 다가온다. 따라서 유기되는 영아를 구조하기 위해 베이비 박스를 합법화하고 민간이 아닌 공공에서 운영할 것을 요구하는 목소리도 존재한다. 다만, 베이비 박스의 운영이 합법화될 경우, 도적적 해이가 발생할 수 있기 때문에, 현실적 한계로 인해 베이비 박스가 운영되고 있으나, 궁극적으로는 영아가 유기되지 않도록 미혼모에 대한 지원을 강화함으로써 영아 유기 자체를 예방할 필요가 있다.

(3) 미혼모 복지정책의 개선 방안

미혼모에 대한 복지정책은 무엇보다 먼저 미혼모에 대한 시각을 전환해야 한다. 미혼모도 다른 여성과 마찬가지로 국가나 사회로부터 인간의 존엄성과 인간다운 생활을 할 권리를 동등하게 보장받고 자신의 성과 재생산에 대한 자율권을 가짐으로써 여성의 건강, 재산, 행복 등 삶의 조건들이 만족스러운 상태를 누릴 수 있어야 한다. 따라서 이들은 복지정책에서 사회의 요보호자, 일탈자로서 수혜를 받는 것이 아니라 복지정책을 요구할 수 있는 기본권을 가진 주권자로서 적당한 복지혜택을 받아야 한다.[35] 또 국가는 규범적 가족만을 정상 가족으로 간주하는 가족 이데올로기에서 벗어나 이혼가정, 별거가정, 독신가정, 미혼모가정 등을 다양한 가족 형태로 인정해야 하며, 복지정책의 시행과정에서도 성이나 혼인 형태에 따른 차별 없이 복지서비스가 행해질 수 있도록 보장해야 한다.

법적인 측면에서는 미혼모의 예방 및 보호를 효과적으로 수행하기 위해 독립적인 법령을 제정하거나 현행 미혼모 관련 법령을 체계적으로 재구성하여 적극적으로 미혼모 자신과 사생아 문제해결을 위한 법적 근거를 마련해야 한다. 이런 법적 근거가 마련될 때 단지 미혼모 시설의 수용 보호에만 의존하여 출산 전후의 보호에 머무는 것에서 탈피하여 미혼모들이 양육을 선택할 수 있도록 경제적 지원, 숙식 보호, 의료 혜택, 직업훈련이 이루어져야 한다.

그리고 미혼부의 책임을 법제화해야 한다. 미혼모는 반드시 미혼부가 있음에도 가부장제

35) 박홍주 외, "미혼모 정책에 대한 여성적 비판", 『이화여대 대학원 논집』 제25집, 1993, p. 294.

적 가족제도의 이중적 성윤리는 미혼모가 모든 책임과 사회적 비난을 감수하는 성불평등 구조를 나타내고 있다. 그러므로 미혼모가 자녀를 양육하기 원할 때 미혼부로 하여금 자녀가 성년이 될 때까지 일정 금액의 양육비를 부가하도록 법제화해야 한다. 이를 통해 미혼부도 생명에 대한 존엄성 및 부모로서의 책임감을 가지게 할 수 있다면, 무절제한 성윤리를 통제할 수 있게 하는 데 장기적으로 효과가 있을 것이다.[36]

미혼모 복지시설에 대한 지원을 강화하고 지역사회 내에서 쉽게 이용 가능한 미혼모를 위한 서비스 프로그램을 개발하고 지원해야 한다. 그 밖에도 미혼모의 발생을 예방할 수 있는 실제적인 성교육을 확대하고 가정과 사회, 국가에서 청소년을 성적 주체로 인정하는 것이 필요하다. 또 미혼모 복지를 위한 재정적인 지원을 확대하고 미혼모의 낙태 시 상담기관에서 상담을 받도록 의무화하며 서비스 제공에 전문인력이 종사할 수 있도록 하여야 한다.

이 장의 요약

1. 남성과 여성에게 다르게 적용되는 이중적인 성윤리는 성행위에서 지배와 복종의 관계를 구조화한다. 남성은 지배적인 입장에서 주도권을 행사하는 반면, 여성은 성적 자율권과 결정권을 박탈당한다. 이러한 성윤리의 모순은 부적절한 성관계의 결과에 대해서도 남녀에게 다르게 책임이 부과되고, 성매매도 성을 산 남성에게는 사회적 · 법적 제재가 없으나 성매매여성은 법적 제재와 더불어 사회적 낙인을 안고 살아가야 한다.
2. 여성주의에서 보는 성매매의 근본 원인은 보편화된 여성의 경제적 · 사회적 열등성과 가부장적 사회의 성별 노동분업제도, 가부장적 결혼 관행, 여성의 상대적 저임금, 온전히 평가되지 못하는 임금노동 및 남성에 대한 경제적 의존 등으로 볼 수 있다. 따라서 여성주의에서는 성매매여성을 가부장적 사회에서 남성의 탐욕을 만족시키기 위한 사회적 억압의 희생자로 인식하며, 성매매 역시 남성에 대한 여성의 종속으로 파악하고 있다.
3. 우리나라에서 성매매여성정책은 성매매 자체가 실정법상 불법이므로 이들이 탈매춘할 수 있도록 환경을 조성하고 사회통합을 통한 재활적 차원에서 그들이 겪고 있는 고통을 경감시키는 대책이 필요하다. 그러나 무엇보다도 성매매 여성복지의 가장 중요한 전제는 이것이 여성만의 문제가 아니라 남성과 결부된 성차별적 요소가 전제되어 있고, 이는 가부장제의 이중적인 성윤리의 모순이 그대로 드러난 현상이므로 이것의 변화에 초점을 두어야 한다는 것이다.
4. 미혼모에 대한 이해는 미혼모에 대한 다양한 관점을 이해하는 것이 중요하다. 즉, 미혼모를 '성적 일탈자'

36) 노현조, 『한국 미혼모 복지정책에 관한 연구』, 한양대학교 대학원 석사학위논문, 2000, pp. 70-76.

나 '사회적 일탈자'로 보는 관점, 사회구조적 차원에서 미혼모를 요보호자로 보는 관점, 여성학적 관점에서 성차별제도의 희생자로 보는 관점, 그리고 스칸디나비아 3국이 취하는 입장으로 미혼모를 특별한 문제로 취급하기보다 다양한 가족 형태의 하나로 받아들이는 관점 등이다.

5. 미혼모에 대한 현행 복지정책의 문제점은 국가의 미혼모에 대한 시각이 우리 사회 가부장제적 성에 대한 이중 기준을 그대로 적용해 남성에게는 허용적인 반면 미혼모에게는 차별과 냉대로 일관해 왔다는 것이다. 최근에 미혼모 문제를 사회구조적으로 인식하기 시작했으나 여전히 복지 대책들은 미혼모 여성복지를 위한 최적의 사회환경과 지원을 제공하기보다는 최저 수준을 보장해 주는 소극적이고 시혜적인 차원에 머물러 있는 실정이다.
6. 미혼모복지정책의 개선방안은 무엇보다도 미혼모에 대한 시각부터 전환해야 한다. 즉, 미혼모도 국가사회로부터 존엄성과 인간다운 생활권을 보장받고 자신의 성과 재생산에 대한 자율권을 가짐으로써 삶의 제 조건들이 만족스러운 상태를 누릴 수 있어야 한다. 법적 측면에서는 미혼모의 예방 및 보호를 위해 독립법을 제정하거나 현행 미혼모 관련 법령을 체계적으로 재구성하여 적극적으로 미혼모와 혼외자녀 문제해결을 위한 법적 근거를 마련해야 하고 미혼부의 책임을 법제화해야 한다.

주요 용어

- **이중 성윤리**: 가부장제하에서 남녀에게 차별적으로 적용되는 이중적인 가부장제 성윤리의 모순현상을 말한다. 즉, 남성에게는 성적 주도권과 적극성을, 여성에게는 성적 수동성과 순종성을 정당화하여 성행위에서도 지배와 복종의 관계를 구조화한다.
- **성매매**: 유사 용어로는 윤락행위, 매춘, 매매춘 등이 있다. 법적 용어로는 '윤락행위'를 사용하고 있고, 과거에는 성을 파는 여성의 문제가 부각되었기 때문에 '매춘'이라는 용어를 주로 사용했으나 최근에는 성을 구매하는 남성이 공존하고 있음을 나타낸다는 의미에서 '매매춘' 또는 '성매매'라는 용어를 사용한다.
- **미혼모(unmarried mother)**: 사전적 정의로는 '합법적이고 정당한 결혼 절차 없이 아기를 임신 중이거나 출산한 여성'을 의미한다. 이와 같은 법적으로 포괄적 정의는 사회의 일반적인 통념상 생각하는 '결혼해 본 경험이 없는 여성의 출산'이라고 정의하는 것보다 그 범위가 넓어진다.

더 읽을거리

1. 신영화 외 10인 공저, 『영화로 읽는 젠더와 가족』, 학지사, 2015.
2. 막달레나의 집 편, 『용감한 여성들, 늑대를 타고 달리는』, 서울: 삼인, 2002.
3. 최승희, 『이 땅에서 미혼모로 살아가기』, 양서원, 2016.
4. 박혜정, 『성노동, 성매매가 아니라 성착취(한권으로 열다1), 열다북스, 2020
5. 이숙희, 『보호시설 미혼모의 삶에 대한 참여연구』, 서울대학교 대학원 박사학위논문, 2001.
6. 여성가족부, 「2022년 해바라기센터 사업안내」, 2022.

볼거리

- **성매매의 거리에서 쓴 꿈에 관한 보고서**, 김양래 · 김민정 감독, 장수하늘소 제작, 1999년
  공동연출로 제작된 이 영화는 '남자들의 술자리에서 벌어지는 성에 대한 농 / 잡담'과 '매매춘 거리에서 몸을 파는 여성들의 인터뷰'라는 두 지점으로 크게 구분된다. 연출자의 카메라는 여성들을 착취하고 이용하는 짜증 나는 남성들 중심의 억압적 구조를 고발하는 것과 더불어 매매춘여성들이 멀리 떨어진 '그들'이라는 '타자'가 결코 아닌, 바로 우리의 누나, 언니, 여동생, 이웃이라는 사실을 직시하게 한다. 또한, 그들이 우리가 동정해야 하는 불쌍하고 가련한 여성이 아닌, 한 인간으로서 주체로 당당히 서 있는 모습을 보여 준다. 그리고 그들을 가해하는 남성보다 오히려 더욱더 힘 있게 살아가는 강한 여성임을 얘기한다. 이 영화는 「낮은 목소리」 시리즈와 더불어 억압당하는 여성의 삶에 대한 진지한 기록으로 기억될 듯하다.
- **브로커. 고레에다 히로카즈 감독. 영화사집 제작. 2022년.**
  세탁소를 운영하지만 늘 빚에 시달리는 '상현'과 베이비 박스 시설에서 일하는 보육원 출신의 '동수'. 거센 비가 내리는 어느 날 밤. 그들은 베이비 박스에 놓인 한 아기를 몰래 데려간다. 하지만 이튿날, 생가지도 못하게 엄마 '소영'이 아기 '우성'을 찾으러 돌아온다. 아기가 사라진 것을 안 소영이 경찰에 신고하려 하자 솔직하게 털어놓은 두 사람. 우성이를 잘 키울 적임자를 찾아 주기 위해서 그랬다는 변명이 기가 막히지만 소영은 우성의 새 부모를 찾는 여정에 상현, 동수와 함께하기로 한다. ...(하략)

관련 사이트

- 여성가족부(http://www.mogef.go.kr/): 인권보호, 청소년 성보호제도, 성매매방지법 등을 안내하고 있다.
- 성매매 근절을 위한 한소리회(http://www.han-sori.org/): 한소리회는 성매매 근절을 위해 활동하는 민간단체들의 연합체로 1986년 발족. 성매매 여성들의 인권보호와 사회복귀활동을 위한 상담과 교육, 매매춘 연구 및 자료 발간, 여론화 작업 등을 해왔다.
- 늘푸른 여성정보센터(http://1318.seoul.go.kr/): 청소년 가출, 성매매 상담, 심리검사, 쉼터 연계 등을 하고 있다.
- 혜림원(http://www.haerimwon.or.kr/): 국내입양 미혼모 보호시설로서 국내입양 상담 및 후원 안내, 미혼모 통계자료 등을 수록하고 있다.
- 대한사회복지회(http://www.alovenest.com/): 미혼모 상담, 국내입양, 불우한 아동의 학자금 및 의료비 지원운동, 장애인복지 등 사업 소개 사이트이다.
- 한국여성인권진흥원(http://www.stop.or.kr/): 여성인권보호운동, 폭력근절, 지원 프로그램 개발, 성매매실태조사 안내 등을 하고 있다.

Chapter 08

여성과 결혼

결혼과 가족은 여성의 경험을 이해하기 위한 중요한 장이다. 우리 사회에서 남성과 여성은 결혼에 대해 서로 다른 이데올로기를 갖도록 사회화된다. 남성은 생계 전담자로 여성은 가사노동 전담자로 규정하기 때문에, 가정은 여성에게 있어서 대부분의 경험이 이루어지는 중요한 장소가 된다.

여성의 주된 영역은 가정이고 어머니와 아내의 역할을 잘 수행하는 것만이 여성의 임무이며 미덕이라고 생각하기 때문에, 여성은 자신의 직업적 성취보다는 결혼에 더 큰 비중을 둔다. 이런 이유로 배우자 선택의 기준이나 결혼에 대한 기대 등도 남녀 간에 큰 차이가 있다. 자녀를 낳은 여성이 강한 모성애를 갖는다는 관념은 천부적이고 자연스러운 감정이 아니라 근대 이후에 구성된 사회적 담론이다. 실제로 많은 여성들은 분만 이후의 우울과 자녀양육 시의 고립감에 고통받고 있으나, 이상적인 어머니, 좋은 어머니의 허상을 강요받는다. '희생적인' 어머니상은 미화되고 희생적이지 않은 여성은 이기적인 여성으로 매도되며, 그렇지 못한 여성들은 좌절하고 실패한 어머니로서 죄책감을 가지고 살아가게 된다.

이 장에서는 여성에게 결혼과 가족제도가 어떤 의미를 가지고 있는지 살펴보고, 전형적인 혈연 중심의 핵가족이 감소하는 것과 함께 증가하는 다양한 형태의 가족들을 살펴본다. 또, 결혼의 해체인 이혼은 여러 가지 이유로 발생하지만, 이혼이 진행되는 과정이나 이혼 후 겪게 되는 어려움은 남녀 간에 차이가 있다. 이혼이 성에 따라 어떻게 다른지를 살펴보고, 1990년대 이후 급격히 증가하고 있는 우리나라 이혼의 실태 및 그 원인이 무엇인지, 그리고 이혼 후 겪게 되는 문제는 무엇인지 살펴본다. 나아가 재혼의 실태 및 재혼가정의 문제도 파악한다. 한편, 2005년의 호주제 폐지가 국회에서 통과된 후 2007년에 개정된 가족관계등록법은 새로운 결혼과 가족관계를 형성시킬 것으로 기대된다.

1. 여성주의 시각에서 본 결혼과 가족

결혼과 가족은 여성의 경험을 이해하기 위한 중요한 장이다. 여성과 남성이 가지는 상이한 결혼 이데올로기와 결혼 생활에 대한 기대는 우리 사회가 가진 성차별적 이데올로기의 사회화를 통해서 우리에게 내면화된다. 또 남성을 일차적인 생계 담당자로, 여성을 일차적인 가사노동 전담자로 규정하는 성별 분업체계 속에서 가정은 대부분의 여성 경험이 이루어지는 중요한 장소이다. 여기에서는 남녀의 결혼관을 통해서 결혼 이데올로기의 실상을 살펴보고, 가부장제 가족에 대해 여성주의적 시각에서 조명해 보며, 점점 보편화해 가는 다양한 결혼 및 가족 형태에 대해 검토해 본다.

1) 여성과 결혼 이데올로기

산업화 이후 강조된 남성은 일, 여성은 가정이라는 가부장제 사회의 성별 분업적 이데올로기는 여성들이 결혼을 자신의 영역과 지위를 부여해 주는 제일의 관심사로 여기게 만들었다. 더구나 결혼하지 않은 여성은 무언가 부족하고 열등한 존재로 여기는 사회 풍토에 의해 여성에게 결혼은 인생의 목표로 등장하게 된다. 즉, 여성의 주된 영역은 가정이고 어머니와 아내의 역할을 잘 수행하는 것만이 여성의 임무이며 미덕이라고 생각하기 때문에, 여성은 자신의 직업적 성취보다는 결혼에 더 큰 비중을 두고 결혼에서 자신의 성취 의미를 찾게 된다. 또 대부분의 여성에게 경제적 안정을 위한 최고의 기회는 결혼을 통해 남편에게 의존하는 것이므로 결혼은 여성에게 자신의 행복을 위한 중요 조건이자 자기 인생의 최대 관심사로 등장한다. 반면에 남성은 일이나 직업에서의 성취가 인생의 가장 중요한 목표이며, 결혼이나 가정에 대한 비중은 여성보다 훨씬 낮다.

이처럼 성에 따라 다른 결혼 이데올로기는 배우자 선택의 조건도 남녀 간에 차이가 있게 만들었다. 여성은 자기 스스로 독자적인 지위를 획득하기보다 남편을 통해 대리지위를 획득해야 하기 때문에 결혼 시에 다른 무엇보다 배우자의 사회경제적 지위에 관련된 조건을 중시하고, 상향혼을 당연하게 생각한다. 이에 대해 남성은 결혼 시 여성의 능력보다는 외모를

● 이 장은 『현대사회와 여성복지론』, 김영화 외(2006)의 조희금의 글을 초안으로 2011년 최영진이 수정 · 보완한 것을 권신영이 수정 · 보완 집필하였다.

중시하기 때문에, 여성은 외모와 성적인 것에 더 관심을 기울이고 이를 부각시키고자 한다. 이런 결혼 이데올로기는 성차별적인 사회 문화 속에서 사회화된 것이다.[1]

버나드(J. Benard)는 결혼에는 여성의 결혼(her marriage)과 남성의 결혼(his marriage)이라는 두 가지 서로 다른 결혼이 있으며, 남성들이 여성들보다 결혼으로부터 더 많은 이득을 얻는다고 제시하였다.[2] 이는 결혼 생활에 대해 남녀가 서로 다르게 기대하고 결혼의 실재가 남녀 간에 다르기 때문이다. 결혼 그 자체 및 결혼 생활 실재에 대해 부부간에 어떻게 다르게 생각하는가를 연구한 결과에 의하면,[3] 여성은 결혼에 대해 이상적인 기대를 가지고 가정이 생활의 장소로서 의미를 가지며, 부부의 역할이 분리되는 것에 대해 문제를 느끼고 부부간의 대화에 대해 높은 요구를 가진다. 이에 비해 남성은 결혼을 이상이 아닌 현실로 생각하고 가정이란 생활의 장소라기보다는 휴식의 장소로서 의미를 가지며, 부부역할 분리를 당연하게 생각하고 부부간의 대화보다는 휴식을 원하는 것으로 나타났다. 이는 결혼실재에 대한 남녀의 차이가 얼마나 큰 것인가를 명료하게 보여 주고 있다.

2) 여성과 가족제도

(1) 핵가족 이데올로기

우리가 가지고 있는 가족에 대한 일반적인 개념은 기능주의 가족이론에서 주장하는 핵가족 이론이다. 이 이론에서 가족이란 부부와 그들의 미혼 자녀로 구성된 핵가족이 보편적인 가족, 정상적인 가족으로 받아들여진다. 핵가족은 애정에 기반을 둔 부부관계를 중심으로 구성되어 생물학적으로 주어진 것으로, 가족이 수행하는 자녀의 양육과 노인이나 병자의 보호와 같은 보호 기능은 사회의 어떤 다른 제도로 대체할 수 없다고 주장한다. 부부를 중심으로 구성된 핵가족은 산업사회의 이동 요구에 잘 부응할 수 있기 때문에 산업사회에 맞는 가장 기능적인 형태라고 간주된다.

기능주의적인 핵가족 이데올로기에 대해 비치(V. Beechy)는 이 이데올로기가 두 가지 가정에 기초하고 있음을 지적한다. 첫째, 동거 핵가족은 보편적이고 규범적으로 바람직한 것이라는 가정과, 둘째, 여성은 주부이며 어머니로서 가정이라는 '사적'인 세계에 위치시키고,

1) 권오주, 『결혼관에 나타난 결혼이데올로기연구』, 서울대학교 대학원 석사학위논문, 1989.
2) Bernard, J., *The Future of Marriage*, 1973, 박민자 역, 『여성사회학』, 서울: 경문사, 1995, p. 131에서 재인용.
3) 양현아, 『부부간의 결혼실재 상이성 연구』, 서울대학교 대학원 석사학위논문, 1986.

남성은 임금벌이자이고 생계유지자이며, 임금노동이라는 '공적'인 세계에 위치시키는 성별 분업형태가 보편적인 것이며 규범적으로 바람직한 것이라는 가정이다. 중요한 점은 이런 가정들이 3중의 위력을 발휘하는데, 첫째는 주부와 어머니의 역할을 여성들이 자신들의 고유한 생활양식으로 설정하는 것이고, 둘째는 주부와 어머니의 역할이 여성에게 본질적으로 만족시키는 생활양식이며 여성이라면 마땅히 만족해야 하는 것이라고 믿게 하고, 셋째는 그런 생활양식이 만일 실패한다면, 그 실패에 대한 원인을 여성들 개인적인 탓으로 돌린다는 것이다.[4] 비치의 지적처럼, 핵가족 형태의 이런 특정한 생활방식이 자연스럽고 보편적인 것이며 여성의 이익에도 도움이 된다는 가정에 대해 여권주의자들은 동의하지 않는다.

(2) 여권주의적 시각에서 본 가족제도

여권주의적 입장에서는, 핵가족을 중심으로 한 기능주의적 가족제도가 가정 안에서 남녀의 성별 분업에 기초를 둔 남녀의 위계관계를 은폐하고 있으며, 핵가족이 모든 사회에 보편적이고 당연한 것이 아니고, 산업사회에만 그것도 중산층 이상의 일부 계층에서만 적용될 수 있는 가족제도라는 점을 지적하고 있다. 또 대부분의 가족에 대한 묘사가 남성들의 경험을 표현한 것으로, 예를 들면 가정이 편안한 휴식처요, 천국이라는 묘사는 여성들에게는 적용할 수 없다. 왜냐하면 전업주부는 말할 것도 없고, 취업한 여성들에게 가정은 직장에서 돌아와 가사노동을 해야 하는 노동의 장소이며, 남편의 아내 구타, 아동 학대, 성폭력 등이 일어나는 위험한 장소이고, 갈등의 장소이기도 하기 때문이다.

또 통념적으로 가족은 이해관계가 일치하는 집단으로 여겨진다. 그 이유로서 가족은 하나의 공동체로서 가족원 사이에 공동의 소비가 이루어진다고 생각되기 때문이다. 그러나 가족 내에서 일어나는 소비활동을 보면, 이 활동에 성별 위계가 존재함을 쉽게 알 수 있다. 즉, 여성들의 경험을 통해 볼 때, 공동의 소비란 환상에 가까우며, 물자가 희소한 가족 안에서는 더욱 그렇다. 먹는 것을 예로 들어 보면, 여성은 남성보다 덜 좋은 것을 먹고, 덜 먹으며(특히, 부족할 때), 더 나중에 먹으며, 만일 더 많이 먹고자 할 때는 더 적대적인 분위기에서 먹을 가능성이 높다. 양보심과 희생정신을 여성다움으로 요구하는 사회적 분위기에서 이런 차별은 당연한 것으로 여겨진다.[5] 의복이나 개인적인 기호품, 용돈의 소비도 마찬가지이다. 그

4) Beechey, V., "Familial ideology", in V. Beechey & J. Donald(Eds.), *Subjectivity and Social Relations*, 1986 ; 박민자 역, 앞의 책, pp. 134-135에서 재인용.

5) 한국여성연구소, 『새여성학 강의』, 서울: 동녘, 1999, pp. 189-190.

러므로 여성의 경험에서 가족을 볼 때, 가부장적인 가족제도는 성별 분업과 성별 위계가 존재하는 불평등한 제도이다.

3) 다양한 결혼 및 가족 형태

최근에는 전통적인 일부일처 혈연 중심의 가부장적 가족 형태가 아닌 다양한 형태의 가족들이 증가하고 있다. 이혼 및 재혼의 증가로 나타나는 한부모가족과 재혼가족, 자녀가 소비단위로 인식되면서 자녀를 원하지 않는 무자녀가족, 결혼제도를 거부하는 독신가족, 동거가족과 동성애가족, 비혈연자가 이루는 공동체 가족 등이 새롭게 대두되는 다양한 가족의 유형들이다. 즉, 산업화 과정에서 생겨나 현대가족의 전형으로 불렸던 핵가족이 이제는 더 분화되어 '전자가족'이라는 새로운 용어로 불리는 가족 형태로 변화되고 있다.[6)]

따라서 이제는 사회적으로 다양한 가족 형태가 존재하며 그것은 '정상 가족'이 되지 못한, 혹은 '정상 가족'에서 벗어난 일탈된 가족 형태가 아닌, 있는 그대로 인정되어야 하는 또 하나의 대안적 가족이라는 인식 전환이 필요하다. 여기서는 이들 가족 유형 가운데 주목할 만한 몇 가지 새로운 가족 형태를 소개한다.

(1) 독신가족

독신(singlehood)이란 혼자 사는 사람을 통칭하고, 독신가구, 단독가구 혹은 1인 가구라고 불린다.[7)]

통계청의 인구주택총조사의 결과 발표에 의하면 2020년 기준 우리나라의 총 가구 수는 2,148만 가구로, 2005년 대비 7.5% 증가했는데, 평균 가구원수는 같은 기간에 2.88명에서 2.3명으로 감소하였다. 또한 1990년 이후 가장 주된 유형의 가구는 4인 가구였으나, 2020년에는 1인 가구가 비율이 높은 가구유형으로 등장하였다.

---

6) 사람을 원자(原子)로 보면 가족은 원자가 뭉친 분자(分子)로 볼 수 있는데, 핵가족(Nuclear Family)이란 개념은 여기서 나왔다. 원자들의 집합인 분자가 최소 단위(핵)로 쪼개진다고 해서 핵가족이라고 불렸는데, 핵가족의 기본 구성은 부부와 미혼 자녀였다. 이 핵가족이 최근에 더 분화되면서 1~2인의 '전자(Electron)가족'이라고 불린다(중앙일보, 2011. 7. 8).

7) 통계청이 실시하는 인구조사에서는 독신가구를 결혼하지 않았거나 이혼 · 별거 · 사별 등으로 인하여 현재 법적 배우자가 없이 혼자 사는 가구로 정의한다. 그리고 1인 가구는 '15세 이상인 자로서 혼인한 사실이 없는 사람'으로 규정하고 있다.

명으로 구성되는 경우도 있고, 한 촌락을 이룰 정도로 큰 경우도 있다.[9] 또 다른 형태의 공동체 가족으로는 혈연으로 맺어지지 않은 사람들이 가정을 이루고 사는 대안가족들을 말한다. 대안가족은 부모의 이혼, 사별 등으로 부모가 없는 아이들이 한 가정을 이루어 사는 경우를 들 수 있다.[10]

(4) 동성애가족

동성애(homosexual union)에 대한 편견이 존재하고 있지만, 최근에 와서는 동성애자로 이루어진 배우자나 자녀를 포함하는 가족을 하나의 가족으로 인정할 것인가에 대해 논의가 이루어지고 있다. 동성애자들은 동성애에 대한 차별과 억압이 여성의 억압이나 장애인, 외국인 노동자 등에 대한 억압과 떨어져 있는 문제가 아니라고 주장한다. 동성애 부부는 이성애 부부와 유사점도 있으나 무엇보다 이들은 제도권이 아니라는 이유로 사회적 지원을 전혀 받지 못한다는 점에서 여러 가지 어려움에 직면하는 것으로 보인다.[11]

위에서 살펴본 가족 형태들 외에 최근에 등장하고 있는 다른 가족 형태들을 간략하게 상자글을 통해 알아보자.

상자글 8-1 **가족 해체의 시대: 싱글맘, 딩크펫 등 新 가족 등장**

조손가족: 조손가족은 조부모가 손자녀와 함께 살며 손자녀의 기본적인 의식주 및 생활 전반을 책임지고 있는 가족의 형태다. 과거에는 부모의 이혼 · 재혼의 경우에 생겼지만 최근에는 맞벌이 부부의 증가나 잦은 근무지 이동으로 생기는 경우가 많다.

패치워크가족: 재혼으로 '성이 다른 가족들이 모여 사는 공동체 가족' 인 패치워크가족은 다양한 색상의 조각보를 여러 개 이어 만든 패치워크를 연상시킨다 하여 붙여진 이름으로 재혼가정의 전형적인 특성이라 할 수 있다.

무자녀가족: 맞벌이하면서 자녀를 낳지 않고(DINK ; Double Income No Kids) 대신 애완동물(pet)을 키우는 '딩크펫 가족'이라고 말할 수 있다. 아이를 낳지 않는 딩크족에서 발전된 형태로 전문가들은 '애완동물이라도 정을 주고 친밀감이 있으면 가족이 되는 것'이라고 말한다.

9) 김윤정 외, 『여성복지론』, 서울: 대학출판사, 2001, p. 227.

10) 천주교재단에서 운영하는 한국SOS어린이마을(http://member.hitel.net/~KoreaSOS/)이나 대구에 있는 대안가족 '해뜨는 집'(http://www.sunrisehome.org/) 등이 대표적이다.

11) 김윤정 외, 위의 책, p. 229.

싱글맘, 싱글대디: 남편 없이 아이를 홀로 낳아 키우는 것을 '자발적'으로 결정했다는 의미가 강한 싱글맘은 학력과 소득이 높은 독신 여성이 늘어감에 따라 그 현상도 점차 증가해간다. 이러한 남편 없이 아이를 혼자 키우는 싱글맘은 어쩔 수 없이 혼자 아이를 키우게 되는 경우의 '미혼모'나 이혼 및 사별로 홀로 키우게 되는 '편모'와는 다른 의미다. 최근 생겨난 신조어인 미스맘(결혼은 하지 않았으나 남성의 정자를 기증받거나 입양해 혼자 아이를 낳고 기르는 사람) 역시 자발적 싱글맘에 속한다고 볼 수 있다.

다문화가족: 외국인과 한국인의 결합으로 생기는 가족 형태. 한 가족 내에 다양한 문화가 존재한다고 해서 다문화가족이라고 불린다. 최근 국내 거주하는 외국인의 수가 증가하며 다문화가족 역시 증가하고 있다.

출처: 이코노믹리뷰, 2011. 5. 9.

2. 결혼 생활과 관련된 문제들

가부장제 가족에서 여성들이 경험하는 많은 불평등한 문제들이 있다. 여기서는 결혼 생활과 관련하여 여성들이 겪는 문제들을 여성의 경험을 중심으로 부부간의 문제, 어머니의 신화에 관련된 문제, 그리고 가사노동 책임과 성별 분업에 관한 것을 중심으로 살펴본다.

1) 부부관계의 불평등

여권주의자들은 부부관계는 애정과 합의의 운명공동체이기보다는 권력관계로 보아야 한다고 주장한다. 이는 가족 내 이해관계의 불일치를 드러내는 한 예가 바로 부부관계이기 때문이다.

가정 내 의사결정의 측면에서 부부간의 의사결정권을 조사한 연구에 의하면, 과거에 비해 오늘날은 부부공동형이나 아내우위형의 결정이 많아진 것으로 보아 가정 내 여성의 지위가 많이 향상되었다고 본다.[12)]

그러나 자원분배와 관련해서 볼 때, 여성들의 소비 우선순위는 자녀나 남편의 뒤에 두는 것이 일반적이다. 자원이 부족한 경우에는 더욱 여성들을 위한 소비가 제한된다. 우리는 어머니가 아버지나 아이들보다 더 나은 음식을 먹고, 더 좋은 옷을 입는다는 것을 상상하기 어렵다. 가정 내 공간 사용도 남편과 아내 사이에 차이가 있다. 특히, 재산 소유에서 부부간에 차이가 있다. 부부별산제로 되어 있는 우리나라는 재산이 누구의 명의로 되어 있는가가

12) 여성가족부, 『2020년 가족실태조사분석연구』, 2020, pp. 145.

중요한 문제이나 대부분의 가정에서 결혼 생활 중 취득한 재산을 부인 명의로 등록하는 경우는 아직 일반적이지 않다.[13)]

2) 가부장제 가족의 어머니

가부장제 사회에서 모성은 여성 개인의 선택 이전에 제도화된 것이다. 여성이 어머니 역할을 하는 것은 천직으로 간주되며, 여성은 천부적으로 어머니 역할을 잘할 수 있고, 그것에서 정서적인 만족을 얻을 수 있는 것으로 여겨지고 있다. 여성은 자녀를 돌보고 통제하는 데 책임이 있으므로, 만일 아이들이 잘못되면 어머니가 비난받는다.

여성의 일차적인 정체는 아내요, 어머니에 관한 것이고 마땅히 그것에서 기쁨을 느껴야만 한다. 그러나 여권주의자들은 그러한 이상과 현실 사이에 큰 괴리가 있다고 지적한다. 어머니의 역할은 중노동이고 일반적으로 고립된 채로 수행된다. 많은 여성들이 분만 이후의 우울로 고통당하고 있으며, 취학 전 아동과 함께 집에 있는 여성은 병적인 우울증으로 고통받을 위험성이 높다.

건강보험심사평가원의 통계에 따르면 2021년 우울증으로 병원을 찾은 환자는 91만 785명으로 집계되었는데, 2021년도에 우울증 환자 가운데 여성은 61만 5,539명으로 전체 환자의 67.5%에 이르렀고, 남성은 32.5%인 29만 5,246명이었다.

전체 우울증 환자의 증가 수를 보면 2017년 68만 169명에서 2020년 91만 785 명으로 최근 연평균 7.4%씩 증가하였고, 남성은 2017년 22만 5,519명에서 2021년 29만 5,246명으로, 여성은 같은 기간 45만 4,650명에서 61만 5,539명으로 늘어 여성이 우울증을 겪는 비율이 남성보다 크게 증가하고 있음을 알 수 있다.[14)] 이렇게 여성에게 우울증이 크게 나타나는 것은 심리 · 사회적인 스트레스, 임신 · 출산 등 복합적인 요인에 의한 것으로, 이는 가정 내에서나 가정 외에서 여성이 여러 가지 일을 동시에 병행해 나가야 하는 상황이 많은 영향을 준다고 할 수 있다.

13) 부부별산제를 채택하고 있는 우리나라에서는 이혼 시 재산분할에서 재산의 명의가 중요한 영향을 미친다. 우리나라에서 재산소유권이 부인에게 불리하게 되어 있는 것은 가부장적 가치관의 영향이기도 하지만, 상속세, 증여세 등의 세법과 여성명의로 할 경우 소득증명을 하도록 하는 법 등의 영향이 있기 때문이다. 이런 점에서 여성계에서는 부부재산공동명의제 운동을 전개하고 있다(한국여성의전화연합 http://www.hotline.or.kr/).

14) 보건의료빅데이터개방시스템, 국민관심질병통계. 2022.

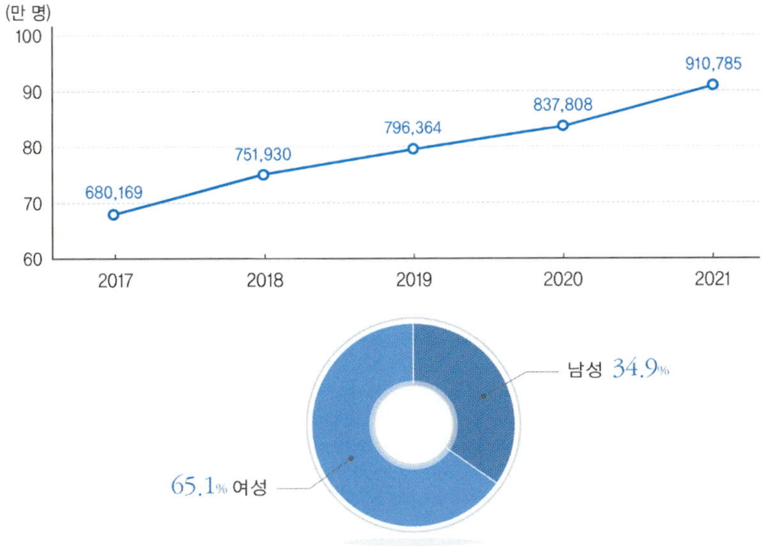

출처: 건강보험심사평가원, 국민관심질병통계, 2022

[그림 8-1] 우울증 환자 연도별 추이 및 성별 진료환자 비율

우리가 당연한 것으로 생각하는, 모든 아이를 낳은 어머니는 강한 모성애를 본능적으로 갖는다는 관념은 근대를 통해서 구성된 것이다.[15] 여성들의 경험을 통해서 볼 때 어머니되기 과정은 자연적인 것이 아니라 사회적이고 문화적인 과정이다. 그러나 이 과정이 천부적이고 자연스러운 것이라는 사회적 통념으로 인해, 그렇지 못한 많은 여성들이 좌절하고 실패한 어머니로서 죄책감을 가지고 살아가게 된다.

이처럼 여성에게 어머니의 역할이 여성의 전부라는 사회적 인식은 어머니에 대한 신화를 만들어 내고 이상적인 어머니, 좋은 어머니의 허상을 여성들에게 강요한다. '희생적인 어머니' 헌신적인 어머니상은 미화되고, 희생적이지 않은 여성은 이기적인 여성으로 매도된다.

특히, 아들을 통해서 가계를 이어 가는 전통적인 가부장제 가족에서 여성이 아들을 낳아야 하는 것은 선택의 여지가 없는 것이었으므로, 여성들은 아들을 낳기 위해 온갖 수단과 방법을 동원했다. 여성은 아들을 낳음으로써 비로소 부계가계에서 자신의 지위를 확고히 할 수 있었기 때문이다. 아들을 위한 헌신적인 모성은, 아들이 결혼을 하여 며느리를 맞게 되면, 자연스럽게 고부간의 갈등으로 연결된다. 고부간의 갈등이 가부장제 가족제도가 가지고 있는 구조적인 문제임에도 불구하고 통상 고부간의 갈등이 여성들 간의 갈등으로 그려지

15) Dally, A., *Inventing Motherhood: the Consequences of an Ideal*, 1982 ; 한국여성 연구소, 앞의 책, p. 198에서 재인용.

고 이는 여성을 비하하는 데 이용되곤 하였다.

3) 가사노동의 책임과 성별 분업

자녀양육을 포함한 가정 내 가사노동은 여성의 전담 영역으로 기대된다. 최근 들어 젊은 부부들 사이에서 가사노동을 분담하는 사례가 많이 늘고 있으나, 전체적으로 남성의 가사노동 분담은 매우 적다. OECD가 29개 국가들의 '요리, 육아 그리고 자발적 노동: 세계의 무상노동'에 관한 연구보고서를 발표했는데, 여기서 보면 한국 남성들이 전 세계에서 집안일을 가장 안 하는 것으로 드러났다. 남성의 가사노동 시간은 덴마크가 하루 3시간 이상으로 가장 길었고, 그 외 스웨덴, 호주, 독일, 네덜란드, 미국 등이 상위권을 기록했으며, 인도나 일본 등 아시아권 남성들의 가사노동 시간은 1시간도 채 되지 않아 최하위권에 위치했다. 그중에 한국 남성은 가사노동 시간이 50분도 안 돼 꼴찌로 나타났으며, 한국 여성의 평균 가사노동 시간은 3시간 30분 정도로 한국 남성에 비해 3배 이상 많았다.[16)]

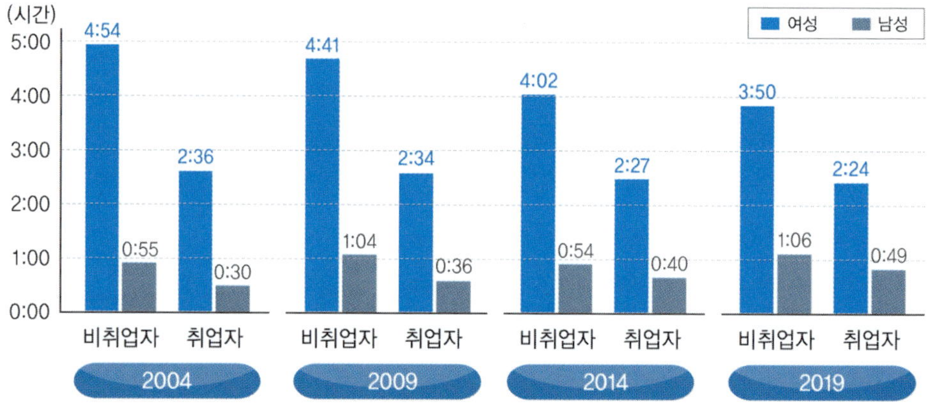

자료:통계청(각연도), 생활시간조사
출처: 여성가족부, 2021년 국가성평등보고서, p.80

[그림 8-2] 29개국의 성별 무임금노동(가사노동)의 분담시간

최근들어 [그림 8-2]에서와 같이 여성의 가사노동시간은 전반적으로 감소하는 추세를 보이고 있는데 여성 취업자의 가사노동시간은 2014년 2시간 27분에서 2019년 2시간24분으로 동기간 3분 감소하며, 여성 비취업자의 가사노동 시간은 2014년 4시간 2분에서 2019년 3시

16) OECD, Cooking, Caring, and Volunteering: Unpaid Work Around the World, 2011, pp. 12-14.

간 50분으로 12분 감소하였다. 반면 남성은 취업여부왕 상관없이 가사노동에 1시간 안팎의 시간을 사용하는 것으로 나타났다. 남성취업자의 가사노동은 2014년 40분에서 2019년 49분으로 9분 증가했고, 비취업자 가사노동은 2014년 54분에서 2019년 1시간 6분으로 12분 증가했다. 이는 한국이 남성과 여성의 성역할 분담, 즉 전통적인 가부장적 사고에 의한 남성은 생계 부양자로서, 여성은 가사 담당자로서의 성별 분업이 얼마나 고착되어 있는지 잘 보여주는 결과이다.

여성가족부는 2021년 양성평등실태조사에서 남녀모두 2016년에 비해 '남성은 생계부양, 여성은 자녀양육'이라는 전통적 고정관념이 완화된 결과를 발표하였다. 또한 직장생활을 하더라도 자녀에 대한 주된 책임은 여성에게 있다는 인식 또한 크게 감소하였다. 그러나 이러한 인식변화에도 불구하고 여전히 가사 및 돌봄의 책임은 여성에게 집중되는 양상으로 나타났는데, 가사돌봄을 전적으로 아내가 부담한다는 응답이 가장 많은 것으로 나타났다.

비록 가사노동의 분업이 이루어진다고 해도, 누가 무슨 일을 하는가뿐만 아니라 어떤 특정한 일의 수행 여부에 대한 책임이 누구에게 있는가를 보아야 한다. 부부가 가사노동을 분담하는 경우라도, 남성들은 아내의 일을 단지 '도와주는 것'이지 그 일에 관한 전체 과정을 책임지는 일은 드물다. 여성들은 본질적인 일이 수행되지 않을 때조차도 그 일에 대한 책임을 지고 있다. 또 남성들은 그들이 어떤 일을 도와줄 것인지를 선택할 수 있고, 대부분의 경우 식사 준비나 설거지, 청소 등의 일상적이고 반복적인 일보다는 자녀 돌보기 등이 남성이 주로 분담하는 일이다.

이런 점에서 볼 때 남성은 '생계 부양자', 여성은 '가사 담당자'라는 부부간의 성별 분업이 공평하다는 이데올로기에 도전해야 한다. 왜냐하면 전업주부 가운데 가정생활주기에 따라서는 남성의 노동시간보다 긴 가사노동을 하고 있는 주부가 있으며, 또한 기혼 여성의 취업이 점점 증가하고 있다는 사실을 고려해야 하기 때문이다.

3. 결혼과 위기: 이혼과 재혼

이혼은 법적으로 결혼한 부부가 더 이상 함께 살 수 없음을 결정하고 종래의 가족을 해체하여 남이 되는 것을 말한다. 이혼으로 인한 가족해체를 보는 측면은 크게 두 가지로 나누어진다. 이혼을 긍정적으로 보는 시각은 부부 갈등을 해결하고, 부부가 합리적인 삶을 찾음으로써 이혼이 부부 갈등을 해결하는 방법이라는 시각이다. 부정적으로는 이혼 후의 삶이 또 다른 문제를 야기하며, 특히 이혼이 자녀에게 미치는 부정적인 영향을 고려할 때, 가능한 한 참고 살아야 한다는 입장이다.[17)]

결혼의 해체인 이혼은 여러 가지 이유로 발생하지만, 이혼이 진행되는 과정이나 이혼 후 겪게 되는 어려움은 남녀 간에 차이가 있다. 다음에서는 이혼이 성에 따라 어떻게 다른지를 살펴보고, 1990년대 이후 급격히 증가하고 있는 우리나라 이혼의 실태 및 그 원인이 무엇인지, 그리고 이혼 후 겪게 되는 문제는 무엇인지 살펴본다. 나아가 재혼의 실태 및 재혼가정의 문제도 파악한다.

1) 성별화된 이혼

최근 들어, 이혼이 급격하게 증가하고 있다. 우리 사회에서 결혼은 성인 남녀가 '정상적인' 삶의 조건을 획득하는 일이며, 사회적으로 결혼 이외의 삶의 방식이 없기 때문에 이혼이란 남녀 모두에게 쉬운 일이 아니다. 또 이혼이 남성과 여성, 자녀들의 삶에 미치는 결과는 동일하지 않다. 자녀들은 부모에게 전적으로 의존하므로 자녀들의 경험은 부모와 다르다. 남녀는 어떤가? 결혼 생활에서 남성과 여성은 다른 경험을 하므로 당연히 이혼의 과정이나 이혼 후의 삶도 남녀가 다르게 경험한다. 그러므로 이혼이란 '성을 둘러싼 쟁점(gender issue)'임이 강조되어야 한다.[18)]

부부간의 갈등과 이혼에서 남녀의 차이가 어떻게 나타나는지를 통해 성별화된 이혼의 모습을 살펴본다.

첫째, 이혼과정에 이르게 된 갈등의 내용, 이혼 사유에 대해 남녀는 서로 다르게 지각한다. 이혼의 사유에 대한 남녀의 성별 차이를 보면, 남성들은 여성이 결혼 생활에 대한 책임과 의무를 소홀히 했다며 전통적인 성별 위계질서를 고수하려 하는 데 비해, 여성들은 과거와 달리 부계가족에 내재된 불평등한 권력관계에 저항하여 충돌하게 된다.

둘째, 결혼에 대한 아내의 태도나 인식이 남편의 그것보다 결혼안정성(또는 불안정성)에 미치는 영향력이 크다. 부부간 역할 공유와 정서적 관계 유지에 대한 책임을 평등하게 공유하는 결혼이 결혼안정성에 기여한다. 가사조정 사례를 통해서 보면 남편과 아내는 서로 성역할을 소홀히 하고 있음을 비난하고, 남성들은 가장의 권위를, 여성들은 동등한 인격체로서의

17) 변화순, 『이혼가족을 위한 대책 연구』, 한국여성개발원, 1996, p. 7.
18) 이재경, "성별화된 이혼과 여성", 『가족과 문화』 12-2, 2000, p. 82.

대우를 주장한다. 여기서 성역할은 여성의 경우는 남성의 경제적 부양책임을 의미하고, 남성은 여성의 가사 및 자녀양육책임을 의미한다. 즉, 부부간의 성별 분업은 가부장적 가족을 유지하는 하나의 수단이며 성별 권력관계를 나타내는 것이다.

셋째, 여성이 남성보다 결혼 생활의 문제나 위기를 훨씬 오랜 시간에 걸쳐 인식하며, 따라서 이혼을 원하는 비율도 높다.

넷째, 이혼한 후 겪는 문제나 갈등도 남녀가 같지 않다. 여성은 이혼으로 경제적 부양자를 잃어버리게 되므로 심각한 경제적 어려움을 겪게 되며, 자녀 문제, 사회적 낙인, 사회적 지원 체계의 부재 등으로 인해 삶의 질의 추락을 경험한다. 남성은 일상 생활과 정서적 안정을 아내에게 의존해 왔기 때문에 이혼 후 정서적 불안, 일상 생활 유지와 자녀양육의 어려움 때문에 고통받는다.

이상을 통해서 보면, 최근에 증가하고 있는 이혼은 가부장적 결혼에 내재되어 있는 불평등과 갈등의 문제로, 이혼에서 나타나는 문제들도 성에 따라 다르다. 이는 가족 내 성별 분업과 성불평등이 결혼의 위기를 초래하는 주요 원인이라고 할 수 있다.

2) 이혼 실태 및 이혼가정의 문제

(1) 이혼 실태 및 이혼 사유

우리 사회에서 혼인율은 감소하는 데 반해 이혼율은 크게 감소되지 않는 현상에 대해 우리는 두 가지 차원에서 질문해 볼 수 있다. 하나는 '왜 이혼하는가' 하는 사회적 차원에서

〈표 8-2〉 혼인 수 및 이혼 수

(단위: 건, %)

구분	혼인 수	조혼인율	이혼 수	조이혼율
1990	399,312	9.3	45,694	1.1
1995	398,484	8.7	68,279	1.5
2000	334,303	7.0	119,982	2.5
2004	308,598	6.4	138,932	2.9
2008	327,715	6.6	116,535	2.4
2012	327,073	6.5	114,316	2.3
2016	281,635	5.5	107,328	2.1
2020	213,502	4.2	106,500	2.1
2021	192,507	3.8	101,673	2.0

주: 조혼인율=혼인 수/해당 연 인구×1,000, 조이혼율: 이혼 수/해당 연 인구×1,000
출처: 통계청, 『인구동태통계연보』, 각 연도, 2022.

제기되는 의문이고, 다른 하나는 '어떤 사람 혹은 어떤 부부가 왜 이혼을 하게 되는가' 하는 개인적인 차원의 의문이다. 먼저 이혼의 실태를 살펴보고 이혼의 원인을 밝혀보고자 한다.

〈표 8-2〉에서 혼인 수와 이혼 수를 보면, 1990년 이후 혼인수는 감소하는 추세에 비해 이혼수는 1990년에 비해 2배 이상 증가했음을 알 수 있다. 2000년대 이후 이러한 이혼율은 2004년까지 계속적으로 높아지다가 2016년에 다소 낮아졌지만 여전히 그 이혼 수를 살펴보면, 과거에 비해 상당히 높은 수치이다.

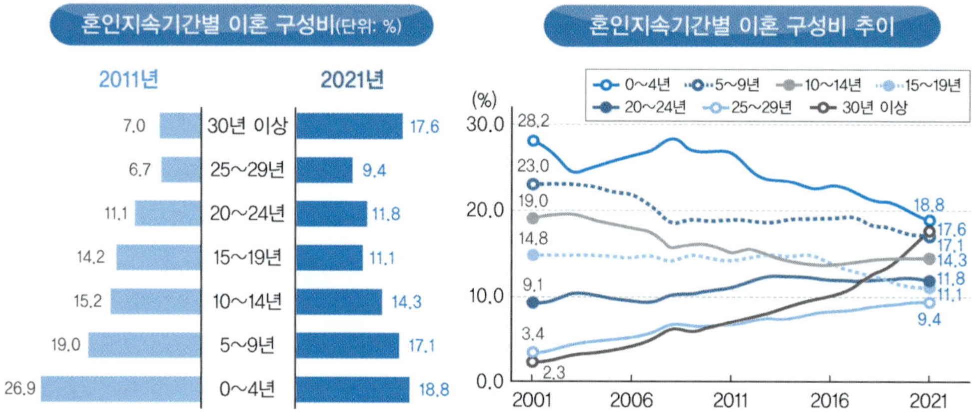

출처: 통계청, 2021년 혼인 이혼통계 보도자료, p.21.

[그림 8-3] 혼인지속기간별 이혼 구성비 및 추이

최근에는 중년부부나 노년부부의 이혼율이 증가하는 현상이 심화되고 있다. 2021년 혼인·이혼통계에 따르면 여성은 평균이혼연령은 46.8세, 남성은 평균이혼연령이 50.1세로 10년 전에 비해서 여성은 5.2세, 남성은 4.7세 상승한 것으로 나타났다. 그리고 여성 남성 모두 이혼 연령층은 40대 후반이 가장 많은 것으로 나타났으며 60대 이상이 전년대비 이혼이 가장 큰 폭(남성의 경우 4.3%, 여성의 경우 13.9%)으로 증가한 것으로 나타났다. 그리고 이혼부부의 평균 혼인 지속기간은 17.3년이며 혼인 지속기간 0-4년이 18.8%, 30년 이상(17.6%), 5-9년(17.1%) 순으로 많은 것으로 나타났으며 혼인지속기간 30년 이상 이혼은 10년 전에 비해 2.2배로 크게 증가한 것으로 나타났다.

상자글 8-2 경제성장률, 실업률 그리고 이혼율의 관계

경제성장률, 실업률 등 주요 경기변수와 비교해 보면, 자살과 이혼은 경기침체기에 빠르게 증가하고 호황기에 증가세가 둔화하는 모습을 보인다. 단기적으로 경기변동과 밀접한 관계가 있다는 것이다.

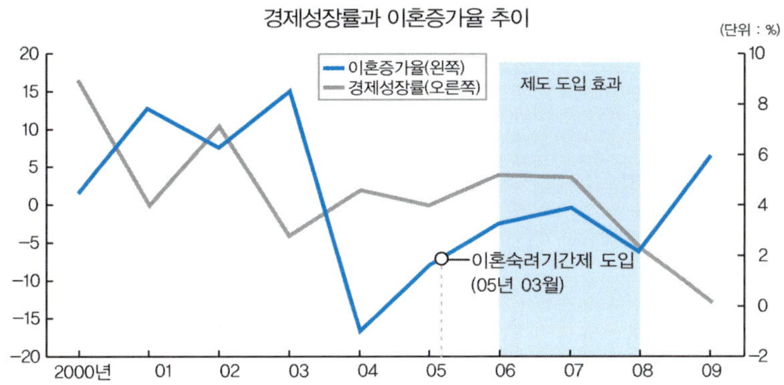

출처 : 한국은행, 통계청, 대법원

그림과 같이 이혼 증가율은 외환위기 당시 30%에 육박할 정도로 급격히 상승했다가 경기가 회복세를 보인 1999년과 2000년에는 1%대로 하락했다. 그러나 카드 사태로 성장률이 3.1%에 그친 2003년에는 다시 15%로 상승했다. 글로벌 금융위기의 한파로 성장률이 0.2%로 떨어진 지난해에도 6.4% 증가했다. 반면, 성장률과 반대 추이를 보이는 실업률은 이혼 증가율과 유사한 추세를 보였다.

출처: 한겨레, 2010. 6. 25.

통계청에서 조사하여 발표한 이혼 사유를 〈표 8-3〉에서 살펴보면 성격 차이나 경제 문제에 의한 이유가 가장 많은 것을 알 수 있다. 또한 2005년에는 주된 이유가 성격 차이, 경제문제, 가족 간 불화에 의한 요인에 의한 것에 비해 2008년 이후부터는 가족 간 불화보다 배우자의 부정이 주된 요인으로 증가하고 있는 것을 알 수 있다. 이혼에 있어 배우자의 부정에 의한 요인이 증가하는 것은 과거의 여성들이 이러한 일들이 발생하였을 때 참고 견디며 결혼 생활을 유지하는 것을 중요하게 여겼다면 점점 여성의 교육 수준이 증가하고 여권의식이 향상함에 따라 더 이상 이러한 경우에 여성들이 그들의 일방적인 희생과 인내를 감당하지 않으려 한다는 것을 읽을 수 있다.

〈표 8-3〉 이혼사유별 이혼 (단위: 건, %)

구분	계	배우자 부정	정신적 · 육체적 학대	가족 간 불화	경제 문제	성격 차이	건강 문제	기타	미상
2005	128,035	9,708	5,706	12,156	19,105	63,028	803	15,448	2,078
2008	116,535	9,430	5,882	8,977	16,565	55,649	750	17,278	2,004
2011	114,284	9,228	5,328	8,072	14,031	51,315	783	24,141	1,386
2014	115,510	8,573	4,545	7,967	13,060	51,538	682	26,175	2,970
2017	106,032	7,528	3,837	7,523	10,742	45,676	594	21,195	8,937

출처: 통계청, 인구동향조사: 이혼 편 2022.

(2) 이혼가정의 문제

이혼가정의 문제는 이혼으로 인해서 발생하는 여러 가지 문제와 이혼 후의 적응 문제로 나누어 볼 수 있고, 다른 면으로는 이혼가정의 자녀에 관한 문제와 이혼 여성들이 경험하는 문제로 나누어 볼 수 있다. 다음에서는 이혼가정의 문제를 경제적인 문제, 자녀 문제, 이혼 여성의 심리적인 문제, 이혼 후의 적응으로 나누어서 살펴본다.

① 경제적 문제

이혼 후 이혼 여성 가장이 겪는 어려움 중 하나는 경제적인 것이다. 여성은 이혼으로 경제적 부양자를 잃어버리게 되므로 심각한 경제적 어려움을 겪게 되며, 자녀양육은 경제적 빈곤을 가중시킨다.

여성가족부가 발표한 자료[19]에 따르면 양육비 이행율은 2015년 21.2%, 2017년 32%, 2019년 35.6%, 2020년 36.8%로 양육비 이행은 점차적으로 개선되고 있지만, 낮다고 할 수 있다. 여성가족부는 한부모의 자녀 양육을 지원하기 위해 2015년 설립한 '양육비이행관리원'을 통해 비양육부모로부터 총 6,673건, 833억원의 양육비 이행을 지원하였다. 양육비이행관리원은 한부모가족이 비양육부모로부터 양육비를 받을 수 있도록 상담에서 협의, 소송 및 추심, 양육비 이행지원, 점검까지 하는 전담기구이다. 여성가족부의 한부모가족실태조사(2021)에 의하면 전국의 한부모가족 가구주 3300명 중 양육비를 받은 적이 없다는 비율이 72.1%로 나타났고, 재판 등을 통해 양육비를 정기적으로 받을 권리가 보장된 경우 실제 지급으로 이어진 비율은 63.8%로 나타났다. 또한 양육비 정기지급을 받기로 한 경우 양육비 지급액은 2015년 평균 55만원, 2018년 56만원, 2021년은 62만원으로 나타났다. 이는 실제로 자녀양육

19) 여성가족부, 비양육부모의 양육비 이행 책임성 높인다. 보도자료, 2021.

에 소요되는 금액에 비해 현저히 낮은 액수이다.

또한, 한부모 저소득층 가족에 대한 자녀양육비 정부 지원 실태를 보면 양육비는 일반가정의 자녀양육비를 고려할 때 매우 부족한 수준이다. 현재 '한부모가정 지원법'상 저소득 한부모가정에는 양육비지원, 학비 · 급식비 면제, 임대주택 우선분양 혜택 등이 주어지고 있지만 자격 조건이 까다로워 실제 도움이 되는 정도는 낮다는 지적이 제기되고 있다.

② 자녀 문제

이혼한 가정에서 가장 어려운 문제의 하나가 자녀에 관한 것이다. 자녀들에게 부모의 이혼은 부모자녀관계의 해소나 가족관계의 종식이 아니라 가족구조의 와해와 가족 성원의 재배치로 인한 가족관계의 변형이다. 최근의 이혼과 미혼모의 증가 등 가족해체 현상은 이러한 가족구조를 와해시키고, 가족 성원의 분리를 증가시키고 있다. 이혼 후 경제적으로 어려울 경우 아이를 버리거나 남의 손에 맡기는 경우가 많다. 그러나 친부모의 형편이 좋아져 원가족이 다시 한 가정으로 결합하는 비율은 매우 낮다. 2010년에는 중앙가정위탁아동센터에 맡겨진 아동 가운데 13.4%만이 친부모에게 돌아갔다. 대부분의 아동이 가족과 분리된 채 아동기와 청소년기를 보내고, 만 18세 이상(위탁보호 상한 연령)이 되면서 자립하는 경우가 63.5%로 가장 많았다.[20] 많은 연구들은 부모의 이혼이 자녀들에게 부정적인 영향을 미치는 것으로 보고하고 있다[21]. 부모의 이혼을 통해서 자녀가 겪는 고통 가운데 가장 심각하게 받아들이는 것은 '이혼한 집의 아이'로 낙인찍히는 것이라고 한다. 그래서 아이들은 부모의 이혼을 '숨기고 싶은 부끄러운 사실'로 간주하여 가능하면 친구나 이웃에게 이혼 사실을 숨기고자 하였다.[22]

또 경제적 빈곤과 생활상의 어려움도 자녀가 겪어야 하는 고통 중의 하나이다. 자녀는 부모 중 한편이 부재한 생활, 심리적 갈등과 좌절감에 빠진 어느 한편의 부모와 살아야 하는 고통, 그리고 이혼 후 부모의 관계가 적대적일 때, 자녀도 어느 일방을 원망할 가능성이 높고, 이는 자녀와 부모 사이의 원활한 의사소통을 방해하여 부모와 지속적인 상호 관계를 유지하기 어렵게 한다.[23]

이혼한 여성에게 자녀는 심리적 지지의 원천이며 동시에 부담이 된다. 경제적 어려움으로

20) 조선일보, 2011. 5. 20.
21)이주연, 조경욱, 최지훈(2019), 전북이혼위기 가족실태와 지원서비스 제고 방안, p.21-22
22) 박부진, "한국사회의 이혼실태와 이혼가족의 문제", 『사회과학연구』 제9집, 명지대학교, 2000, pp. 84-101.
23) 김미숙 외, 『한국의 이혼실태와 이혼가족 지원정책 연구』, 한국보건사회연구원, 2005, pp. 108-109.

자녀를 양육하는 것과 함께 생계 부양을 위한 직업을 가져야 하므로 생계 부양자와 자녀양육을 동시에 책임져야 하는 이중의 부담을 갖는다.

③ 심리적 문제

이혼은 개인과 가족체계에 심각한 영향을 미치는 여러 가지 척도 중에서 배우자의 죽음 다음으로 심각한 위기 사건이다. 그러나 이혼이 개인에게 미치는 영향은 긍정적인 경우와 부정적인 경우가 있다. 긍정적이라고 보는 사람들은 이혼이 가족 갈등의 스트레스적인 상황을 해결하고, 새로운 능력과 통제감, 보다 나은 관계, 그리고 자신에 대한 관심을 높여 준다고 보았다.[24)]

그러나 많은 이혼 여성은 대부분 이혼 직후에 정서적인 혼동과 우울, 불안정한 정서 상태, 자아상실감 등과 같은 심리적 갈등을 경험한다. 남편과 자녀에게 지나치게 의존적인 삶을 살던 여성에게 결혼과 가족은 인생의 전부였기 때문에 결혼 생활의 실패는 자아상실감으로 연결된다. 또 이혼 이후 초기에 나타나는 정서에는 우울과 분노의 감정이 있다.

이혼 여성의 또 다른 심리적 문제는 전 배우자에 대한 애착이다. 이는 기존의 부부간 유대를 지속시키거나 여전히 전 배우자로부터 아내로 인정받고자 하는 집착이다. 일반적으로 이혼으로 인한 외로움은 이혼한 여성들이 경험하는 전반적인 정서이다. 외로움은 겉으로는 사회적 고립이나 지지체계의 상실로 나타나게 된다. 이런 상황이 지속되면 이혼한 여성들은 자기비하에 빠지기도 한다.[25)]

④ 이혼 후 적응 문제

이혼 후 달라지는 생활양상은 적응을 요한다. 이혼 전에 비해 낮아진 경제적 지위, 변화된 사회 생활, 부부관계 또는 부모자녀관계에서의 역할 변화, 친척관계의 변화는 이혼 후 적응을 어렵게 하는 요소이다. 이혼 후 적응이란 일반적으로 재혼을 하거나 전 배우자와 접촉을 완전히 끊는 단계를 말한다. 구체적으로는 “상실된 기존의 생활 유형에서 벗어나서 새로운 삶의 유형으로 대처하기 위한 이중적 과정으로서 사랑, 지위, 기존 생활 유형의 상실에 대한 적응, 그리고 새로운 생활 유형에 익숙해지기 위한 적응”이라고 정의한다.

이혼 후 적응을 잘하느냐의 문제는 몇 가지 요인에 의해 결정되는데, 이혼 후 적응에 관한

---

24) 변화순, 앞의 책, 1996, p. 27.
25) 성정현, “이혼 여성들이 경험하는 심리사회적 문제와 대처전략”, 「사회복지연구」 제11호, 1998, p. 55.

연구에 의하면,[26] 조절할 수 없는 요인과 조절 가능한 요인으로 나누어진다. 자녀, 연령이나 결혼 기간, 사회경제적 지위, 누가 이혼을 청구했는가 등은 조절할 수 없는 요인으로 자녀가 이혼 후 적응에 도움을 주는가에 대해서는 상반된 견해가 있다. 다만, 자녀양육에 있어서 사회적 지원이 있는 경우 적응에 중요한 영향을 미친다. 오랜 결혼 생활 후 이혼을 하게 되면 새로운 삶에 대한 적응을 더 어렵게 한다. 그러므로 이혼을 결정하게 되면 이혼 전에 이의 극복을 위한 준비를 하는 것이 필요하다. 경제적 여건은 이혼 후 적응과 크게 관련된다. 그러므로 맞벌이가정의 부부가 이혼 후 경제적 적응이 쉽다. 이혼을 먼저 청구한 사람이 더 잘 적응하는 것으로 나타난다. 또 심리적인 자원, 전 배우자와의 관계, 공동부모관계, 사회적 지원망, 취업, 재혼 등은 조절 가능한 요인으로 이혼 후 적응에 영향을 준다.

3) 재혼의 실태 및 재혼가정의 문제

이혼의 증가와 함께 재혼도 증가하고 있으며 재혼의 형태도 다양해지고 있다. 재혼의 실태는 어느 정도이고 재혼가정의 문제는 무엇인지 살펴본다.

(1) 재혼의 실태

통계청의 혼인 통계에 따르면 1990년 4만 2,663건에 불과했던 재혼 건수(부부 중 한쪽만 재혼인 경우도 포함)는 2021년 6만 6,656건으로 증가했다. 전체 혼인 중 초혼이 차지하는 비중은 1990년 89%에서 2021년 81.2%로 줄어든 반면 재혼가정은 늘어난 것이다. 더욱이 과거에는 흔치 않았던 재혼 여성과 초혼 남성 커플도 급격히 늘어나 1990년 9,300여 건에서 2021년에는 1만 4,988여 건으로 오히려 재혼 남자와 초혼 여자 혼인(2021년 7,096건)을 앞질렀다. 2021년 기준 평균 재혼 연령은 남성 50.6세, 여성 46.5세로 2005년에 비해 각각 6.5세, 7세 높아졌다. 이러한 여성의 재혼과 재혼 연령이 증가하는 현상은 과거 여성의 재혼에 대해 남성의 재혼보다 더 부정적이던 사회적 관념의 약화를 의미하는 것으로 보인다.

(2) 재혼가정의 문제

이러한 재혼가정이 점점 증가하고 있는데, 재혼가정의 경우 겪게 되는 다양한 문제들에 대한 대책들이 뒤따르지 못하고 있다. 우선 재혼가정이 겪게 되는 문제들은 무엇보다 가족

26) 변화순, 앞의 책, pp. 33-34.

구성원들 사이에서 나타나는 것으로서 부부관계, 자녀관계, 친족관계로 나누어 살펴보면 다음과 같다.[27)]

첫째, 재혼한 가족의 부부관계 문제는 전혼 배우자와 자녀에 의해 유발되는 문제로 나누어진다. 그중 재혼 부부에게서 가장 큰 문제가 되는 것은 전혼 배우자와의 관계에 관한 것이다. 전혼 배우자 요인에 따른 갈등 유형으로는 아직 혼자인 이전 배우자가 현재의 재혼 생활을 방해하는 경우와 현재 배우자를 속이고 이전 배우자를 계속 만나는 경우, 사별한 이전 배우자의 제사를 지내 주는 것을 둘러싼 문제, 그리고 이전 배우자와의 결혼 생활이 현재 생활의 평가기준이 되어서 문제가 되는 경우 등이 있다. 자녀 때문에 나타나는 부부 갈등의 유형은 실제적인 본인 자녀의 편애, 계자녀양육 거부, 계부모로서의 배우자에 대한 본인의 선입견, 재혼 생활에서 자신의 불안정한 위치에 대한 방해자로서의 계자녀가 일으키는 부부관계의 문제 등이다.

둘째, 자녀관계의 문제로는 계부모로서의 역할 갈등을 겪는 문제와 재혼가족 자녀에 대한 주위의 편견과 사회적인 낙인의 문제, 그리고 호적이나 성씨가 다르기 때문에 나타나는 문제, 계부모와의 성적인 위험성의 문제, 계자녀의 친부모와 친척들이 자녀양육에 관여하는 문제, 계자녀와 친자녀들 간의 갈등 문제 등을 들 수 있다.

셋째, 친족관계에서 나타나는 문제로는 친족들이 계자녀와의 관계 형성에 걸림돌로 작용하는 경우와 이전 배우자와의 비교로 인한 문제, 그리고 가족구성원으로서 수용을 거부하는 문제 등이 있다.

4. 결혼과 관련된 사회복지서비스 현황과 과제

여성 및 결혼과 관련된 현행 사회복지정책은 성맹적으로 전통적인 가부장제 가족제도가 가지고 있는 성불평등 이념을 강화하고 성별 분업적인 사회구조를 유지하는 데 기여하고 있다. 즉, 여성은 한 사람의 독립된 존재가 아니라, 아내, 어머니, 가족원의 보호자로 규정하여 생계벌이자인 남성에게 의존하는 존재로 간주한다. 또 혈연 중심의 핵가족을 정상적이고 전형적인 가족으로 가정하기 때문에 이혼 및 재혼가족을 비롯한 다양한 형태의 가정에 대한

27) 장혜경, 『재혼가족의 적응실태와 지원방안에 관한 연구』, 한국여성개발원, 2002, pp. 166-233.

복지서비스가 부족하다. 여기서는 결혼과 관련된 여성을 위한 사회복지서비스의 문제점과 대책을 지적하고, 이혼 및 재혼가족을 위한 복지서비스에 대해 살펴본다.

1) 결혼과 관련된 사회복지서비스의 문제점과 대책

첫째, 현행 사회복지정책은 기혼 여성을 주변화, 의존화시킨다. 예를 들면, 국민연금의 경우 전업주부는 개인적으로 가격이 비싼 지역연금에 가입하지 않으면, 독립적인 수급권이 없다. 전업주부가 국민연금으로 노후생활을 보장받으려면, 스스로 노동시장에 참여하여 자격요건을 갖추거나 남편이라는 부양자가 있어야 한다. 물론 여성의 육아나 가사노동의 가치는 인정되지 않는다.

둘째, 가사노동에 대한 지원서비스가 부족하다. 가사노동에 대한 지원서비스인 가사봉사원파견사업과 수발지원서비스는 독거노인이나 장애인을 중심으로 이루어지고 있어서, 장시간 노동으로 자녀를 포함한 가족원의 보호 및 가사노동에 대한 지원이 필요한 저소득 모자가정은 지원되지 않고 있다. 이는 가사노동은 여성의 몫이라고 생각하기 때문이다.

셋째, 아동양육서비스가 부족하다. 아동양육에 대한 서비스는 취학 전 아동의 보육과 취학한 아동의 방과후 지도가 있다. 시설이나 프로그램이 일정 수준 이상인 국 · 공립 보육시설은 매우 부족한 실정이다.

이상의 문제들을 해결할 수 있는 대책을 들어 보면 다음과 같다.

첫째, 국가는 양성평등한 복지정책 및 사회정책을 적극적으로 추진하여야 한다.

둘째, 취업여성 가정을 위한 모성보호 비용을 사회에서 분담해야 한다.

셋째, 아동양육서비스를 획기적으로 확대해야 한다.

넷째, 여성이 하는 가사노동이나 보호노동에 대한 가치를 인정하고 지원을 확대해야 한다.[28)]

한편, 2005년부터 시행된 건강가정기본법은 건강한 가정 생활의 유지와 가족의 유지 및 발전을 위해 국가가 지원하도록 규정하고 있다. 이 법에서는 가족의 자녀양육, 가족원 부양부담을 지원하며, 민주적이고 양성평등한 가족관계와 가족 단위의 시민적 역할을 증진하고 자원봉사활동을 지원하도록 규정하고 있다. 또한 가정의 건강성 증진을 위한 사전 예방 차원의 지원을 위해서는 중앙, 시 · 도, 시 · 군 · 구에 건강가정지원센터를 설치하여 가정 문제

28) 김윤정 외, 『여성복지론』, 서울: 대학출판사, 2001, pp. 245-251.

에 관한 상담, 교육, 문화운동과 정보 제공을 하도록 한다.

2) 이혼가정을 위한 지원방안

이혼은 개인적인 문제인 동시에 사회적인 현상이다. 당사자들은 이혼과정에서 심리적 갈등뿐 아니라 많은 현실적인 어려움을 경험하므로 이를 도와줄 수 있는 복지서비스가 필요하다. 이를 위해 이혼을 예방할 수 있는 노력이 필요하고, 이혼한 사람들을 위해서 이혼에 대한 인식의 변화가 선행되어야 하며, 법제도의 개선과 사회적 지원체계의 전문화 방안이 마련되어야 한다.[29]

(1) 이혼 예방을 위한 활성화 방안

이혼을 피하기 위해 혼인적령기 성인을 대상으로 한 혼인 준비교육을 확대한다. 혼인 준비교육에서는 부부 대화와 이해의 중요성, 부부간의 갈등 처리를 위한 방법 등에 관한 내용이 포함되어야 한다. 한편, 결혼한 부부의 문제가 발생했을 때, 이를 도와줄 수 있는 전문 상담가를 양성하고 이들이 활동할 수 있는 가정상담소의 활성화가 필요하다.

이혼 예방을 위해 건강가정기본법 제31조에서는 이혼 전 상담과, 이혼의사가 정해진 가족에 대한 지원을 명시하고 있다. 2008년 6월 22일부터 시행한 이혼숙려제도는 성급한 이혼을 막기 위해 도입된 제도로서 협의이혼신청 후 얼마간의 유예기간을 두어 성급한 이혼을 막고자하는 취지에서 만들어졌다. 부부 양측의 이혼의사를 확인한 후 자녀양육 합의를 위해 미성년 자녀가 있다거나 임신 중인 경우에는 3개월, 그리고 성년인 자녀만 있는 경우 1개월의 숙려기간을 가지도록 하는 것이다. 최근 이혼증가율은 중년 이상에서의 연령대에서 나타나는 이혼에 따른 결과로 이들은 대부분 미성년 자녀를 가지고 있지 않다. 이들의 신중한 이혼을 이끌 수 있는 대책들은 무엇이 있을지 고민해 보아야 한다.

(2) 이혼가정을 위한 대책

첫째, 이혼에 대한 사회적 인식이 변화해야 한다. 이혼이 바람직하거나 권장할 만한 것은 아니나, 어떤 형태의 결혼이라도 일단 결혼하면 그 결혼을 유지해야 된다는 전통적인 시각도 바람직하지 않다. 특히, 최근 증가하는 이혼율을 고려할 때 이제는 이혼에 대한 부정적인

29) 변화순, 앞의 책, 1996, pp. 105-122.

인식을 전환하도록 노력해야 한다. 전통적인 핵가족이나 확대가족만이 아니라 다양한 형태의 가족구성원들도 권리를 보장받고 사회의 보호를 받으면서 건강한 가정을 이룰 수 있어야 한다.

둘째, 이혼과 관련된 법제도의 개선이 필요하다. 이혼 시 재산분할청구권과 관련된 불합리한 세법의 개정이 필요하며, 특히 이혼한 부부의 자녀를 보호할 수 있는 배려가 필요하다. 예를 들면, 보상급부제도의 인정, 자녀와 함께 사는 여성을 위한 주거사용권의 인정, 자녀의 복리를 최대한으로 고려하는 기준의 합리화 등이 요구된다.

셋째, 사회적 지원체계를 전문화해야 한다. 법적으로는 가사조정위원회의 조정 역할을 강화할 필요가 있고, 심리적 지원을 위해 이혼상담을 전문화할 수 있는 여건이 조성되어야 하며, 경제적 지원을 위해서는 공공부조를 확대 실시해야 한다. 또 다양한 아동보육시설의 운영을 통해 이혼 여성의 자녀양육 부담을 덜어주어야 한다. 취학 전 자녀를 위한 다양한 보육시설(주간탁아, 종일탁아나 야간탁아, 며칠간의 위탁탁아 등)이 필요하고, 취학 아동을 위한 방과후 아동보육 프로그램의 운영이 더 활성화되어야 한다.

3) 재혼가정을 위한 지원방안

이혼율의 증가는 재혼의 증가를 수반한다. 재혼가족은 초혼 가족과는 달리 가족관계, 친척, 사회적 관계에서 훨씬 더 복잡한 변수들이 작용할 가능성이 많다. 그러므로 가정을 형성하는 과정이나 문제가 발생했을 때, 더 많은 노력이 필요하다. 재혼은 나름대로 당사자들이 보다 나은 삶을 누리기 위한 노력이며 선택이다. 새롭게 구성한 재혼가족의 구성원이 건강하고 안정된 삶을 누릴 수 있도록 도와주는 것은 매우 필요한 일이다.[30)]

재혼가족을 위한 정책과제를 제시해 보면 다음과 같다.

첫째, 재혼가족의 내적 안정성을 강화하는 프로그램을 개발하고 홍보해야 한다. 재혼가족은 전통적인 혈연 중심의 가족과는 다른 새로운 가족 모델이므로 이에 대한 긍정적인 관점을 갖도록 교육해야 한다. 또 재혼가정의 가족원이 변화된 역할에 적응할 수 있도록, 재혼가정의 부부관계 향상을 위한 방안과 자녀를 위한 프로그램, 그리고 재혼가정에 지지적인 친족관계를 맺을 수 있도록 하는 프로그램을 통한 서비스를 제공해야 한다.

둘째, 사회적 인식을 변화시켜야 한다. 혈연 중심의 핵가족만을 '정상적인' 가족으로 생각

30) 장혜경 외, 앞의 책, pp. 235-248.

하는 인식을 바꾸어 사회적으로 다양한 가족 형태가 존재한다는 것을 인식해야 한다.

셋째, 재혼가족에게 자녀의 성과 본의 문제는 항상 중요하게 여겨져 온 문제이다. 친족법에서 양친의 성과 본을 따를 수 있도록 개정되었고 2008년부터 효력이 발생하였지만 이에 대한 홍보와 시행이 아직 제대로 이루어지지 않고 있다. 재혼가족이 기존에 호주제와 관련되어 겪었던 각종 문제들에서 벗어날 수 있도록 이 개정 법안에 근거한 구체적인 실시와 아직 미진한 부분이 발견될 경우 계속적인 수정과 보완이 이루어져야 할 것이다.[31)]

〈표 8-4〉 호주제 폐지를 골자로 하는 개정된 민법의 변경 사항

조항 150	현행	개정안
호주의 정의(제778조)	일가(一家)의 계통을 계승한 자, 분가한 자, 일가창립 및 부흥한 자 등	삭제
가족의 범위(제779조)	호주의 배우자, 혈족과 그 배우자 및 그 가(家)에 입적한 자	• 배우자, 직계혈족 및 형제자매 • 생계를 같이하는 직계혈족의 배우자, 배우자의 직계혈족, 배우자의 형제자매
자(子)의 입적 및 성과 본(제781조)	• 자녀는 아버지의 성과 본을 따르고 아버지의 가(家)에 입적(부성강제) • 아버지가 외국인일 때에는 어머니의 성과 본을 따르고 어머니의 가(家)에 입적	• 자녀는 아버지의 성과 본을 따르는 것을 원칙으로 하되, 혼인신고 시 어머니의 성과 본을 따르기로 협의한 경우 어머니와 성과 본을 따름(부성 원칙) • 자녀의 복리를 위해 성과 본을 변경할 필요가 있을 때는 아버지, 어머니 또는 자녀의 청구에 의해 가정법원의 허가를 받아 자녀의 성과 본 변경 가능 • 혼인 외의 출생자가 인지된 경우 자녀는 부모의 협의에 의해 종전의 성과 본을 계속 사용할 수 있으며 협의가 이루어지지 아니한 경우에는 법원의 허가를 받아 인지 전의 성과 본 사용 가능
입적, 복적, 일가창립, 분가 등(제780, 782~796조)	호주제를 전제로 한 입적, 복적, 일가창립, 분가에 관한 규정	삭제
동성동본 금혼(제809조)	동성동본 금혼	8촌 이내의 혈족 등 혼인 제한 범위 조정
여성의 재혼금지기간(제811조)	6개월	삭제
아내의 입적(제826조 제3항, 제4항)	아내는 남편의 가(家)에 입적	삭제

31) 호주제는 2005년 3월 2일 호주제 폐지를 골간으로 하는 민법 개정안이 국회를 통과한 후 개정민법이 시행되는 2008년 1월부터 사라지게 되었다.

조항 150	현행	개정안
친양자제도 신설 (제908조의 2~제908조의 8)	없음	양자를 양부모의 친생자로 신분등록부에 기재. 양부모의 성과 본을 따를 수 있음. 친생자로 기록되면 양자라는 기록은 사라짐
호주 승계(제4편 제8장)	호주가 사망하거나 국적을 상실했을 때, 호주가 승계되며, 그 순서는 아들–손자–딸–손녀–아내–며느리 순	삭제

이 장의 요약

1. 남성과 여성은 결혼에 대해 서로 다른 이데올로기를 갖도록 사회화된다. 남성은 생계 전담자로, 여성은 가사노동 전담자로 규정하기 때문에, 가정은 여성에게 대부분의 경험이 이루어지는 중요한 장소가 된다. 여성의 주된 영역은 가정이고 어머니와 아내의 역할을 잘 수행하는 것만이 여성의 임무이며 미덕이라고 생각하기 때문에, 여성은 자신의 직업적 성취보다는 결혼에 더 큰 비중을 둔다. 이런 이유로 배우자 선택의 기준이나 결혼에 대한 기대 등도 남녀 간에 큰 차이가 있다.
2. 가족에 대한 일반적인 개념은 혈연 중심의 핵가족을 정상적이고 전형적인 것이라고 생각한다. 핵가족은 애정에 기반을 둔 부부관계를 중심으로 구성되어 생물학적으로 주어진 것으로, 남성은 '공적인' 세계에서 생계 부양자의 역할을 하고 여성은 '사적인' 영역에서 주부이며 어머니로 가사노동과 정서적인 역할을 담당하는 성별 분업을 자연스러운 것으로 간주한다. 그러나 이러한 핵가족 이데올로기는 여권주의적 시각에서 볼 때 비판적이다. 즉, 성별 분업 안에 남녀의 위계관계를 은폐하고 있으며, 가정이 휴식처요, 천국이라는 묘사는 남성의 시각에서 본 것으로 여성의 경험을 중심으로 보면, 가정은 노동의 장소이고, 위험한 장소일 수 있으며 갈등의 장소이기도 하기 때문이다. 뿐만 아니라 가족공동체라는 가정에서도 소비활동에서 남녀의 위계가 존재한다. 여성의 자신을 위한 소비는 제한된다.
3. 전통적이고 전형적이라고 간주된 혈연 중심의 부부와 그들의 미혼자녀로 이루어진 핵가족은 점점 감소하고 다양한 형태의 가족이 증가한다. 즉, 독신가족, 동거가족, 동성애가족, 공동체 가족 등이 그것이다.
4. 여성들이 결혼 생활에서 경험하는 불평등한 문제들 가운데는 먼저 부부관계의 불평등이 있다. 가부장제 가족제도에서 부부관계는 권력관계로 볼 수 있으며, 여성은 중요한 일의 의사결정권에서 소외되고, 자원 분배에서 남편보다 하위에 있다. 여성은 모성이 천부적인 것으로 간주되며, 어머니의 역할이 여성의 전부라는 어머니의 신화를 만들어 내어 어머니로서 자녀와 남편을 위해 희생하고 헌신하는 것이 당연한 것으로 미화된다. 가사노동과 자녀양육의 책임은 우선적으로 여성에게 있으며, 남성의 가사 분담은 매우 적다.
5. 이혼은 결혼의 해체이다. 이혼과정 및 이혼 후의 생활에서도 남녀는 결혼생활과 마찬가지로 서로 다른 경험을 한다. 즉, 이혼도 성별화되어 있다. 우리나라의 최근 이혼율은 급격하게 증가하고 있는데, 여성의 이혼청구 건수가 남성에 비해 많다. 이혼 사유 가운데 가장 중요한 것은 배우자의 부정행위인데, 남자의 청구가 여자에 비해 높다. 이는 남녀에게 다르게 적용되는 성윤리의 이중적인 가치관을 보여 주는 것이다. 전통적인 가정에서 여성은 남성에게 경제적으로 의존하므로 이혼가정의 가장 큰 문제는 경제 문제이

다. 또 자녀 문제, 이혼 당사자의 심리적인 문제와 이혼 후의 적응 문제가 중요하다. 이혼의 증가는 재혼의 증가를 수반한다. 여성의 재혼에 대해 유연해져서 초혼남과 재혼녀의 결합이 증가했다. 재혼가정은 초혼 가정과는 비교할 수 없을 만큼 많은 문제를 가질 수 있다. 부부간, 자녀들, 친척과의 적응 문제가 중요하다.

6. 여성 및 결혼과 관련된 현행 사회복지정책은 전통적인 가부장적 가족제도가 가지고 있는 성불평등 이념을 바탕으로 하고 있다. 즉, 여성을 한 사람의 독립된 존재로 보기보다는, 아내, 어머니, 가족원을 보살피는 사람으로 규정하여 생계 벌이자인 남성에게 의존하는 존재로 간주한다. 또 혈연 중심의 핵가족을 정상적이고 전형적인 가족으로 가정하기 때문에 이혼 및 재혼가족을 비롯한 다양한 형태의 가정에 대한 복지서비스가 부족하다.

주요 용어

- **성별 분업**: 여성은 주부이며 어머니로서 가정이라는 '사적'인 세계에 위치시키고, 남성은 임금 벌이자이고 생계 유지자이며, 임금노동이라는 '공적'인 세계에 위치시키는 것이다. 성별 분업 이데올로기는 산업화 과정을 통해 더욱 강화되어, 여성들의 지위에 부정적인 영향을 미친다. 즉, 여성의 위치를 가정으로 한정함으로써 노동시장을 비롯한 공적 영역에서 성별 불평등을 초래했다.
- **독신(singlehood)가족**: 독신이란 혼자 사는 사람을 통칭하고 있으며, 독신가구, 단독가구 혹은 1인 가구라고 불린다. 1인 가구에는 노인단독가구뿐 아니라 20~50대에 이르는 청장년 1인 가구가 새로운 라이프 스타일의 대안 중 하나로 부각되어 관심이 모아지고 있다.
- **동거(cohabitation)가족**: 최근에 증가하고 있는 동거가족은 결혼제도의 불합리 등으로 결혼과 비슷한 관계를 가지나 결혼제도의 속박에서 벗어나 자유롭게 삶을 향유하는 방식으로 선택하는 경우이다. 동거 문화의 확산 배경에는 여성의 경제적 지위가 향상되면서 여성들이 육아 등 가사의무를 져야 하는 결혼을 꺼리고 있는 점과 이혼의 급증으로 결혼이 유일한 이상적 생활 형태라는 생각에 균열이 생긴 점 등을 들고 있다. 또 혼전 순결에 대한 사회적 억압이 약해진 것도 한 이유로 분석된다.

더 읽을거리

1. 김경자, 『함께 성장하는 가족』, 서울: 도서출판 구상, 2007.
2. 베리쏘온 · 매릴린 얄롬 저, 권오주 외 역, 『페미니즘의 시각에서 본 가족』, 서울: 한울 아카데미, 1991.
3. 안향림 외, 『이혼가족과 재혼가족』, 서울: 홍익재, 2006.
4. 정혜정 외, 『가족과 젠더』, 서울: 신정, 2009.
5. 손동규. 덧셈의 결혼 VS 뺄셈의 결혼. 서울: 메이킹북스. 2021.
6. OECD, Cooking, Caring, and Volunteering: Unpaid Work Around the World, 2011.
7. 존 H. 하비, 마크 A. 파인 저, 문희경 역, 『상처입은 가족을 위한 심리학』, 북하우스, 2013.

볼거리

- **크레이머 대 크레이머**, 로버트 벤튼 감독, 더스틴 호프만, 메릴 스트립 주연, 1979.
  광고 회사에 다니는 남편 테드(더스틴 호프만 분)와 일곱 살 난 아들 빌리(저스틴 헨리 분)를 뒷바라지하며 살던 조안나(메릴 스트립 분)는 어느 날 새 인생을 찾겠다고 부자를 남겨둔 채 집을 나간다. 가정일이라곤 해 본 적도 없는 테드는 직장 다니랴, 살림하랴, 애 키우랴, 정신이 하나도 없지만 최선을 다한다. 그렇게 18개월이 지난 어느 날 테드와 빌리가 나름대로 적응하며 잘 지내고 있을 때 조안나는 빌리를 데려가겠다고 양육권 소송을 제기한다. 분노한 테드는 변호사를 선임하고 만반의 준비를 하는데, 그동안 빌리를 키우느라 회사 생활이 소홀해진 것을 못마땅하게 여긴 회사 측에 의해 해고당한다. 실직이 되면 아이를 빼앗길 것이란 위기감 때문에 아무데나 취직을 하는데, 재판에선 그걸 무능한 아버지 취급을 받고 양육권을 조안나에게 빼앗긴다. 아이를 데리러 온 조안나는 눈물을 흘리며 차마 데려갈 수 없겠다고 말한다.
- **유 캔 카운트 온 미**, 케네스 로네건 감독, 에이미 라이언 주연, 1999.
  모든 직장인들이 마음 한구석에 '가족에 대한 미안함'이라는 상처를 지니고 일상을 살고 있다. 가족은 심신이 지치고 아플 때 가장 먼저 생각나고 따뜻한 손길을 내밀어 줄 사람들임에도 불구하고 가슴 깊은 한쪽에 묻을 수밖에 없는 상처와 아픔이기도 하다. 직장에서 맡은 업무를 해결하다 보면 그 상처는 더욱 깊어져 가고 무감각해져 자신이 상처를 가진 사실조차 잊어버린다. 성공에 대한 집착이 큰 사람일수록 그 상처의 깊이는 더욱 커져만 간다. 영화 '유 캔 카운트 온 미(You Can Count on Me)'는 '싱글 맘(Single Mom)'인 주인공의 일상에서 벌어지는 갖가지 에피소드를 통해 가족 간의 믿음과 사랑이 얼마나 중요한지 일깨워 준다. 이 영화엔 이렇다 할 플롯이 없다. 하지만 실제 삶도 우리에게 해답을 주지 않는 것은 마찬가지 아닌가. 2000년 선댄스 영화제 그랑프리 수상작이며 '미국 소도시 가정을 다룬 최고의 영화'라는 평을 받기도 했다.
- **인스턴트 패밀리, 숀 앤더슨 감독. 마크 월버그, 로즈 번 외, 2018**
  이 영화는 입양 가족의 이야기이다. '피트'와 '엘리' 부부는 직접 아이를 낳는 대신 입양을 하기로 한다. 그러나 어린 아이를 입양하려는 그들의 계획과는 달리 10대 아이 세 명을 입양하게 되는 상황에 놓인다. 서로 새로운 가족이 되는 과정에서 이들은 갈등도 겪고 진정한 가족의 의미도 깨닫는다. 이 영화는 감독의 경험담을 바탕으로 연출되었으며, 실제 입양가족들의 사진을 소개하기도 한다.

관련 사이트

- 대안가정 해뜨는 집(http://www.sunrisehome.org/): 해뜨는 집은 부모의 이혼, 가출, 학대, 방임, 유기 등으로 인해 부모로부터 보살핌을 받지 못하는 아동들과 함께 생활하는 대안가정이다. 해뜨는 집은 보통의 가정을 모델로 하고, 그래서 최대 인원이 5명이 넘지 않도록 하며 기존 가족구성원이 충분히 적응한 후 1년에 1~2명의 아동만 맞아들인다.

- 한국SOS어린이마을(http://member.hitel.net/~KoreaSOS/): SOS 어린이마을은 부모가 없거나 부모의 보살핌을 받을 수 없게 된 아이들을 SOS가족이란 영구한 가정 안에서 자립할 때까지 보호, 양육하는 아동복지시설이다. 고아나 버림받은 아이들에게 가족을 대체해 줌으로써 새로운 인생을 시작할 수 있도록 전력을 다하는 기관이다.
- 동성애자인권연대(http://outpridekorea.com/): 동성애자 인권연대는 동성애자 억압에 반대하는 게이, 레즈비언, 트랜스젠더, 양성애자 그리고 이성애자가 함께하는 단체이다. 동인련은 동성애자 인권을 향상시키기 위해 노력하고 있고, 그러기 위해서는 무엇보다도 연대가 중요하다고 생각한다.

PART 03

여성주의적 연구방법과 실천방법

Chapter 09

여성주의적 방법론

이 장에서는 성평등적 복지를 위한 여성주의 연구방법을 모색한다. 여성주의적 방법론이란 무엇인가에 대한 문제제기를 통하여, 방법론의 본질과 기존의 방법론에서 여성주의 연구를 어떻게 인식할 수 있을 것인가를 살펴본다. 여성주의 분석 틀은 기존의 사회과학이 남성의 경험에 의한 것임을 비판하며 새로운 이론적 자원으로서의 여성의 경험과 인식을 중요시하고, 나아가서 여성주의적 관련 쟁점을 살펴보게 한다. 진보적 비판으로서 삶과 학문에 새로운 전망을 제시하는 여성주의 시각은 기존의 인식 틀을 벗어나는 해방적인 연구방법이라 할 수 있다.

여성주의 연구방법은 여성의 인식과 경험을 통해 여성의 입장에서 수행되어야 하므로 인식론과 경험론, 입장론이 중요하게 다루어져야 한다. 이를 기반으로 사회복지조사에서 여성주의 방법을 구체적으로 현지조사와 통계조사, 실험조사, 내용분석 등을 예로 들어 설명하고, 비권위적이며 비구조화된 독창적인 방법은 무엇일까 탐색해 본다. 성차별적 사회를 극복하기 위한 대안적 연구방법으로 여성주의 연구방법이 필수적이지만, 그 내용에 대해서는 다양한 의견이 있다. 이 글을 통해 여성주의 방법론을 고찰해 보고 그 본질과 특성에 대해서도 논의해 본다.

1. 여성주의적 방법론의 의미

1) 방법론의 본질과 여성 참여

우리는 성차별적인 사회 속에서 남성 중심적인 언어로 우리가 살고 있는 세상을 개념화하고 있다. 따라서 성편향적이면서 성맹적인 인식과 언어를 거부하고 여성의 현실을 여성의 경험에서 설명하고 기술하며, 나아가서 이를 토대로 학문적 재구성을 해야 할 필요성이 절실하다. 이러한 작업 없이는 성차별주의적인 개념화, 연구방법, 연구대상, 연구분석 틀을 통하여 여성의 경험이 배제되는 반쪽의 학문적 영역만이 존재할 뿐이다.

여성주의적 연구방법은 여성의 내면과 감정의 심리 현상만을 다루는 것이 아니라 사회적 존재로서의 여성도 함께 다룬다. 사회적 존재로서의 여성은 다른 사람과의 관계(사회적 세계) 속에서 살고 있으며, 이러한 사회적 행동과 반응이 여성주의적인 학문의 관심사가 된다. 여성에 대한 억압과 여성의 해방, 양쪽 모두를 이해하기 위해서 여성주의적 연구방법은 중요하며, 여성의 일상 생활에 대한 관심으로부터 이 연구방법이 시작된다. 여성이 무엇을 하며 대부분의 시간을 보내고 있는가 하는 것이 여성주의 연구자들에게 중요한 관심주제가 된다.[1] 이것은 연구대상자들에게 자신들의 경험을 설명하게 함으로써 탐색 가능하다. 자신의 경험은 사회적으로 가치가 없는 것이 아니고 배후로 숨기지 않으며, 자신 스스로 사회편향적인 척도로 검열하지 않도록 하여야 한다.[2] 여성주의 연구는 사회과학에 의해 소홀하게 다루어졌던 여성집단, 그리고 특정행동, 새로운 형태의 자료들, 예를 들면 '여성의 주관적인 사회적 경험'이나 '주관적 자아' 등을 연구하려는 내용을 담고 있다.

그러나 고유한 여성주의적 연구방법이 있는가?[3] 기존의 전통적 방법론에 대해 여성주의 연구자들은 어떻게 도전하는가? 이들의 가설과 연구절차는 무엇을 기반으로 하는가? 이를 위한 기반으로 방법(method)과 방법론(methodology)을 들 수 있는데, 자료를 수집하는 기술이 방법이며, 조사가 진행되거나 진행되어야 하는 방법에 관한 이론과 분석이 방법론이다.

방법은 증거를 모으기 위한 기술이다. 증거 수집의 기술로는 정보 제공자로부터 듣기, 행동관찰, 역사적 자취나 기록에 대한 검토 등이 있다. 따라서 사회에 대한 연구방법은 주로

1) 이화여자대학교 한국여성연구소 편, 『여성학방법론 – 사회과학적 접근-』, 1986, p. 229.
2) 위의 책, pp. 229-230.
3) Sandra Harding, "Is There are Feminist Method?", *Hypatia*, vol. 2, no. 3, *Feminism and Science*, Nancy Tuana(Ed.), Bloomington and Indianapolis: Indiana Univ. Press, 1987, pp. 1-14.

이 세 가지에 의해 수행된다고 할 수 있다. 여성주의 연구는 전통적인 남성 중심적 연구자들이 사용해 온 방법을 연구방법으로 사용한다 하더라도 증거를 수집하는 구체적인 방법에서는 현저하게 구분된다. 예를 들어, 여성주의 연구자들은 여성 정보 제공자가 자신의 삶과 남성의 삶에 대해 어떻게 생각하는지 주의를 기울이며, 전통적 사회과학연구자들이 여성의 삶과 남성의 삶을 어떻게 개념화하고 있는지 비판적으로 듣는다. 이들은 전통적 사회과학자들이 의미 있다고 생각하지 않은 여성과 남성의 행위들을 관찰한다. 또한 이들은 역사적 자료에서 새롭게 나타나는 유형들의 사례들을 탐구한다.

방법론은 조사가 어떻게 이루어져야 하며 어떻게 진행되어야만 하는가에 대한 연구 진행 과정에 대한 이론과 분석이다. 어떻게 일반적 이론체계가 특정한 과학적 원칙에 적용되는가? 예를 들면, 구조기능주의(또는 마르크스 정치경제학이나 현상학)가 어떻게 특정한 조사연구 영역에 적용되는가에 관한 토론이 방법론적인 분석이 된다. 여성주의 연구자들은 기존의 분석 틀에서는 사회생활에서 어떤 형태로 여성의 참여가 나타나는지 이해하기 어렵게 만들며, 성별화된(gendered) 남성의 행동을 이해하는 것을 어렵게 하였다고 주장한다. 따라서 기존의 이론과 분석 틀로부터 여성주의적 관점을 만들어 내는 것이 관건이 된다고 본다. 예를 들어, 여성의 세계를 이해하기 위해 사용될 수 있는 현상학적인 접근이나, 가사노동이나 임금노동에서 여성 노동의 지속적 착취를 설명하는 데 마르크스주의적 정치경제학에서 유용한 여성주의 방법론의 관점을 찾을 수 있다.

여성주의 연구를 수행하기 위해 요구되는 것은 첫째, 여성을 참여(adding women)시키고 기존의 연구와 함께 혼합하여(stirring) 여성 연구자들의 연구를 재평가하는 것이 중요하다. 그동안 여성의 연구와 학문은 무시되고, 일상화되어, 남성들의 연구만큼 신뢰받지 못하였다. 그동안 얼마나 많은 여성 사회과학자, 여성 자연과학자들이 제대로 인정받아 왔는지 의문이다. 그러나 지난 몇십 년간 다행스럽게도 여성은 제외되었던 남성 세계에 성공적으로 진입하였으며, 전문가가 되기 위해 필요한 자격을 취득하는 데도 성공하였다. 또한 남성들의 사고에 순응하는 연구에 저항하는 데도 성공하였다. 둘째, 공적 세계의 활동에서 여성의 기여를 고찰하는 것이 중요하다. 그러나 이것이 '남성 세계'를 위한 여성의 기여인가 아닌가 하는 데서 특히 주의를 기울여야 한다. 셋째, 남성지배의 희생양으로서, 여성을 연구하는 문제를 지적할 수 있다. 연구자들은 강간이나 포르노, 아내 구타와 같은 주제를 연구하였고, 여성에 대한 제도화된 경제적 착취와 정치적 차별의 유형들을 고찰하였다. 그러나 이러한 연구들은 여성은 항상 피해자이며, 여성은 자기 자신이나 다른 사람을 위한 주체적 행위자가 될 수 없다는 부정적인 인상을 강화시키는 결과가 나타날 수 있음을 간과하여서는 안 된다.

2) 여성주의 분석과 쟁점

(1) 새로운 이론적 자원으로서의 여성 경험과 인식

기존의 사회과학은 남성 경험에 의한 분석에서 출발하고 있다. 그리하여 그것은 단지 남성(그것도 백인, 서양, 중산층에 속한)에 의해 특징지어지는 사회적 경험 속에서의 문제들을 질문으로 인정한다. 예를 들면, '인간으로서(man)' 어떻게 더 많은 자율성을 달성할 수 있는가? 남성행동에 대한 현실적 기준이 침해되지 않는 범위 내에서 여성 강간범을 다루는 법적인 제도는 무엇인가? 남성 경험의 관점에서 발생한 문제 상황들은 여성 경험의 관점에서 보면 문제로 보이지 않으며, 여성 관점에서 문제로 보이는 것이 남성의 관점에서는 전혀 아닌 것으로 보이는 경우가 많다. 여성이 경험하는 많은 현상들은 남성들의 인식으로는 드러나지 않으므로 설명을 요구한다. 왜 남성은 아이를 돌보는 일이나 집안일 하는 것을 싫어할까? 왜 여성들의 삶의 기회는 진보적인 상황에서조차도 억압되는 경향을 띠는가? 남성의 성적 특성은 적극적인 개념으로 규정되고, 여성의 성적 특성은 소극적인 개념으로 규정되는가? 죽음을 각오하는 행동은 인간의 본질적 행동으로 대표되고, 출산은 단지 자연적인 행동에 불과한 것인가?

숨겨진 일상적 삶의 현상들을 사회적 문제로 부각시키기 위해서는, 문제를 가진 사람을 배제해서는 안 된다는 사실을 우선 인식하는 일이다. 사회적인 분석을 위한 자원으로 여성의 경험을 활용해야 한다는 인식은 보편적 연구에 중요한 영향을 미친다. 여성의 경험을 드러내도록 기대되는 사람은 여성 자신이라는 점도 강조되지 않으면 안 된다. 사회정의를 이유로 지식이 생산되고 분배되는 연구와 행정에 여성 스스로도 남성과 동등한 발언 기회를 가져야 한다. 또 여성과 여성 자신을 둘러싼 세계의 편파적이고 왜곡된 이해가, 여성의 목소리를 평가절하시키고 침묵하게 만드는 구조가 사회 문화적 환경에서 생산되므로, 이러한 것을 극복하는 연구 프로젝트를 기획하지 않으면 안 된다.

과연 여성의 경험들이 문제, 개념, 가설, 연구설계, 자료의 모집과 해석에 대한 적절한 시금석으로 사용되는가? 남성과 남성 중심의 인적 구성으로 만들어진 연구소가 여성을 위한 연구 프로젝트를 통제하지는 않는가? 예리한 비판적 문제제기가 필요하다. 기존의 분석과는 달리 연구를 위한 새로운 자원으로 '여성의 경험'에 대해 주목하는 여성주의 분석에서는 몇 가지 방법을 강조한다. 한 예로서, 보편적인 인간(man)은 없으며 단지 문화적으로 다른 남성과 여성(men and women)이 있다고 인식하며, 여성은 계층, 인종, 문화에서 남성과 서로 다르게 경험하며 성장한다는 것이다. 남성이 보편적 인간을 대표하는 것이 아니라 남성과 여성은 항상 각각의 계층, 인종, 문화 내에서 경험, 욕망, 관심이라는 맥락에서 범주화되며 성별 내에서 다르게 범주화된다는 사실을 직시하여야 한다.

기존의 사회연구가 남성을 위한 것이었다면, 여성 경험의 관점에서 도출된 문제에 대한 연구는 여성을 위해 설계된 것이다. 가장 뛰어난 연구는, 연구와 분석의 목적이 연구 문제의 기원으로부터 분리되지 않는 것이다. 여성을 연구(studying women)하는 것은 더 이상 새로운 것은 아니지만, 여성 자신의 경험과 관점에서 비롯된 연구는 여성이 자기 자신과 역사에 전혀 기록되지 않는 세계를 이해할 수 있도록 한다. 또한 여성주의 연구는 '위로 향한 연구' 대신 자신과 '아래로 향하는 연구'의 중요성을 강조하는 접근으로 다른 '사회주변'과 결합한다.

가장 좋은 여성주의 분석은 연구자 자신과 관련시키는 것이다. 연구자 자신의 계층, 인종, 문화, 성과 관련된 신념과 행위들이 연구자가 연구하려는 틀 내에 위치하는 것이다. 종종 명쾌하게 자신의 성, 인종, 계층, 문화가 무엇인지 말하는 연구자를 보아 왔으며, 간혹 연구자 자신이 어떻게 이러한 요인들이 연구를 구체화하는 데 영향을 주는가 인식하고 있음을 보아 왔다. 즉, 연구자의 실제 존재가 연구 분석에 영향을 준다는 것이다. 따라서 연구자는 눈에 보이지 않는 익명의 목소리를 가진 존재가 아니라 오히려 구체적이고, 뚜렷한 흥미와 관심을 가진 구체적이고, 역사적인 현실적 개인으로 나타난다. 여성주의 분석은 조사자의 신념과 실천을 드러나지 않게 만드는 객관적 입장을 거부한다. 사실에 대한 분석에서 이 '주관적인' 요소의 개입은 연구의 '객관성'을 증가시키며 남성 중심적 연구의 편향성을 은폐시키는 '객관주의'를 감소시킨다.

(2) 여성주의적 관련 쟁점

여성주의 분석과 관련된 쟁점을 두 가지로 요약하면, 첫째, 때때로 남성의 경험과 이론적 자원보다 여성의 경험을 중요시하는 것을 여성주의라고 잘못 가정한다는 것이다. 여성주의 연구자들은 여성의 경험만이 중요한 것이 아니라, 신뢰할 만한 균형적 지식을 위해 여성과 남성의 고유한 사회 경험에 대해 동일하지 않은 다른 입장을 취해야 한다고 주장하는 것이다. 이것은 여성이 제한된 사회적 맥락 속에 있어 왔으며 그 속에서 이미 사회적으로 규정된 역할만을 강요당하며 한정된 위치를 차지하고 있기 때문이다. 둘째, 여성주의 연구와 학문에서 남성이 주요한 역할을 할 수 없다는 잘못된 입장이다. 만약 여성주의 사회과학이 여성의 것이라면, 그리고 만약 여성 연구자 자신만이 중요한 주제가 된다면 어떻게 남성이 여성주의적 사회과학을 할 수 있겠는가? 점점 더 많은 남성이 여성학을 가르치고, 여성과 성에 대한 연구를 독점해 나감에 따라 여성주의 연구는 사람들에게 더욱더 많은 관심을 얻고 있다.[4] 또한 여성주의 사상에서도 남성에 의해 역사적으로 형성된 중요한 기여가 있다. 존 스튜어트 밀, 칼 마르크스, 프리드리히 엥겔스를 그 예로 들 수 있다. 그들의 학설은 여성주의적 관점에서 보면 여러 가지 쟁점에서 불충분하지만, 그 시대 가장 통찰력이 강한 여성사상가의 주장과 학설 또한 마찬가지로 불충분한 면을 가지므로 이들의 여성학적 기여가 긍정적으로 평가되는 데는 문제가 없다.

이러한 두 가지 논의는 남성 페미니즘적 사회과학자의 가능성을 위한 것이다. 여성주의자들이 여성과 성적 구조에 무관심한 남성학자와 연구자들은 여성 연구를 할 수 없다고 비판하는 것과 마찬가지로, 비여성주의자들이 여성주의자들의 요구를 만족시키는 연구를 하는 것은 불가능하다고 주장하는 것 모두 다 적절하지 않다는 것을 설명하기 위함이다.

3) 진보적 비판으로서의 새로운 전망

여성주의는 기존의 사회과학을 비판적으로 검토하고 보다 발전된 균형적 이해와 연구방향을 제시하는 것이 중요하다. 지금까지의 사회과학적 이론의 특성과 한계를 정리하면 다음과 같다.

첫째, 사회구조와 인간행동에 대한 일정한 이론적 모델에 광범위하게 의존하여 왔으므로 사회적 실체에 대한 결정적인 요소들을 조직적으로 보지 못했다. 이에 대한 대안적 모델은 여성과 남성 모두를 통합한 새로운 영역을 개척하는 것이다. 둘째, 기존의 사회과학은 공적이고 가시적이며, 사회적인 극적 역할들에 집중하였다. 그러나 비공식적이고 덜 극적이며,

4) 사회과학에서의 여성주의 연구는 기존 사회 연구의 든든한 기반과 이러한 거대이론에 대한 여성주의적 도전으로 더욱 '객관적'인 연구가 되어 가고 있으므로, 여성주의적 문제의식을 가진 남성 연구자가 그동안 축적된 사회과학적 연구를 토대로 훨씬 더 풍부한 연구를 할 수도 있다.

사적이고 보이지 않는 사회적 삶의 영역과 조직 또한 똑같이 중요하다. 셋째, 명시적으로 사회는 남성과 여성에게 모두 동등한 단일사회로 가정되지만 실제로 남성과 여성은 사회를 다르게 경험하게 된다. 따라서 이러한 다른 경험이 설명되어야만 한다. 넷째, 성(gender)은 사회 내에서 가장 중요한 설명 변수 중에 하나임에도 불구하고 여러 분야의 연구에서 중요 변수로 부각되지 않았다. 다섯째, 기존의 사회과학은 현 상황을 설명하고 현존하는 권력구조를 합리화하는 데 사용된다. 그러나 사회과학은 사회 변화와 보다 공정한 사회 배분을 설명할 수 있어야 한다. 여섯째, 기존의 한정된 방법론과 연구 환경은 한정된 종류의 정보를 체계적으로 유도, 생산해 낸다. 그러나 실제로 중요한 연구의 기본자산은 아직도 밝혀지지 않는 많은 정보에 있다.

기존의 학문은 지배적인 개념 형태를 만들어 내는 데 기여하였다. 그리하여 실제로 관찰되는 현실적 형태는 추상적 세계로 바뀌게 되고, 연구의 목표는 실천자들로부터 분리되어 '객관성'으로 표현되는 지식의 본체에 기여하는 것이다. 다시 말하면, 연구자들은 그들이 항상 숨쉬고 접촉하고 있는 현실을 넘어서 있다. 그리고 그들의 연구조차도 일정한 범주 속에서 기술되고, 현실을 넘어선 초월적이고 형식적 개념의 형성을 목표로 삼는다.

게다가 여성들은 이 구조 외부에 놓여 있다. 대안적 접근은 이 모순을 극복하는 것을 말한다. 이 접근은 자신이 실제 처한 곳에 연구자가 존재하는 것을 말하며, 일상 세계의 직접적 경험을 지식의 주된 근거로 삼게 된다. 학문적으로 구성된 세계를 아는 방법은 내부의 현실 세계로부터 아는 것이다. 대안적 접근의 목표는 한 사람에게 사회가 어떻게 전개되고 있으며 어떻게 조직되는가를 이해할 수 있도록 그 시각의 지평선을 열어 놓는 것이다.

예를 들어, 여성의 역사에 대한 기본적 관심은 진보적 비판으로서, 기존 연구방법의 개념적 기초를 흔들어 놓았는데, 역사적 시대 구분, 사회분석의 범주 설정, 사회 변동의 인식방법 등이 그것이다. 첫째, 역사적 시대 구분이다. 지금까지의 역사에서 여성에게는 인본주의가 존재하지 않았다. 여성주의 역사편찬이 이룬 일은 역사 구분에 대한 기존의 평가를 뒤집어 놓은 것이었다. 이것은 여성의 역사가 남성의 역사와 동일하고, 역사상 중요한 전환점이 남성과 여성 모두에게 동일한 영향을 미쳤다는 인식에서 깨어나게 한다. 출산, 섹슈얼리티(sexuality), 가족구조 등에 영향을 미친 주요한 시점에 따라 역사와 여성의 역사를 재기술하여야 하고, 이 관점에 의거하여 역사연대를 다시 구분해야 한다. 둘째, 사회분석의 한 범주로서 '성'을 들 수 있다. 여성들은 존재 그 자체로서 하나의 사회적 범주가 되며, 여성은 여성의 고유한 특성으로 정의되어야 한다는 점이다. 여성에 대한 인지적 시각 없이 하나의 성으로 범주화하는 것은, 이미 사회적으로 구성되고 부과된 것처럼 인식된 사회적 역할과 관계를 여성에게 부과하는 것뿐이다. 성의 사회적 관계라는 개념이 여성주의 학문에서 검토되고 이해될 수 있도록 기존의 이론적 맥락 속에서 다각적으로 새롭게 발전될 필요가 있다. 셋째, 사회변동에 대해서는 생산관계에서 일어난 전반적인 변화가 어떻게 가족 그리고 남성과 여성 각각의 역할을 형성하고 영향을 미치는가 고려해야 하며, 이에 대한 정신적 · 내면적 영향도 고려해야 한다. 여성은 일반적 사회질서로의 가부장제 사회에서 남성의 재산을 유지하는 데 기여하는 존재로서 기능해 왔다. 그러나 가부장제의 기원과 역사적 형태는 사회의 생산양식에서 밝혀낼 수 있는데, 불평등한 성적 질서의 유지에 의해 이익을 보는 이해관계를 파악하는 것 그 자체가 사회변동의 인식방법이며 본질적으로 연구의 변혁이고 해방이다.

2. 여성주의 연구방법론

여성주의적 연구방법은 여성에 대한, 여성에 의한, 여성을 위한 인식이 무엇보다 중요하며(인식론), 여성의 경험이 첨가(adding women)되어야 하고(경험론), 여성의 입장에서 분석되어야 한다(입장론). 따라서 여성주의 연구방법은 여성주의 인식론, 경험론, 입장론이 그 근원이 된다고 보인다.

1) 여성주의 인식론(Feminist Epistemology)

여성주의 연구의 발생 배경은 여성의 동등권 주장과 성차별적 태도와 행위에 대한 사회저항 운동이 시초가 되었으므로, 여성주의는 정치적 실천과정으로부터 나온 것이다. 따라서 여성 연구의 가치지향성은 그 발생에서부터 이미 내재되어 있었다. 그러나 일반적으로 사회과학은 실증주의적 전통을 가지고 있으며, 과학적 틀을 갖춘 이론의 합법성은 실증 가능한 세계에서 발생하는 사건을 설명할 수 있는지의 여부에 따라 좌우된다고 본다.[5] 그러므로 정치적 가치판단과 가치지향성은 과학적 객관성을 확보하기 위하여 배제되어야 하며, 이론

5) Margaret Anderson, *Thinking about women*, New York: Macmillan, 『성의 사회학』, 이동원 · 김미숙 역, 이화여대 출판부, 1987, p. 370.

이란 사회적 목적과는 직접적 관계가 없는 것으로 이해된다.

그러나 여성주의 시각에서 볼 때, 실증주의 과학은 객관성을 표방하면서도 사실은 성차별주의적이고 남성 중심적인 연구 결과들을 양산하였으므로 실증주의 과학이 표방하는 객관성은 다른 말로 표현하면 성차별주의를 합리화하는 도구로 사용되어 왔다고 생각한다. 예를 들어, 여성주의적인 시각으로 바라본다면 성별 분업과 남녀 임금의 차이는 남녀의 육체적 차이에 의해서 나타나는 자연스러운 현상이 아니라, 그것은 사회적 · 역사적인 과정을 통해 형성된 것이며, 여성과 남성에게 차별적인 가치와 자율권을 부여하는 사회적 기제로 인식된다. 그러므로 여성주의 연구는 여성의 억압을 유지, 재생산하는 구조를 밝혀내고 그 구조의 변혁을 통하여 인간 해방에 기여하고자 함을 기본적인 목표로 한다.

여성주의 연구는 기존의 지배적인 인식론적 전제(실증주의적 인식론)에 입각한 연구들이 성차별주의에 오염되었으며, 여성의 본질과 경험을 무시하였다고 비판하면서 여성주의 연구를 통해 보다 타당하고 완전한 사회에 대한 인식에 이르고자 노력한다. 따라서 이러한 노력은 여성주의 연구의 객관성을 담보하려는 노력으로 나타나게 된다.[6]

인식론이란 철학적 의미에서 인간의 인식과정 및 인식의 본질, 구조, 합법칙성에 대한 철학적 · 세계관적 견해를 포함한다. 다시 말하자면, 인식론은 지식에 대한 이론이다. 그것은 누가 '인식자(knower)'가 될 수 있는가에 대한 질문에 답한다. 여성주의자들은 전통적 인식론에서는 여성이 '인식자'나 지식의 대표자가 될 수 있는 가능성을 배제한다고 생각한다. 여성주의자들은 과학의 목소리는 남성의 것이며, 역사는 남성에게만 초점을 맞춰 기술되고, 전통적인 학문적 주체는 항상 남성이 되었다고 생각한다. 인식론적 쟁점은 어떻게 보편적인 이론구조를 특수한 분야에 적용할 수 있는가, 그리고 어떤 연구방법을 선택할 것인가를 위해 중요한 의미를 지닌다.

인식론의 또 다른 핵심적 문제는 '어떻게 알 수 있는가'의 문제로 압축된다고 볼 수 있다. 따라서 여성주의 인식론이란 여성주의를 그 접근방법으로 하고 여성주의적인 원칙과 전망으로 사회를 인식함을 의미한다.[7] 여성주의 인식론은 단순하지 않으나 공통적으로 다음과 같이 세 가지로 요약할 수 있다.[8] 첫째, 여성주의의 핵심적 요소는 우선 여성을 여성 그 자체로서, 그리고 인간으로서 존중하며 여성의 자율성에 가치를 두는 것이다.[9] 둘째, 사회

6) 최희경, 『페미니스트 인식론 연구 - 객관성 개념을 중심으로-』, 이화여자대학교 대학원 석사학위논문, 1992, pp. 2-3.
7) 위의 책, p. 9.
8) 최희경, 앞의 책, pp. 10-11.

가 여성을 억압하는 방식으로 구조화되어 있음을 인식하는 것이다. 여성 억압적 사회구조는 역사적 과정을 거치면서 달라질 수 있으므로 무엇보다 중요한 것은 그것을 인식하는 일이다. 셋째, 여성해방에 대한 신념이다. 억압된 사회구조로부터 여성의 자율성과 인격이 존중되는, 남녀가 동등한 권리를 누리는 사회로 바꾸는 것에 대한 신념이다.

여성주의 연구를 정의함에 있어 지적되어야 할 점은 여성주의 연구가 어떤 특정한 연구방법(research method)을 사용하는가의 여부에 따라 결정되는 것이 아니라는 점이다. 인식론의 문제는 방법의 문제와 직접적으로 연관되어 있으므로 여성주의적 인식론에 보다 적합한 방법을 고민할 수밖에 없고, 이러한 고민은 기존의 지배적인 양적 연구방법보다는 행동연구방법, 의식화(consciousness-raising) 방법, 질적 연구방법 등을 선호하는 경향으로 나타나게 된다. 그러나 이러한 연구방법들도 여성주의 연구에만 고유한 방법들이 아니므로 고유한 여성주의 방법(feminist method)이 따로 분리되어 독립적으로 존재하는 것은 아니다.[10]

여성주의적 인식론에 기반을 둔 여성주의 연구의 특징은 다음과 같이 세 가지로 지적된다.[11]

첫째, 여성주의 연구는 지금까지 대다수의 과학이 성과 무관한(sex-blind) 것이었던 점을 비판하면서 젠더(gender) 범주를 역사적 변수로 인식하고, 이를 과학에 있어 분석적인 범주로 채택하여 비판적으로 연구한다. 둘째, 그리하여 지금까지 무시되거나 왜곡되어 왔던 여성의 경험과 시각을 여성 연구의 중요한 자원으로 삼는다. 그 결과 여성주의 연구는 여성이 필요로 하는 학문적 설명을 제공하는, 여성을 위한 연구가 된다. 셋째, 연구자는 실체적이고 구체성을 가진 역사적 주체로서 피연구자와 동등한 위치를 가진다. 그러므로 연구자의 특정한 신념과 사회적 배경도 여성주의 연구 속에서 성찰적(reflexive) 연구의 대상이 된다.

2) 여성주의 경험론(Feminist Empiricism)

여성주의적인 경험론은 기존의 실증주의적 과학의 인식론적 전제를 기초로 하는 성차별주의적인 편견들과 남성 중심주의에 의한 왜곡을 비판한다. 이에 의하면 지금까지 밝혀진 남성 중심적, 성차별주의적 연구 결과는 사회적 편견과 왜곡이 연구과정에 개입한 결과라고

9) Sheila Ruth, Issues in Feminism: A First Course in Women's Studies, Boston: Honghton Mifflin Company, 1980, p. 4.
10) Sandra Harding, "Is There are Feminist Method?", *Hypatia*, vol. 2, no. 3, *Feminism and Science*, Nancy Tuana(Ed.), Bloomington and Indianapolis: Indiana Univ. Press, 1987, pp. 26-29.
11) 위의 책, pp. 26-29.

본다. 현실적으로 객관적인 연구가 되기 위해서는 여성주의적 경험이 함께 공유되어야 한다. 그동안 소외되어 있고 학문적 가치가 없다고 여기던 개인적 경험들을, 사회적 사실로서 끌어냄으로써 보다 객관적인 연구가 가능하다고 본다.

그러나 여성주의 경험론의 문제를 다룸에 있어 두 가지 문제가 제기된다. 첫 번째, 여성주의 경험론은 기본적으로 전통적인 실증주의의 전제를 수용하면서 동시에 여성주의 인식론에 입각하여 그 실증주의를 비판하므로 결과적으로 서로 충돌을 일으키는 부분이 생기게 된다. 여성주의 경험론은 여성주의를 신봉하는 여성주의자에 의해 이루어진 연구가 성차별주의에 의해 왜곡되지 않은, 보다 객관적인 연구 결과를 낼 수 있다고 전제한다. 그러나 기존의 실증주의 과학관은 연구자의 사회적 · 정치적 정체성이나 개인적 신념과 연구의 객관성이 서로 무관하여야 한다고 본다. 실증주의 입장에서는 연구자가 개인의 신념과 가치를 연구과정에 개입시키면 연구의 객관성이 침해되는 것으로 가정되지만, 여성주의 입장에서는 가치개입이 있어야 기존의 성차별적 편견을 파악하고 사정할 수 있는 참된 의미의 객관적인 연구가 될 수 있음을 주장한다.[12)]

두 번째 문제는 여성주의 경험론이 기존의 흐름과 분리하여 남성적 정당화를 문제시하는 과정에서 근본적으로 발생한다.[13)] 여성주의 경험론이 문제삼는 남성 중심적, 성차별주의적 편견의 근원은 연구를 시작하기 전부터 이미 존재하고 있는 것임에도 불구하고, 연구과정에서만 성차별주의를 제거한다고 하여 연구의 객관성이 유지되지 않는 점이 있다. 성차별적, 남성 중심적 편견은 문제 제기 이전 단계부터 이미 그 영향을 미치고 있었고, 문제 제기 자체에서부터 성차별적 배경에 근거한 것이어서 아무리 과학적 규범을 준수한다 하여도 자료해석이나 증명 단계를 거치면서 그러한 편견은 계속 그 근원적인 맥락에서 영향을 미치게 되어 있다. 여기에서 바로 근본적인 문제가 발생한다. 여성의 경험을 가치 있는 것으로 인식하여 연구의 주체적 대상으로 발전시킨다 하여도 기존의 가치체계에서부터 그 작업과 평가가 이루어질 수밖에 없으므로, 기존의 사회구조로부터 분리하여 객관적인 연구를 수행하기란 참으로 어려운 문제이다. 다시 말하면, 여성주의적 연구가 남성 중심적 사회 배경 속에서 어떤 역할을 할 수 있는가에 대한 사회구조적 차원의 근본회의와 연구의 정당성에 의문을

12) Marry E. Hawkesworth, "Knowers, knowing, known: Feminist Theory and Claims of Trouth", *Signs*, vol. 14, no. 3. 1989, pp. 10-11 ; 최희경, 앞의 책, p. 390에서 재인용.

13) Sandra Harding, "The Instability of the Analytical Categories of Feminist Theory", *Signs*, vol. 11, no. 4. 1986, p. 651 ; 위의 책, p. 390에서 재인용.

제기하게 되는 것이다.

이러한 여성주의 경험론의 딜레마는 여성주의 연구의 객관성과 여성주의 연구가 비판하는 실증주의적 객관성의 개념이 상호 간에 영향을 미치고 있어 서로 확연히 구분되기 어려운 데서 발생되는 것이다. 따라서 이러한 문제를 해결하기 위해 여성주의 입장론이 제시된다.

3) 여성주의 입장론(Feminist Standpoint)

여성주의 경험론이 실증주의적 과학의 인식론적 전제를 여성주의 시각에서 보다 충실하게 실천함으로써 성차별주의적 편견을 제거하고 연구의 객관성을 제고해야 한다고 주장하는 반면, 여성주의 입장론은 실증주의적 객관성 개념 자체가 성차별적 기준에 의해 구성된 것이므로 불완전한 실천이 되는 것을 문제삼는다. 여성주의 입장론은, 여성주의 경험론의 내적 갈등이 기존의 실증주의 과학의 성차별적 전제를 고수한 데서 온 것으로 보고 계몽주의 시대 이후 고수되어 온 실증주의적 객관성 개념을 여성의 입장(standpoint)에서 새롭게 재구성한 개념으로 대체하려고 시도한다.[14] 여기서 말하는 입장이란 관점(perspective)과는 달리, 단순한 주장이 아니라 여성주의적 이론과 실천, 여성운동의 정치적 투쟁의 결과로 성취되는 것을 말한다.[15] 예를 들어, 마르크스주의의 관점을 수용하는 여성주의 입장론자들은 여성주의 연구가 성차별주의적 연구보다 더 균형 잡혀 있으며, 또 왜곡된 사회 속의 경험에서 나온 문제의식을 그 기반으로 하고 있기 때문에 과학적으로 더 객관적일 수 있다고 주장한다. 인간의 삶과 활동이 인간의 지식을 구조화한다는 전제에서 볼 때, 남성과 여성의 활동은 다르게 구조화되어 있고, 여성은 종속적 위치에 존재하므로 남녀는 각기 다른 방법으로 세계를 경험하고 인식한다. 남성이 인식하는 성차별주의적 지식은 여성을 종속시키려는 지배적 관점에서 나오는 것이므로 왜곡된 것이지만, 여성주의 연구는 피억압자인 여성의 삶의 관점에 기반을 두고 있으므로 덜 편파적이고, 덜 왜곡된 것이어서, 세계를 더욱더 객관적으로 설명할 수 있다고 본다.

따라서 여성주의 연구에 의해 생산된 지식은 성차별적 연구의 지식을 대체하는 대안적 지식이 될 수 있다고 생각한다.[16] 이것을 다른 말로 바꾸면, 여성의 경험 실재와 존재는

14) 위의 책, p. 42.
15) 위의 책.

남성들의 왜곡된 추상적 개념 틀에서는 이해되지 않는 부분, 표현되지 않는 부분으로 남성 중심의 지배적 개념 틀에서 소외될 수밖에 없다는 것이다. 따라서 여성은 자신의 경험과 그것을 표현할 개념 간의 괴리를 겪게 된다.[17] 여성 경험에 관한 중요한 인식으로는 일상적 가사노동과 출산 및 육아가 포함되는 여성 노동의 본질, 여성의 육아와 인간발달, 개인의 정체성에 영향을 미치는 인성 구조, 이방인(stranger), 외부인(outsider), 주변인(marginal group)으로서 여성의 삶 등이며, 이러한 여성의 경험이 연구의 객관성을 보완한다는 것이다. 나아가서 피억압집단으로서 여성의 삶을 여성주의 과학의 정당한 기반으로 보는 것은 여성의 경험 세계를 중요시하는 예로 들 수 있다.

여성주의 입장론은 성차별주의의 문제를 과학적 연구로서의 객관성 왜곡에서 파악하고, 여성의 입장에서 객관성의 새로운 기준을 구성하고자 시도하는 것이다. 따라서 이 객관성은 주체의 경험이나 주관과 동떨어져서 존재하는 불변의 실재가 아니라 사회적인 의식, 개념, 경험 속에서 재구성되는 역동적이고 현실적인 실재를 전제로 한다. 여성주의 입장론은 여성의 사회적 경험에 기반을 두어 세계를 인식할 때 비로소 총체적이고 타당한 전망이 가능하다고 보는 것이다. 그리고 실재에 대한 보다 타당한 인식이란 가치중립적인 '객관적' 입장에서의 관찰자로서가 아니라 여성의 경험 속으로 이입됨으로써 획득될 수 있는 것이다. 그러므로 이때의 객관성이란 얼마나 철저히 여성의 경험을 바탕으로 인식하는가 하는 것이 핵심이 되며, 이러한 총체적 객관성을 달성하기 위해서는 연구자의 가치 개입과 그 연관성 그리고 여기에 대한 문제의식이 중요하다.

그러나 이와 관련된 문제점으로 여성주의 입장론이 '여성의 경험'이라고 하는 공통된 영역이 존재함을 전제로 하는 것인데, 과연 여성의 경험을 한 가지 범주로 묶을 수 있는가 하는 것이다. 다양한 사회적 조건 속에서 여성이 가지는 다양한 삶의 경험들을 어떻게 단일한 패러다임으로 수렴할 것인가의 문제도 그리 간단하지 않다. 시대마다, 사회마다 여성 문제와 여성운동의 쟁점이 상이했던 것을 감안하면, 어떻게 여성주의 입장론을 하나의 틀 속으로 묶을 것인가가 중요한 과제로 남아 있다. 또한 하나의 범주와 틀 속으로 묶어 내었다 할지라도 다른 사회적 연관성과의 관계 속에서 어떻게 균형을 이루며 탐구할 것인가가 문제이다. 여타의 사회적 쟁점과 사회적 관계와 조화를 이루는 지점이 어디인가, 그 지점을 찾아낸다고

16) 최희경, 앞의 책, pp. 43-44.

17) Drothy Smith, *The Everyday World as Problematic: A Feminist Sociology*, Boston, Mass: Northeastern Univ. Press, 1987, pp. 105-111.

하여도 다른 사회과학적 연구와 하나의 균형을 이룰 수 있는가 하는 점이다. 그리고 이에 첨가하여 언급해야 할 또 다른 문제는 어떻게 다른 사회적 소수집단과 주변부 입장을 여성주의 입장과 관련시키며 이를 또 하나의 범주로 포괄할 수 있을 것인가의 문제이다. 한 가지 영역에 대한 인식과 입장은 또 다른 영역에 대한 인식과 입장을 이해하게 하지만, 이러한 새로운 인식과 입장을 어떻게 하나로 묶어 주변부에서 존재하던 사회과학적 차이를 없앨 것인가 하는 문제는 남게 된다.

3. 사회조사에서 여성주의 방법

1) 현지조사와 통계조사

여성주의 조사자들이 사회 변동과 사회 문제를 여성의 실제 생활과 관련하여 연구하고자 하는 데서 현지조사(survey research)가 시작되었다. 현지조사는 집단 사이의 차이와 시간에 걸쳐 일어나는 변화를 밝히는 데 도움을 줄 수 있어 여성주의자들에게 유용하다. 성 간의 차이를 보여 줄 뿐만 아니라 여성들 사이의 유사함과 차이를 보여 주는 데 사용될 수 있고, 섹슈얼리티와 관련된 문제를 밝혀 주며, 나아가서 여성주의자들이 기존의 이론을 검증하는 데도 사용된다. 또한 현지조사를 통해 나온 통계는 분명하고 이해하기 쉽기 때문에 강력한 힘을 발휘한다. 현지조사는 특정 분야의 연구를 처음으로 시작할 때, 그리고 이미 완성된 자료에 대한 분석에 모두 기여한다. 예를 들면, 여성의 행동과 태도를 탐색하기 위한 조사에서부터 지역 문제를 이해하는 데 이르기까지 다방면에 걸쳐서 유용하다.

1870년에 행해진 탈보트(Marion Talbot)의 연구는 여성의 고등교육은 임신, 출산에 해를 끼친다는 주장이 잘못된 것임을 입증하려는 목적에서 실시되었고, 결국 여성으로 하여금 고등교육을 받지 못하도록 하는 사회적 통념이 잘못된 것임을 밝혀내었다. 또한 성희롱(sexual harassment)에 대한 통계는 성희롱대책위원회의 설립을 가능하게 하는 데 기여하였고 가해자에 대한 사법적 조치를 현실화하였다. 현지조사를 바탕으로 한 자료는 한 집단의 구석구석에 특수한 방식으로 문제가 내재하고 있음을 보여 주는 데 유용하다. 이것은 문제를 유발하는 데 기여하는 요인이 있음을 시사하고, 또한 역으로 이 요인은 문제를 예방하거나 해결할 수 있는 방법을 모색할 수 있음을 보여 준다.

현지조사는 집단끼리의 비교나 시간의 경과에 따른 변화를 보여 주는 데 유익한데, 남성과 여성 간의 비교 고찰은 불평등의 근거를 제시하고 어떤 부분에서 어느 정도의 변화를 필요로 하는지 가시화하는 데 사용되어 왔다. 그리고 노동통계를 통해 성별 고용 형태를 볼 수 있는데, 여성은 낮은 지위와 저임금의 특징을 지니며, 소수의 특정 직종에 집중되어 있음을 알 수 있다.

여성들 간에 나타나는 차이 또한 비교 가능하게 함으로써 특정한 지역과 집단에 나타나는 고유한 문제를 부각시킬 수 있다. 예를 들면, "후진국 여성들은 선진국의 여성보다 10~30배 이상 인공 임신중절이 이루어지며, 1세 이전에 사망하는 비율이 선진국의 아이들보다 10배 이상 높다. 세계 인구의 약 1/3이 인공 임신중절이 불법인 국가에서 살지만, 매년 2억 명의 여성이 안전하지 못한 불법의 인공 임신중절을 하고 있다. 그 결과 불법적 인공 임신중절은 지구상의 최빈국에 사는 여성이 사망하는 주요 원인이 된다."[18]라는 결론을 통계적으로 분명하게 제시할 수 있다.

통계자료는 간결하므로 정보를 구하는 조사자와 입법자들에게 쉽게 내용 전달이 가능하다. 통계치는 법적 설득력을 가지며, 성편견 그리고 여성 관련 부당함에 대한 소송에서 중요한 역할을 하며, 이해하기 쉽고 기억하기 쉬우므로 자료로서 강력한 힘을 가지게 된다.

현지조사와 통계조사가 이렇게 많은 장점을 가졌음에도 불구하고 여성주의자들은 양쪽 모두에 비판적이다. 그 이유로서는 현지조사에 사용되는 단어가 성차별적 젠더(gender)와 관련되며, 산업 관련 통계에는 노동시장에 참여하는 여성의 지위가 나타나지 않고, 범죄통계에서도 사적 영역에서 일어나는 여성에 대한 가해적 범죄와 여성의 희생을 축소 또는 은폐하고 있으며, 통계분석을 위해서도 남성 중심적 개념이 사용되고 있다고 본다. 그리고 자료수집방법, 통계처리방법, 통계제시방법 등 이 모두가 성차별주의에서 자유롭지 못하며, 특히 GNP의 경우 여성의 가사노동을 계산하지 못하고 있다. 조사에서 가장 큰 장애 중 하나로서 면접자와 피면접자의 평등하지 못한 상호관계, 여성 연구자와 여성대상자의 불만이 직접 표현되지 않으면 문제가 없다고 보는 선입관 등이다.

여성주의 조사는 주류의 사회과학적 방법에다 여성주의적 방법론의 원리를 병행하는 것인데, 이는 조사자와 피조사자, 현장에서의 활동가와 이론가들 사이의 엄격한 이분법에 도전하는 것이다. 여성주의자들은 사회과학이라는 학문적 차원과 사회운동이라는 실천적 차원

18) 위의 책.

을, 정치지향성과 학문지향성의 종합으로 통합할 수 있을 것이라고 생각한다. 여성주의 조사 자체의 성격으로는 과학적일 뿐만 아니라 현실을 바꾸려는 개혁적 성격을 가지고 있으므로 이러한 복합적 이중시각(dual vision)은 일반적으로 사회조사를 행함에 있어 여성주의자들이 선호하는 핵심적 특징이 된다.[19]

2) 실험조사

실험조사에 두 가지 입장이 있다. 실험의 유용성을 인정하는 입장과, 실험의 과학적 유용성에 대한 가정이 젠더를 무시할 수 있다는 우려의 입장이 그것이다.

현상학자와 비판이론가들은 아무리 실험작업이 실제의 상황에 가깝다 하더라도 실험적 방법에 의해 요구되는 사회적 삶을 현실과 분리하여 실험의 대상으로만 적절히 설명될 수 없다고 주장한다. 그렇다고 비실험적 방법이 실험적 방법보다 여성주의적 시각임을 보증하는 것도 아니다. 여성이 세상을 다양한 많은 방식으로 경험하는 것처럼, 연구방법 또한 다양한 방식으로 동원되어야 한다. 실험방법과 다른 방법들의 강점들을 연결하여 적절한 방법을 찾는 것이 관건이며 변화를 잘 포착할 수 있는 유용한 접근방법을 탐색해야 할 것이다.

실제로 실험조사는 심리학 영역에서 많이 사용되었다. 그러나 실험적 연구에 대한 여성주의자들의 일반적인 견해는 성차별주의자들의 편견이 실험작업을 구성하는 단계마다 영향을 미친다는 것이다. 예를 들면, 문제 형성, 질문, 조작화, 조사설계, 대상표집, 자료수집, 분석과 해석, 보고서 작성에 이르기까지 모든 과정에 영향을 미친다. 대상표집에 관한 한 가지 예를 들어 비판해 본다면, 실험대상으로서 백인, 대학 재학생, 남성을 표집하여 '인간행동'에 관한 증명을 한 것이 사회심리학 연구의 75%(1980)와 83%(1985)를 차지한다는 통계가 있다.[20] 또한 실험실 환경은 특수한 실험적 환경으로 인하여 자연스럽지 못하다. 그리고 여성의 행동분석은 실험 연구 한 가지 방법으로 수행하기 힘들며, 전체적인 문화적 · 사회적 맥락 속에서 분석되어야 하고, 때로는 조사척도의 타당성을 확장하는 심층면접과 같은 다른 방법을 함께 병행해야 한다. 여성주의자들은 기존의 연구가 제한된 방법으로 얻은 정보를 기초로 지식을 결정하여 왔음을 주장한다.

조사 결과에 의하면, 남성과 여성 모두는 주제와 상관없이 공공 영역에서 여성보다는 남

19) 위의 책, p. 94.
20) 위의 책, p. 99.

성에게 더 권위를 부여하며 남성에게서 더욱 많은 정보를 얻는다. 또한 남학생들에게 여자 교수가 남자 교수보다 더욱 훌륭한 교수가 많았다고 기억할 때조차도 정작 여자 교수보다 남자 교수의 이름을 더욱 많이 기억하고 있었다.[21] 따라서 여성주의적 실험방법의 설계는 여성주의적인 비판적 시각을 가지고 수행되어야 하며, 이를 기반으로 정책실행에 힘있는 수단과 방법이 되어야 한다. 여기서 여성주의자들의 연구과제는 변화되어야 할 필요성이 있는 부분들과 은폐된 부분을 드러내기 위해 실험적 설계를 하는 것이며, 얼마나 일방적이고 편향적이며, 얼마나 많은 사실들이 현상 속에 숨겨져 있는가를 밝혀내는 것이다.

그러나 이러한 실험연구가 변화의 필요성에 대한 정보를 제공한다고 할지라도, 정보만 가지고 사회는 쉽게 변화하지 않음도 인식해야 한다. 사회의 변화를 위해서는 한 가지 연구만으로는 가능하지 않으므로 공공의 관심을 환기시키는 실험적 연구를 통하여, 인간발달과 여성의 전인적 발달에 장애가 되는 요소를 제거해 나감이 중요하다. 따라서 실험방법은 다른 연구방법들의 장점들을 함께 사용하는 것이 더욱 그 목적에 적합하다.

3) 내용분석

내용분석은 그 속에 담긴 주제를 해석하고 설명함으로써 일련의 사건과 대상을 연구한다. 예를 들면, 아동서적, 민담, 광고판, 픽션, 논픽션, 예술작품, 신문, 연구출판물, 치료기록, 인용 등이 이에 포함된다. 많은 여성주의 학자들은 문화적 표현, 생산성, 가부장제, 노인차별, 인종차별, 성차별에 관심을 가지며 이러한 불균형적 힘들에 대해 하위집단들이 저항하는 데도 특별한 관심이 있다.

여성주의자들의 시각을 통해 본 문화적 산물(culture artifacts)에 대한 연구는 일반적으로 가부장제도가 얼마나 널리 퍼져 있으며 여성에 대한 부정적인 편견이 얼마나 강한가 하는 것을 보여 준다. 다른 한편으로 어떠한 문화적 산물의 형태는 지배 문화에 반대하는 것도 있을 수 있는데, 이것은 여성에 의해 선택되거나 창조된 대중문화는 남성지배에 대한 저항의 표현이라는 의미를 가진다.

문화적 산물은 두 가지의 특징을 가진다. 첫째, 자연스럽게 제3자에 의해 발견된 특징이며, 둘째, 그것은 상호작용적이지 않다. 문화적 산물은 연구 목적을 위해 만들어진 것이 아니며, 반응자의 질문이나 사람들의 행동을 관찰하는 것을 요구하지 않는다. 연구과정에 의해

21) 위의 책, p. 105.

영향을 받지 않으며, 기존에 있는 대상물로서 기록이나 다른 유형의 특징을 검토할 수 있다. 에밀 뒤르켐이 사회응집력을 분석하기 위해 자살률을 사용한 것이 바로 이 예에 해당된다.[22)]

여성주의 내용분석 결과를 예로 들면, 여성 잡지는 결혼에 적절한 정서규범에 초점을 맞추고 있음이 발견된다. 행복한 결혼에 대한 기사를 통해 특정한 정서적 표현의 규범을 지지함으로써 이러한 문화에 여성들을 사회화시키고 있음을 발견할 수 있다. 또한 스탠톤(Elizabeth Cady Stanton)은 여성에 관한 선입관과 편견을 수정하기 위해 성경을 검토하였다.[23)] 그녀의 조사에 의하면, 가장 빈번히 인용된 것은 이브가 아담의 갈비뼈에서 출생했다는 것이며, 가장 적게 알려진 구절은 남성과 여성은 신의 형상으로 똑같은 순간에 창조되었다는 것이다. 스탠톤은 남성 성직자들이 성의 평등을 의미하는 해석보다는 자신들의 이익을 위해 어떻게 성경을 이용했는지 보여 주고, 나아가서 양성적인 신의 존재를 주장하기 위해서 연구를 행하였다. 이와 같이 여성주의 연구자들은 여러 가지 자료들의 기존 해석 형태를 점검하기 위해 양적 내용분석을 사용하며, 이러한 연구에서 나온 결과는 여성주의적 이론과 관심사에 적절한 가설을 산출하고 검증하기 위해 혹은 사회 변화를 위한 압력으로도 사용되어 왔다.

양적 연구와 달리 질적 연구에서는 소수 엘리트의 삶을 규정했던 힘과는 대조적으로, 다수의 삶을 형성한 힘이 무엇이었나 보여 준다. 예를 들면, 노동계급 여성의 문학은 침묵해 온 여성계급의 문학이며, 그것은 남성이나 상층계급 여성의 글이나 또는 그 시기의 공적 문학의 형태와 거의 닮은 점이 없다. 노동계급 여성의 문학을 찾기 위해서는 개인적인 편지와 일기 등을 보아야 하는데, 노동여성의 사고는 개인적인 기록 이외에는 어디에도 나타나지 않기 때문이다. 이러한 사적 기록을 들여다보노라면 청소년들의 사춘기는 결코 젠더 중립적이지 못하다는 사실이 드러나는데,[24)] 젊은 남성들이 책임 있는 성인으로 성장하는 사춘기를 경험할 동안, 젊은 여성들은 여성에게 놓인 사회적 제약 때문에 아동기에서 경험된 자유를 포기하면서 종속적인 존재로 의존의 길로 나아가게 된다는 것이다.

여성들에 관한 연구는 여성들이 쓴 일기, 에세이, 다른 개인적 문건에 기록된 것들로서

---

22) 위의 책, p. 147.

23) Elizabeth Cady Stanton, *The Original Feminist Attack on the Bible(The Woman's Bible)*, New York: Arno Press, 1974 ; Leffy Russel(Ed.), *Feminist Interpretation of the Bible*, Philadelphia: Westminster, 1985 ; 위의 책, p. 153.

24) 위의 책, p. 156.

여성 스스로의 표현들을 귀중한 자료로 선택한다. 이러한 자료를 통하여 다양한 시대 속에서 다양한 사회계급으로, 그리고 여러 곳에서 살아왔던 여성들의 경험을 발견하는데, 여성이라는 유일한 범주로, 동시에 분화된 범주로서의 여성에 대해 갖는 복합적 관심이 여성주의 연구의 특징이 된다. 여성주의자들의 학문적 추진력은 일반적으로 여성들에 대한 그리고 특정한 여성들에 관한 정보가 빠져 있다는 것을 인식하는 데 있다. 배제되고, 삭제되고, 빠진 정보를 확인하는 것은 많은 여성주의적 연구의 특성이다. 여성주의의 내용분석은 존재하는 텍스트(text)와 존재하지 않는 텍스트 모두를 연구한다. 이런 두 가지 양면은 모두 그 시대의 사회적 조건과 연관지을 수 있다. 존재하는 것과 빠져 있는 것, 그리고 그 시대적 상황 속에서 권력과 젠더 관계의 일정한 형태를 발견함으로써 현재의 젠더와 권력관계를 설명하는 것을 가능하게 한다.

요약하자면, 여성주의 연구는 상호적 혹은 학제 간의 복합적인 학문적 본질을 가지고 있어, 질적 방법과 양적 방법을 모두 사용해야 하는 경우가 대부분이다. 여성주의 연구자들은 자신이 찾아낸 자료는 물론, 눈에 띄지 않는 숨겨진 문건들에 대한 연구의 중요성을 인식한다. 또한 특별한 경험을 가진 여성과 그렇지 않은 여성 간의 관계를 인식하기 위해 특정 유형에 대한 텍스트의 중요성을 지적한다. 또한 이들은 존재하는 텍스트뿐만 아니라 많은 유형의 텍스트가 빠뜨리고 있지만 존재하는 사실들에 초점을 맞춘다.

4) 독창적인 연구방법

여기서 말하는 독창적 방법이라는 것은 앞에서 논의된 다른 방법이 비독창적이라는 의미가 아니라, 지금까지 공유되었던 연구방법에 자신들의 기준을 충족시키기 위해 새로운 접근방법을 고안하려는 연구자들의 노력을 말한다.

여성주의 연구는 사회과학에 의해 소홀히 다루어졌던 특정 집단들, 특정 행동들, 새로운 형태의 데이터 등을 연구하려는 혁신적인 방법이다. 새로운 여성주의 연구방법으로 우선 의식 향상을 들 수 있다. 이는 하나의 정치적 · 치료적 · 교육적 활동으로 규정할 수 있는데, 여성들이 그들 자신의 관점에서 자신들의 체험을 논의하고 이해할 수 있도록 만드는 방법들을 실제로 모색하게 된다. 자기 자신에 대해 자유롭게 표현할 수 있게 하고 상호 간의 의사소통을 중요시하며 스스로의 변화를 위한 집단일지를 고안했으며, 인터넷의 동아리 그룹, 커뮤니티 형성, 드라마와 계보학과 네트워크의 추적, 비권위적인 조사탐색, 최근의 사이버 다중 인격의 의식 흐름 등을 활용하고 있다.

대화는 또 다른 여성주의적 방식인데, 그것은 다양한 목소리를 통하여 비권위적인 사람들의 견해를 수집하는 것이다. 직관의 사용 혹은 연상하여 글쓰기는 자기 자신과의 대화를 시도하는 것인데, 이것은 인지와 감정, 일과 자아를 분리시키지 않는 것이 기존의 가부장적 사고에 대한 여성주의적 대안이 될 것이라는 견해이다.

이 외에 특정 대상과의 동일시 방법을 통하여 주체와 객체로서의 위치를 동시에 경험해 보는 방법도 여성주의자들이 실험하고 있는 방법이며, 개인 경험을 공론화하는 방법도 연구한다. 입수한 정보를 체계적으로 기록, 분석, 종합하여 이를 도표 형식으로 표현하는 구조 개념화, 사진 혹은 영상기법, 녹음기를 두고 자유롭게 말하기 혹은 긴 에세이 형식의 설문 등도 새롭게 시도되는 여성주의 방법이다.

방법론상의 혁신에 대해서는 여성주의 내에서도 의견이 다양한데, 어떤 여성주의 학자들은 이러한 독창적인 방법의 모색을 소모적이라고 비판한다. 엄정한 과학적 절차에 의해 실시된 연구만이 설득력 있는 학문적 연구로 보았기 때문이다. 그러나 또 어떤 사람들에게는 여성주의가 새로운 형태의 연구방법을 모색함으로써 새로운 주제들을 부각시키는 방법이 된다고 보며, 전통적 방법을 파괴하는 혁신적 사고를 바로 여성주의 정신으로 본다.

이 장의 요약

1. 여성주의는 연구방법이 아니라 관점이다. 여성주의 연구자들은 여성주의를 현존하는 방법에 대한 대안으로서, 또는 혁신적인 방법을 발전시키는 데 활용되는 하나의 관점으로 간주한다. 여성주의 연구는 "여성의 삶이 중요하다"라는 인식을 공유하며 여성을 사회적 범주로서, 개인으로서 모두 관심을 가진다.
2. 여성주의는 다수의 연구방법들을 사용한다. 연구를 위하여 단일한 여성주의 방법이 있는 것이 아니라 개인적 창의성과 다양성을 살릴 수 있는 다양한 방법들을 활용한다.
3. 비여성주의 학문에 대해 지속적으로 비판한다. 여성주의 연구는 새로운 주제를 찾아낼 수 있게 하고, 그동안 보이지 않았고 무시되어 왔던 면을 드러내어 검토할 수 있게 한다. 보이지 않는 것을 보이게 하는 것, 주변부에 있는 것을 중심으로 오게 하는 것, 여성을 사회적 역할자로 조명하는 것 등 이 모든 것은 여성주의 연구의 중요한 요소가 된다.
4. 여성주의 연구는 여성주의 이론에 근거하여 수행되고, 다학문적인 개방성을 갖는다. 여성주의 연구는 방법론적 규범만을 확장시키는 것이 아니라 학문 간 경계도 넘어서고자 한다.
5. 사회 변화를 위해 노력한다. 많은 여성주의 연구는 사회 변화를 위해 사회정책 문제 제기와 연관되어 있다. 사회 변화를 위한 노력은 많은 여성주의 연구가 학문적이며 동시에 실천적임을 보여 준다. 여기에

여성주의가 가지는 진보적이고 해방적인 성격이 있다.

6. 여성주의 연구는 다양성을 인식하려고 노력한다. 다양성을 통해 성차별과 편견에 관한 문제를 다루고 인종주의, 이성애주의를 다루려고 노력한다. 다양한 표본들을 대상으로 한 사례연구들은 조사의 질을 향상시킨다고 믿는다.
7. 한 개인으로서 연구자를 참여시킨다. 연구자 자신의 개인적 경험을 활용한다는 것이 여성주의자들의 독특한 특성이다. 개인적 경험은 연구의 출발점이 되고 연구자가 발전시키고자 하는 자료가 되며, 연구하기 위한 인적 자원을 찾는 데 동력이 된다.
8. 연구되고 있는 대상들을 참여시킨다. 연구대상자들을 존중하고, 정보를 공유하며, 개방적인 상황에서 의사소통을 함으로써 비착취적 관계를 발전시킬 수 있다고 본다.
9. 독자와 특별한 관계를 맺는다. 여성주의 연구의 특징은 독자에게 직접적으로 호소하거나 독자와 연구대상자의 연계를 형성하는 것이다. 그리하여 연구의 대상과 독자와의 차이를 줄이고 서로 직접적인 공감대를 형성한다. 이것은 바로 개인의 구체적인 상황이 바로 사회적 상황이라는 인식과 맞물려 있다.

주요 용어

- **여성주의적 방법론(Feminist Methodology)**: 여성주의는 연구방법이 아니라 관점이다. 여성주의 연구자들은 여성주의를 현존하는 방법에 대한 대안으로서, 또는 혁신적인 방법을 발전시키는 데 활용되는 하나의 관점으로 간주한다. 여성주의 연구는 여성의 삶이 중요하다는 인식을 공유하며 여성을 사회적 범주로서, 개인으로서 관심을 가진다.
- **여성주의 인식론(Feminist Epistemology)**: 여성주의 연구는 기존의 지배적 인식론적 전제(실증주의적 인식론)에 입각한 연구들이 성차별주의에 오염되었으며, 여성의 본질과 경험을 무시하였다고 비판한다. 여성주의 연구를 통해 사회에 대해 보다 타당하고 온전한 인식에 이르고자 하는데, 이러한 노력은 여성주의 연구의 객관성을 담보하려는 노력으로 나타나게 된다.
- **여성주의 경험론(Feminist Empiricism)**: 여성주의 경험론은 기존의 실증주의 과학의 인식론적 전제를 기초로 하는 성차별주의적인 편견들과 남성 중심주의에 의한 왜곡을 비판한다. 객관적인 연구가 되기 위해서는 여성주의적 경험이 함께 공유되어야 한다. 그동안 소외되어 있고 학문적 가치가 없다고 여기던 개인적 경험들을 사회적 사실로서 끌어냄으로써 보다 객관적인 연구가 가능하다고 본다.
- **여성주의 입장론(Feminist Standpoint)**: 여성주의 입장론은 실증주의적 객관성 개념 자체가 성차별적 기준에 의해 구성된 것이므로, 불완전한 실천이 되는 것을 문제로 본다. 여성주의 입장론은 여성주의 경험론의 내적 갈등이 기존의 실증주의 과학의 성차별적 전제를 고수한 데서 온 것으로 보고 실증주의적 객관성 개념을 여성의 입장에서 새롭게 재구성한 객관성 개념으로 대체하려고 시도한다.

더 읽을거리

1. 이화여자대학교 한국여성연구소 편, 『여성학 방법론－사회과학적 접근－』, 1986.
2. 최희경, 『페미니스트 인식론 연구—객관성 개념을 중심으로—』, 이화여자대학교 대학원 석사학위논문, 1992.
3. 김민예숙, 김혜경, 배인숙, 『왜 여성주의 상담인가』, 2018.
4. Margaret Anderson, *Thinking about Women*, New York: Macmillian, 『성의 사회학』, 이동원 · 김미숙 역, 이화여대 출판부, 1987.
5. Reinharz, Schlamit, *Feminist Methods in Social Research*, Oxford University Press, 1992.

Chapter 10

여성주의와 정신분석학

이 장은 정신분석학이 여성 억압적이고 성불평등적인 요인을 가지고 있음에도 불구하고, 인간의 억제된 내면적 욕구를 분석해 낼 수 있다는 점에 초점을 맞춘다. 그리하여 여성주의적 실천방법에 대한 정신분석학적 의미가 무엇인지 탐색해 보려고 한다.

프로이트(Sigmund Freud)는 여아의 남근선망, 즉 '남근을 거세당하여 스스로를 열등한 사람으로 생각하는 여아의 인식'이 남성 우월적인 사고에 기반을 두고 있다고 여성주의자들로부터 혹평을 당하였다. 그러나 그에게서 여성 억압적인 요소뿐만 아니라 해방적인 측면도 있음이 정신분석학 여성주의자들에 의해 발견되는데, 이것은 억눌린 욕구에 대한 무의식의 발견이며, 그 무의식적 과정을 보여 주는 데 해방적 측면이 있다. 프로이트 이론에서 여성 억압적인 면과 해방적인 측면을 동시에 볼 수 있다면 프로이트 정신분석이 가진 혁신적인 면을 여성주의적 시각으로 재발굴해 낼 수 있을 것이다.

1. 정신분석이론과 여성주의 비판

1) 정신분석이론과 여성

성에 관한 프로이트의 이론은 당시에 많은 논란을 일으켰다. 이것은 이전에 금기시되었던 주제들을 공개적으로 프로이트가 언급했을 뿐만 아니라, 특히 모든 성적 '이상행위'와 '변형된 형태', 그리고 '도착행위'들을 '정상적' 인간의 성활동으로 생각하였고, 그런 행동들을 인간의 일반적 성장 단계로 생각하였기 때문이었다.

프로이트에게 있어 어린아이들은 일정한 성심리학적인 발전 단계를 거치며 성장하게 되는데, 모든 성인의 성격적 기질과 특징은 한 아이가 어떻게 이 발전 단계를 거쳐 성장하였나에 따라 달라지게 된다는 것이다. 여아와 남아는 타고난 신체적 · 생리적 차이의 결과, 대조되는 두 가지의 다른 성별 역할을 체득하게 된다. 따라서 만일 남녀가 성적 발달을 '정상적'으로 수행한다면 남성적 특질과 여성적 특질을 따로 따로 취득하게 된다. 인간이 가진 어느 정도의 양성적 특징이 있다고 하여도 신체적이고 해부학적인 구조로 인하여 여성과 남성은 결국 각각의 서로 다른 특질을 발전시킨다는 것이다.

프로이트에 의하면 어린아이의 성활동은 여러 가지 형태로서 나타나는데, 이러한 여러 가지 유형의 성활동을 통한 발전 단계를 거치면서 '정상적인' 이성 간의 성활동으로 옮겨간다. 구강기, 항문기를 거치고 남근기에 와서 어린아이는 오이디푸스 콤플렉스와 거세 콤플렉스를 해결하거나, 아니면 해결하지 못하게 된다. 6세 정도에서 사춘기가 시작되기 전까지를 성적 잠복기라고 하는데, 이 시기에는 성활동이 외부로 명백히 드러나지 않게 된다. 사춘기가 시작되면서 성충동이 확대되는 생식기에 들어간다. 모든 과제가 잘 수행된다면 성적 에너지인 리비도는 이성을 향하게 된다.

성심리의 중요한 측면은 어린아이의 오이디푸스 콤플렉스와 거세 콤플렉스의 해결이다. 정신분석적 원리에 따르면 남자아이들은 페니스를 가진 반면, 여자아이들은 이것을 가지지 못했다는 사실이 남근기의 콤플렉스 해결방식에 중요한 영향을 미친다. 사내아이의 오이디푸스 콤플렉스는 어머니에 대한 집착에서 시작하지만, 아버지에 대한 거세 두려움으로 어머니에 대한 사랑을 억제하도록 만들고, 이러한 고통스러운 과정을 통하여 초자아를 발전시키게 된다. 초자아는 아버지의 가치관과 행동양식을 아들이 내면화하는 것이기에, 가부장적인 문화를 그대로 전수받는다. 성공적으로 오이디푸스 콤플렉스와 거세 콤플렉스를 해결한 남자아이들은 어머니에 대한 애정을 포기하는 과정에서 아버지의 권위에 복종하는 법을 습득하게 되고 강한 초자아를 발전시킨다.

그러나 여아의 경우는 남아와 다른 과정을 거치게 된다. 여아도 첫 번째 사랑의 대상은 어머니이다. 그러나 사랑의 대상이 처음부터 이성이었던 남자아이와는 다르게 어머니에서, 아버지로, 다시 아버지를 대신하는 다른 남성으로, 욕망의 변화 단계를 겪어야 한다. 여아가 자신에게는 페니스가 없고 자신이 거세당했다고 인식할 때 어머니에게서부터 다른 남성으로 사랑의 대상을 전환하게 되며, 남자 형제나 남자아이의 페니스를 보면서 자신의 것과 비교함으로써 남성의 페니스가 우월한 것으로 생각하게 된다. 그리고 이러한 인식의 순간부터 여아들은 남근선망의 희생물로 전환된다.

여아는 결핍의 책임을 어머니에게 돌리고, 어머니를 원망하며 아버지에게로 그 애정의 대상을 바꾸게 된다. 여아는 어머니를 자신과 동일시하며 아버지에 대한 자리를 뺏으려 하고, 어머니를 애정의 적수로 느끼게 된다. 여아는 아버지의 페니스를 가지고 싶어 하다 나중에는 점차 그것보다 더욱 궁극적인 대치물로서의 아기를 가지고 싶어 한다. 그러나 모든 여아가 동일한 과정을 겪는 것은 아니다. 예를 들면, 어떤 여아는 자신의 음핵을 지나치게 경멸하여 나중에 이성과의 관계를 모두 거부하는 경우가 있으며, 어떤 경우에는 노이로제 증세를 보이고 성적 불감증을 경험하게 된다. 이와는 대조적으로 자신의 거세를 수용하지 않고 거부하며, 자위행위를 하는 경우가 있는데, 이는 '남성성 콤플렉스'로 발전하게 되며, 남성적 특징을 모방하는 생활양식을 택하게 되고, 극단적인 경우에는 레즈비언이 된다고 본다.[1)]

프로이트에 의하면 오이디푸스 콤플렉스와 거세 콤플렉스를 거치면서 여성에게는 몇 가지 특성이 나타나게 되는데, 첫째, 능동적인 성적 목표에서 수동적인 성적 목표로 바뀌며, '자아도취적' 성향을 띠게 되어 사랑하기보다는 사랑받기를 추구한다. 둘째, 자라는 과정에서 여자아이는 허영심을 가지게 되는데, 이는 원천적인 페니스 결핍에 대한 보상으로 자기가 가진 것에 대해 과대평가를 함으로써 자신이 가지지 못한 것을 메워줄 수 있는 것처럼 생각하게 된다. 셋째, 스스로에게 과장된 수치감을 보인다. 자신의 육체를 보며 당혹감을 느끼기도 하여 옷 갈아입는 것에 과민반응을 보이기도 한다. 남아의 경우 거세의 위협은 오이디푸

1) Sigmund Freud, "Feminity", in Sigmund Freud, *The Complete Introductory Lectures on Psychoanalysis*, James Strachey, trans. and ed., New York: W. W. Norton, 1966, pp. 593-594 ; 로즈마리 통, p. 220 간접인용.

스 콤플렉스를 종결짓게 만들지만, 여아의 경우 페니스(penis) 결핍에 대한 인식은 오이디푸스 콤플렉스로 몰아넣어 계속 그곳에 빠져 있게 만든다.

이상에서 여성에 대한 정신분석적 논의를 간단히 요약하면, 남아들은 거세 위협에 의해 오이디푸스 콤플렉스가 극복되는 반면에 여아들은 거세 위협에 의해 오이디푸스 콤플렉스가 더욱 강해진다. 이 과정에서 습득되는 남아들의 초자아 발전이 여아들에게는 불가능해져서 남아와 비교하여 여아들은 양심과 도덕, 예의 등이 부족하게 된다고 생각한다. 결국 여성의 도덕적 열등감은 페니스가 없다는 사실에 연유하며, 이미 거세된 상태에 있어 또다시 거세될 위협을 받지 않으므로 남성들처럼 복종적인 규칙의 준수자들이 될 동기가 약화된다고 본다.

2) 프로이트의 정신분석이론에 대한 여성주의 비판

여성이 가진 남근선망을 제일 중요한 핵심 내용으로 여성의 발달과정을 설명하고 있는 전통적인 프로이트이론에 대해 많은 여성주의자들은 분노하며 이에 대해 비판하고 있다. 여성주의자들의 공통점으로는 여성들의 낮은 사회적 지위와 무력감은 여성의 생물학적 특징과는 관계가 희박하고 여성성에 대한 사회적 인식과 여성의 사회화 과정에 깊은 관계가 있다고 보는 점이다.

1970년에 주로 활동했던 여성주의자들 중에 특히 베티 프리단(Betty Fridan),[2] 슐라미스 파이어스톤(Shulamith Firestone),[3] 케이트 밀레트(Kate Millett)[4]를 중심으로 프로이트에 대한 비판적 내용을 살펴본다. 베티 프리단에 의하면 프로이트의 이론은 빅토리아 시대의 문화적 배경으로 형성된 것이며, 프로이트 자신이 보기 원하는 시각으로 분석한 제한적인 측면을 가진다고 보았다. 학자들이 밝혀낸 인간성의 일반적 특징은 사실상 학자 자신들이 속한 문화 속에서 나타나는 공통된 특성에 불과하다는 것을 프리단이 지적하였다. 프로이트에 대한 가장 핵심적인 비판은 '생물학적 결정론'이다. 여성의 출산, 성별 정체성, 성적인 개별 취향은 여아의 페니스 결핍으로부터 결정되었으며, 이러한 자연스러운 자신의 속성과 특성을 정해진 과정으로서 수용하지 않는 사람은 '비정상적' 범주로 분류하였다는 점이다. 또한 프

2) Betty Friedan, *The Feminine Mystigue*, New York: Dell, 1974.
3) Shulamith Firestone, T*he Dialectic of Sex*, New York: Bantan Books, 1970.
4) Kate Millett, *Sexual Politics, Garden City*, New York: Doubleday, 1970.

리단은 여성에 대해 가장 중요한 연구 주제가 특정한 영역에 국한되는 것도 비판하였다. 성에 대한 지나친 강조가 여성을 정치와 경제 및 문화와 공적인 세계로부터 추방하는 요인 중의 하나라고 보았으며, 여성이 필요로 하는 것은 성적인 자유보다는 한 개인으로, 한 인격으로 성장할 수 있는 자유라고 프리단은 주장하였다.

프로이트이론은 여성의 불만족이 페니스가 결핍되었다는 데 있다고 생각하게 만듦으로써 자신은 불완전하고 남성에 비해 능력이 부족하다고 믿도록 유도한다. 따라서 남성에게 부여되는 특권적인 사회경제적 지위와 문화적 지위를 당연한 것으로 인식하도록 잘못 인도하고 있다. 또한 여성으로 하여금 페니스에 대한 보상으로 아이를 잉태하는 성취감을 갖는다고 믿도록 만들 때, 여성은 사회적 희생자가 된다고 생각했다. 프로이트가 가졌던 장점, 즉 금기시되었던 영역을 깨뜨리고 성을 공개된 장소로 끌어냄으로써 억압된 성에 대한 문제를 직면할 수 있도록 만든 것은 대단히 중요한 공헌이지만, 생식을 위한 성을 여성들에게 가장 중요한 것으로 만든 점에 대해서는 비판받아야 마땅하다고 보았다.

슐라미스 파이어스톤은 프리단과 달리 프로이트가 본 성활동의 강조와 성적 특징의 발달을 긍정적으로 평가하였으나, 여성의 성적 측면에 대해 정치적인 면을 간과하고 있다는 점을 강력하게 비판하였다. 파이어스톤에게는 프로이트가 본 페니스가 욕망의 대상이 아니라 결핍된 권력의 상징이었다. 또한 프로이트는 가족 내 권력의 계급구조에 대해 인식하지 못하고 있었고 거의 모든 가족의 문제가 아버지에 의해 좌우된다는 사실을 인정하지 않았다. 따라서 파이어스톤이 분석하는 프로이트의 인간 내면적 문제는 핵가족 내의 권력관계에 적응하는 것이 전제되어 있으므로, 이들의 치료요법은 여성들을 여성적 이데올로기와 자본주의의 가부장제에 적응시키려는 특징을 나타낸다. 따라서 파이어스톤에게는 남성의 권력 행사를 가능하게 하는 기제가 프로이트이론에서 전제되고 있다고 본다. 어린아이들의 초기 성적 억압이 정치적 · 이데올로기적 · 경제적 구조를 형성하는 기본적인 기제라면, 이러한 성적 억압에서 해방시키는 것이 바로 사회 문화적 기본 구조를 바꾸는 것이 된다. 만일 자식과 부모 사이의 관계가 변화되고, 여성과 자식에 대한 남성들의 억압이 제거된다면, 부모와 자식, 남성과 여성 사이의 권력구조는 변화될 것이며, 사회구조 또한 급격하게 변화될 것으로 내다보았다.

케이트 밀레트 역시 프로이트의 생물학적 결정론을 문제삼았다. 특히, 남성의 공격성이 생물학적인 필요성으로 나타나는 자연스러움으로 보고 있는 신프로이트주의자들에게 비판적이었다. 밀레트도 프리단과 마찬가지로 여성들이 남자들의 보조적인 역할을 하도록 자연스럽게 결정되었다는 것을 반증하려는 연구를 시도하였다. 밀레트는 그의 박사학위논문인 「성의 정치학」에서 남근선망 개념이 남성의 자기중심주의에서 온 것임을 밝혀내고 있다. 프로이트 학파들이 여성의 출산 능력을 여성의 고유한 특성으로 보지 않고 페니스 대체물을 소유하려는 병적인 시도라고 본 것에 대해, 밀레트는 프로이트가 페니스를 성활동이론의 핵심 부분으로 삼지 않았더라면 환자의 증세에 대해 좀 더 근원적 원인을 밝히고 좀 더 주의 깊게 환자 자신의 환경적 요인을 탐색할 수 있었을 것이라고 생각하였다. 밀레트는 도라의 예를 통하여 프로이트가 얼마나 결정론적인 과오를 범하고 있는지 보여 주고 있다.

상자글 10-1 도라의 경우: 프로이트의 생물학적 결정론의 예

도라는 총명하고 지적인 소녀였다. 비엔나의 전형적인 중산층 가정에서 태어났으나 여덟 살 때부터 만성 호흡곤란증(dyspnoea), 편두통(migraine)과 신경성 기침(tussis nervosa) 등을 앓았다. 오랜 기간을 가족끼리 서로 알고 지내온 친구인 K의 부인과 도라의 아버지는 연인관계를 맺고 있었고, K는 도라가 14살 때부터 그녀에게 흑심을 품어 왔다. 도라가 14살 때 K는 어느 축제일에 자신의 부인과 함께 만난다고 도라를 자기 사무실로 유인한 후, 도라에게 강제로 키스를 한 일이 있었는데, 그 이후부터 도라는 K를 피하게 되었다. 도라는 K의 부인에게서 친어머니에게서 느껴 보지 못했던 자상한 면을 발견하고 그녀와 친밀한 관계를 맺고 있었으나 점점 관계 속에서 진행되고 있는 상황을 견디지 못하고 아버지에게 그와 K부인과의 관계를 끝낼 것을 요구하였다.

도라의 아버지가 프로이트에게 딸의 치료를 부탁하게 된 계기는 도라가 18살 때 자살을 하겠다는 쪽지를 썼기 때문이었다. 도라의 아버지는 프로이트에게 자신을 간병하느라 가까워진 K부인과의 관계 때문에 도라가 우울증과 자살 유혹에 빠졌다는 점과 『사랑의 생리학(*Physiology of Love*)』을 K의 부인과 함께 읽고 K가 호숫가에서 도라를 유혹하였다는 환상을 가지고 있다는 사실 등을 프로이트에게 치료의 자료로 제공하였다.

프로이트는 도라를 전형적인 히스테리 환자로 치료하였고, 도라의 진정한 문제를 K부인에 대한 그녀의 성적인 질투심으로, 그리고 K의 접근에 대한 도라 자신의 설명을 오히려 그녀가 성적으로 흥분될 수 없는 그녀의 불감증으로 돌렸다. 도라는 프로이트의 진단에 만족하지 못했고 3개월 만에 치료를 종료하였는데, 프로이트는 도라의 갑작스러운 치료 종료를 '전이'의 예로 해석하였다. 즉, 아버지와 K에 대한 모든 감정을 프로이트 자신에게 전이시켜 프로이트를 부정함으로써 모든 남자에게 복수를 가한 것으로 해석한 것이다.

출처: Sigmund Freud, Dora: An Analysis of a Case of Hysteria, Philip Rieff, Ed., New York: Collier Books, 1963, p. 142 ; 로즈마리 통, 『페미니즘 사상』, pp. 227–228.

위의 예에서 살펴본 도라의 경우에도 남자에 대한 부정적인 감정이 10대의 사춘기 소녀가 당하는 성폭행에서 연유한다는 점을 감안할 수 있었다면, 그리고 프로이트가 K와 도라의 아버지가 서로 공모한다고 생각했었음에도 불구하고 이러한 인간관계에서 오는 갈등과 내부 환경적 정보를 철저히 활용할 수 없었기 때문에 도라의 치료가 실패하였다고 밀레트는 생각한다.

2. 정신분석학적 여성주의

1) 정신분석학에 대한 여성주의적 대응

정신분석학에 대한 여성주의자들의 대응은 크게 4가지로 분류된다. 즉, 생물학적 결정론 폐기, 오이디푸스 이전 시기에 대한 관심, 여성의 장점 부각, 오이디푸스 콤플렉스의 가부장적인 면에 대한 재해석 등이다.

첫 번째, 프로이트 이론에서 여성 본성에 대한 생물학적 결정론을 없애고 여성의 성별 정체성과 태도를 형성하는 것은 개인적 경험과 문화적 영향력이라는 사실을 강조한다. 그리고 남녀의 성활동 경험은 사회적으로 구성되었으므로 생물적 요인이 운명적인 것이 아니라고 주장한다. 알프레드 아들러(Alfred Adler)[5]는 한 개인의 생물학적 요인과 경험은 어떤 심리학적 또는 미래의 경험들을 반드시 유도하지 않는다고 생각한다. 아들러는 우리 인간들에게는 생물학적 요인들을 적극적으로 중재하는 '창조적 자아'가 있어서, 이것이 미래를 위한 목표를 찾아낸다고 본다. 그에게 인간은 과거 속의 뿌리보다는 미래에 대한 비전에 의해 형성되는 존재라고 생각한다. 따라서 아들러에게는 노이로제에 걸린 여성들은 '창조적 자아'에 의한 세력의 습득, 즉 '우월성'을 얻기 위한 노력에 좌절당한 것이며, 이에 대한 불안의 형태가 가부장제하에서 노이로제 현상으로 발전된 것으로 분석하였다. 아들러는 가부장제가 여성이 불리한 입장에 처하도록 한다는 것을 들어 노이로제 증세를 보이는 여성들에게 치유의 근원을 제공하였다.

카렌 호니(Karen Horney)[6]도 아들러와 같이 개인의 환경적 요인을 강조하였다. 의학도였던 그녀는 여성의 열등감은 '거세'에 대한 인식이 아니라 사회적인 종속을 경험하고 실감하면서 생겨난다고 보았다. 페니스가 없기 때문에 오는 근본적인 결함보다는 가부장적 문화가 여성

5) Alfred Adler, *Understanding Human Nature*, New York: Greenberg, 1927.
6) Karen Horney, *Feminie Psychology*, New York: W.W. Norton, 1973.

들을 '여성적'으로 만들고, 이러한 여성성을 자신의 진정한 특성이라고 믿게 만든다. 여성들이 페니스가 없기 때문에 그것을 가지려고 남성이 되기 원하는 것이 아니라 남성들이 사회를 지배하기 때문에 남성으로 태어나기를 바란다.

클라라 톰슨(Clara Thompson)[7]도 아들러, 호니처럼 인간의 발전은 성장과 생물학적 요인으로서 결정되는 것이 아니라 환경의 지배를 강화하기 위한 과정으로 묘사하였고, 자아 형성의 과업과 관련된다고 보았다. 타인과의 관계를 인간의 발달에 중요한 요인으로 간주하는 기존의 관점으로 보면, 남성의 권위를 중요하게 여기는 사회적 관계가 여성을 더욱 수동적으로 만들고 더 취약한 자아를 형성하게 하는 원인이 되는 것으로 설명하였다. 톰슨은 여성과 남성의 정체성은 불변하는 것이 아니라 변화하고 있는 사회적 개념으로부터 생겨난 것으로 본다.

톰슨을 위시한 이들의 공통점은 사회문화적 요인의 강조에 있으며, 각 개인은 고유한 자신의 경험과 성장으로 개별적 과정을 거쳐 발전한다고 보아, 남녀의 이원체계가 아닌 통합적 시각을 제시하였다. 인간이 가진 창조성, 개별활동, 개인의 성장 등은 하나의 보편적이고 정상적인 여성과 또 하나의 남성상만이 존재하는 것이 아니라 사람 수만큼 수많은 자아가 존재하고 있다고 보는 것이다.[8]

두 번째, 오이디푸스 콤플렉스 전 단계의 성심리학적 발전 단계에 관심을 가진 학자들로는 도로시 디너스타인(Dorothy Dinnstein)[9]과 낸시 초도로우(Nancy Chodorow)[10]가 있다. 이들은 지나치게 논의가 많이 되었던 오이디푸스 콤플렉스에 대해서는 관심이 적고, 어머니-자식관계가 가장 밀접한 오이디푸스 이전 단계를 분석 대상의 시기로 삼는다. 이들은 오이디푸스 이전 단계는 유아가 공생적으로 어머니에게 밀착되어 있으므로, 성활동과 성별이 어떻게 조화되는가 그리고 그러한 구성 양식이 왜 남성 지배의 형태로 나타나는지 이해하는 열쇠가 된다고 생각한다. 이들에 의하면, 개인으로서의 남성과 여성에게 성장 과정상 문제가 나타난다면 여성이 양육자 노릇을 전담한다는 사실에 기인한다. 만일 남성들도 여성들과 마찬가지로 양육자 역할을 맡는다면 아이들은 모든 성별에 관계없이 어머니, 아버지가 모두

7) Clara Thompson, *Interpersonal Psychoanalysis: The Selected Papers of Clara Thompson*, M.P. Green(Ed.), New York: Basic Books, 1964.

8) 이들에 대한 논의는 Williams, Psychology of Women, pp. 65-73을 참고 ; 로즈마리 통, p. 234 간접 참고.

9) Dorothy Dinnstein, *The Mermaid and the Minotaur: Sexual Arrangements and Human Malaise*, New York: Harper Colophon Books, 1977.

10) Nancy Chodorow, *The Reproduction of Mothering*, Berkeley University of California Press, 1978.

개인으로서의 장점과 약점을 가진 인간으로 이해할 수 있다. 타고난 생물학적인 차이는 개개인들의 상황에서 결정적인 요인이 아니라는 사실을 깨달으며 아이들이 성장할 수 있다는 것이다.

세 번째, 여성의 도덕적 약점에 관한 논의이다. 이 논의의 대표적 인물로는 캐롤 길리건(Carol Gilligan)[11]을 들 수 있는데, 그는 여성의 장점을 부각하려고 노력한다. 길리건은 남성들이 여성들보다 더욱 발달된 정의감과 도덕성을 가지고 있다는 생각에 반대한다. 남성들에게 독립과 자율의 중요성이 정의, 공정함, 규칙, 권리의 문제를 중심으로 맞추어져 있다면, 여성에게는 남성과 다른 도덕적 관념이 있다. 여성의 삶에서 중요한 가족과 친구에 대한 관심은 여성들에게 욕구, 필요, 관심 등을 강조하도록 유도하였다. 전통적 철학과 심리학이 가진 편향성으로 여성의 도덕성은 논리적이고 가치가 있는 것으로 인정받지 못하고, 완전하지 못한 것으로 생각되어 왔다는 것이다. 따라서 여성의 도덕적 발전을 정확하게 평가내리고자 한다면 도덕적 기준을 새로 규정하고 남성의 표현양식과 마찬가지로 여성의 표현양식에도 관심을 기울여야 한다. 그러나 길리건의 분석에 한계가 있다고 주장하는 측은 특수한 별개의 여성과 남성적 도덕심을 일반화하게 되고, 그런 별도의 성향을 보편화하게 되는 결과를 유도할 수도 있다고 생각한다.

네 번째, 오이디푸스 콤플렉스에 대해 여성주의적 재해석을 내리는 대표적인 학자로는 줄리엣 미첼(Juliet Michell)[12]이 있다. 미첼은 정신분석이 여성주의 분석에 적절한 틀을 제공하였다는 것을 인정하였고, 나름대로 정신분석에 대한 재해석을 시도하였다. 즉, 프로이트이론은 인간의 생물학적 요인이 운명으로서가 아니라, 사회적 존재로서 어떻게 단순한 생물학적 존재로부터 출현하는가를 보여 준다고 해석하였다. 성심리학적 발전 개념은 '생물학적인 운명의 구현'이 아니라 '사회적 과정의 해석'이라는 것이다. 프로이트의 이론은 19세기 비엔나 소시민 계급에 속하는 특정그룹 사람들의 성활동과 행위에 관한 방식이라는 것을 이해한다면, 프로이트 분석에서 일반적 특징, 부수적 특징, 특별한 강조점과 본질 등을 분리하여 파악할 수 있다. 당시 일반적인 가족 형태는 프로이트에게 오이디푸스 상황으로 설정되었던 관계가 핵가족 형태로 나타난 것이며, 오이디푸스 상황이 보편적이라면, 근친상간에 대한 금지야말로 인간 사회의 형성을 가능하게 한 것이다. 즉, 가족 내의 근친상간 관계를 터부시

11) Carol Gilligan, *In Different Voice*, Cambridge, Mass: Harvard University press, 1982.
12) Juliet Michell, *Women's Estate*, New York: pantheon Books, 1971.

함으로써 사람들에게 더 큰 사회조직을 형성할 수 있게 하였다는 것이다.

그러나 미첼은 성별을 기초로 한 사회적 · 상징적 역할들의 본래 속성이 우리 정신세계 속에 깊이 박혀 있기 때문에, 다른 학자들이 주장하듯이 부모역할 체계만을 변화시키는 것으로는 궁극적인 개혁이 불가능하고, 한 개인의 오이디푸스 전체 과정에 대항하는 혁명을 시도해야 할 것으로 생각한다. 다시 말하면, 여성 억압의 원인이 인간 정신 깊숙이 파묻혀 있으므로 단지 여성의 참정권이나 여성의 지위차별금지정책, 평등한 교육기회 제공 등의 정책으로는 여성의 지위를 바꾸어 놓을 수 없을 것이라고 본다. 미첼은 여성 심리와 남성 심리가 남근의 상징에 의해 지배되는 한 결코 진정한 변화는 일어나지 않을 것이므로 자본주의는 물론, 가부장제도 타도되어야 한다고 생각한다. 가부장제의 이념적인 양상과 자본주의의 경제적 양상은 두 개의 영역이므로, 자본주의를 타도하기 위해서는 마르크스주의 전략을 사용하고, 가부장제를 타도하기 위해서는 정신분석학적 전략을 사용하여야 한다고 본다.

이상 네 가지 정신분석학적 여성주의 분석과 대응은 성별 정체성, 아이에 대한 어머니 역할, 도덕적 행위와 이에 대한 재평가, 가족제도 등과 연결되어 분석되고 있으며, 또한 정신분석학의 기여도 인정하고 있다 하겠다. 그러나 여성 억압에 대한 이러한 정신분석학적 설명만으로는 여성 종속에 대한 전반적인 면을 제공해 주지 못하고 있으며, 여성 종속을 이해하기 위해서는 법적 · 정치적 · 경제적 제도와 요인들이 함께 고려되어야만 한다. 여성들의 무의식적 억압에서 벗어나기 위해서는 여성 자신의 내면 깊숙한 곳을 탐구해야 하며, 그런 심층적인 성찰을 통하여 여성 스스로가 자신을 새롭게 만들 공간을 형성하게 되고, 새로운 자신의 역할을 찾을 수 있게 된다. 따라서 정신분석학은 여성들의 억압과 무의식적 욕구에 대한 분석을 가능하게 하고, 여성주의적 시각은 정신분석학이 연결시켜 보지 못했던 사회, 문화, 환경적 요인들의 중요성을 발견하게 한다는 점에서 각각의 중요한 역할과 기능이 있다.

2) 대상·대인관계 여성주의와 라캉주의적 페미니즘

여성주의 정신분석학은 두 갈래의 상충되는 방향으로 나아가게 되는데, 하나는 영미에서의 대상관계이론(object-relations theory)이고, 다른 하나는 프랑스에서 라캉이론과의 결합이다.[13] 영미의 여성주의자들은 기존의 사회구조 내에서 가부장적인 권위에 도전하고, 나아가

13) 위의 책.

서 가족구조와 노동관계를 변화시키려고 하는 반면에, 프랑스 여성주의자들은 가부장적 권위가 어떻게 상징적 차원에서 기능하는가 하는 문제를 중심에 두었다. 즉, 언어의 상징체계를 분석 · 연구함으로써 여성의 존재가 어떻게 가부장적 질서 내에서 주변화되어 가는가를 보여 주고 있다.

대상관계이론은 아이가 태어나자마자 어머니와 형성되는 관계에 연구의 초점을 두는 후기 프로이트 심리분석학파의 이론을 일컬으며, 이 이론은 아이의 출생 이후 '대상(object)'과의 관계 형성을 집중적으로 조명한다. 대상관계이론은 어머니라는 대상을 자아(self) 성장을 위한 중심으로 보기 때문에 인간의 발달과정을 오이디푸스의 거세 콤플렉스로 설명하는 프로이트의 남성 중심적 이론에 대한 대안적 시각으로 간주되고 있다. 따라서 대상관계이론은 어머니와 아이의 관계를 실제적 생활환경과 어머니의 양육이 자아발전에 미치는 중요한 요인으로 재규정한 것이다.

대상관계라는 용어는 1928년 멜라니 클라인(Melanie Klein)의 저술[14]에서 나왔다. 클라인은 1920년대 후반에 아동을 위한 연극치료 요법을 통해 어머니를 그 극의 중심인물로 오이디푸스 극을 변형했는데, 이것이 바로 영국에서의 심리분석 방향을 바꿔 버린 계기가 되었다. 특히, 클라인은 프로이트의 거세 콤플렉스에서 여아를 보는 개념과는 대조적으로, 양성 모두에게 기본적으로 여성성(Feminity)이 있다고 본다. 양성은 모두 어머니와 동일시하며, 남아에 있어서 어머니와의 동일시는 여성성 콤플렉스, 즉 임신, 출산과 관계되는 여성기관에 대한 욕망에 이르게 하는데, 이러한 욕구불만이 남성들에게 시기심, 경쟁심, 나아가서 여성에 대한 증오를 일으키는 원인이 된다고 본다. 클라인은 여아가 가진 남근선망 대신에 자궁선망을 제시한 것이다. 클라인의 이러한 생각은 영국 대상관계 이론학파를 만드는 계기가 되었으며, 페어베이른(W. R. D. Fairbairn), 군트립(Harry Guntrip), 위니코트(W. D. Winnicott) 등의 학자들이 이 학파에 속한다. 그리고 미국에서의 중요한 대상관계이론가들은 말러(Magaret Mahler)와 초도로우(Nancy Chodorow), 벤자민(Jessica Benjamin) 등이 있다.[15]

대상관계 여성주의자들은 자아의 발달이 의식적 · 무의식적으로 경험하는 관계를 통해 형성된다고 본다. 이들은 자아의 발달이 여성에 의해 주로 양육되는 결과로서, 남아와 여아는

14) Melanie Klein, "Early stages of oedipus conflict", *The Selected Melanie Klein*, 1928, Juliet Michell(Ed.), Hairmondsworth: Penguin, 1986. pp. 69-83.

15) Elizabeth Wright, *Feminism & psychoanalysis, A Critical Dictionary*, 1992, 박찬부 · 정정호 외 옮김, 『페미니즘과 정신분석학 사전』, 서울: 한신문화사, 1997, pp. 454-457.

서로 다르게 자신을 발달시키며 젠더(gender)와 젠더 정체감에 대해 다른 경험을 하게 된다. 여아는 어머니와의 초기 관계를 통해 자신의 의식적인 면을 발달시키고 자아를 풍부하게 형성, 발전시킨다. 여성은 여성에 의해 자신이 보살핌을 받기 때문에 그들은 관계적 능력, 욕구, 관계적 자아를 발전시킨다. 이것이 여성으로 하여금 모성애를 가지게 한다. 그러나 남성은 이와 대조적으로 어머니와의 관계와 연계의 거부, 내적인 자아와 대상적 세계의 고정화, 분열, 억압 등에 기초한 자아를 발전시킨다. 이로 인해 자아에 대한 남성스러움은 다른 성향과 분리된다. 따라서 남성스러움은 여성스러움보다 더 반응적이고 방어적으로 나타난다고 주장한다. 이것은 문화와 사회의 남성 지배를 부추기고 이성애적 관계의 체계적인 긴장과 갈등을 야기한다고 본다.

그러나 상호 주관성, 타자와 자기의 상호적 인식은 만족스러운 자아를 발달시키는 기초라고 강조한다. 대상관계 페미니스트는 내적 대상세계의 복잡성에 보다 주의를 기울이고, 자기의 무의식 구조, 무의식적 방어와 갈등 등에 관심을 가진다. 다시 말하면, 대상관계이론은 남성성과 여성성이 서로 연결된 것으로 보고 여성의 자아에 대한 우리의 이해를 새롭게 구성할 뿐만 아니라 이에 근거하여 남성성을 비판한다.

대상관계이론과 유사한 대인관계이론(interpersonal theory)은 타인과 자기 자신 모두에 의해 정체성이 부정되고 가치절하되는 데에서 여성의 문제가 생겨난다고 본다. 또한 인간의 무의식적 역동을 강조하기보다는 개개인의 상이한 특징과 능력에 대한 문화적 · 개인적 평가에 더 많은 관심을 가진다. 즉, 대인관계를 주시하는 네오 프로이트 집단은 여성의 특성을 문화적 학습이라는 개념으로 설명한다.

이 두 관점은 성정체성과 성별 특성을 형성하는 데 생식기에 대한 지각과 생식기 차이를 절대적이고 당연한 것으로 이해하지 않는다. 그리고 자아 또는 관계 내에서의 자아의 특성을 성정체성과 성차이에 대한 인식과 평가보다 더욱 중요하게 생각한다. 성정체성이 중요하기는 해도 그것이 성과 관련된 전부가 아니라고 보며, 오히려 대상관계나 자아에 대한 문화적 이해가 더욱 중요하다고 본다. 요약하자면, 대상관계이론은 젠더 발달의 중요한 요소로 초기 유아 단계인 오이디푸스 전 단계를 강조하고 어머니와의 관계를 중요시한다. 대인관계이론은 생식기 인식과 생식기 차이를 젠더 정체감과 젠더 성격의 인과적이고 핵심적인 요소로 이해하지 않으며, 자아와 타자와의 경험을 강조하고 그것이 어떻게 조직화되고 인식되는지 강조하며 문화적 가치를 중시한다.

라캉은 프로이트이론에서의 남녀 불균형이 생물학적 차원이 아닌 상징의 차원에서 유래한 것으로 파악한다. "상징적 재료가 없으면, 주체의 성적 정체성을 위한 치명적인 동일시 과업에 장애, 즉 결함이 된다." 그러므로 "여성은 부재, 공허로 특징지어지며, 도발성을 가진 남성보다 덜 바람직한 것으로 인식되었고 불균형 상태로 인식하게 된다"[16]고 본다. 라캉은 상징할 재료가 없는 여성의 성은 상징할 수 없고, 남성의 성을 상징하는 방법으로만 상징될 수밖에 없으므로 남성의 돌출된 성기를 기초로 하여 정체성을 찾게 된다는 것이다. 다시 말하면, 아버지와의 상상적 동일시(imaginary identification)를 통해 여성이 자기가 인식해야 할 주체, 즉 자신의 정체성을 찾기 위한 여성에 접근하게 된다는 것이다.[17]

라캉적 여성주의에 의하면 무의식은 정신적 삶의 토대이고, 언어적으로 형성된 무의식은 섹슈얼리티이다. 즉, 주체성은 무의식적인 성적 충동으로부터 나온다는 것이며 성적 특징화와 주체성은 젠더의 차이라는 말로 나타난다. 인간은 이러한 성적·언어적 상황에서 태어나고 그것은 한 인간의 발달 배경이 된다. 이 이론은 우리들이 왜 불공평한 성적 세계에 행동이 위치지어지고, 어떻게 남성 중심적 문화에 놓여질 수밖에 없는가를 설명한다. 이것은 여성이 기본적으로 문화에 대상화되어 있고 소외되어 있다는 것을 말해 주고 있다.

라캉은 말과 언어의 기능과 영역에 관한 연구를 통하여 존재가 어떻게 구성되어 있는지, 언어가 어떻게 습득되는지, 문화를 만들어 가는 방식에 의해 어떻게 성적 차이가 형성되어 가는지에 대해 새로운 시각을 보여 주었다.[18] 라캉의 이론 중 여성주의에 가장 밀접하게 연관된 부분은, 생물학적이 아닌 논리적 주체로서의 인간을 공식화한다는 것이다.[19]

대상관계와 대인관계적 페미니스트들은 자신 스스로에 대한 질문에 관심을 가진다. 여성의 관계적 특성이 남성적 자율성보다 더 인간적이라고 인식한다. 대상관계 여성주의는 젠더의 특징에서 다양성과 유동성을 이해할 수 있게 해준다. 왜냐하면 발달은 경험에 의하여 결정되고, 관계에서 젠더의 성격을 이해하기 때문이며 동시에 젠더의 위계와 불평등한 관계를 인식하게 해주기 때문이다. 라캉주의 페미니즘은 모든 사람은 남근 중심적 문화와 언어

16) Jacques Lacan, *The Seminar of Jacques Lacan*, Book Ⅲ, Ed. Jacques-Alain Miller, New York: Norton & Co., 1981, p. 176 ; 신명아, "자크 라캉의 정신분석적 여성관과 페미니즘의 상관관계 분석을 통한 남근 이성중심적 여성관의 해체", 『영미문학 페미니즘』 제3집, 1996, p. 116에서 간접인용.

17) 신명아, 위의 책, p. 116.

18) 대상관계이론과는 달리 오이디푸스 시기의 아버지와의 관계가 섹슈얼리티와 주체성을 형성하게 하며 경험적 실체에 대해서는 회의를 가진다.

19) 박찬부·정정호 외 역, 앞의 책, p. 328.

로 인해 방해받고 있다고 주장한다. 라캉 페미니즘은 젠더, 섹슈얼리티, 남성 지배의 정신역동성을 문화적 · 구성적 힘과 언어적 상징의 요소로 함께 관련시켜 볼 수 있게 해준다.

3. 여성주의적 실천방법에 대한 정신분석학적 함의

1) 정신분석적 인식과 여성주의적 인식

여성 억압은 계급사회 이전에 이미 존재한 것으로서 여성 억압의 역동성은 노동의 물적 관계만으로는 제대로 파악할 수 없다. 노동의 물적 관계로 파악할 수 없었던 성과 젠더에 대한 기본적 규명이 정신분석의 이론과 실제를 통하여 가능하다. 남성과 여성으로서 우리의 경험들은 깊은 내부로부터, 그리고 우리의 과거로부터, 동시에 그와 관련되는 더 깊은 무의식과 감성적 관계에서 나왔음을 고려해 볼 때, 정신분석은 여성주의이론화에 중요한 자원이 된다. 정신분석적 여성주의는 모든 여성과 남성 사이에 정신분석적 공통성이 있다고 전제한다.

정신분석은 잠재된 무의식을 밝히고 이것을 어떻게 경험하는가 그리고 우리가 어떻게 현재에서 과거의 느낌들을 구성하고 재구성하는지에 대한 이해를 가능하게 한다. 정신분석이론의 중요한 연구대상으로 젠더를 포함하지만 계급, 인종, 민족성 문제는 직접적으로 다루지 않는다. 따라서 정신분석 여성주의도 계급, 인종, 그리고 민족적 다양성에 따른 상이한 경험, 사회적 실재와 관계에서 나타나는 정체성의 차이와 개인적 차이에 대해 특별한 관심을 가지지 못했다. 그러나 이러한 요인들은 정체성을 규정하는 데 포함되거나 특정한 초기 대상관계와 가족 유형과 주체적 성격 형성에 영향을 미치기 때문에, 간접적 분석을 가능하게 한다.

정신분석적 여성주의 인식이란 총체적이고 다원적인 동시에 절대적이지 않은 것을 의미한다. 이는 하나의 요인이나 하나의 역동성이 남성적 억압을 설명할 수 없다는 것을 말한다. 이 복합성은 자신의 삶과 상황에 대한 다양한 목소리와 여성에 대한 다양한 사회적 · 심리학적 · 문화적 정체성을 관련시키는 것을 필요로 한다. 정신분석은 복합적인 사회적 조건이 어떻게 개인의 주체성과 정신적 생활을 형성하고 억압하는지 탐구한다. 국가공동체, 경제, 국가 등에서 젠더와 남성 지배의 관계를 인식하고, 개인과 권력관계를 통한 정치, 경제 분석을 시도한다. 그러나 사회적 요인들만으로 인간의 삶을 분석할 수 없다는 것을 여성주의적 정신분석은 중요하게 여긴다. 현대에 와서 성 억압의 중심 영역이 가족과 개인에서 공적이고 사회적인 영역으로 이전한 것은 아니다. 성 정치와 관련된 가장 핵심적이고 격렬한 논의는 낙태, 결혼, 이혼, 성 규제, 양육 등과 같은 개인과 가족 단위에서 경험하는 소위 '사적인 영역'의 사건들이기 때문이다. 또한 이것은 개인적인 것이 바로 사회적인 것이며, 정치적인 것이기 때문이다.

2) 가족과 인간발달

초기 아동양육과 그 이후 일어나는 아동의 사회화 과정을 대부분 여성이 책임진다는 것은 남성과 여성의 발달에서 커다란 경험의 차이가 발생함을 시사한다. 이는 어머니－딸 관계가 여성에게 매우 중요하다는 점과 남아와 여아 모두 초기에 여성과 관계된다는 사실이 미치는 의식적 · 무의식적 영향에 초점을 맞춘다.

여성의 성격은 남성의 성격보다 훨씬 더 다른 사람에 대한 관계와 연관 속에서 규정된다. 가족과 사회화에 대한 대부분의 전통적 설명은 개인의 역할 훈련만 강조할 뿐 개인 성격의 무의식적 특성을 강조하지 않으며, 어머니－딸 관계에 대한 체계적인 설명도 현저하게 부족하다.

모든 아동에게 유아적 의존 단계는 우선 어머니와 일차적 동일시 단계이며, 아동은 자신을 양육해 주는 사람이면 누구든 간에 강한 애착과 의존을 보이면서 환경에 대해 통합적 관계를 형성한다. 이 시기가 지나면, 남아와 여아는 분리와 개별화의 과정을 경험한다. 초기 아동기에서 어머니는 딸과 더 동일시하는 경향이 있으므로 어머니에게는 딸과의 분리와 개별화 과정이 더 어렵게 보이는 반면, 아들과는 덜 동일시하는 경향이 있고, 아들에게는 자신으로부터 분리시켜 남성 역할을 맡기려 한다. 결국, 남아와 여아는 어머니에 대한 전 오이디푸스 관계의 특성이 다르다고 볼 수 있다.

약 3세 후에 아버지가 아동의 일차적 대상 세계에서 중요해지기 시작한다. 남아의 남성 동일시는 아버지에 대한 실제 관계에서 나올 수 있으며, 아버지와 인격적 동일시보다는 지위의 동일시가 나타난다. 남아는 내면적으로 자신의 어머니를 거부하려 하고, 어머니에 대한 애착과 강한 의존을 부정한다. 또한 초기에 발달시켜 온 어머니와의 깊은 인격적 동일시도 부정하려 한다. 남아는 이를 자기 내면에 있는 모든 여성성을 억압하고 나아가서 남아의 외부 세계에서 여성성으로 간주되는 것은 무엇이든 모욕하고 가치를 비하함으로써 남성적 동일시를 수행한다.

여아가 가지는 어머니와의 동일시는 일차적 동일시와 전 오이디푸스 단계의 애착, 그리고 어머니와의 지속적인 관계에 의해 구체화됨으로써 영향을 받는다. 여아의 성과 성역할 동일시는 진정한 애정관계에 의해 매개되고 의존되며, 어머니가 가진 인격과 가치의 일반적 특색과 동일시가 일어난다.

남아의 사회화는 사회적 성취와 스스로에 대한 의지 강화를 지향하는 경향이 있고, 여아의 경우는 보살핌과 책임을 지향하는 경향이 있다. 그런 까닭에 여아는 타자와 연루되고 연관되도록 압력을 받는 반면 남아는 이 연루와 관련을 거부하도록 압력을 받는다. 아동기부터, 딸들은 자신의 어머니, 때로는 숙모와 할머니와 함께 세대 간의 관계에 참여하기 쉬운 반면, 남아는 자기 세대나 또래 친구의 단일한 세대에 참여하기 쉽다. 대부분의 사회에서 여성의 상호작용은 친족을 바탕으로 이루어지고 세대 간의 관계로 이어지며, 성인기에 그들의 역할은 확산된 관계와 책임으로 이루어진다.

여성의 보편적 어머니 역할은, 남성과 여성의 성격발달, 그리고 두 성의 상대적 지위 모두에 영향을 미친다. 여성은 관계적 성격이 발달하고, 남성은 개인적 특성의 발달이 지배적이며, 남성은 여성에 대한 사회 문화적 우위를 보장받지만 항상 심리적으로는 방어적이고 불안정하다. 여성은 비록 2차적인 사회적 · 문화적 지위를 갖지만, 심리적 안정과 자신의 가치관을 형성할 수 있다.

사회적 · 심리적 억압은 성격의 내면 구조 속에 반영된다. 그렇다면 어떤 사회적 장치가 남성과 여성 간의 사회적 평등을 가져오며, 특정의 심리적 갈등으로부터 자유롭게 기능할 수 있을까? 아동들의 발달과정에는 성인에 대한 동일시가 대단히 중요한데, 여성주의적 정신분석학에 의하면, 남아는 아동양육에서 중요한 역할을 맡는 남성 주위에서 성장할 필요가 있고, 여아는 아동양육의 책임뿐만 아니라 정당한 통제의 영역을 인식하는 여성 주위에서 성장할 필요가 있다는 점이다. 이런 장치는 두 성의 아동들이, 긍정적인 가치의 안정된 성정체성뿐만 아니라 충분하게 개별화되고 강한 자아를 발달시키는 데 도움을 줄 수 있을 것이라고 본다.[20]

20) Chodorow, 앞의 책, p. 65.

3) 여성주의와 정신분석과의 관계

여기서는 여성주의와 프로이트 혹은 정신분석과의 관계를 밝히는 것이 과제이다. 여성주의와 프로이트 학파 사이에서 제기되는 문제를 중심으로 두 입장의 관련성을 살펴본다.[21)]

우선 여성의 억압은 정치적 · 경제적 · 사회적인 것인데, 심리적인 것, 무의식적인 것과는 무슨 관계가 있는가? 프로이트이론은 오히려 성차별주의, 반여성, 여성 혐오를 드러내는데, 정신분석이 여성주의와 무슨 관계가 있는가? 심리학적 이론을 기반으로 한 임상적 실천인 정신분석과 정치적 운동 혹은 정치적 해방이론인 여성주의와 무슨 관련이 있는가? 정신분석은 인간발달과 인간의 심리적 상황에 대한 사실을 기록하는 가치중립적 과학이고 페미니즘은 가치판단적이고 부가적인데, 프로이트 학자들과 여성주의 학자들이 서로 무슨 관계가 있는가? 등 많은 의문이 제기된다.

여성주의 쪽의 질문에 대해서는, 다음 몇 가지를 여성주의에 대한 정신분석의 기여로 들 수 있다. 성별 부여와 젠더 부여를 동시에 고려하지 않고서 젠더의 사회정치적 조직과 역사를 이해할 수 없다는 점, 그런데 정신분석이론이 바로 여성과 남성 속에서 섹슈얼리티가 발달하는 방식을 설명해 주는 이론이라는 점, 프로이트는 젠더 억압의 심리학적 형식과 사회적 형식이 서로 얽혀 있음을 보여 주었고 사회적 맥락 속에서 젠더와 섹슈얼리티의 발생에 대한 심리학적 설명을 제공했다는 점 등이다. 그러나 프로이트가 암묵적으로는 젠더를 차별하는 것은 출산을 위해 필요한 것이라고 보는 기능주의적, 목적론적 지향을 가지고 있고, 이러한 가치관은 남성 지배에 필수적이며 남근 숭배는 여성의 수동성 창출에 필수적이라고 생각하는 점 등, 남성 중심적 가치관으로 인하여 여성주의로부터 강하게 비판받고 있다.

프로이트 학파의 질문에 대해 여성주의적 입장에서 본다면, 사회적 · 정치적인 것과 동떨어져서는 성과 젠더의 심리학이론이 성립되지 않는다는 점, 프로이트가 제시한 발달의 분석은 특정한 사회적 상황 내에 존재하는 발달의 분석이라는 점, 정신분석은 특정인에 대한 정신과정의 해석적 과정이므로 이미 중립적일 수가 없으며 프로이트 자신도 남성을 가치우위에 두고 있다는 점 등이 그 내용이 된다.

프로이트는 여성과 여성의 열등함에 대해 왜곡된 이데올로기를 제시한다. 반면, 프로이트는 여성과 남성에게 어떻게 젠더와 성이 부여되는가, 남성성과 여성성이 어떻게 발달하는가, 성적 불평등이 어떻게 재생산되는가를 보여 준다. 인간의 본질이 어떻게 문화적인 것이 되

21) 위의 책, pp. 167-177.

며, 이 문화적인 것이 어떻게 본질적인 것으로 바뀌어 나타나는 것인가를 보여 준다. 다시 말하면, 정신분석이론은 성적 불평등과 젠더의 사회적 조직이 어떻게 재생산되는가를 보여 준다. 그것은 이 재생산이 사회적 · 문화적 제도뿐만 아니라 의식과 무의식 속에서의 변화를 거쳐 어떻게 나타나는가를 보여 준다.

프로이트나 정신분석은 사람들이 자신의 가족 내에서 어떻게 이성애적이 되는지, 여성이 어머니가 되는 가족구조가 어떻게 남성 지배이데올로기로 비하되고 있는지, 여성이 자신의 어머니와의 관계를 통해 어떻게 모성의 능력을 발달시키는지 보여 준다. 따라서 정신분석은 젠더와 섹슈얼리티의 사회 문화적 조직의 내적 기제를 보여 주며, '개인적인 것은 정치적인 것이다'라는 초기 여성주의자들의 주장을 뒷받침한다. 프로이트는 이러한 과정이 자연스럽게 일어나는 것은 아니며, 젠더와 섹슈얼리티의 재생산은 모순과 긴장으로 가득하다고 본다. 정신분석은 정신적 갈등에서 시작하는 것으로서 이성애는 자연스럽게 구성되지 않으며, 남성지배는 두려움과 불안을 동반한 남성 방어와 이에 대한 정신적 대가를 요구한다. 따라서 여성주의적 입장에서 본 정신분석은 역으로 사람들이 자신의 생활환경과 경험에 대하여 적극적으로 평가하고 반응하며 또한 그것을 변화시키기 위해 노력하고 행동할 수 있는 근거를 제공하는 이론이라 할 수 있다.[22)]

4. 정신분석학에 대한 여성주의적 쟁점

정신분석학의 고전적 관점은 젠더(gender)가 아닌 성(sex), 섹슈얼리티(sexuality)에 관해 말하고 있다. 프로이트와 그의 동료들은 성적 경험의 특성과 의미, 성적 대상에 대한 선택에 관심을 두었다. 다시 말하면, 이것들을 이해하기 위해서는 우선적으로 생식기 구조를 이해해야 하는데, 아이들의 성적 동일시와 성적 지향성 등은 생식기의 차이를 어떻게 인식하느냐에 따라 다르다고 보는 것이다.

그러나 여성주의적 정신분석학은 젠더와의 관련성에 더욱 많은 관심을 가지게 되는데, 현재의 논쟁은 발달적 쟁점과 임상적 쟁점으로서 간단히 요약된다.[23)]

22) 위의 책, pp. 176-177.
23) 위의 책, pp. 180-184.

첫째, 생식기적 자각이 언제, 어떻게 발달하고, 젠더 정체감, 젠더의 성격, 자아 개념에 어떤 영향을 미치는가에 대한 쟁점이다. 특히, 오늘날 정신분석학자들은 성적 차이는 남근기 전에는 문제가 되지 않는다고 본 프로이트의 견해에 대해, 여성주의자들은 생식기 자각은 2살 때 이미 나타난다고 본다. 여아들의 거세에 대한 반응은 단순히 아버지에게로 전환되거나 섹슈얼리티에 영향을 미치는 것이 아니라 자아와 대상관계적 발달에 영향을 주는 것이라고 생각한다.

둘째, 여성스러움에 대한 최근 정신분석학적 해석들은 생식기 자각보다는 젠더 정체감에서 더욱 많이 나타난다고 강조한다. 젠더 정체감은 생식기 자각에 의해 좌우된다는 입장과 인지적 · 대인관계적 요소에 좌우된다는 두 가지 입장이 있다. 전자 입장에서 본다면, 여성 심리학에 있어 현대 정신분석학 발달적 관심은 여성 섹슈얼리티에 있다. 즉, 여아들은 자신의 생식기와 남아의 생식기 차이를 어떻게 규정하고 있는가이다. 이러한 측면에서 남성스러움에 대한 초기의 부적절한 프로이트 이론을 보충하기 위한 현대적 시도는 젠더 정체감, 젠더역할에 대한 본질로 이어졌고 직접적 생식기 자각과 경험은 일차적 요소로, 섹슈얼리티는 보다 파생된 것으로 보았다. 젠더 정체감 형성에 있어 인지적 · 대인관계적 요소에 의해 좌우된다고 보는 후자의 경우는 앞에서 설명되었듯이 자아 개념과 부모와의 대상관계의 중요성을 강조하고 있다.

셋째, 임상적인 쟁점으로 성 교차적 전이에 관한 것이다. 정신분석적 기술과 과정에 대한 초기의 논의는 남성 분석자에 의해 치료된 여성 히스테리 환자로부터 나왔다. 그러나 프로이트는 여성 분석자들이 가진 환자들과의 특정한 전이 결과로 인하여 여성 분석자들이 여성 심리에 대해 더 잘 인식한다고 지적하였다. 최근, 정신분석학자들은 남성 환자들이 여성 분석자에게 발전시키는 전이의 특성에 관심을 가지고 있다. 그들은 남성 환자들이 여성 분석자에게 에로틱한 전이와 부성애적 전이를 발전시키지 않는다는 것을 몇몇 경우에서 발견하였고 이러한 전이가 없이는 분석이 완전하지 않다는 것을 보여 주려 하였다.

여기에 대하여 여러 가지 형태의 반론이 제기된다. 가장 단순한 반론의 형태로는 에로틱한 전이가 정신분석에서 항상 전제되는 것이 아니라 남성이든 여성이든 어떤 성의 분석자라도 개별적인 경우에 따라 그 경험이 다르다는 사실이다. 즉, 분석자들은 문화적으로나 심리적으로 자신과 모순되지 않는다면, 환자가 가진 어떤 특정한 전이들을 다른 전이들보다 더 쉽게 인식할 수 있게 된다. 또한 우리들은 서로 다른 성끼리의 환자-분석자의 그룹에서 외부로 드러나는 전이와 내부로 숨겨진 전이 모두를 인식해야만 하고 분석해야만 한다. 그러므로 남성 분석자들은 여성 환자들의 모성적 전이를 인식하는 것이 약할 수 있으나 젊은 여성으로부터 오는 에로틱한 전이는 쉽게 인식한다고 볼 수 있으며 여성 분석자의 경우는 젊은 남성으로부터의 에로틱한 전이를 쉽게 인식하지 못하는 것으로 볼 수 있다.

여기에서 우리에게 중요한 쟁점은 남성 환자들이 여성 분석자에게 현시적 또는 잠재적인 에로틱 전이를 발전시키는가 아닌가가 아니라, 왜 많은 남성 환자, 또는 대부분의 남성 환자들이 여성 환자의 경우보다 더 성적인 행동을 나타내는가, 그리고 왜 더 쉽게 여러 형태의 성적 도착에 몰입하게 되는가 등이다. 또한 왜 남성 환자들은 분석 상황에서 여성에게 에로틱하게 끌리지 않을 수 있는가, 또는 왜 끌리게 되는 것을 부정해야만 하는가 등에 대한 다양한 의문이다.[24] 이 쟁점은 지금까지의 프로이트적인 한계적 방법을 더욱 정교하게 보충·발전시킬 수 있는 여지를 보여 주고 있다.

다른 몇 가지 사회적 쟁점을 중심으로 넷째 쟁점을 본다면, 성별 해체와 자아 해체의 문제가 제기되고 있는 21세기 정보화 사회에서 과연 기존의 성별 차이와 구별에 대한 경험과 인식이 얼마나 유용한가에 대해 의문이 생길 수 있다. 고정된 자아는 없으며 모든 것이 사회적으로 구성된다고 보는 포스트모더니즘은 개인의 안정된 성격이나 개성은 존재하지 않으며, 개인은 자신의 인생에 대한 경험과 그 경험으로부터 나온 의미로 내면화된다. 그 의미도 사실은 잠정적인 것이며, 환경에 따라 변화하면서 재구성될 뿐이다.[25] 또한 사이버 공간의 출현은 프로이트의 생물학적 결정론에서 얼마든지 벗어날 수 있는 가능성을 제시하였고, 사회적 제약과 성별, 연령, 외모 등의 제약을 벗어날 수 있는 복수 정체성(multi-identity)의 가능성도 열어 주고 있다.

다섯째, 여성 정체성의 다양화를 들 수 있다. 소수 집단으로서, 사회적으로 억압된 동일집단으로서 여성의 정체성을 보기에는 여성의 다양한 경험 세계와 범주로 인하여 기존 개념으로 설명될 수 없는 젠더의 새로운 측면이 발견된다.[26] 프로이트가 강조한 수동성이나 피학적인 성적 태도나 자아도취 등의 개념과 연관시켜, 여성의 열등성으로 연결시켰던 감성이나 보호본능, 타자 지향성, 가족을 돌보는 일 등은 이제 21세기를 살아가는 남녀 모두의 중요한 가치로 등장하였고, 성별 차이는 이제 그 전통적인 의미를 잃고, 새로운 형태로 재구성되고

---

24) 위의 책, pp. 183-184.

25) 방희정, 『여성심리학의 과제』, 한국심리학회, 1999, pp. 208-209.

26) 위의 책, p. 212.

있다고 보인다.

정신분석과 여성주의는 표층화된 세계, 즉 의식과 가부장제도라는 사회가 감추고 있는 저변에 깔린 세계를 드러내는 공통된 특징을 가진다.[27] 정신분석이 여성 환자를 대상으로 하여, 남근선망 중심으로 여성의 성욕를 남성 중심적으로 전개해 갔다면, 여성주의는 남성 가부장의 전형적인 억압 형태를 정신분석의 담론과 방법에서 찾음으로써 자신들의 정체성을 분명히 하고자 하였다. 여기에서 여성주의의 인간해방적이고 사회해방적인 성격을 발견할 수 있다. 따라서 정신분석학은 비주류에서 주변적으로 또한 사회적 소수인으로 사회에서 억눌려 왔던 현상과 집단을 연구하는 데 중요한 방법론적 통찰력을 제공한다고 할 수 있다.

이 장의 요약

1. 프로이트는 성차별주의자이며 정신분석이론과 실천은 여성에게 억압적이라는 비판에도 불구하고 정신분석학은 사람들의 억압적 이데올로기를 어떻게 내면화시키는가 하는 과정을 설명해 줄 수 있는 이론이다. 여성주의에서 정신분석학이 차지하는 의미는 여성의 무의식적인 억압기제를 발굴하여 드러내는 방법을 보여 준다는 것이다.
2. 억압된 욕구와 성차이에 따른 정체성의 왜곡을 드러내어 분석하는 일은 여성의 경험을 역사화시키고 정치화시키는 것을 의미한다. 메리 울스톤 크라프트(Mary Wollstonecraft)의 『여성권의 옹호(A Vindication of the Rights of Women)』(1872) 이후에 여성주의자들은 성과 억압된 욕망에 대한 연구에 전념하고 있다. 여성주의와 정신분석학의 결합은 시몬느 드 보브와르(Simone de Beauvoire)의 『제2의 성(La deuxieme Sexe)』(1949)에서 시작되었고, 베티 프리단(Betty Friedan)의 『여성의 신비(The Femine Mystique)』(1963)에서 계속 연결되어 오늘날에 이르고 있다.
3. 여성주의는 정신분석학이 여성을 열등한 존재로, 그리고 오직 남성과의 관련 속에서 종속적으로 정의되고 있음을 비판한다. 여기에 해당되는 대표적인 여성주의 학자들로 술라미스 파이어스톤과 케이트 밀레트를 들 수 있다. 이들은 가부장제하의 여성에 대한 억압과 불평등을 비판하며, 여성성은 사회적으로 구성된 것으로 본다. 그러나 근본적으로 의식을 일깨우고 사회적 변화를 일으키는 동력이 되는 여성주의 정신분석학은 1970년대 중반 이후부터 여성이 가진 남성과의 차이점이 더 이상 여성을 열등하게 만드는 불리한 조건이 아니라 여성의 자존심과 자신감의 근원으로 재해석하였다.
4. 여성주의는 정신분석학의 생물학적 한계를 극복하고 재해석함으로써 영 · 미적인 대상관계이론과 라캉주의적 페미니즘을 중심으로 새로운 여성주의적 정신분석학을 구축해 나가고 있다. 따라서 여성주의적 정신분석학을 지금까지 억압되어 왔던 여성의 자아정체성을 생물학적인 결정론으로부터 해방하여, 많은 사회 · 문화 · 환경적 요인을 함께 고찰함으로써 생활세계 속에서의 여성에 대한 보다 더 적극적이며 현실적인 접근을 가능하게 하는 총괄적이고 총체적인 방법론을 연구 · 탐색하고 있다고 볼 수 있다.

27) 신명아, 앞의 책, p. 103.

주요 용어

- **정신분석(Psycho-analysis)**: 지그문트 프로이트(Sigmund Freud, 1856~1939)에 의해 발전된 이론이며, 무의식적 본능을 중요시하는 심리학의 한 분파이다. 프로이트는 많은 인간적 사고나 행동의 뿌리가 '이드(id)'의 힘에 있다고 믿었다. 즉, 정신의 의식적인 부분은 흔히 억압되어 있는 성적이고 공격적인 충동에 그 근원이 있다고 설명했다. 정신분석이 갖는 강점은 신경이나 다른 정신적 분열을 치료하고 설명하는 데 있으며, 특히 억압적 이데올로기를 내재화시키게 되는 과정을 설명해 줄 수 있는 이론이다. 그러나 남근을 중심으로 거세 위협과 오이디푸스 콤플렉스로 유아기의 성장발달을 보았다는 점에서 생물학적 결정론으로 비판받는다.
- **정신분석학적 여성주의**: 여성이 가진 남근선망을 제일 중요한 핵심 내용으로 여성의 발달과정을 설명하고 있는 전통적인 프로이트이론에 대해 여성주의자들은 강력하게 비판하고 있다. 여성주의자들의 공통점으로는, 여성들의 낮은 사회적 지위와 무력감이 여성의 생물학적 특징과는 관계가 희박하고 오히려 여성성에 대한 사회적 인식과 여성의 사회화 과정과 깊은 관계가 있다고 본다. 그러나 정신분석학의 기여는 여성들의 억압과 무의식적 욕구에 대한 분석을 가능하게 한다는 점이며, 여성주의적 기여는 정신분석학이 연결시켜 보지 못했던 사회, 문화, 환경적 요인들의 중요성을 발견하게 한다는 점이다.
- **대상관계이론**: 아이가 태어나자마자 어머니와 형성되는 관계에 연구의 초점을 두는 후기 프로이트 심리분석학파의 이론을 일컬으며, 이 이론은 아이가 출생한 후 '대상(object)'과의 관계 형성을 집중적으로 조명한다.
- **대상관계 여성주의**: 대상관계이론은 어머니라는 대상을 자아(self) 성장을 위한 중심으로 보기 때문에 인간의 발달과정을 오이디푸스의 거세 콤플렉스로 설명하는 프로이트의 남성 중심적 · 남근 중심적 이론에 대안적인 시각으로 간주되고 있다. 따라서 대상관계이론은 어머니와 아이의 관계를 실제적 생활환경과 어머니의 양육이 자아발전에 있어 중요한 요인으로 재규정한 것이다. 대상관계 여성주의자들은 자아의 발달이 의식적 · 무의식적으로 경험하는 관계를 통해 형성된다고 본다.
- **대인관계이론**: 타인과 자기 자신 모두에 의해 정체성이 부정되고 가치절하되는 데에서부터 여성의 문제가 생겨난다고 본다. 또한 프로이트의 이론과는 달리 무의식적 역동을 강조하지 않고, 개별 특징과 능력에 대한 문화적 개인적 평가에 더 많은 관심을 가진다. 즉, 대인관계를 주시하는 네오 프로이트 집단은 여성의 특성을 문화적 학습으로 설명한다.
- **라캉적 여성주의**: 무의식은 정신적 삶의 토대이고, 언어적으로 형성되어 있는 무의식은 우리의 섹슈얼리티라고 말한다. 즉, 주체성은 무의식적인 성적 충동으로부터 나온다는 것이며, 성적 특징화와 주체성은 젠더의 차이라는 말로 나타난다. 우리는 이러한 성적 · 언어적 상황에서 태어나고 그것은 한 인간의 발달적 상황이 된다고 본다. 이 이론은 우리들이 왜 불공평한 성적 세계에 모든 행동이 위치지어지고, 어떻게 남성 중심적 문화에 처할 수밖에 없는가를 설명한다. 이것은 여성이 기본적으로 문화에 대상화되어 있고 소외되어 있다는 것을 말해 준다.
- **젠더(gender)**: 성별로 번역하기도 한다. 생물학적 성(sex)과는 달리 젠더는 성의 문화적 혹은 사회적 구성이다. 성별과 성 사이의 구분은 시몬느 드 보봐르의 『제2의 성(The Second Sex)』, "여성은 타고나는 것이 아니라 만들어지는 것이다"에서 잘 나타나고 있는데, 성별(gender)은 이미 주어진 성을 반영하거나 표현하지 않고 사회문화적 과정의 영향을 받은 결과라고 본다.

더 읽을거리

1. 로즈마리 통, 이소영 역, 『페미니즘 사상』, 서울: 한신문화사, 1995.
2. 엘리자베스 라이트 편(1992), 박찬부 · 정정호 외 공역, 『페미니즘과 정신분석학 사전』, 서울: 한신문화사, 1997.
3. 한국여성연구소 편, 『여성학 방법론, 사회과학적 연구』, 이화여자대학교 한국여성연구소, 1986.
4. 여성문화이론연구소 정신분석세미나팀, 『페미니스트 정신분석이론가들』, 여이연, 2016.
5. Nancy J. Chodorow, *Feminism and Psychoanalytic Theory*, Yale University Press, 1989.

Chapter 11

여성과 사회복지실천

우리 사회에는 여성이기 때문에 갖게 되는 우울증, 성 문제, 결혼 문제, 폭력 등 다양한 문제가 나타나고 있으나 이에 대한 해결은 여성 개인에게만 초점을 두거나 여성의 고유한 경험, 지위 등에 대한 이해 없이 남성 중심적으로 행해진다. 이러한 접근은 여성의 다양한 문제를 적절히 해결할 수 없으며 오히려 여성에게 죄책감을 주고, 여성 자신의 욕구를 억압시킨다. 예를 들어, 사회복지사가 성역할에 대한 고정관념을 가지고 있다면 여성의 가장 적절한 역할은 아내나 어머니 역할이라고 생각하게 될 것이며, 이는 문제해결에도 영향을 미친다. 사회복지실천은 모든 사람이 삶의 질을 향상시킬 수 있도록 개인과 사회 간의 호혜적 상호작용을 증진시키고 이를 통해 개인의 자기실현이 달성되도록 하는 데 있다.

이 장에서는 기존 사회복지실천이 여성의 삶의 질을 향상시킬 수 있는가에 대한 비판을 통하여 대안적 실천방법으로 대두되고 있는 여성주의 사회복지실천을 살펴보고 그 함의를 찾아보고자 하였다. 여성주의 사회복지실천은 여성 내담자의 문제를 개인적 차원뿐만 아니라 정치적 · 사회적 · 문화적 맥락에서 고려하는 것으로서 여성 내담자는 자신의 문제를 개인적 차원뿐만 아니라 사회 맥락 속에서 이해하게 된다. 여성주의 사회복지실천은 여성 내담자를 둘러싼 사회 환경에 대한 변화의 중요성을 강조하는 것으로 이러한 여성주의적 방법들이 사회복지실천에 적극 반영되어야 할 것이다.

1. 여성에 대한 기존 사회복지실천

1) 사회복지실천 개입 준거

우리 사회의 많은 전업주부들은 명절이 다가오면 가슴이 답답하고 머리가 아프다고 호소하거나, 또는 우울증으로 고통받고 있으며, 이러한 문제로 치료를 받으러 오거나 자신의 정체성에 대해 심각하게 고민을 한다. '명절증후군'과 '우울증'은 어떻게 이해를 해야 하는가?

주부 우울증은 주부라는 역할과 여성 자신의 다양한 욕구들이 상충될 때 나타난다. 이때 대부분의 여성들은 우울증이 나타나면 그것이 자신의 문제(자신의 부적응)에서 출발한다고 믿는다. 전통적인 상담자들은 상담의 목표를 여성 내담자에게 기존의 성역할(주부나 어머니)을 수행하도록 설정하며, 여성의 심리적 장애를 여성 개인의 적응 문제로 보고 있다. 그러나 주부들의 우울증은 여성 개인만의 문제가 아니라 여성 개인에게 부여되는 사회적 기대와 그 기대로 인해 여성이 경험하는 억압 때문에 발생하는 것이다.

상자글 11-1 주부 우울증

30대 후반의 여성으로 결혼 7년째에 접어든 맏며느리이다. 평소에는 집안일도 잘 도와주던 남편은 시댁에만 가면 손 하나 까딱하지 않는다. 명절이나 제사와 같은 가족행사가 있을 때마다 맏며느리라는 이유로 온갖 일을 다하지만 생색도 안 나고, 시댁만 다녀오면 남편에게 짜증을 부리게 된다. 시누이와 동서들 간에도 사이가 매끄럽지 못하게 되고, 점점 시댁에 가는 일이 생기면 무언가 피할 궁리만 하게 된다.

주부 우울증은 주부들에게 나타나는 슬픔, 우울한 기분, 비관적이고 부정적인 생각 등이 주부로서의 역할에 지장을 미칠 정도로 정신과적 장애로 발전한 경우를 말한다. 주로 35~45세에 흔하다. 이는 주부 역할을 하는 여성들에게 사회적 · 문화적으로 남성과는 다른 역할이 주어지기 때문이며, 특히 동양 사회에서는 남성 우월주의가 지배적이므로 이로 인한 좌절감, 실망감 등이 있을 수 있다. 또한 자식들이 성장하여 독립하면서 느끼게 되는 공허감과 사회 생활을 하는 남편과 비교했을 때의 자신의 처지에 대한 비관 등을 느끼게 되는 '빈 둥지 증후군'도 우울증의 요인이 된다.

출처: 이경규, 단국의대, user.chollian.net/~soungsin/uoman.htm

이렇게 여성이 자신이 우울증에 걸렸다거나 적응을 잘 하지 못하고 있다고 생각할 때 어떤 '준거'를 근거로 판단하게 된다. 여성이 기존의 아내 역할에서 순종적 아내가 매우 적절한 것이라고 생각한다면, 자신 내면에서 느껴지는 분노나 억눌림 등은 매우 부자연스러운 경험으로 여기게 된다. 이때 준거는 인간행동에 나타나는 가치나 신념체계로서, 이것은 사회복지실천에서 그 목표로 설정되며 개인에게는 행동기준이 된다.

사회복지실천 준거는 크게 표준적, 남성 중심적, 양성성[1] 준거로 나누어 볼 수 있다. 이것은 내담자나 환자, 사회복지사를 이끄는 가치 성향이 되며 변화를 이끄는 기준으로 작용하게 된다.

표준적 준거는 한국 사회가 추구하는 고정관념적 성역할로 남성은 '남성답고' 여성은 '여성다운 것'을 고수한다. 이런 준거를 적용하는 사회복지사는 여성이 그들의 '적절한' 성역할을 수용하고 적응하도록 돕지만 결국 남녀를 성차별하게 되고 남성과 여성을 달리 취급하게 된다. 이러한 관념은 사회복지실천에서 여성의 '건강'·'적응' 기준으로 작용되며, 이때 사회복지실천은 여성이 '여성스러워지는' 방법을 학습하거나 재학습하는 사회적 통제기구가 되며, 이 과정을 학습하지 않거나 여기에 반항하는 여성은 문제가 있거나 정신적 질환이 있는 것으로 간주된다. 따라서 여성의 '정상'은 자신의 욕구보다는 가정의 일을 우선시하는 것이 된다. 이러한 지식에 기초한 사회복지실천은 여성들이 직면한 문제들을 효과적으로 해결해 나가는 데 도움이 되지 못하며 오히려 잘못된 인식을 강화시키는 결과를 가져올 가능성이 있다.[2] 이때 여성은 사회복지사에게 도움을 받기보다는 오히려 기존의 틀에 맞춰져 소외되고 이중 억압을 받게 된다.

상자글 11-2 **여성의 전화 수다는 하찮은 것?**

대부분 남성은 전화할 때 "준형아, 나 철순데, 전자현미경 있잖아"라고 바로 용건으로 들어간다. 그러나 여성 대부분은 용건을 바로 말하기 전에 주변적 이야기를 먼저 말한다. "오늘 날씨가 참 좋더라", "밥 먹었니", "요즘 어떻게 지내니". 분명한 목적도 없는 이야기를 하는 것을 남성들은 쓸데없는 수다를 떤다고 말한다. 여성은 친구들에게 정보가 필요해서 전화할 때도 그 친구들이 어떻게 지내는지를 묻지 않고 바로 용건을 물으면 일종의 미안함을 느낀다. 그러나 남성들은 이런 종류의 죄책감을 느끼지 않는다. 여성의 이러한 특성은 '수다' 떤다는 것으로 매우 하찮은 것으로 취급받는다. 하찮다고 여겨진다고 할 때 그것은 어떤 기준에 의해서인가?

1) 양성성 준거는 현재에선 비성차별적 준거 개념으로서 활용되나, 본 글에선 기존 준거개념과 명확하게 비교 설명하기 위해서 '양성성' 용어를 사용하였다.
2) 최선화, "여성심리와 여권주의 상담법", 『여성 연구』 제6집, 부산여자대학교, p. 146.

남성 중심적 준거는 남성과 여성 모두에게 남성주의적 기준을 제시하고 남성적 성역할 행동을 잘 유지하도록 격려한다. 이 준거를 사용하는 사회복지사는 남성에게는 그들의 '적절한' 성역할을 수용하도록 하며 여성에게는 그들의 성역할의 한 부분으로서 단호함이나 독립성 같은 남성적 특성을 결합하도록 격려한다. 이것은 남성적 활동이나 특성은 우수한 것으로 해석하는 반면 여성적이라고 생각하는 것은 열등하다고 보기 때문이다.

사회복지사 대부분은 전통적으로 남성의 성역할인 자율성과 개인주의가 여성의 성역할인 의존성보다 더 건강하다고 평가한다. 이러한 건강성에 기초한 치료는 여성을 극도로 침울하게 만들 뿐이다. 그리고 사회복지사는 개인을 변화시키려고 하기 때문에 여성들은 치료되는 것이 아니라, 오히려 그들의 무기력과 상황에 적응하는 방법을 학습하게 된다.[3)]

양성성 기준은 남성과 여성을 '남성적'이거나 '여성적'인 것으로 분리하지 말고 두 성을 통합하여 균형을 이룬 융통성 있는 성역할을 채택하도록 격려한다. 이 모델은 남녀 모두를 위해 오직 하나의 표준인 양성성만이 있으며 이 모형을 따르는 사회복지사는 남성과 여성을 동등하게 치료하고, 여성적 특성과 남성적 특성 중 최선의 것을 통합하도록 격려한다.

기존 사회복지실천 영역에서 추구하는 준거는 표준적 준거와 남성 중심적 준거로 대표된다. 이러한 사회에서 여성은 억압된 경험을 할 수밖에 없으며, 억압된 경험은 많은 문제로 나타나기도 하며, 문제를 지속시키는 데 기여한다. 따라서 양성의 생물학적 차이는 인정하되 남녀차별적 개념이 아닌 남녀유별적 개념을 중시하는 양성성 준거의 도입이 필요하다.

상자글 11-3 사회복지실천에 주로 사용되는 이론들

- 정신분석이론: 모든 행동의 기본이 되는 무의식 세계를 다룬다. 아동기의 부적절하거나 정신적 쇼크의 경험으로 문제가 발생한다고 본다. 정신적 건강은 과거 고착과 억압에서 벗어나는 것이다.
- 자아심리학: 자아의 합리적 과정을 강조하며, 인간을 능동적인, 자율적인 존재로 본다. 건강한 자아기능을 회복시키는 것이 목적이 된다.
- 학습이론: 인간의 행동은 기본적으로 환경에 의해 결정된다. 건강은 학습된 부적응적 행동을 적응적 행동으로 재학습하는 것이 된다.
- 체계이론: 행동은 여러 체계요소들 간 상호작용의 결과이다.
- 생태학이론: 인간은 물리적 · 사회적 환경을 변화시키고 계속되는 상호 적응과정을 통해 변화 발전한다.
- 역할이론: 인간은 점유하고 있는 사회적 지위 혹은 사회적 체계에서의 위치로 기대되는 행동을 한다.

3) 장현숙, "여성과 관련된 문제들", 『여성심리』, 서울: 박영사, 1996. pp. 347-348.

2) 기존 사회복지실천에 대한 비판

사회복지실천 개입은 개인의 성격 및 행동에 초점을 두다가 1960년대에 이르러, 대공황 등의 여파로 개인에 초점을 둔 사회복지실천이 근본적 문제해결을 이루기에는 부적절하다는 인식의 영향으로, 사회복지실천의 개입 방향이 사회 변화 및 사회적 개입으로 회귀하기 시작하였다. 1970년대 생태체계이론의 등장과 함께 환경과 인간을 함께 이해하는 관점에서 다양한 실천 모델이 등장하였고, 1980년대에는 미국사회사업가협회(NASW)를 중심으로 공통적인 지식기반, 실천방법, 실천현장, 가치와 기술 등에 대한 합의를 도출하려는 노력을 통해 통합방법론과 일반사회사업실천이 등장하게 되었다.

사회복지실천이론은 사회학과 심리학, 정신의학, 행동과학 등에 과학적 기초를 두고 있다. 이 이론들은 개인과 그 개인이 속한 사회 환경을 이해하게 해주고, 이를 통해 변화를 도모할 수 있게 해준다.

그러나 사회복지실천의 위의 이론들은 나름대로 현장실천에 있어서 효과가 있다고 알려졌지만, 성(gender)을 고려하지 않는 한계가 있다고 지적받는다. 즉, 여성의 고유한 경험에 대한 인식이 결여되어 있으며 여성과 남성의 삶의 경험을 다르게 해석하지 않고 성차로 인한 박탈 경험의 원인을 사회구조적 맥락보다는 개인이나 가족적인 차원에서 찾으려는 한계가 있다.[4] 그 한계점을 살펴보면 다음과 같다.

(1) 기본 범주로서의 성을 고려하지 못하는 점

사회복지실천에서 활용되는 주된 이론은, 여성과 남성이 다른 사회적 기대와 환경 속에 성장하기 때문에 나타나는 여성의 고유한 경험을 고려하지 못한다. 즉, 여성의 박탈경험은 계급이나 인종, 생활환경, 가족관계 등에서 발생한다는 것을 인정하면서도 뿌리 깊은 '성'으로 인한 박탈은 전혀 고려되지 않는다. 여성주의 입장은 여성들이 부정적 자아정체감과 자기회의를 가지고 있는 것은 가부장적 가치가 내면화되고, 성에 근거하여 사회적 역할이 구조화되기 때문이라고 본다.[5] 즉, 기존 사회복지실천이론들은 대부분이 여성의 고유한 경험을 반영하지 못하기 때문에 한계를 가진다.

4) 김인숙, "여성주의 사회복지실천의 정립을 위한 고찰", 『한국사회복지학』 제41호, 2000, pp. 99-101.
5) 김인숙, 위의 책.

(2) 성편견

정신분석은 여성을 자연이나 감성으로 보고 남성을 문명이나 기술 또는 이성으로 본다. 프로이트는 남성성을 인간 표준으로 취하고 여성성은 그 표준으로부터의 이탈로 보았으며, 남성은 수단적이고 도구적인 역할을 수행하여 공적 세계인 직장에, 여성은 표현적이고 정서적인 역할을 수행하여 사적 영역인 가정에 배치시키는 것이 기능적이라고 보는 견해를 가진다. 이러한 전통적이고 고정화된 성역할 개념은 사회복지실천 내에서 성역할 관념을 형성시켜 왔다.

(3) 체계이론의 부적절한 적용

체계이론은 현재 사회복지실천에 대한 통합적 시각을 제공하는 가장 적절한 이론으로 여겨진다. 체계이론은 개인이나 가족, 조직을 비롯한 어떠한 개입 단위에도 적용될 수 있고, 각 체계의 하부와 상부의 상호 영향을 설명할 수 있는 체계적 시각을 제공하는 장점을 가진다. 그러나 여성주의는 체계이론 역시 '성'이 가진 함의를 간과하고 있다고 비판한다. 즉, 어느 체계든지 동등한 힘을 가지고 있으면서 상호 영향을 주고받는다는 전제는 권력의 불균형이라는 현실을 배제한다. 아내폭력에서도 그 폭력은 아내와 남편이라는 체계의 역기능적 상호 관계로 파악된다.

〈상자글 11-4〉의 사례는 여성의 성폭력에 대한 기존 사회복지실천의 개입 사례이다. 이 사례를 보면 여성은 자율성과 독립성을 가지고 있다고 간주되며, 실제적으로는 많은 어려움을 겪고 있음은 고려되지 않는다. 이러한 시각은 강간 당시 여성 자신이 힘과 자율성, 결정력을 갖고 있다고 보는 것으로서 여성의 억압적 실제를 인식하지 못하는 것이다.

여성은 자신의 의지대로 행할 수 있는 선택의 폭이 현실 상황에선 매우 제한되어 있다. 기존 개입에서 가정하고 있는 여성 자신의 감정, 힘, 자유에 대한 통제권은 실제로 매우 약하다. 따라서 개입에서 더욱 필요한 것은 여성 자신이 강간을 유발했거나 당할 만했다는 것을 의미하지 않음을 깨닫게 해주는 것이고, 안드리아에게 여성으로서의 정체감과 힘에 대한 새로운 기초를 제공해 주어 상실에서 획득으로 돌아서게 도와줄 필요가 있다.

기존의 사회복지실천 접근방법은 위의 세 가지 말고도 여성들이 나타내는 문제를 지나치게 개인화, 개별화하는 경향 때문에 적절하게 문제를 해결하지 못한다고 비판받는다.

상자글 11-4 기존 사회복지실천의 개입 사례

- 사례: 안드리아는 독신으로 목수이자 예술가로서 생활을 영위하고 있었고, 겁 없고 신체적으로 강하며, 신체적 위협을 느끼지 않는 것에 대해 자부심을 가지고 있었다. 안드리아는 어느 날 저녁 친구 집에 갔다가 차가 고장 나 공장으로 견인시켰다. 자정 무렵까지 친구 집에 있다가 지하철을 이용하지 않고 자동차를 얻어 타고 집으로 돌아가기로 마음먹었다. 그녀는 두 남자가 탄 자동차에 편승하였다. 그들은 그녀를 태우고 여기저기 한참 돌아다니다가 어떤 집으로 끌고 들어가서는 침대 위에 던지고 친구들을 불렀다. 그 후 몇 시간 동안 안드리아는 칼끝으로 위협당하면서 일곱 명의 남자들한테 강간당했다. 이 남자들은 강간하면서 그녀가 얼마나 즐기는지 말하라고 강요하였다. 그런 다음 안드리아는 모르는 곳에 버려졌다. 그녀는 처음 며칠 동안 멍한 채 아무것도 느낄 수가 없었다. 그리고 강간 피해자가 대개 그렇듯이 그녀 역시 무슨 일이 있었는지 아무에게도 말하지 않았다.
- 개입: 사회복지사가 그녀를 격려해 주자 두려움, 분노, 수치심, 자신을 압도하는 무력감 등의 감정들이 억수같이 쏟아져 나왔다. 자동차에 탄 남자들은 모두 강간자로 보였다. 그녀는 어떤 남자도 신뢰할 수 없었고, 자기의 몸을 수치스러워하는 한편 자신을 강간한 남자들을 죽이거나 불구로 만들거나 거세시키고 싶어 하였다.

  강간에 대한 전문가의 의견은 이러한 공포심, 분노감 그리고 무력감 등은 다소 불합리한 것으로 보이더라도 결국 피해자 개인의 외상에서 오는 불가피한 결과라고 본다. 이러한 측면에서 개입목표는 강간 피해자의 감정을 노출시키게 한 다음 그것을 해소하도록 돕는 것이 된다. 이러한 감정해소는 피해자가 남성과의 신뢰적인 관계를 회복할 수 있게 해준다. 이를 통해 안드리아는 강간 이전에 가졌던 자신의 힘과 자율성, 독립성에 대한 감각을 되살릴 수 있게 된다.

출처: 미리암 그린스팬, 또 하나의 문화, 『우리 속에 숨어 있는 힘』, 1995.

2. 여성주의 사회복지실천

1) 여성주의 사회복지실천 개념

여성주의 시각에서 여성 문제는 일반적으로 여성 자신이 아닌 기존의 가치체계나 다른 사람들에 의해 자기 자신을 정립시키도록 만든 상황에서 비롯된다고 본다. 이러한 측면에서 여성주의 사회복지실천은 여성 문제의 원인을 자기 자신의 문제와 사회구조적인 문제로 구별하여 인식하게 만드는 것이 주가 된다.

기존 사회복지실천은 여성과 성역할에 대한 성차별적인 가정에 기초해 있고, 이러한 현상에 도전하기보다는 적응하도록 장려한다. 이에 반해 여성주의 사회복지실천은 사회구조와 행위와 이념은 상호 연결되어 있고, 내담자들이 갖는 증상은 전통적인 성역할에 대한 지나친 강조에서 나온 논리적인 결과로 본다.

여성주의 사회복지실천은 기존 사회복지실천과 마찬가지로 인간의 자기실현에 궁극적 목적이 있으나, 자기실현을 촉진시키기 위해 개인이 처한 환경적 · 물질적 · 이념적 조건을 특히 강조한다. 인간의 욕구를 충족하기 위해서는 성차별뿐 아니라 다른 형태의 권력지배와 이용으로 인한 상처를 치유하는 것이 필요하고 이를 위해 사회정치적 구조의 변화가 필요하다고 본다. 여성들이 자신이 원하는 역할을 깨달을 수 있도록 하여 성역할 고정관념에서 파생된 갈등에서 벗어나 여성과 남성을 차별하지 않고 각각 독립된 인간 존재로 자신을 인식하게 하도록 한다. 즉, 여성이 타인과의 관계 속에서만 자신의 정체성을 규정할 것이 아니라 독립된 자아상과 자아정체감을 회복하도록 한다. 이를 위해 남성과의 비교가 아닌 여성만이 갖는 고유한 여성의 강점, 잠재능력, 자율성, 힘 등을 부각시켜야 한다.

〈표 11-1〉 가정폭력에 대한 이론[6)]

이론	가정폭력원인	내용	평가
정신분석	병리적 성격이 폭력행동의 근본원인, 부모로부터의 거부 혹은 아동기 발달상의 외상에서 기인	초기아동기에 안전위협, 애정결핍경험(부적응관계모델 형성, 친밀한 관계에서 철수, 회피, 위협, 공격같은 역기능적 정서전략 사용), 외상 후 스트레스 장애, 친밀감(배우자에게 버림받을 것 두려워함), 자아기능 손상(부모의 거부, 어머니 의존, 아버지두려움, 또래 경험 등)	근본적인 변화(성격개조) 추구, 행위자의 심리내적 상태 설명, 폭력관계에서의 공생 설명함, 그러나 폭력발생의 사회문화적 측면 고려하지 않음, 폭력방조하는 사회문화적 환경 경시, 행위자의 폭력행위 변명해주는 결과 낳음, 치료에 시간이 많이 걸림
사회학습	폭력이 사회적으로 학습되며 모방을 통해서 강화된다고 설명	가해자가 폭력으로 피해자 통제하는 것을 보면서 관찰자는 폭력이 효과적인 전략이라고 생각, 폭력의 세대전이, 부모역할의 모델링 효과	관찰된 폭력행동과 결과적 행동의 인과관계를 설명해줌. 개입은 현재 행동의 학습과 강화과정 인식, 새로운 역할모델 학습, 비폭력적 행동에 대한 보상 제공, 그러나 부모의 폭력을 관찰하면서 남아가 더 공격적이 되는 것, 사회의 남녀 권력 차이, 성별구조화 등의 사회문화적 맥락을 다루지 못함

6) 여성부(2003), 가정폭력행위자 교정, 치료프로그램; 이미혜(2009), 여성주의상담의 이해, 한국양성평등교육원, p.4, 재인용.

이론	가정폭력원인	내용	평가
인지행동	폭력은 스트레스 감소나 불안감소 방법으로 강화되며 비합리적 사고 및 사회기술 부족이 폭력행동의 근본 원인이다. 행위자에게 폭력이 가져오는 부정적인 결과를 지적하고 대안적인 비폭력 행동을 습득하는 것을 목표로 한다.	폭력관계 유지가 스트레스 대처와 대인관계 기술 결여에 있다고 보고, 스트레스 감소, 이완, 인지재구조화, 역할놀이, 주장훈련, 문제해결 등을 교육함. 피해자에게는 폭력을 피하기 위한 보호계획, 자살위기 개입, 자기주장 훈련, 학대의 영향으로 형성된 인지설명에 적용한다.	폭력을 학습된 행동으로 개념화해서 변화에 대한 희망을 갖게 함. 구조화된 단기개입의 효과성 있음 그러나 남녀의 힘의 차이, 아내통제에 대한 태도변화를 수반하지 않는 분노통제기법, 의사소통기술은 단순히 '기법'차원에 머문다. 개인의 성격과 정서적 측면을 충분히 고려하지 않고 발달적 측면을 다루지 못함
여성주의	가부장적 사회정치문화 및 남녀불평등이 원인, 가해자의 피해자에 대한 지배와 통제의 기제가 가정폭력의 핵심	순수하게 개인의 심리적 차원이나 가족기능면에서 개입되는 치료모델 비판, 가해자의 신념체계에 도전하고 자기각성 및 사회적 각성을 촉진시킬 것을 강조, 상담자는 도전과 직면을 활용, 지시적인 역할 담당	가정폭력의 사회문화적 맥락적 접근 강조, 여성운동으로 사회제도 환경 개선시킴, 분노의 힘 강조함. 하지만 개입의 우선초점을 사회변화에 두고 있어 구체적 기술개발이 약함.

2) 여성주의 사회복지실천의 전제와 주요 원칙

여성주의 사회복지실천의 전제는 다음과 같다.

첫째, "개인적인 것은 정치적인 것"이다. 이 전제는 여성 개인의 문제는 제도화된 성차별에 근거한다고 본다. 즉, 여성의 문제를 개인 내적인 것에서 찾는 것이 아니라 사회구조적인 측면에서 파악하는 것이며, 기존의 환경에 적응하고 수용하는 것이 아니라 사회정치적 변화를 하는 데서 해결책을 찾는 것이다. 아내폭력 피해자나 성폭력 피해자 같은 여성폭력 문제는 가부장적 사회와 여성을 비하하는 사회 문화구조를 바탕으로 발생하는 것이며, 가정폭력방지법이나 성폭력 특별법을 제정해 여성폭력의 문제를 해결하려고 하는 노력에서 이러한 측면을 이해할 수 있을 것이다.[7]

둘째, "사회복지사와 내담자는 평등한 관계"이다. 사회복지사는 내담자와 평등한 관계로서 서로에게 도움을 주며, 전문가나 권위적인 인물을 떠나 동료 혹은 동반자로서 역할을 한다. 사회복지사는 내담자의 가치(성역할 기대, 성적 행동, 의존성 등)가 뚜렷해지도록 용기를 주며, 내담자가 자신의 개인적인 경험에 영향을 주는 문제들을 원만하게 해결할 수 있도록

7) 김민예숙 외 6인(2005), "왜 여성주의상담인가?, 한울아카데미, p. 155.

도와준다.[8)]

셋째, "여성적 가치로 평가하기"이다. 여성적 특성을 가치 있다고 생각하고, 남성적 특성들과 비교하여 열등한 것처럼 보였던 여성적 특성들을 재정의하는 것이다. 즉, 여성 자신의 시각에서 세계를 바라보도록 하며 여성의 경험에 입각해서 삶의 개인적 · 사회적 측면을 재구성하고 사회가 요구하는 여성상에 맞추려다 좌절하고 '누락'시킨 자신의 이야기를 회복하도록 돕는다.

상자글 11-5 여성의 시각으로 재조명하기

내담자들의 이야기를 듣다 보면 어딘가 맞지 않는다는 느낌을 받을 때가 있다. 직장에서 여직원회 회장을 할 정도로 활발했던 사람이 결혼 후 매사에 자신이 없고 소극적인 사람으로 변했다. 또는 고통스러운 얘기를 할 때도 웃고 있거나 무표정한 얼굴로 남의 이야기를 하듯 읊조리기도 한다. 이들은 오랫동안 있는 그대로의 자기를 인정받거나 이해받지 못한 여성들이다. 따라서 자신의 판단에 자신이 없고 사회가 요구하는 완벽한 여성에 자신을 맞추려다 좌절하고 죄책감에 빠진다. 여성주의 상담자는 이들이 '누락'시킨 자신의 이야기를 회복하도록 돕고 우선 여성 자신의 시각에서 세계를 바라볼 것을 제안한다. 자기가 여성으로서 현재(Here and Now)를 살면서 보고 느끼고 생각하고 행동한 것을 온전히 자기 것으로 소유하고 인정하는 것이다.

출처: 김민예숙 외(2005). 왜 여성주의 상담인가. 한울아카데미. pp. 168–169.

넷째, "역량강화"이다. 자신에게 도움이 되지 않는 현재의 상황이나 관계에 적응하기보다는 변화를 지향하고, 사회적 관계에서 힘의 균형을 이루도록 격려하며 자신의 가치와 지배의 느낌(자존감 경험)을 갖도록 한다. 역량강화를 통해 변화에 대한 자신의 책임을 인식할 뿐 아니라 개인의 힘과 자원을 인정하고 소중히 여기며, 사회 · 경제 · 제도적 자원들에 접근하는 것을 막는 삶의 외부적 조건을 인식하고 그에 도전하도록 격려한다.

여성주의 실천과정을 통해 여성들은 자신이 원하는 역할을 선택하여 수용하게 되며 자신의 가능성과 능력을 발견하고 키워 나가도록 동기화된다. 이러한 과정에서 여성들은 자신의 약점보다는 강점을 강조하고, 스스로에 대한 존중심을 키워 나가며 다른 여성에 대한 신뢰와 존중감 또한 회복하게 된다. 여성주의 사회복지실천의 주요 원칙을 소개하면 다음과 같다.

8) 강문순, "여성주의 상담의 원리와 전망", 계명대학교 석사학위논문, 2003 ; 김민예숙 외 6인, 위의 책, p. 161 재인용.

(1) 미국사회사업가협회(NASW)의 여성주의 실천원칙[9)]

- 내담자의 문제를 사회정치적 맥락에서 해석한다. 이러한 맥락에서 내담자의 문제는 남녀불평등의 결과로서 불가피한 문제라는 것을 이해하게 된다.
- 전통적인 성역할을 받아들이는 것에 대해 의문을 품도록 돕는다. 그리고 삶의 양식을 개인이 자유롭게 선택하도록 한다.
- 치료는 병리현상보다는 내담자의 강점을 끌어내고 키우는 데 초점을 두며 치료자는 내담자 자신이 요구하는 것을 찾을 수 있도록 환경을 조절하는 능력을 증가시키는 과정이다.
- 내담자에게 다른 사람과의 관계 속에서 벗어나 자신의 진정한 욕구 · 정체감을 찾도록 노력한다. 여성들은 관계를 유지하는 데 지나친 책임감을 느끼고 다른 사람을 돌보기 위해서 자신의 욕구를 지연시키는 경향이 있기 때문이다.

(2) '한국여성의 전화'의 여성주의 상담원칙[10)]

- 개인적 그리고 사회적 문제의 본질을 파악하여 사회적 힘을 변화시키는 정체성을 갖게 한다.
- 여성의 문제나 증상들이 역기능적인 신호라기보다는 가부장제의 성차별 사회를 극복하고 생존하기 위한 방법으로 보게 한다.
- 상담자는 내담자의 가치(성역할 기대, 성적 행동, 의존성 등)가 명백해지도록 용기를 북돋워 주어야 한다.
- 내담자가 그들 자신의 경험에서 스스로가 최고의 전문가임을 믿고 내담자가 그 자신을 위해 스스로 상담가의 역할을 할 수 있도록 자조기술과 도구를 개발하도록 도와야 한다.
- 상담자와 평등한 관계를 경험하게 하고 여성의 동등성과 자율성을 지지해야 하며 여성 내담자로 하여금 스스로 자아를 찾도록 격려한다.
- 내담자의 선택권을 존중하고 내담자와 계약을 하며 정보를 주고 합의를 한다.

9) NASW, *Encyclopedia of Social Work*, 1987, p. 613 ; 최선화, 위의 책에서 재인용.
10) 대구여성의 전화, dwhotline.or.kr, 여성주의상담의 원리.

(3) 윌리엄(William)의 여성주의 실천원칙[11)]

- 문제에 대한 사회조건의 영향을 여성이 이해하게 한다.
- 여성들이 모든 분야의 생활과 성과에서 적극적인 것이 비여성적이라는 감정을 갖지 않도록 한다.
- 여성들이 전통적이고 비전통적인 다양한 역할들을 하는 것이 필요하다는 점을 믿게 한다.
- 여성이 직업을 갖고 경제적으로 독립하는 것이 바람직하다는 점을 인식하고 추구하게 한다.
- 여성이 성과 사랑의 관계에서 상호 의존성을 경험하도록 한다. 여성은 그들 자신이 제공한 만큼 만족을 받아야 한다는 점을 알려 준다.
- 여성들이 육체적 · 정신적 · 정서적으로 어떻게 희생양이 되는가를 알게 한다.

(4) 워렐(Worell)과 리머(Remer)의 여성주의 역량강화 상담원칙[12)]

- 개인적 · 사회적 정체성은 상호 의존적임을 알게 한다. 자신의 사회적 위치와 이들 위치 내의 정체성 발달에 대한 자각을 증진시키고 자신의 사회적 위치의 외적 표현으로부터 내적인 것을 분리하게 한다.
- 개인적인 것은 정치적인 것임을 인식하게 한다. 자신의 성역할 사회화 과정을 지각하고, 내면화된 억압 메시지와 신념을 알게 하며 좀 더 자기향상적인 자기 대화로 대체한다.
- 관계는 평등하다는 전제로 내담자의 일상적인 삶에서 다른 사람들과 평등한 관계를 발전시키며, 경제적으로 자율적일 수 있는 능력을 발달시킨다.
- 여성으로서 그들 자신의 경험을 신뢰하게 하고 여성으로서 자신에게 가치를 두게 하며 여성의 시각으로 여성성을 재규정하게 한다. 여성주의 의식은 '수용', '눈뜸', '빠져 있음 — 빠져나옴', '통합/참여' 네 가지 차원으로 이루어진다.[13)]

11) 김성천, "여성청소년을 위한 복지사업", 한국청소년개발원, 『청소년복지론』; 『인간과 복지』, 1994, pp. 268-269에서 재인용.

12) 주디스 워렐 · 파멜라 리머, "여성주의 상담의 이론과 실제"(김민예숙 · 강김문순 공역), 2004, 요약.

13) 수용은 여성에 대한 개인적, 제도적, 문화적 편견과 차별을 자각하지 못하거나 부정하는 정도를 의미한다. 눈뜸은 전통적인 성역할 경험에 회의를 가지며 분노와 억압을 표출한다. 빠져있음과 빠져나옴은 남성과 여성에 대한 양극화된 입장을 포기하고 자신을 새 인격으로 통합하기 시작한다. 참여는 여성의 가치를 인정하고 전통적인 성역할을 초월하는 것이다. 사회적 변화에 대한 적극적인 참여의 입장을 가지게 된다.

여성주의 사회복지실천에 사용되는 공통적인 지침을 살펴보면[14] 첫째, 내담자의 문제를 사회정치적인 구조 틀 안에서 해석하여 내담자의 문제가 남녀 간 불평등한 관계에 기인한 필연적인 결과라는 것을 인식하도록 도와준다. 둘째, 전통적인 성역할을 의심없이 받아들이는 것에 관하여 의문을 제기하며 내담자가 자신의 생활양식을 자유롭게 선택할 수 있도록 지지해준다. 셋째, 치료는 병리에 중점을 두기보다는 내담자의 장점을 증대시키는 일에 초점을 두어 내담자 자신들의 욕구를 충족시킬 수 있도록 환경을 조정할 수 있도록 한다. 넷째, 다른 사람과의 관계에 의해서가 아니라 자신만의 독립적인 정체성을 발달시킬 수 있도록 동기부여를 하고, 여성들을 매우 가치 있는 존재로 재평가하도록 한다. 다섯째, 치료자와 내담자 간의 개인적인 권리가 동등하도록 접근하며, 내담자가 역량강화될 수 있도록 사회복지사는 촉매자로 활동한다.

3) 여성주의 사회복지실천 개입과정

여성주의 사회복지실천은 위의 전제와 원칙들을 바탕으로 사회복지실천의 전통적 방법과 비전통적 방법 및 기법을 모두 활용한다. 그러나 여성주의 사회복지실천에 활용되는 방법과 기법의 선택에는 몇 가지 기준이 더 적용된다. 첫째, 과정을 중시한다는 것이고, 둘째, 사회복지사와 내담자 양자의 가치 일치 혹은 조화를 중시하며, 셋째, 내담자 자신이 지식과 기술을 활용하여 스스로의 능력을 고취시킬 수 있는 점을 강조하고, 넷째, 내담자 자신의 경험에 대한 부정적 평가를 전환시킬 수 있는 것에 초점을 둔다. 사회복지실천과정인 관계 형성, 사정, 개입, 실행 단계에서 나타날 수 있는 여성주의 실천과정들을 간단히 소개하면 다음과 같다.[15]

(1) 관계 형성 단계

관계 형성 단계에서는 사회복지사와 내담자 간 평등한 동반자적 관계를 형성하게 되고 안정성을 제공하게 된다. 이러한 관계에서 사회복지사는 내담자가 자신의 이야기를 하도록 격려하고 내담자의 전문성을 확인할 필요가 있으며, 필요한 경우 도움을 청할 수 있는 권리

14) Van Den Bergh. & Cooper, *Feminist Visions for Social Work. Silver Spring*, MD: Nation Association of Social Workers, 1987, p. 613.

15) 조흥식 · 김혜련 외, "여권론적 사회복지실천 방법", 『여성복지학』, 서울: 학지사, 2000, pp. 167-169에서 실천과정 요약 제시함.

의식을 부여하게 된다.

- 내담자가 자신의 개인 경험을 표현하고 자신의 이야기를 말하도록 격려한다.
- 구체적인 욕구와 안정성을 우선적으로 그리고 실천과정 내내 확보한다.
- 내담자가 있는 곳에서 정말로 시작한다.
- 사회복지사와 내담자의 실제적이고 상징적인 지위의 차이를 줄인다.
- 내담자와 동반자로서 협력적인 관계를 수립한다.
- 내담자의 구체적인 전문성을 확인한다.
- 권리감을 증진시킨다.
- 모든 차원(신체적 · 지적 · 감정적 · 사회적 · 영적 · 문화적)을 존중한다.

(2) 사정 단계

사정 단계에서는 여성의 경험에 대한 여성 자신의 이야기에 초점을 맞춘다. "개인적인 것은 정치적이다"라는 원리하에 내담자와 환경 간의 관계에서 장애와 기회를 탐색한다. 또한 내담자와 환경의 상호작용에서 권력 차원을 분석하고, 내담자가 원하는 변화를 탐색한다.

- 내담자에게 자신의 사회력을 작성하도록 요청한다.
- 여성의 이야기를 신뢰한다.
- 조건과 환경에 초점을 둔다.
- 내담자의 맥락 관계에서 권력 차원을 분석한다.
- 이념적 · 물질적 장애와 기회를 탐색한다.
- 사회복지사와 내담자의 관계에서 권력 차원을 분석한다.
- 모든 것들의 관계성을 인지한다: 체계를 생각한다.
- 내담자의 실제적이고 원하는 현실에 기반을 둔 상징, 신화, 의식을 활용한다.
- 개인적 · 문화적 강점의 유형을 확인한다.

(3) 실행 단계

실행 단계에서는 지지집단을 활용하고 집단행동을 격려하게 된다. 개인의 권리행사를 위한 기회를 갖게 되고, 자기 옹호, 남성들에 대한 도전, 직면을 포함한 상호작용 기술, 합의적 의사결정방법 등에 대해 배우게 된다.

- 전문적 · 대중적 문헌에서 여성 가치의 긍정성을 강조하는 독서를 추천한다.
- 내담자의 일지, 창작문, 미술, 춤, 연극을 활용한다.
- 자기 정의와 개인 권리 행사를 위한 기회를 창조한다.
- 자기 옹호를 할 수 있게 한다.
- 권력과 특권을 분석하고 공유하기 위해 남성들에게 도전한다.
- 여성의 강점과 문화를 환경에서 가시화한다.
- 프로그램과 서비스에 대한 접근성(경제적, 문화적, 물리적)에 초점을 둔다.
- 조직의 구조, 과정, 프로그램의 디자인에서 실천 원칙을 반영한다.

〈표 11-2〉은 여성주의 사회복지실천 개입과정을 나타낸 것으로, 김인숙(2000)이 정리한 것을 소개한 것이다.

〈표 11-2〉 여성주의 사회복지실천 개입과정[16)]

단계	원리	방법 및 기법
계약 및 관계 형성 단계	내담자의 강점 확인	내담자가 가진 전문적 지식이나 기술을 확인한다.
	재명명	바람직한 현실을 나타내는 언어를 사용한다.
	민주적이고 평등한 관계 수립	• 사회복지사와 내담자 간의 지위상의 차이를 줄인다. • 내담자를 파트너로 보고 협력적 관계를 수립한다. • 관계의 상호성을 주지시킨다.
	사건에 대한 내담자의 의미 확인	내담자 자신의 얘기로 말하게 한다.
조사 및 사정 단계	여성 경험의 고유성 강조	• 기존의 추상적 개념보다 여성의 경험을 검토하면서 시작한다. • 여성의 이야기를 신뢰한다.
	내담자의 맥락을 중시	• 조건과 환경에 초점을 맞춘다. • 사회학적 시각을 갖는다. • 이념적이고 물리적 장애요인과 기회를 조사한다.
	내담자의 의미를 탐구	내담자가 한 말과 그가 경험한 사건의 의미를 탐구한다.
	강점과 건강성을 강조	• 강점의 개인적 패턴과 문화적 패턴을 확인한다. • 건강을 추구하는 인간 본래의 열망 및 노력과 연계하여 조사한다.
	의식고양 필요성 확인	• 내면화된 '이즘(ism)'의 영향을 확인한다. • 모든 것이 서로 연결되어 있음을 주지한다.
	비합리적 도구의 활용	강점과 권력에 대한 인식을 명확히 하기 위해 꿈, 환상, 이야기를 활용한다.

16) 김인숙, 앞의 책, pp. 106-107.

단계	원리	방법 및 기법
지속적 개입 단계	과정을 결과만큼 중시	• 합의를 끌어내는 의사결정을 가르친다. • 과정을 중시하고 분석한다.
	여성의 고유성을 강조	• 여성의 강점과 문화를 명확히 한다. • 다른 여성과의 관계를 중요시한다. • 여성을 긍정하는 문헌을 읽도록 장려한다. • 여성의 새로운 자아 이상을 발전시킨다.
	능력 고취를 중시하고 강조	• 개인의 책임과 집단적 행동을 장려하고 가르친다. • 자기를 규정하고 자신의 파워를 행사할 수 있는 기회를 만든다. • 지지집단이나 행동집단을 장려한다.
	선택의 다양성을 중시	• 직업과의 관계에서 조화를 이루는 것을 강조한다. • 선택하는 것을 실천의 목표로 삼는다. • 여성에게는 모든 역할이 열려 있음을 강조한다. • 실천과정과 환경에 다양성을 끌어들인다.
	개인적인 것은 정치적인 것임을 중시	• 권력과 특권을 분석하고 공유하기 위해 남성에게 도전한다. • 자기 옹호를 가르친다.
	집단적 실천을 중시	• 억압구조의 변화를 위해 협력과 집단적 행동을 통해 정치적 파워에 접근한다. • 사람들 간의 연계를 만들어 낸다.

위 내용을 보면 개입과정 중에서 특히 조사 및 사정 단계에서 고유한 여성 경험을 강조하게 되는데, 여성주의 사회복지실천 개입을 위하여 단계마다 보다 더 여성의 인식과 경험 그리고 입장을 강조할 수 있는 부분들이 더욱 발굴되어야 하리라 생각된다.

4) 여성주의 사회복지실천기법

(1) 주장 훈련

이 기법은 여성들이 감정의 표현, 불안과 공포의 감소, 신념과 태도의 변화, 그리고 새로운 행동발달을 통하여 그들의 인간관계 기술의 부족함을 증진시키는 데 활용된다. 주장 훈련은 자신의 욕구를 다른 사람들에게 분명하게 요구하고, 협의될 수 있는 구체적인 변화를 요청하는 의사소통의 하나이다. 이러한 기법을 통해 여성은 자신이 원하는 것을 분명하고 정직하게 표현하고, 이에 대해 협의할 수 있는 것을 배우게 되며, 이로써 여성은 자기존중감을 느낄 수 있다.

주장 훈련의 한 방법으로 '변화를 분명히 요청하기'가 있다. 이것은 가장 기본적인 자기 주장 기술로서 역할 연습을 통해 학습할 수 있다. 자신이 싫어하는 일이 발생했을 때 자신의 요구를 요청하는 상황을 설정하여 주체적인 행동을 연습하게 하는 것이다.

(2) 의식 향상 훈련

이 기법은 여성들이 자신의 삶을 토의하는 것으로, 토의과정에서 성역할 사회화 과정과 그 과정으로 인해 나타나는 생활에서의 긍정적인 면, 부정적인 면을 살펴볼 수 있게 한다. 이로써 여성은 자신의 삶을 조성하는 사회문화적 현실과 그 현실을 변화시킬 수 있는 자신의 능력을 의식하게 된다. 사회복지사는 다음과 같은 질문을 할 수 있다.[17)]

- 나는 누구인가: 나의 욕구는 무엇이며, 내가 원하는 것은 무엇이고, 안전하고 건강하게 실현하고자 하는 나의 인생 비전은 무엇인가?
- 누가 한 말인가: 나에 대한 자기 정의와 현실에 대한 정의는 누가 한 것인가, 이것은 자신과 세계에 대해 인식하고 있는 경험과 일치하는가?
- 무엇이 변화되어야 하며, 어떻게 변화되어야 하는가: 변화를 가져오기 위해 내가 무엇을 해야 하는가, 변화를 위한 힘의 출처는 무엇인가?

(3) 재구성과 재명명

재구성은 행동을 변화시키기 위해서 내담자의 문제 상황에서 나타난 사실들을 다른 측면에서 대안적인 의미를 제시하는 것이다. 즉, 여성의 전형적인 특성들을 재평가하고 그것들을 여성과 남성 모두에게 중요하고 가치 있는 인간적인 특성으로 인정할 것을 요구한다. 여성이 자신의 사회화된, 평가절하된 측면들을 찾아내고 약함을 강함으로, 부정적 결점을 긍정적 장점으로 개념화하게 한다.

재명명은 내담자의 행동이나 특질에 적용하는 명명이나 평가를 변화시키는 것으로 여성의 시각은 가치 있다는 원리와 관련하여 내담자는 이전에 약점으로 평가되었던 것을 강점으로 재명명하는 것을 배우게 된다.[18)]

---

17) 조흥식 · 김혜련 외, 앞의 책, pp. 171-172.
18) 정민숙 외 3인, 『여성복지론』, 양서원, 2005, p. 99.

(4) 문화분석

문화분석은 가부장 문화가 여성, 남성의 삶에 어떤 영향을 미쳐 왔으며, 사회 곳곳에서 우리의 사고방식과 심리에 어떻게 내재화되었고, 여성과 남성이 어떻게 달리 키워졌는가를 알게 한다. 문화가 내담자의 문제에 부여하는 정의, 미치는 영향 정도, 즉 지배 문화는 어떻게 사회적으로 그 문제를 구성하는가, 이 정의로 인해 사회적 맥락의 어느 측면이 간과되는가 하는 점과 다양한 인간 집단들, 내담자의 사회적 위치 등을 분석하게 한다.

(5) 독서요법

이것은 내담자가 자신들의 문제와 관련된 책이나 기사들을 읽음으로써 성차별주의를 인식하거나 새로운 생활대처 기술을 학습하게 하는 것을 말한다. 읽기를 통해서 성차별과 모든 형태의 억압에 대한 재사회화와 교육이 촉진되며, 삶의 대처기술을 학습하게 하여 내담자의 전문성을 증가시켜 상담자와의 권력 차이를 감소시킨다.

(6) 권력분석과 성역할 분석

권력분석은 사회의 지배집단과 종속집단에 존재하는 권력 차이에 대한 내담자의 자각을 증진시키고, 내담자가 그들의 삶에 영향을 미치는 대인관계와 제도적 외부에 영향력을 갖도록 하게 한다. 내담자는 어떤 종류의 권력을 그들이 가지거나 그것에 접근할 수 있는지 격려되며, 그들이 권력을 발휘하는 데 사용하는 전형적인 양식을 파악하고 대안적인 전략에 대해 배우게 된다. 성역할 분석은 내담자가 그들이 평생에 걸쳐 경험한 성역할 메시지(언어적, 비언어적)를 찾아보고 이들 메시지가 의식적이거나 무의식적인 형태로 어떻게 내면화되었는지를 알아보게 하는 것이다. 이를 통해 변화시키고자 하는 것을 파악하고 변화를 수행하기 위한 계획을 세우게 된다.

(7) 역량강화

이것은 내담자 자신들의 개인적 · 대인적 · 사회경제적 강점을 향상시킬 수 있도록 원조하는 것이다. 즉, 자신들의 생활에 진행 중인 권력 역동을 인식하고, 자신들의 삶을 합리적으로 통제하는 기술과 능력을 개발하여 다른 사람들의 권리를 침해하지 않으면서 그 기술과 능력을 행사할 수 있게 되는 것이다. 이 기법을 통해 내담자는 환경에 대한 통제감을 갖게 되며 자기비난이 감소되고 자아존중감이 향상된다. 여성주의 사회복지실천에서는 이 기법은 집단상담으로 많이 활용된다.

5) 여성주의 사회복지사를 위한 교육[19)]

(1) 여성주의에 대한 강의 내용

훈련받는 사람의 성에 대한 사고를 변화시키는 것을 목적으로 한다. 성에 대한 쟁점이나 여성학에 대해 특별히 초점을 맞춘 개별 강의를 듣도록 하는 것이 장려된다.

(2) 성 문제를 직접적으로 강조하기

직접적이고 공개적으로 성(性)에 관한 쟁점을 강조한다. 또한 성과 관련된 이론과 연구자료를 수업에 통합하고, 전통 이론의 성에 대한 편견과 한계에 대해 가르치며, 훈련받는 사람의 성차별주의적 가정과 신념에 직접적으로 도전한다.

(3) 관련 서적 읽기

여성주의적 시각을 통합하는 논문, 연구보고서, 수기나 책 등을 읽도록 요구한다. 여성심리와 발달, 여성과 정신건강, 모성, 가족, 성에 대한 여성주의적 분석에 대한 기본 서적뿐만 아니라 여성주의적 사회복지실천의 저서들이 추천된다. 이를 통해 여성의 경험에 대한 새로운 인식을 할 수 있게 된다.

(4) 성인지적 관점으로 문제 파악하기

권력과 성의 문제에 대해 그리고 이 문제들이 어떻게 다루어지는가에 대해 생각하게 하는 질문을 하고, 치료나 훈련에서 성편견이 일어날 때마다 여성에 대한 책임 전가, 성차별적 언어 등을 논의하며, 전통적 치료에서 여성을 잘못 다루어 온 점을 논의한다.

19) 최보가, "한국가족에서의 불평등한 문제들과 여권론적 가족치료에 관한 고찰", 『대한가정학회지』, 제32권 2호, 1994, pp. 156-157에서 요약 · 보완함.

(5) 사회복지사 자신의 가치와 사회화 검토

사회복지사 자신의 가치, 성역할 사회화 그리고 자신이 태어난 가족 내에서의 성에 대한 규칙과 기대를 분석시키는 일은 자신을 객관화시키는 것이 되고 여성주의적 시각에 근거하여 분석하는 것이 된다. 자신의 성에 대한 가치나 태어난 가족에서의 성에 대한 가치를 주제로 해서 글을 쓰게 하거나, 자신의 가계도 분석을 하게 하여 검토하게 하는 등 수많은 특정 기법들이 이 과정을 촉진시키는 데 이용될 수 있다.

(6) 비디오 분석

비디오 분석은 훈련받는 사람의 성 문제에 대한 인식을 높이는 유용한 도구이다. 이 방법은 사회복지사로 하여금 자신들의 실천 장면을 담은 테이프를 보게 하는 것이다. 비디오테이프 분석은 여성주의의 가설과 개입을 개발시키는 것뿐만 아니라 전통적인 치료가정이나 치료접근을 분석하는 데 활용할 수 있다.

3. 여성주의 사회복지실천의 함의

여성주의 사회복지실천은 어떤 새로운 이론을 추가하는 것이 아니라, 기존의 사회복지실천에 대한 비판과 더불어 여성 문제를 파악하고 해결하는 데 대안적인 관점을 제시하는 것이다.

그동안 사회복지실천에서 중시하지 않았던 성(gender)이라는 변수를 고려하여 여성 문제를 바라볼 것을 제안하고, 성과 관련된 권력의 문제가 정치적 · 사회적 · 문화적 맥락에서 고려될 때 더 잘 파악될 수 있음을 주장한다. 따라서 이러한 관점을 실행할 수 있는 사회복지실천방법론의 개발을 위해 여성주의 사회복지실천 개념과 기법들을 지속적으로 발전시킬 필요가 있다.

지금 우리 사회에서 나타나는 여성의 문제는 고용차별, 이혼, 성매매, 성폭력, 아내폭력 등 다양하다. 이러한 문제들은 여성 개인에게 당면한 사건이라는 관점보다는 성불평등으로 인한 문제이며, 이러한 관점은 사회복지실천 영역에서도 적극 수용되어야 한다. 여성주의 사회복지실천은 사회복지실천의 대안적 방법으로서, 여성에 대한 재개념화와 여성 문제의 정치적 · 사회적 맥락을 강조함으로써 여성을 독립적 존재로 인식하도록 했고, 기존 사회복지실천에서 소홀히 다루었던 거시적 개입의 근거를 제공하고 있다.

우리나라의 여성주의 사회복지실천의 수준은 초기 수준이다. 아내폭력, 성폭력 등에 대해 여성운동계에서 이 문제를 위한 법이나 정책의 제도화에 총력을 기울여 왔을 뿐 아니라 여성주의적 관점에서 이들 여성에 대한 개별적 노력을 시도해 왔으나 사회복지는 여성 내담자의 문제에 관련하여 미온적인 태도를 보여 왔다. 이제 사회복지는 여성주의적 관점에서 여성 내담자의 문제를 이슈화하고 제도화하는 노력에 적극적으로 관여하고 참여해야 하며, 궁극적으로 여성주의 사회복지실천이 활용될 수 있도록 그 개념들을 구체화시키고 실천적 방법을 적용해야 할 것이다. 여성복지의 궁극적 목표는 개인적 차원뿐만 아니라 정치사회적 맥락에서도 여성의 삶의 질을 높이기 위한 실천이기 때문이다.

이 장의 요약

1. 사회복지실천은 모든 사람이 삶의 질을 향상시킬 수 있도록 개인과 사회 간의 호혜적 상호작용을 증진시키고 이를 통해 개인의 자기실현이 달성되도록 하는 데 있다.
2. 기존 사회복지실천 개입은 표준적 준거와 남성 중심적 준거를 기준으로 삼는다. 표준적 준거와 남성 중심적 준거는 여성의 고유한 경험을 제한하거나 무시하게 된다. 따라서 양성의 생물학적 차이는 인정하되 남녀유별적 개념을 중시하는 양성성 준거의 도입이 필요하다.
3. 기존 사회복지실천이론은 기본 범주로서 성을 고려하지 못하는 점, 성편견, 체계이론의 부적절한 사용 등의 제한점을 가진다.
4. 여성주의 사회복지실천은 여성 문제의 원인을 자기 자신의 문제와 사회구조적 문제로 구별하여 인식하여, 내담자의 자기실현을 촉진시키기 위해 개인이 처한 환경적 · 물질적 · 이념적 조건을 강조한다.
5. 여성주의 사회복지 전제는 "개인적인 것은 정치적인 것이다", "사회복지사와 내담자는 평등한 관계이다", "여성적 가치로 평가하기"이다.
6. 여성주의 사회복지실천 기법에는 주장 훈련, 의식 향상 훈련, 재구성, 재명명, 독서요법, 역량강화, 문화분석, 권력분석이 있으며 여성주의 사회복지사를 위한 교육에는 여성주의 강의, 성인지적 관점에서 문제 이해, 관련 서적 읽기, 사회복지사 자신의 가치와 사회화 검토, 비디오 분석 등이 있다.

주요 용어

- **여성주의 사회복지실천**: 내담자 개인의 자기실현을 촉진시키기 위해 개인이 처한 환경적 · 물질적 · 이념적 조건을 강조하며, 개인의 변화뿐 아니라 사회정치적 구조의 변화를 도모한다. 여성에 대한 편견과 차별이 정당화되고 있는 사회의 정치적 · 사회적 측면을 변환시킬 수 있는 힘을 갖게 해주고 그들의 자아 치유와 건강한 성장을 돕는 접근이다.

더 읽을거리

1. 김민예숙, 김혜경, 배인숙, 이문자, 이미혜, 정춘숙, 황경숙, 『왜 여성주의 상담인가』, 한울아카데미, 2005.
2. 머린 머독, 『영웅의 딸』, 신광민 역, 서울: 청동거울, 1999.
3. 슈테판 츠바이크, 안인희 역, 『너의 정신으로 너의 육체를 치료케 하라』, 서울: 푸른숲, 2000.
4. 송다영, 김미주, 최희경, 장수정, 『새로 쓰는 여성복지론(쟁점과 실천)』, 양서원, 2015.

관련 사이트

- 한국여성의전화 여성주의상담실천연구소(http://www.hotline.or.kr): 여성주의 상담을 통해 개인의 변화와 사회의 변화를 추구하며, 여성주의 상담의 심화, 여성주의 상담가의 양성과 여성주의 상담의 확산을 통한 성평등사회 구현을 목적으로 한다.

PART 04

복지국가와 여성정책

Chapter 12

여성복지와 법

법은 한 사회 내에서 남녀 간의 사회적, 경제적, 문화적, 나아가 심리적인 관계까지 반영하고, 동시에 이러한 관계의 변화에 영향을 주기도 한다. 따라서 법은 사회 여러 복합적인 요소가 반영된 것이며, 특히 여성의 사회문화적 지위가 법체계에 그대로 반영된다. 그러나 지금까지 사회복지는 산업화라는 경제적 과정을 강조해 왔고, 사회복지의 대상은 공적 영역에서 활동하는 남성만을 지칭하는 것이 되어 왔다. 따라서 여성은 사회복지법 체계 내에서조차 관심의 대상에서 제외되었다. 그럼에도 불구하고 그동안 여성의 생리학적 특성이나 여성이 처한 사회문화적 상황 등을 고려하여 여성 대상의 법이 미약하게나마 발달해 왔다. 그리고 이러한 여성복지관계법이 어떤 정의를 바탕으로 어떤 원리에 의해 체계화되어 있고 그 범주가 어떠한지를 아는 것은 포괄적인 측면에서 여성복지를 이해하고 발전시키는 데 도움이 된다. 그러나 학문적인 관점에서 여성복지관계법을 개념화하고, 이를 체계화한 연구는 드물다. 여성복지법에 관한 연구에서 '여성복지'와 '여성복지법'에 대한 개념은 매우 중요한데, 이는 여성복지가 무엇인가에 대해 정리되어야 여성복지법 전반에 관한 문제와 해결책을 논할 수 있기 때문이다.

이 장은 먼저 여성복지관계법의 성격을 규명해 보고, 여성 관련 최상위법인 헌법과 여성복지의 기본 틀이 되는 여성발전기본법, 그리고 개별법으로는 노동시장의 여성과 관련된 법으로서 남녀고용평등과 일 · 가정 양립을 위한 법률과 모성보호 관련 법에 대해 중점적으로 다루어 보고, 나아가 여성복지 관련 법이 처한 현실과 과제 등에 대해 논의해 보겠다.

1. 여성복지 관련 법의 성격

1) 여성복지 관련 법의 정의

일반적으로 여성복지가 사회복지의 한 분야임을 고려할 때, 사회복지와 사회복지법제에 대한 이해는 여성복지법에 대한 이해도 강화시킬 것이다. 특히, 오늘날 사회복지는 사회가 그 구성원의 복지를 보장해 주는 것이고, 그 보장은 법적 근거에 의하는 것인 만큼 사회구성원인 여성의 복지와 법과의 관계는 불가분의 관계에 놓여 있다.

일반적으로 우리나라를 비롯한 세계 여러 나라에서 '여성복지법'이라는 단일 형식의 법을 두고 있는 것이 아니라 여성복지 관련 법으로서 존재하고 또 이해하게 된다. 일찍이 국가의 정책과 제도가 법적인 근거가 있어야만 비로소 공식적인 제도로서 존재할 수 있으므로, 사회복지의 하위 분야인 여성복지에서도 마찬가지다. 즉, 여성복지제도가 진정한 '법관계'로 존재할 때 비로소 국가와 국민 사이에 여성복지에 관한 권리의무관계가 형성될 수 있기 때문이다.[1] 특히, 성문법주의에 입각한 우리나라의 경우, 법적 근거를 지니지 못한 여성복지제도는 생각할 수 없다. 따라서 법과 여성복지의 관련성은 곧 '법을 통한 여성복지(women welfare through the law)'라고 할 수 있다.

여성복지의 기본 목적은 기본적인 생존권 보장과 삶의 질 향상으로 오늘날 이러한 목적은 사회적 책임으로 구현된다. 즉, 사회적 책임의 근거가 되는 법과 조직, 또는 시설, 프로그램, 인력 및 재정 등이 서로 유기적으로 통합되어 여성복지 구현이라는 목적을 달성하게 되는 것이다. 이런 관점에서 김엘림은 여성복지법을 "사회복지관계법 중에서 특히 여성의 복지와 지위에 관한 법의 총체를 말한다"고 정의했다.[2] 또한 현외성은 여성복지법이란 "여성복지정책 혹은 여성정책의 실현과 관련된 제반 법률을 의미하며, 넓은 의미의 여성복지법이란 현대사회에서 인간다운 생활을 유지하기 위해 필요한 물질적 · 비물질적인 사회서비스를 제공하는 공사적 노력의 총화를 규율짓는 법규정"이라고 하였다.[3] 그리고 여성복지법의 내용상 사회서비스의 공급 주체가 궁극적으로 국가인 점은, 현대국가의 성격이 국민의 생존권을

● 이 장은 『현대사회와 여성복지론』, 김영화 외(2006)의 명선영의 글을 초안으로 2011년 최영진이 수정 · 보완한 것을 권신영이 수정 · 보완 집필하였다.

1) 윤찬영, 『사회복지법제론 I』, 서울: 나남출판, 1998, p. 24.

2) 김엘림, 『한국여성복지정책의 유형 분석에 관한 연구』, 한국여성개발원, 1990, p. 81.

3) 현외성, 『한국사회복지법제론』, 서울: 양서원, 2001, p. 57.

확보 · 보장하는 데 일차적인 존립 목적이 있는 것과 역사적으로 긴밀하게 연결되어 있다.

2) 여성복지 관련 법의 성차별적 요소

법은 여성의 삶에 중요한 역할을 한다. 어떤 법은 여성을 차별적으로 규정하는 경우도 있고 어떤 법은 일반적으로 성중립적으로 규정하고 있으나 남녀가 각기 다른 생활 조건에서 살고 있는 사회에서는 그 법이 남녀에게 각각 다르게 영향을 미치게 되어 결과적으로 여성에게 불평등과 부당함을 야기하기도 한다.[4] 또 여성이라는 이유로 여성에 대해 남성보다 기회와 대우를 제한하거나 배제하여 그 결과 불이익을 주거나 줄 우려가 있는 규정을 두고 있는 법도 있고, 법이 성중립적으로 규정하고 있으나 집행과정에서 여성에게 결과적으로 불평등을 야기하는 경우도 있다.[5]

우리나라에서 여성 관련 법제는 1948년 7월 17일, 여성고용차별금지가 헌법에 명문화됨으로써 발달되기 시작하여 이후 여러 가지 여성 관련 법률들이 제 · 개정되었다.[6] 우리나라에서 여성에 대한 사회복지적 접근은 1970년대까지 윤락여성, 미혼모 등 요보호여성을 중심으로 한 부녀복지에서 소극적으로 다루어져 왔다. 기존의 복지 또는 사회복지에 대한 개념 규정에서 여성은 경시되어 왔고, 복지 관련 법이나 제도에서도 여성의 특수성은 적절하게 반영되지 못한 채 전반적인 복지체계에서 소외되어 왔다. 사회복지는 자본주의와 가부장제적 질서의 구조가 만들어 내는 여성 억압과 여성차별을 해소하기보다는 오히려 이를 강화시키는 역할을 해왔다.[7]

또한, 여성과 관련된 복지관계법 중에는 여성을 생계의존자로 보는 규정과 여성만을 아동양육자로 보는 규정 등이 포함되어 있다. 여성을 생계의존자로 보는 규정은 남성은 사회적 노동, 여성은 가정 내의 가사노동을 담당한다는 성역할 구분의 고정관념에 기초한다. 따라서 남성은 유급노동에 의해 배우자 등 가족을 부양하고 여성은 무급 가사노동을 담당하는

4) 윤덕경, 『여성법률교육을 위한 프로그램 개발』, '98연구보고서 210-3, 한국여성개발원, 1998, p. 70.

5) 예를 들어, 근로자를 보호하는 노동관계법에서 출산 기능을 갖는 여성근로자를 고려하지 않는 법, 즉 아이를 낳지 않고 현실적으로 육아에 대한 부담이 거의 없는 남성근로자를 근로자로 상정하고 만들어진 근로조건에 관한 법은 형식적으로는 남녀근로자를 평등하게 규정하고 있지만 결과적으로는 출산과 육아를 책임져야 하는 여성근로자에게 불평등하게 적용된다.

6) 한국여성개발원, 『한국여성현황』, 1999.

7) 여성에 대한 자본주의와 가부장제적 질서의 구조적 억압은 자본주의 사회에서는 보편적인 현상이지만 우리 사회와 같이 유교적 전통이 강하고 개발도상국으로 경제발전에 모든 국가적 역량이 모아져 있는 사회에서는 더욱 심각하게 나타나고 있다(최선화, “여성복지발전에 관한 일고”, 『한국사회복지학』, 한국사회복지학회, 1995).

생계의존자로 구성되는 전통적 유형의 가족만을 대상으로 하고 있다. 그러므로 이혼가정, 독신자, 맞벌이부부 가정 등 새로운 유형의 가족 형태를 감안하지 않음으로써 결국 여성복지 관련 법조차 여성에게 불리하게 작용하고 있는 것이다.

특히, 국민연금법이나 의료보험법 등에서 이러한 전통적인 성역할 분업 개념에 근거한 규정들이 발견되고, 여성만을 아동양육자로 보는 규정은 여성을 아동양육의 일차적 책임자로 간주하는 전통적 가사, 육아 책임의 관념을 반영하는 것으로서 모자복지법, 생활보호법 등에서 발견된다.[8)]

3) 여성복지 관련 법 체계

여성의 지위를 기본적으로 규정하고 있는 근본 규범은 헌법에 있으며 이를 근거로 하여 보다 구체적으로 여성의 지위를 규정하고 있는 것이 여성발전기본법이다.

여성과 관련된 복지관계법의 체계를 살펴보면, 먼저 모든 여성을 대상으로 하는 법에는 헌법, 사회보장기본법, 사회복지사업법, 국민연금법, 국민건강보험법, 여성발전기본법, 모자보건법, 가족법, 상속법 등이 있고, 문제 특성에 따라서는 한부모가족지원법, 국민기초생활보장법, 아동복지법, 성매매방지와 피해자 보호를 위한 성매매특별법, 근로여성 대상의 남녀고용평등과 일 · 가정 양립 지원에 관한 법, 영유아보육법, 기타 성폭력특별법, 가정폭력방지법 등이 있다.

이 장에서는 먼저 모든 여성을 대상으로 하는 법으로서 최상위법인 헌법과 여성복지의 기본 원리를 담고 있는 여성발전기본법, 그리고 여성복지 관련 개별법으로는 남녀고용평등과 일 · 가정 양립 지원에 관한 법, 모성보호법에 대해 살펴보고자 한다.

〈표 12-1〉 1990년대 이후 여성복지 관련 법

연도	명칭	최신 개정	주요 내용
1990	민법(개정)	2009년 개정	호주의 권리 · 의무 대폭 삭제, 호주 상속을 호주 승계로 바꿈, 부계와 모계 모두 8촌으로 친족 범위 조정, 이혼 시 재산분할 청구권 신설 등
1990	영유아보육법(제정)	2011년 개정	영유아보육사업의 체계화, 보육시설의 확충 촉진, 국가 및 지자체의 탁아 책임 강조

8) 윤덕경, 앞의 책, p. 117.

연도	명칭	최신 개정	주요 내용
1994	성폭력범죄의처벌 및 피해자보호 등에 관한 법률(제정)	2008년 개정	성폭력범죄 예방 및 피해자 보호, 13세 미만 미성년자에 대한 성폭력은 비친고죄(97), 몰래카메라 처벌 조항 신설(98)
1994	모자보건법(개정)	2011년 개정	모성의 생명과 건강을 보호하고 건전한 자녀의 출산과 양육 도모
1995	모 · 부자복지법(개정)	2011년 개정	모 · 부자가정의 생활안정과 복지증진
1995	여성발전기본법(제정)	2011년 개정	헌법상의 평등권 명령 실현을 위한 국가의 의무를 구체화한 행정법, 잠정적 우대조치 규정, 여성정책기본계획 수립, 여성발전기금설치 등
1995	남녀고용평등법(개정)	2011년 개정	모집 · 채용 시 불평등한 조건 요구 금지, 육아휴직 대상자를 근로여성의 배우자인 남성근로자로 확대(2차 개정), 간접차별 금지, 직장 내 성희롱 예방 및 피해구제(3차 개정)
1998	가정폭력범죄의 처벌 등에 관한 특례법(제정)	2011년 개정	가정폭력 예방과 피해자 보호에 대한 국가와 지자체의 책무 규정, 가정폭력상담소와 피해자보호시설 설치, 피해아동에 대한 기관종사자의 비밀 엄수 의무(99)
1998	국적법(개정)		자녀 국적은 부모양계주의, 부부 국적은 선택주의를 채택
1999	여성기업지원에 관한 법률(제정)		국가 및 지자체의 여성 기업활동 촉진을 위한 종합적 지원대책, 중소기업청에 '여성기업활동촉진위원회' 설치
1999	국가공무원법 및 지방공무원법(개정)		육아휴직 신청 시 휴직 허가 유무가 임의규정에서 강제규정으로 바뀜, 휴직을 이유로 한 불리한 처우 금지
2001	정부조직법의 여성부 설치 규정 신설	2010년 개정	여성정책의 기획 및 산재한 여성정책의 조정 · 이행 상황을 점검, 여성의 권익 증진 등 지위 향상에 관한 사무관장
2002	청소년의성 보호에 관한 법률(제정)	2011년 개정	성을 파는 청소년을 보호하는 반면 청소년의 성을 사는 사람을 규제하여 청소년을 보호하려는 법
2004	성매매특별법(제정)	2011년 개정	「성매매 알선 등 행위의 처벌에 관한 법률」로 성매매의 중간 착취자에 대한 처벌을 강화하는 한편 「성매매방지 및 피해자 보호 등에 관한 법률」로 성매매 여성을 보호하고 탈성매매를 지원하기 위한 법률
2004	건강가정기본법(제정)	2010년 개정	가족구성원의 복지증진에 이바지할 수 있는 지원정책을 강화함으로써 건강가정 구현에 기여하는 것을 목적으로 하는 법
2005	민법(개정)	2009년 개정	호주제 관련 조항의 폐지를 주요 내용으로 하는 민법 일부개정 법률안 국회통과로 가족 내 양성평등을 실현
2005	정부조직법(개정)	2010년 개정	여성부를 여성가족부로 확대 개편. 기존의 여성정책 및 가족정책의 수립 · 조정 · 지원, 영유아보육에 관한 사무관장

연도	명칭	최신 개정	주요 내용
2005	여성발전기본법(개정)	2011년 개정	남녀차별금지 및 구제에 관한 법률이 폐지되어 직장 내 성희롱 방지교육 등에 관한 내용이 이 법으로 이관하여 규정. 여성 관련 정책을 분석 · 평가할 수 있는 전문연구기관의 지원과 자문에 관한 사항 포함
2006	국가재정법(제정)		예산이 여성과 남성에게 미치는 효과를 평가하고, 그 결과를 예산에 반영한다는 원칙 포함
2006	공직선거법(개정)		여성의 정치참여 확대를 위해 비례대표자치구 · 시 · 군의원 선거에서도 여성후보자 50% 추천하도록 함
2007	장애인차별금지 및 권리구제 등에 관한 법률		장애로 인한 차별금지와 권리를 구제하기 위함. 출산 · 육아 · 가사 · 성 등 제반 영역에서 장애여성에 대한 차별금지와 국가 및 지자체의 의무 규정
2007	한부모가족지원법(개정)	2011년 개정	기존의 모 · 부자 복지법이 저소득 한부모가정의 복지를 위해 개정됨. 복지급여, 복지자금급여, 복지자금융자, 한부모가족복지시설 지원, 고용촉진, 국민주택의 분양 및 임대, 보호시설 입소, 가족지원서비스, 자녀양육비 이행 확보 무료 법률구조 등을 내용으로 함
2007	특정성폭력범죄자에 대한 위치추적전자장치부착에 관한 법률(제정)	2008년 개정	아동성폭력범에 대한 강력한 처벌과 재범 방지를 위해 특정 성폭력 범죄자에서 위치 추적 전자장치를 부착하도록 함으로써 위치를 확인할 수 있도록 함
2007	가족관계등록법(제정)	2010년 개정	국민의 출생 · 혼인 · 사망 등 가족관계의 발생 및 변동사항에 관한 등록과 그 증명에 관한 사항을 규정
2007	민법(개정)	2009년 개정	약혼 연령과 혼인 연령이 남자 18세, 여자 16세로 다르게 규정된 것을 모두 만 18세로 일치시킴, 이혼숙려기간제도 도입, 협의이혼 시 자녀양육 사항 합의 의무화, 유엔아동권리협약상 "아동이익 최우선의 원칙"을 실현함과 동시에 아동의 권리 강화
2007	가족친화 사회환경의 조성 촉진에 관한 법률(제정)	2011년 개정	가족친화 사회환경의 조성 촉진에 관한 법률에서 위임된 사항과 그 시행에 필요한 사항을 규정
2007	결혼중개업의 관리에 관한 법률(제정)	2010년 개정	결혼중개업을 건전하게 지도 · 육성하고 이용자를 보호함으로써 건전한 결혼 문화 형성
2007	남녀고용평등과 일 · 가정 양립 지원에 관한 법률	2011년 개정	남녀고용평등법을 남녀고용평등과 일 · 가정 양립 지원에 관한 법률로 명칭 변경. 여성의 경제활동과 일 · 가정의 양립을 지원 도모
2007	가사소송법		친생부인의 소, 후견 및 친권 관련 내용 개정, 이혼 시 자녀양육 책임에 관한 가정법원의 후견적 기능 강화
2008	정부조직법(개정)	2010년 개정	2007 여성가족부 폐지 이후 여성정책을 기획하고 종합적으로 관리할 수 있는 여성부의 필요성이 재인식되면서 여성부가 다시 설립됨. 여성의 권익 증진 및 인력개발 업무 총괄

연도	명칭	최신 개정	주요 내용
2008	근로기준법(개정)		태아 검진 시간 허용, 임산부의 건강검진 시간 허용하고 이에 대한 불이익한 처우금지, 산전후 휴가 종료 후 복귀 여성근로자에게 불이익한 처우금지
2008	다문화가족지원법(제정)		다문화가족 구성원이 안정적인 가족 생활을 영위할 수 있도록 함으로써 이들의 삶의 질 향상과 사회통합
2008	성매매방지 및 피해자보호 등에 관한 법률		3년마다 성매매 실태조사 시행(3월), 성매매방지를 위한 효율적 지원을 위한 성매매방지중앙지원센터 설치(6월)
2008	건강가정의례준칙(전부개정)		호적법 폐지 및 가족관계의 등록 등에 관한 법률 제정에 따라 관련 조문을 정리
2008	여성발전기본법(개정) (양성평등기본법)		국가기관 등의 성희롱방지조치에 대한 점검과 그에 대한 조치에 관한 사항, 여성인력개발센터의 국가 및 지자체 외의 자의 설치에 관한 사항을 개정
			여성발전기본법을 양성평등기본법으로 전부 개정
2008	남녀고용평등과 일·가정 양립 지원에 관한 법(개정)		기존의 남녀고용평등법이 남녀고용평등과 일·가정 양립 지원에 관한 법으로 개정하여 여성인력의 경제활동 참여를 확대하고자 함
2008	경력단절여성등의경제활동촉진법(제정)		여성의 임신·출산·육아 부담에 따른 경력단절과 노동시장 이탈, 하향취업 등의 현상에 대한 국가적 차원의 지원을 위해 제정
2008	생명윤리 및 안전에 관한 법률		정자 또는 난자의 제공, 유인, 알선하는 행위도 매매행위와 동일한 처벌을 받도록 함
2009	모자보건법		모성의 개념을 임산부와 가임기 여성으로 정의, 모성의 생식건강 관리와 임신·출산·양육을 지원할 수 있도록 모자보건사업 확대
2009	민법(개정)		이혼 후 자녀양육비 부담에 대한 책임 강화
2009	가정폭력방지 및 피해자보호 등에 관한 법률		가정폭력 피해자가 기존의 집을 떠날 경우 임대주택우선입주권을 부여, 여성긴급전화센터1366 설치·운영의 근거 마련
2009	아동·청소년 성보호에 관한 법률 시행규칙(개정)		기존의 청소년의 성보호에 관한 법률에서 아동 역시 보호 대상임을 명시, 아동·청소년의 성보호를 강화, 아동·청소년 성범죄자의 정보통신망을 통한 신상공개(보건복지부)
2010	정부조직법(개정)		여성부가 여성가족부로 확대 개편, 가족·청소년 정책 및 건강가정사업에 대한 업무 관장
2010	성폭력범죄의 처벌 등에 관한 특례법		성폭력범죄의 처벌 및 그 절차에 관한 특례를 규정함으로써 성폭력범죄 피해자의 생명과 신체의 안전을 보장하고 건강한 사회질서의 확립

연도	명칭	최신 개정	주요 내용
2010	성폭력방지 및 피해자보호 등에 관한 법률(제정)		성폭력을 예방하고 성폭력피해자를 보호 · 지원
2010	성폭력범죄자의 성충동약물 치료에 관한 법률(제정)		16세 미만 아동 · 청소년 대상 성폭력 범죄로 기소돼 징역형이나 치료감호 · 보호감호형을 선고받은 19세 이상 성도착증 환자에 대한 성충동억제약물 투여
2011	건강가정기본법(개정)		건강가정시행계획의 수립 · 시행 주체에 시장 · 군수 · 구청장을 추가하여 기초지방자치단체의 장까지 확대
2011	성폭력범죄의 처벌 등에 관한 특례법(개정)		장애인과 13세 미만의 여자에 대해서 별도의 법적 조치를 마련하기 위하여 처벌을 강화, 공소시효의 적용을 배제
2012	남녀고용평등과 일 · 가정 양립지원에 관한 법률(개정)		출산 전후 휴가를 마친 배우자가 있는 남성 근로자에게 육아휴가 제공 의무화, 영아 육아휴가에 대한 고용보험급여 지급 근거 마련
2013	영유아보육법	2020년 개정	영유아의 보육을 국가가 담당하도록 함으로써 보육에 관한 국민의 부담을 줄여 저출산 문제를 해결하고, 서비스의 질을 개선할 수 있는 지속적인 체계를 마련
2013	성폭력범죄자의 성충동 약물치료에 관한 법률(개정)		기존 16세 미만을 대상으로 한 범죄자만 대상으로 하였으나, 연이은 성폭력 강력범죄를 볼 때, 화학적 거세가 필요한 성충동 범죄자를 축소할 필요가 적음에 따라 그 대상을 확대
2013	성폭력범죄의 처벌 등에 관한 특례법(전부개정)		친고죄로 인하여 피해자에 대한 합의 종용으로 2차 피해가 야기되는 문제가 있으므로 친고죄 조항을 삭제. 피해자의 법률적 조력을 위한 다양한 지원체계를 확립하여 현행 제도의 미비점을 개선 · 보완
2014	남녀고용평등과 일 · 가정 양립지원에 관한 법률(개정)		일 · 가정 양립을 원활하게 하고 여성 근로자의 육아환경 조성을 위하여 육아휴직 대상 자녀연령을 현행 만 6세 이하에서 만8세 이하 또는 초등학교 2학년 이하로 상향조정하려는 것임.
2015	양성평등기본법(전면개정)		여성발전기본법을 전부개정하고 입법취지에 맞게 양성평등기본법으로 법제명을 변경
2016	남녀고용평등과 일 · 가정 양립지원에 관한 법률(개정)		기본계획을 5년에 한 번 수립하도록 하고, 기본계획을 수립할 경우, 반드시 지난 계획에 대한 평가를 수행하며, 기본계획 수립 시 관계 기관에 자료를 요청할 수 있는 근거 및 보고 절차를 마련
2017	성폭력범죄자의 성충동 약물치료에 관한 법률(개정)	2020년 개정	성충동 약물치료의 대상이 되는 성폭력범죄에 장애인인 아동 · 청소년에 대한 간음 등의 죄를 추가
2018	양성평등기본법(개정)		여성이 인사상 처우에서 성별에 따른 차별없이 그 자질과 능력을 정당하게 평가받을 수 있도록 내용 법제화. 3월 8일의 세계여성의 날로 지정

연도	명칭	최신 개정	주요 내용
2021	성폭력범죄의 처벌 등에 관한 특례법(개정)	2022년 개정	진술조력인이 상시 근무배치될 수 있도록 법류상 근거를 마련함. 또한, 2차 피해를 방지하기 위하여 피해자의 신원과 사생활 비밀을 공개 · 누설한 경우 처벌 수준을 상향.
2021	남녀고용평등과 일 · 가정 양립지원에 관한 법률(개정)	2021년 개정	사업주의 이유없는 차별에 대하여 벌칙을 부과하는 소극적 보호에서 더 나아가, 차별을 적극적으로 시정하도록 요구
2021	양성평등기본법	2021년 개정	디지털성범죄 피해자 지원업무를 한국여성인권진흥원의 사업에 명시

출처: 최선화, 『여성복지론』, 파주: 양서원, 2009, p. 76에서 수정 · 보완 ; 나달숙, 『여성과 법률』, 서울: 청목출판사, 2010 ; 김태선 외, 『법여성학』, 서울: 세창출판사, 2011 ; 여성부 홈페이지, http://www.mogef.go.kr/korea/view/policy/policy03_02b.jsp 한국여성정책연구원 홈페이지 https://kwdi.re.kr/research/ntrand.do

2. 여성복지 관련 최상위법: 헌법

여성복지 관련 법은 헌법에 그 근거를 두고 있다. 헌법은 국민의 기본권과 국가의 기본 조직 및 운영 원칙을 정한 법으로서 어떠한 법률이나 명령, 통치행위, 행정이나 사법조치도 헌법에 위배되면 그 효력이나 정당성을 상실하게 된다. 헌법은 헌법 조항을 비롯한 모든 법령의 해석 기준을 제공할 뿐 아니라 입법이나 정책결정의 방향을 제시하는 데 지침이 되고 있다.

우리나라의 헌법은 민주법치국가의 원리에 따라 1948년 제정될 때부터 지금까지 "모든 국민은 법 앞에 평등하다 … 누구든지 성별에 의하여 정치적 · 경제적 · 사회적 · 문화적 생활의 모든 영역에 있어서 차별을 받지 아니한다"(현행 헌법 제11조 제1항)라는 법 앞의 평등과 남녀평등 원칙을 헌법의 기본 원리로 규정하고 있다. 또 헌법 이념이 되는 하나의 원리로서 '복지국가주의'를 채택하고 있다.[9]

여기서 복지국가주의란 기본적으로 개인의 정치적 · 경제적 · 사회적 활동의 자유를 허용

9) 여성복지관계법의 헌법적 근거는 이러한 복지국가주의라는 헌법상의 기본원리와 더불어 기본권보장 의무를 규정한 헌법 제10조의 인간으로서의 존엄과 가치, 행복추구권 조항, 제11조 제1항의 국민평등조항, 제34조 제1항의 인간다운 생활권 등을 근거로 하면서 제34조 제3항에서 "국가는 여자의 복지와 권익의 향상을 위하여 노력하여야 한다"고 규정함으로써 여성의 복지증진을 위한 국가의 의무를 부여하고 있다. 이 조항은 특히 제6공화국 헌법(1987. 10. 29. 공포)에서 신설되어 여성복지를 강조하고 있는데, 그 후 단행된 남녀고용평등법 및 모자복지법 제정의 직접적인 헌법 근거를 제공하였다(박인덕 · 김엘림 · 서명선 외, 앞의 책, p. 86). 그리고 헌법 제36조 제2항에 모성보호를 위한 국가의 노력 의무 규정이 있다(윤덕경, 앞의 책, p. 116).

하는 자유주의에 입각하되, 시장경제체제가 야기하는 문제를 극복할 수 있도록 적극적으로 개입하는 국가를 말한다.[10] 즉, 국민의 '인간다운 생활'을 보장하기 위해 국가가 경제적 자유경쟁의 결과가 미치는 제 모순 또는 사회경제적 원인에 의한 실업, 질병, 빈곤 등을 사회정의나 실질적 평등의 도모라는 입장에서 경제 · 사회정책 등 적극적인 활동에 의해 해소하는 것을 목적으로 하는 국가 원리라 하겠다.

이러한 헌법의 규정들을 통해 직접적으로 여성의 복지 및 권익 향상을 위한 국가의 입법적 · 정책적 노력의 필요성을 제시하고 있으며, 여성복지에 대한 최상위법으로서 헌법의 위치를 파악할 수 있다. 그리고 이러한 헌법적 원칙들은 개별 법률에 의해 구체화된다. 즉, 헌법에 따라 여성발전기본법이 제정되고, 세부 실정법으로는 한부모가족지원법, 모자보건법, 영유아복지법, 성폭력범죄의 처벌 및 피해자 보호 등에 관한 법률, 가정폭력방지 및 피해자 보호 등에 관한 법률, 남녀고용평등과 일 · 가정 양립 지원에 관한 법 등이 있다.

3. 여성복지의 기본 틀: 여성발전기본법

1) 여성발전기본법의 의의

여성발전기본법은 1995년에 제정되었는데, 2015년 여성에 대한 인식 및 관련 법 · 제도 등 사회환경에 부응하고자 양성평등기본법[11]으로 개정되었다. 여성발전기본법은 헌법의 남녀평등 이념을 구현하기 위한 국가와 지방자치단체의 책무 등에 관한 기본적인 사항을 규정함으로써 정치 · 경제 · 사회 · 문화의 모든 영역에 있어서 남녀평등을 촉진하고 여성의 발전을 도모함을 목적으로 1995년 12월 30일 법률 제5136호로 제정 · 공포되었으며, 1996년 7월 1일부터 시행되었다.

이 법은 헌법상의 평등권 명령 실현을 위한 국가의 의무를 구체화한 행정법으로서 여성복지를 포함한 포괄적인 여성정책에 관한 기본법이다. 물론 여성발전기본법은 헌법의 하위법으로서 다른 개별법들과 형식적 효력은 같기 때문에 여성 관련 개별법에 대해 형식적인 우월성을 가지고 있지는 않다. 그러나 법의 명칭에서 보듯이 기본법으로서의 성격을 가지고

10) 박인덕 · 김엘림 외, 『여성복지 관계법제에 관한 연구』, 한국여성개발원, 1990, pp. 84-85.
11) 양성평등기본법은 1995년 제정된 여성발전기본법을 2015년에 전부 개정한 것이다.

있으므로 개별법에 대한 해석상의 지침으로서, 또는 입법 정책적 방향 제시의 기능을 갖는다는 점에서 차이가 있다. 또한 기본법으로서의 내용에 비추어 입법권자의 의사를 중시하여 법률 해석의 차원에서 실질적인 효력의 우월성이 인정될 수도 있다.

이렇게 볼 때, 여성발전기본법은 전체 여성 관련 법 체계 내에서 헌법과 각 영역에서 남녀평등과 여성발전을 구체적으로 도모하는 개별법의 중간에 위치한 것으로 볼 수 있고, 동시에 이 법은 국내법과 같은 효력을 가지면서 모든 영역에서의 여성차별을 철폐하기 위해 국가가 취해야 할 조치를 명시하고 있는 UN 여성차별철폐협약과 보완적 관계를 가진다고 볼 수 있다.

또 주목해야 할 점은 다른 개별법들과 마찬가지로 여성발전기본법에서도 여성복지에 대한 여성 자신의 책임과 국가의 책임을 동시에 규정하고 있다는 것이다. 즉, 여성은 국민복지에 대한 자신의 책임을 인식하고, 그 실현을 위해 노력하여야 하고, 국가 및 지방자치단체는 남녀평등의 촉진, 여성의 사회참여 확대 및 복지증진을 위하여 필요한 법적 · 제도적 장치의 마련과 이에 필요한 재원을 조달할 책무를 진다고 규정하고 있다.

2015년 7월부터 여성발전기본법이 양성평등기본법으로 전부 개정되어 시행되었는데, 여성에 대한 인식 및 관련 법 · 제도 등 사회환경 변화에 부응하고자 개정된 것이다. 여성발전에서 양성평등으로 정책 패러다임의 전환을 공식화한 것이다. 여성발전기본법이 여성의 지위를 끌어올리고 여성 능력개발을 통한 여성발전에 중점을 둔 정책을 추진하였다면 양성평등기본법은 기존 여성정책과 연속성을 유지하면서 모든 영역에서 여성과 남성의 동등한 권리와 책임, 참여 기회를 보장하여 여성과 남성이 함께 만드는 양성평등사회를 실현하는 데 있다.

2) 여성발전기본법의 내용

여성발전기본법은 남녀평등과 여성 발전의 실현을 위한 전략으로서 다음과 같은 내용들을 열거하고 있다.

첫째, 잠정적 여성우대조치로서, 국가와 지방 자치단체에게 여성의 참여가 현저히 부진한 분야에 대하여 여성의 참여를 촉진하기 위해 잠정적으로 여성을 우대하는 정책을 실시할 수 있는 재량권을 부여한다. 이것은 법률상의 평등, 기회의 평등에서 나아가 사실상의 평등, 결과의 평등까지 실현할 수 있는 잠정적 특별조치이다.

둘째, 여성의 사회참여 확대로, 이를 도모하기 위한 국가나 지방자치단체의 책무에 대해 규정한다. 그 내용으로는 위원회 등 정책 결정 과정에 여성의 참여 확대 방안을 강구할 것, 여성의 정치 참여를 확대 지원할 것, 여성의 공직 참여 확대를 위한 여건을 조성할 것, 여성의 고용 참여를 확대할 것 등이다.

셋째, 여성의 모성보호로서, 모성보호를 여성의 임신, 출산, 수유 기간 중의 보호로 규정하고 모성에 대한 특별 보호와 이를 이유로 한 불이익 금지, 취업 여성의 모성보호 비용에 대한 사회분담화 등에 대해 규정한다.

넷째, 여성의 복지증진으로서, 저소득 모자가정, 미혼모, 가출여성, 요보호여성의 발생 예방과 선도보호뿐만 아니라 사회구조의 변화에 따른 여성복지 수요에 부응하기 위한 시책강구의 책무를 국가와 지방 자치단체에게 부과함으로써 종래의 잔여주의적 복지정책을 탈피하고 보편주의적 복지정책을 지향한다. 그리고 농어촌 여성과 노인여성의 복지증진도 도모한다.

다섯째, 성차별 의식의 해소로, 가정교육, 학교교육, 사회교육에서의 남녀 의식 평등교육뿐 아니라 대중매체의 성차별 내용 개선을 통하여 성차별 의식을 해소할 것을 국가와 지방자치단체의 책무로 부과한다.

제7차 개정(2005)의 주요 내용은, 남녀차별금지 및 구제에 관한 법률이 폐지됨에 따라 직장 내 성희롱 방지 교육 등에 관한 내용을 이 법에 이관해 규정하고, 국가 및 지자체의 소관 정책이 여성의 사회참여 등에 미칠 영향을 보다 전문적, 체계적으로 분석 · 평가할 수 있는 전문연구기관의 지원과 자문을 받을 수 있도록 하였다.

2008년에 시행된 제11차 개정에서는 국가기관 등의 성희롱방지조치에 대한 점검을 매년 실시하고 부실하다고 인정되는 경우 필요한 조치를 취하도록 함으로써 실효성을 높이도록 했으며, 국가 또는 지방 자치단체 외의 자가 여성인력개발센터를 설치하여 운영하고자 할 때 시 · 도지사의 지정을 받도록 함으로써 국가 또는 지방 자치단체 외의 자도 여성인력개발센터를 설치 · 운영할 수 있도록 했다.

2015년에 양성평등기본법으로 개정된 사항에서는 성주류화, 여성참여확대, 여성인권 및 복지증진 등에 대한 적극적인 조치를 시행할 수 있는 토대를 마련하고 있고, 고용의 평등뿐만 아니라 경제활동참여에 있어서 양성평등 환경을 조성할 수 있는 내용을 의무로 부과하고 있다. 주요 개정내용으로는 모성보호의 개념을 권리보장의 개념으로 전환하고 모성뿐 아니라 부성으로까지 확대하여 모 · 부성권을 보장 규정하고 있으며 보건의료에 대한 양성평등한 접근권을 보장하고 여성의 생애주기에 따른 건강증진에 관한 시책을 마련한 것이다.

3) 여성발전기본법의 과제

여성발전기본법의 입법 취지가 구현되기 위해서는 법의 홍보와 교육을 통해 법의 기본 이념과 내용이 정확히 그리고 널리 알려져야 하며, 또한 여성정책의 기본 시책과 국가 및 지방자치단체의 책무를 보다 구체화하여야 한다. 따라서 법의 추진과정 및 재원조달방법에 대해서도 구체적으로 명시되어야 할 필요가 있다.

아울러 현행 남녀차별법령의 개정 및 폐기, 남녀평등과 여성 발전을 촉진하기 위한 입법 및 법적 보완이 지속적으로 이루어져야 한다. 그동안 여성발전기본법은 실질적인 남녀평등 추진을 위한 '적극적 조치'의 도입, 고용에서의 남녀평등 및 모성보호 강화, 인적 자원의 개발과 활용, 권익증진과 인권보호, 여성정책의 수립 · 추진의 촉진 등 많은 성과를 낳았다. 또한 여성발전기본법은 2015년 양성평등기본법으로 개정되어 성주류화, 여성참여확대, 여성인권, 복지증진 등 적극적인 조치를 하게 되었지만 이를 위한 담당부서의 역량강화, 성인지적 관점의 구현을 위한 행정체계의 정비, 여성참여 확대를 위한 정책 실행, 지역 성평등지수의 개선 등이 과제로 남아 있다.

상자글 12-1 **'여성발전기본법 → 양성평등기본법' 20년만에 개명**

앞으로는 대중매체에서 성차별, 성별을 이유로 비하하는 내용 등이 방송될 경우 여성가족부 장관이 방송통신위원회 등 관계기관에 개선 요청을 할 수 있을 것으로 보인다.

여성가족부는 공공기관의 관리직 목표제 시행, 부 · 모성권 보장 등과 더불어 이 같은 내용을 담은 '양성평등기본법'을 다음달 1일부터 시행한다고 23일 밝혔다.

양성평등기본법은 여성에 대한 인식 및 관련 법 · 제도 등 사회 환경 변화에 부응하고자 지난 1995년 제정된 '여성발전기본법'을 개정한 것이다. 과거에는 여성발전기본법을 통해 여성의 지위를 끌어올리고 여성 능력 개발을 통한 여성발전에 중점을 둔 정책을 추진했다면, 양성평등기본법은 기존 여성정책의 연속성을 유지하면서도 여성과 남성의 동등한 권리와 책임, 참여 기회를 보장해 양성평등 사회를 실현하는 데 정책의 방향을 두고 있다.

이번 양성평등기본법의 시행으로 국가와 지자체 등은 앞으로 정책결정과정 · 공직 · 정치 · 경제활동 등 사회 전 분야에서 여성과 남성의 평등한 참여를 도모하기 위한 시책을 마련해야 한다. 또 공공기관의 장은 관리직 목표제 등을 시행해 여성과 남성이 균형 있게 임원으로 임명될 수 있도록 노력해야 한다. 아울러 자녀 양육에 있어서도 엄마뿐 아니라 아빠의 권리 보장도 강화될 것으로 보인다. 특히, 여성가족부는 양성평등정책에 관한 중요사항을 심의 · 조정하기 위해 양성평등위원회를 두고 민간위원을 10명까지 위촉해 다양한 의견을 정책에 반영할 수 있도록 법안을 개정했다. 또 이행력 제고를 위해 여성가족부 장관이 중앙행정기관과 지방자치단체의 연도별 시행계획의 추진실적을 평가하고, 해당 기관은 평가 결과를 다음 해의 연도별 시행 계획에 반영하기로 했다. 이밖에 여성가족부는 5년마다 양성평등 실태를 조사하는 것을 물론, 매년 사회 각 분야별 성평등 정도를 계량적으로 지수화한 국가 및 지역 성평등지수를 조사 · 공표한다. 양성평등한 문화를 조성하고 확산하기 위한 정책도 적극적으로 추진된다. 대중매체에서 성별을 이유로 한 차별이나 편견, 비하 내용을 점검해 여성가족부 장관이 방통위 등 관계 기관에 개선을 요청할 수 있게 됐다.

출처: 헤럴드경제뉴스, 2015. 6. 23. rim@heraldcorp.com.

4. 남녀고용평등과 일·가정 양립 지원에 관한 법

과거 반세기 동안 고용은 여성과 남성 모두에게 커다란 변화가 있었다. 전후 사회의 가장 급격한 변화 중 하나는 여성이 노동시장에 참여하게 된 것이고, 특히 기혼 여성의 사회참여가 증가하여, 일하는 여성의 생활에는 취업과 결혼, 어머니로서의 역할 등이 포함되었다. 즉, 여성은 취업으로 인해 자녀양육과 노동시장에 참여하는 일을 동시에 하게 되었다. 하지만 대부분의 여성들은 좋은 조건의 직장에서 제외되고 시간제 노동이나 낮은 봉급을 받는 등 취업에서 여러 가지 차별을 받고 있다.[12)]

1987년에 제정된 남녀고용평등법은 헌법에 명시된 평등 이념에 따라 고용에서 여성이라는 이유만으로 남녀를 차별하는 고용 관행을 바로잡고, 모성을 보호하기 위해 육아휴직 등을 제도화하였다. 이와 같이 남녀고용평등법의 주요 취지는 노동시장에서 여성의 취약한 위치와 모성을 보호함으로써 근로여성의 지위 향상과 복지증진에 기여함을 목적으로 제정된 단일법이다.[13)] 이 남녀고용평등법은 2007년 저출산 · 고령화 사회로의 진전에 따라 여성인력의 적극적 활용을 위해 고용개선조치의 도입 근거를 마련하고 직장 내 성희롱과 관련하여

12) 특히, 낮은 임금 수준은 노동시장에서 여성의 종속을 측정하는 한 예이다. 파워 또한 위계질서나 의사결정, 일의 내용이나 과정, 승진이나 자원 등을 통제하고, 직장에서 여성은 남성 권위의 지배하에 놓이기 쉽다. 또한 파워는 성희롱이라는 폭력을 통해 나타나기도 한다(조흥식 · 김혜련 외, 『여성복지학』, 서울: 학지사, 2000, pp. 141-142).

13) 제정 당시 이 법을 최초로 제안한 여성계로서는 미진하다는 유감을 표시했지만, "여성운동의 성과로서 순수히 남녀평등만을 위해 제정된 대한민국 최초의 단행법률"이라는 점에서 역사적 의의가 크다.

피해를 제기한 근로자의 보호 강화를 위하여 실효성 있는 법적 근거를 마련하는 한편, 육아휴직 활성화를 위해 신청요건을 확대하는 현행 제도의 운영상의 미비점을 보완하기 위해서 남녀고용평등과 일·가정 양립 지원에 관한 법으로 그 명칭이 개정되었다.

1) 제정 배경

광복 이후 산업화와 민주화는 우리 사회의 중대한 양대 과제였다. 여성의 노동시장 진출과 남녀평등의 요구는 그러한 과제의 단적인 표출이었고, 다른 사회적 상황과 마찬가지로 이러한 요구가 정치적으로 수렴된 것은 1980년대 후반 사회 전반의 민주화 과정에서였다. 산업화와 더불어 여성 노동자의 수가 크게 증가하였고, 이에 따라 여성차별 시정에 대한 요구도 증폭되었다. 이와 같이 남녀고용평등법의 제정 배경에는 당시의 민주화운동과 군사독재의 퇴진에 따른 국민 대중의 정치력 향상, 그리고 집권여당의 국민 무마 입법이라는 대립적 요소가 공존하였다.

이와 더불어 이 법의 제정에는 국제적인 상황도 중요한 영향을 미쳤다. 우리나라는 1979년 UN이 채택한 여성차별철폐협약[14]에 1980년 서명하고 1984년 비준함으로써 UN차별철폐협약은 우리나라가 비준한 조약으로 국내법과 동일한 효력을 갖는다. 이 여성차별철폐협약에 남녀고용평등을 위한 입법이 의무가 되었던 것이다. 일본도 이 협약에 비준한 후 우리보다 2년 앞선 1985년에 남녀고용기회균등법을 제정했던 것을 볼 수 있다. 그 후 남녀고용평등법은 구체적인 시행과정에서 나타나는 문제점들에 주목하고, 여성운동과 근로자, 기업 등 각계의 의견을 수렴하고 외국의 사례들을 참고하면서 보완을 거듭하고 있다. 남녀고용평등법의 제정은 이미 상당한 기세로 약진하고 있던 여성의 사회 진출에 커다란 변화를 가져온 중대한 계기가 되었다.

이렇게 변화하는 국내 및 세계적 상황과 여성운동의 영향으로 결실을 맺은 남녀고용평등법은 지금까지 여러 차례의 개정과정을 거치면서, 많은 관련 법령과 제도를 만드는 촉매 구실을 하며 남녀평등 사회를 이루어 가는 주춧돌을 놓은 것으로 평가될 수 있다.

---

14) UN여성차별철폐협약은 세계 각국의 평등정책의 길잡이로서 가족의 복지와 사회의 발전에 대한 여성의 기여를 강조하고, 정치·경제·사회·문화 등 모든 영역에서 성별에 의한 차별을 받지 않도록 가입 당사국의 입법·사법·행정적 노력이 수반되어야 함을 촉구하고 있다. 이 협약에 따라 구성된 여성차별철폐위원회는 협약 당사국 회의에서 선출되는 23명의 전문가로 구성되며, 협약 당사국이 제출하는 정기보고서를 심의하는 기능을 가지고 있다(박영란, “한국 여성의 인권 현황과 실천 과제”, 박영란 외, 『한국의 사회복지와 인권』, 서울: 인간과복지, 2001, p. 66).

2) 개정 추이

남녀고용평등법은 1987년 12월에 제정되어 시행이 정착되기도 전인 1989년 4월, 1차 개정이 이루어졌다.[15] 1차 개정의 주요 내용은 첫째, 사업주가 근로자의 성별 · 혼인 · 임신 등의 이유로 합리적 이유 없이 채용 또는 근로조건차별의 금지, 둘째, 모성보호는 차별로 보지 않는다, 셋째, 현존하는 차별을 해소하기 위한 잠정적인 우대조치는 차별이 아니다라고 하는 등, 차별에 대한 정의를 내리고, 아울러 동일가치노동에 대한 동일임금 규정, 성차별 분쟁에서의 사용자의 입증 책임, 육아휴직기간의 근속연수에의 산입과 불이익 금지 등 중요한 내용을 담고 있었다.

그러나 새로이 발생되고 있는 우회적인 차별 현실을 법이 규제하지 못하고 있다는 판단 아래 2차 개정운동이 1994년경부터 시작되어 1995년 8월에 2차 개정되었다. 2차 개정법의 주된 내용은 모집채용 시 직무수행에 불필요한 용모, 키, 체중 등의 조건제시 금지(제6조), 후생복지 관련 금품 및 자금융자 등의 차별금지(제6조의 3), 육아휴직 시 노동자를 배우자로 둔 남성으로의 확대(제11조), 고용문제조정위원회를 고용평등위원회로 개칭 · 확대, 벌칙의 강화 등이었다. 또한, 2차 개정운동의 핵심적 요구사안이었던 간접차별 및 성희롱금지조항 신설이 무위로 그침에 따라 3차 개정운동은 필연적이었고 1996년 7월 새정치국민회의 평등법 개정안 제출을 계기로 개정운동은 다시 본격화되었다.[16]

1999년 1월 공포 후 즉시 시행된 3차 개정법의 주요 골자는 첫째, 사업주가 여성 또는 남성 어느 한 성이 충족하기 현저히 어려운 인사에 관한 기준이나 조건을 적용하는 것을 남녀고용평등법의 차별로 보도록 한다.[17] 둘째, 사업주에게 성희롱과 관련하여 피해근로자

15) 사실 이 법은 1987년 12월 16일 대통령 선거를 앞두고 그 전 총선에서 내건 가족법 개정 등 성차별 제거의 공약을 이행하지 않은 정부 여당이 선거를 앞두고 행한 선거용 입법의 일환으로 제정된 점도 간과할 수 없다(윤후정 · 신인령, 『법여성학-평등권과 여성』, 이화여자대학교 출판부, 2001, p. 68).

16) 고용상 성차별 문제와 관련하여 중요하게 검토되어야 할 것이 직장 내 성희롱 문제로, 이 문제는 여성의 노동시장 진출과 함께 발생한 오래된 문제이지만 국제사회에서 이 문제가 성차별에 관한 법률 문제로 부각된 것은 그리 오래지 않다. 1995년 제4차 세계여성회의 행동강령에서 각국 정부에 대하여 성희롱 문제에 대한 법적 대책을 마련할 것을 촉구하였고 직장 내 성희롱을 고용상의 성차별 유형으로 인식하고 이에 대한 법적 대책을 마련하는 것이 최근의 국제적 입법 동향이다. 우리나라에서는 1993년 소위 '서울대 조교 성희롱사건'이 발생하면서 직장 내 성희롱 문제가 사회적 관심사로 부각되었는데, 이 사건은 사상 처음이자 유일하게 성희롱에 대해 소송을 제기함으로써 법적 문제화된 것이다(대법원 판례 참조).

17) 기존의 남녀고용평등법은 차별의 범위를 지나치게 좁게 정의했다는 비판을 받아 왔다. 1994년, 44개 기업체가 모집 · 채용 시 키 160㎝ 이상, 몸무게 50kg 이하 등 용모제한을 해 고발당한 사건이 있다. 당시 검찰은 "현재 고평법은 남성과 비교해 여성이 차별받는 행위만을 금지하고 있기 때문에 여성만을 모집하면서 용모제한을 하는 것은 남녀차별이

에게 고용상의 불이익한 조치를 하지 못하도록 하고, 이를 위반할 경우 500만 원 이하의 벌금에 처하도록 한다. 셋째, 노동부 장관은 고용평등에 관한 실효성을 확보하기 위하여 필요한 경우 고용평등 이행 실태, 기타 조사결과 등을 공표할 수 있도록 한다 등이다.

2001년도에 재개정된 남녀고용평등법은 국가가 확대된 산전후 휴가 30일분에 대해 통상임금에 상당하는 금액을 지급할 수 있도록 근거 규정을 마련하고, 육아휴직기간 중 해고금지 규정 등을 신설함으로써 직장과 가정생활의 양립 지원을 강화하였다.

2007년 12월 남녀고용평등법이 남녀고용평등과 일 · 가정 양립 지원에 관한 법으로 명칭이 변경되면서 다음과 같은 몇 가지 조항이 신설되었다. 첫째, 노동부 장관은 사업장의 남녀차별 개선, 모성보호, 일 · 가정의 양립 실태를 파악하기 위하여 정기적인 실태조사를 하도록 하였으며, 둘째, 사업주는 고객 등 업무와 밀접한 관련이 있는 자가 업무수행 과정에서 성적인 언동 등을 통하여 근로자에게 성적 굴욕감 또는 혐오감 등을 느끼게 하여 근로자가 이로 인해 고충 해소를 요청한 경우에 근무 장소의 변경, 배치 전환 등의 조치를 취하도록 노력해야 한다. 또한 성희롱 피해를 주장하거나 고객 등으로부터 성적 요구 등에 불응한 이유로 해고나 그 밖의 불이익한 조치를 못하도록 하였다. 셋째, 사업주는 근로자가 출산휴가를 청구하는 경우에는 3일의 휴가를 제공하여야 하며 근로자의 배우자가 출산한 날부터 30일이 지나면 청구가 불가능하다. 넷째, 육아기에 근로자는 육아휴직 대신에 근로시간 단축을 신청할 수 있으며, 사업주가 이를 거부할 경우는 서면으로 사유를 제시하여야 한다. 다섯째, 노동부장관은 일과 가정의 양립을 지원하기 위한 프로그램을 도입하고 이를 활성화시키기 위해 다각도로 노력해야 한다.

2011년 남녀고용평등과 일 · 가정 양립 지원에 관한 법률은 부분 개정되었는데, 배우자 출산 휴가를 무급 3일에서 유급 3일로 하고, 필요시 5일까지 사용할 수 있게 하였다. 또한 기간제 · 파견제 근로자도 육아휴직제도를 활용할 수 있도록 하였고 육아기에 근로자가 근로시간 단축을 청구할 수 있도록 하였으며, 가족의 질병, 사고, 노령 등의 사유가 있는 근로자는 연간 최대 90일(1회 사용기간은 30일 이상)의 가족간호휴직을 신청할 수 있도록 하였다.

2014년에서는 일 · 가정양립을 원활하게 하기 위하여 육아휴직 대상 자녀 연령을 현행 만 6세 이하에서 만 8세 이하 또는 초등학교 2학년 이하로 상향 조정하였다. 2016년에는 기본

아니라 여여차별"이라는 논리로 36개 기업에 대해 무혐의처분을 내렸다. 그러나 3차 개정부터는 간접차별 규제조항이 신설되어 직접적인 형태뿐만 아니라 형식적 · 외형적으로는 성과 무관해 보이는 기준이 차별적인 대우를 하는 데 이용되고, 결국 '결과적 차별'을 가져오는 간접차별도 명백한 남녀차별로 법의 규제를 받게 되었다.

계획을 5년에 한번 수립하도록 규정하였으며, 반드시 지난 계획에 대한 평가를 수행하고, 관계 기관에 자료를 요청할 수 있는 근거 및 보고 절차를 마련함으로써 정책 수행을 원활하게 할 수 있는 기반을 마련하였다.

2021년에는 현행 법이 근로자의 평등한 기회와 대우를 보장하기 위하여 성별, 혼인, 임신 또는 출산 등을 사유로 합리적인 이유없이 차별하지 못하도록 하고 있으나, 근로자가 차별에 대해 시정을 신청할 수 있는 구제수단은 명시되어 있지 않았다. 아래 상자글 [12-2]와 같이 사업주의 합리적 이유없는 차별에 대하여 벌칙을 부과하는 소극적 보호에서 더 나아가, 해당 차별을 적극적으로 시정하도록 요구하고 이에 대한 배상을 받을 수 있는 규정을 마련할 필요성이 부각되었다. 이에 차별에 대하여 노동위원회에 구제신청을 할 수 있도록 노동위원회가 사업주에게 시정명령 등을 할 수 있도록 법의 내용을 구체화하였다.

3) 향후 과제

남녀고용평등과 일 · 가정 양립 지원에 관한 법은 여러 차례 개정에도 불구하고 여러 가지 문제점을 안고 있다.

첫째, 고용상 성차별 규제 부분이다. 이 법에서 차별의 개념에 직접 · 간접차별을 포함하고 있다고는 하나 성별 직무분리, 비정규직화, 외주화를 이용한 차별들은 명시적 차별은 아니지만 결과적으로 여성에게 불이익을 가져오는 간접차별들인데, 이러한 사업주의 행태들에는 무력하다. 또한 사업주의 범위에 간접고용주가 제외되고 있기 때문에 최근 증가하고 있는 여성 전용 직군의 외주 용역화 현상을 법적으로 규제하기가 힘들다. 그리고 이 법은 기업주에 대한 처벌이 미약하여 규범적 구속력이 약하다. 대부분의 이 법의 위반으로 노동부에 접수된 사건들이 행정'종결'이나 '불기소'되는 경우가 많아 그 처벌규정의 실효성이 떨어진다.

두 번째로 직장 내 성희롱 규제 부분이다. 일단 대부분의 직장 내 성희롱 예방교육이 형식적으로 시행되고 있으나 사실상 그 효과는 회의적이다. 사업장의 특성에 맞지 않고 프로그램이 다양하지 못한 경우가 많다. 그리고 성희롱 발생 시 피해자는 심각한 결과를 감당해야 하는 반면, 모든 것을 책임지고 이를 사전에 방지해야 할 의무가 있는 사업주에게는 그 처벌이 너무 미약하다.

세 번째로 적극적 고용 개선 조치의 부분에서 사업주의 고용 개선 조치 노력 여부와 고용 개선 정도를 파악하기가 쉽지 않다. 좀 더 구체적으로 여성고용개선이 얼마나 이루어졌는지 알 수 있는 실태보고가 필요하다. 그리고 법정 여성 관리직 비율을 채우지 못한 기업에 대한 제제가 약하고 이러한 사항을 준수하는 기업에게 인센티브가 부족하다.

마지막으로 일과 가정의 양립을 지원하는 부분에서 육아휴직 이후 복귀할 시에 이를 지원할 수 있는 프로그램과 사업주에 대한 지원이 부족하다. 육아휴직 사용 시 차별이 발생하는 것을 예방하는 것도 중요하지만 육아휴직 후에 재적응을 도울 수 있는 프로그램이 필요하다.

위에서 살펴본 바와 같이 남녀고용평등과 일 · 가정 양립 지원에 관한 법은 계속된 개정과정을 통해 수정되고 보완되어 왔지만 여전히 여러 문제점들을 가지고 있다. 우선적으로 그러한 문제점들을 해결해 나가야 하는 것이 급선무이다. 무엇보다 이 법에서의 고용평등 및 여성복지를 위한 각종 규정들이 실효를 거두기 위해서는 무엇보다 기업체에 대한 각종 지원과 더불어 위반 시의 강제조치와 벌칙 규정의 강화가 필요하며, 궁극적으로는 근로기준법과 남녀고용평등과 일 · 가정 양립 지원에 관한 법 등 여성의 근로관계에 관한 제 규정을 통합하여 종합적 · 체계적 · 실효적인 '여성근로 및 복지 관계 법률'을 제정하여야 할 것이다.

상자글 12-2 **임신 등을 이유로 한 승진 차별**

• 사실 관계

W는 대한적십자사 동부혈액원 소속으로 육아휴직 중에 있다. 대한적십자사는 직원들의 승진임용을 매년 1월 1일, 7월 1일 2회만 실시하는데 5급까지는 최저 승진 소요 연수(6급 → 5급 및 7급 → 6급은 3년)만 경과하면 자동으로 승진시키고 있으나 직원운영규정 제12조 제1항에서 육아휴직자를 포함하여 휴직기간 중인 직원은 승진을 제한하고 있고, 이에 따라 피해자 W는 2003년 7월 1일 6급으로 임용되었으나 2006년 5월 20일부터 2007년 5월 19일까지 육아휴직 중에 있어 지난 2006년 7월 1일 승진 시기였음에도 승진에서 제외되었다. W는 대한적십자사의 승진소요연수 3년이 경과하여 6급에서 5급으로 특별한 사유가 없으면 승진하였어야 함에도 "육아휴직 중인 자는 승진에서 제외한다"는 직원운영규정에 따라 승진을 하지 못하게 되자, 이는 육아휴직 중인 자를 부당하게 차별하는 것이라며 2006년 6월 국가인권위에 진정을 제기하였다.

• 결과

승진 소요 연수에 도달한 승진대상자임에도 육아휴직 중인 것을 이유로 승진에서 제외하는 것은 합리적 이유가 없는 차별이라 판단하고 대한적십자사 총재에게 육아휴직제도의 근본취지가 훼손되지 않도록 승진 관련 직원운영규정을 개정할 것을 권고하였다.

출처: 김태선 외, 법여성학, 세창출판사, 2011, p. 145.

5. 모성보호 관련 법

1) 모성보호 관련 법 개정 배경

헌법상 여성은 경제적 생활의 영역에서 차별받지 아니하고(제11조), 그 근로에서 특별한 보호를 받는다(제51조). 또 근로기준법은 사용자가 남녀 근로자를 차별 대우할 수 없도록 하는 한편(제5조), 도덕상 또는 보건상 유해 · 위험한 사업에서 사용하지 못하도록 규정함으로써(제51조) 여성의 노동을 보호하고 있다.

하지만 사실상 근로관계에서 여성에 대한 차별은 직 · 간접적으로 대단히 심각한 것이 현실이다. 여성은 취업 기회상의 차별, 임금 차별, 채용조건상 차별, 신분보장상의 차별 등 각종 성차별의 열악한 조건 속에 놓여 있다. 1970년대 이후 우리나라의 고도 경제성장과 '한강의 기적'을 이룬 산업발전에서 여성의 역할은 지대하였으나 여성근로자들은 그동안 한 번도 제 몫에 합당한 대우를 받지 못했다고 할 수 있다.

현재까지 나타난 노동시장에서 여성고용의 문제점은 여성인력의 능력 개발 및 산업인력 활용 수준의 미흡, 여성에 대한 사회적 편견의 상존, 출산 · 자녀양육 및 가사 부담의 과중, 채용 및 근로조건 등에서의 남녀차별 관행, 가사와 직장생활을 병존할 수 있도록 지원하는 각종 제도의 부족 등이다. 따라서 이러한 장애요인들을 극복하고 새로운 세계 경제 질서하에서 국가경쟁력을 강화하기 위해서도 여성근로자의 지위 향상과 이에 대한 행정기관의 뒷받침 및 법제도적 보장이 강화되어야 한다. 따라서 이를 구체화하고 현실화시키기 위해 각종 근로관계법의 모성보호 관련 입법과 개정은 중요하다.[18]

2) 모성보호 관련 법의 내용

최근까지 개정된 모성보호 관련 법의 주요 내용은 다음과 같다.

(1) 출산휴가 확대

출산하는 여성 근로자의 출산 전 · 후 휴가 명칭은 출산휴가로 변경되었고, 출산휴가는

18) 모성보호와 관련된 법으로는 근로기준법, 남녀고용평등과 일 · 가정 양립 지원을 위한 법, 고용보험법, 영유아보육법, 경력단절여성 등의 경제활동촉진법 등이 있다.

90일이며, 임신기간 중 유산, 사산 등의 위험이 예상되는 등 응급상황 발생 시 현재의 90일의 출산휴가를 분할 사용할 수 있게 되었다. 또한 배우자가 출산한 남성근로자는 출산휴가를 3~5일 사용 가능하며 최초 3일은 유급으로 지원된다.

(2) 출산휴가급여 및 육아휴직급여

출산휴가는 고용보험에서 지급되기 때문에 해당 근로자가 휴가 개시 시점에서 90일 이상 고용보험에 가입해야 혜택을 볼 수 있으며, 통상임금의 100% 급여 지급을 받을 수 있다. 육아휴직은 만 8세 이하 또는 초등학교 2학년 이하의 자녀로 확대되었으며 휴직개시 예정일의 30일 전까지 사업주에게 육아휴직을 신청할 수 있다. 육아휴직을 30일 이상 사용한 경우 육아휴직기간 동안 고용보험기금에서 육아휴직급여를 지원받을 수 있다. 육아휴직급여는 통상임금의 40%(상한 100만 원/하한 50만 원)로 지급받을 수 있으며 육아휴직을 신청했음에도 불구하고 이를 거부한 사업주는 500만 원 이하의 벌금을 물게 된다.

(3) 근로시간 단축제도

모든 여성에 대해 연장근로를 제한하고 야간 및 휴일 근로는 원칙적으로 금지하던 규정을 바꿔 18세 이상 여성의 경우 당사자 간 합의로 연장근로를 할 수 있고 본인이 동의한 경우 야간 · 휴일 근로도 할 수 있다. 그러나 모성보호를 위해 임신 중인 여성 또는 산후 1년이 지나지 않은 여성의 경우 본인 동의 및 근로자 대표협의를 거쳐 노동부 장관의 인가를 얻은 경우에만 야간 · 휴일 근로를 가능하도록 했다. 그리고 일반 여성의 취업금지 직종을 6개에서 1개로 축소한 반면 임신 중인 여성의 취업금지 직종은 6개에서 12개로 강화하였다.[19] 그리고 사업주는 임신 중의 여성근로자에 대하여 시간 외 근로를 하게 해서는 안 되며, 근로자의 요구가 있는 경우 쉬운 종류의 근로로 전환하게 하여야 한다. 또한 만 8세 이하 또는 초등학교 2학년 이하의 자녀가 있으며 육아휴직기간과 합하여 1년을 초과하지 않는 근로자인 경우 주당 15~30시간으로 단축근무를 할 수 있다. 육아기 근로시간 단축급여는 통상임금의 60%를 받으며 상한은 150만 원이 된다.

---

19) 임신 중인 여성이 취업할 수 없는 직종은 2-브로모프로판 취급업무를 비롯해 납, 수은, 크롬, 비소 등 중금속과 황린, 불소, 염소, 벤젠 등 유해물질 취급 업무, 연속작업으로 5㎏ 이상, 단속작업으로 10㎏ 이상 중량물을 취급하는 업무, 신체를 심하게 펴거나 굽힌다든지 또는 지속적으로 쭈그려야 하거나 앞으로 구부린 채 있어야 하는 업무, 전리 방사선에 노출되는 업무 등이다.

(4) 수유 시간 제공

생후 1년 미만의 유아를 가진 여성근로자의 청구가 있을 때 1일 2회 각각 30분 이상의 유급 수유 시간을 주어야 한다. 여성근로자가 기혼인지 미혼인지 상관없으며, 유아를 자신이 출산했는지 여부도 문제되지 않는다. 여성근로자의 청구에도 불구하고 이를 주지 않을 경우 사업주는 1년 이하의 징역 또는 1,000만 원 이하의 벌금이 부과된다.

(5) 보호휴가제도

사업주는 임신 중인 여성이 유산 또는 사산한 경우에 당해 근로자가 청구하는 때에는 보호휴가를 주어야 한다. 유산 또는 사산한 경우에 대한 보호휴가의 범위가 확대되어 11주 이내는 5일, 12주 이상에서 15주 이내는 10일, 16주 이상 21주 이내는 30일, 22주 이상 27주 이내는 60일, 28주 이상은 90일까지 보호휴가를 사용할 수 있으며 임신 16주 이전에 유산, 사산하는 경우에도 보호휴가를 활용할 수 있다.

(6) 태아 검진 시간 제공

사업주는 임신한 근로자가 태아 검진에 필요한 시간을 청구할 경우 허용해야 하며 구체적으로 임신기간에 따라 태아 검진 횟수를 조정할 수 있다. 임신 7월까지는 매 2월에 1회, 임신 8~9월까지는 매 1월에 1회, 임신 10월 이후에는 매 2주에 1회 태아 검진을 위한 시간을 청구할 수 있으며 태아검진 시간은 유급으로 보장하고 있다.

3) 모성보호 관련 법의 과제

최근까지 모성보호와 관련된 법들은 계속적으로 개정되어 오고 있다. 그러나 아직도 선진복지국가들에 비해 그 모성보호를 위한 수준이나 범위가 열악하며 그 시행 또한 원활히 이루어지지 못하고 있다. 여성의 모성보호는 여성근로자 개인을 위한 것만이 아니라 저출산 · 고령화 현상이 심화될수록 국가적 차원의 대책이 필요한 부분이다. 여전히 여성들이 육아와 가사를 대부분 담당하는 상황에서 여성의 일과 가정 생활의 양립이 가능하도록 기업의 참여를 높이기 위해 국가의 지원을 강화해 나가야 할 것이다.

6. 기타 관련 법

앞에서 살펴본 주요 법 이외에도 여성과 관련된 많은 법들이 존재한다. 앞서 각 장에서 관련된 법규와 세부적인 내용을 다루었기 때문에, 본 단락에서는 미처 다루지 못했던 가정폭력 및 성폭력에 관한 법, 다문화가족지원 관련 법, 경력단절 여성 등에 관한 법의 내용 및 개정추이 등에 대해 간략하게 설명하고자 한다.

1) 가정폭력 및 성폭력 관련 법

과거 가정폭력은 그 심각성에도 불구하고 가정 내의 사적인 문제로 치부되면서 사회적 개입을 거부해왔다. 그러나 가정폭력은 다른 어떤 폭력행위보다 지속적이고 상습적으로 이루어진다. 가정폭력에 대한 사회적 개입을 요구하는 여론이 증가하면서 1997년 『가정폭력범죄의 처벌 등에 관한 특례법』이 제정되었다. 이 법은 가해자로부터의 보호뿐만 아니라 가정폭력으로 입은 손해에 대한 민사처리 특례를 규정하고 있다. 2003년에는 100미터 이내 접근금지 명령 등을 통해 피해자를 보호하였음에도 불구하고 접근금지명령을 실질적으로 강제할 수 없어 가정폭력이 재발되는 경우가 빈번히 발생하였다. 이에 임시조치를 위반하는 가해자에 대해서는 구치소에 유치할 수 있도록 처벌 규정을 강화하였다. 2011년에는 사법경찰관에게 임시적으로 긴급격리 또는 접근금지 조치할 수 있는 권한을 부여하여 피해자의 보호를 강화하였으며, 2021년에도 100미터 이내 접근금지 명령을 기존의 특정장소가 아니라 피해자 또는 가족구성원으로부터 100미터 이내 접근금지 명령이 가능하도록 조정하고, 면접교섭권 행사의 제한을 추가함으로써 추가적인 피해로부터 피해자를 보호하는 데 주력하고 있다.

가정폭력은 물리적, 심리적, 경제적 폭력 등을 동반하는 경우도 있으나, 성폭력을 동반하는 경우도 있다. 2009년 부부 간의 성폭력이 최초로 인정되고, 가족 간의 성폭력 범죄에 대한 심각성을 인식하면서, 기존의 『성폭력범죄의 처벌 및 피해자보호 등에 관한 법률』에서 처벌에 관한 사항을 분리하여 『성폭력범죄의 처벌 등에 관한 특례법』을 제정하였다. 『성폭력범죄의 처벌 등에 관한 특례법』은 미성년자에 대한 성폭력 범죄에 대한 처벌 강화뿐만 아니라 친족관계에 의한 강간 강제추행 등 범죄에 대한 처벌을 강화하는 내용을 담고 있다. 특히, 가정 내 성폭력 범죄의 특성상 피해자의 고소를 막거나 혹은 합의를 종용하는 등 2차 피해가

야기된다는 지적이 제기됨에 따라 2012년 전부개정을 통해 친고죄 조항을 삭제하였다. 또한 증인지원관, 진술조력인 등 적절하게 보호받지 못하는 피해자를 보호 · 지원하기 위한 여러 제도들을 규정하였다. 가족구성원에 의한 성범죄를 가정폭력범죄로 규정하여 『가정폭력범죄의 처벌 등에 관한 특례법』을 개정함으로써 가족성범죄 피해자가 다른 가족들에 의한 2차 피해로부터 보호와 지원을 받을 수 있도록 하였다.

그럼에도 불구하고 가정폭력이나 성범죄는 더욱 지속적으로 발생하고 있다. 2018년 여성들이 스스로 피해사실을 알렸던 미투운동과 같이, 자기결정권을 회복하고 스스로를 보호할 수 있는 방법을 마련하도록 해야 할 것이다.

2) 다문화가족 관련 법

세계화와 더불어 외국과의 교류가 깊어지고, 가족의 형태 역시 다양해지면서 결혼이민자 및 그 자녀 등으로 구성되는 다문화가족이 증가하기 시작하였다. 특히, 우리 사회에서는 남녀성비의 불균형으로 결혼 대상자를 구하기 어려운 농촌지역, 혹은 도시 저소득 근로자층 남성들이 외국여성들과 혼인하는 비율이 증가함에 따라 다문화 가족의 수는 빠른 속도로 확대되었다. 이로 인해 결혼이주 여성의 사회적응 문제뿐만 아니라 그들 사이에서 태어난 자녀의 교육, 가족구성원 간의 갈등 문제 등이 발생하면서 다문화 가족이 사회구성원으로 순조롭게 통합될 수 있도록 지원하는 2008년 『다문화가족지원법』을 제정하였다.

『다문화가족지원법』은 다문화가족의 구성원이 안정적인 가족생활을 영위할 수 있도록 제도와 여건을 조성하고, 다문화 가족에 대한 이해 증진, 생활정보 제공 및 교육 지원 등을 주요 내용으로 하고 있다. 또한 다문화가족지원센터의 지정에 관한 규정을 담고 있으며, 2012년에는 국가와 지방자치단체가 다문화가족지원센터를 설치 · 운영할 수 있도록 개정하고, 지방자치단체에 다문화가족을 지원할 공무원을 두도록 함으로써 공동체 내에서 누구라도 배제되지 않도록 체계를 만들고 있다.

다만, 제도적 지원의 초점이 결혼이민여성에 주로 맞춰짐에 따라 한국문화 및 한국어의 교육에 집중되었고, 이에 대한 부작용으로 다문화가족에 대한 사회적 차별과 편견을 강화하는 결과가 나타나기도 하였다. 이에 2013년에는 결혼이민자의 모국어 교육을 지원할 수 있는 근거를 마련하고 문화적 다양성과 다문화 이해교육을 실시하기 위한 법을 개정하였다.

이와 같이 앞으로 다문화가족에 대한 지원은 그들의 문화가 한국 사회에서 다양성으로 공존할 수 있도록 하여야 한다.

3) 경력단절 여성 등의 경제활동 촉진법

1990년대 이후 여성의 경제활동 참가율이 지속적으로 증가하였음에도 불구하고 여전히 선진국에 비해 낮은 수준에 머물고 있다. 이는 여성의 임신 · 출산 · 육아 부담에 따른 경력단절 및 노동시장의 이탈, 하향취업 등에 그 원인이 있다. 이에 정부에서는 2008년『경력단절여성등의 경제활동 촉진법』을 제정함으로써 국가차원에서 경력단절 여성의 경제활동을 촉진할 수 있는 체계적인 지원제도를 마련하였고, 여성의 경제적 자립과 자아실현 등에 실현할 수 있도록 하고 있다.

이 법의 주요 대상은 임신 · 출산 · 육아나 가족구성원의 돌봄 등을 이유로 경제활동이 중단되거나 혹은 경제활동을 한 적 없는 여성 중 취업을 희망하는 여성이다. 이를 위해 경력단절여성지원센터를 지정하고, 여성의 진출이 저조한 분야에 인턴취업지원사업을 실시하도록 하는 내용 등을 담고 있었다.

이러한 지원에도 불구하고 10년 간 여성경력단절 현상은 뚜렷한 변화를 보여주지 못하였으며, 일단 경력단절이 발생하면 기존의 경력에 비해 임금이나 조건이 낮은 하향 취업을 하는 경향을 보였다. 결국 여성의 경제활동을 촉진하기 위해서는 경력단절을 예방하는 것이 중요하며, 이를 위해 2017년 일부 개정을 통해 기존의 임신 · 출산 · 육아 이외에도 혼인을 주요 사유로 추가함으로써 여성이 경력 단절 없이 안정적으로 경제활동을 유지하도록 하였다. 2022년에는 혼인 · 임신 · 출산 · 육아 및 가족돌봄 이외에도 현재 경제활동을 하고 있는 여성들도 주요 정책 대상에 포함함으로써 예방기능을 더욱 강화시키고 있다.

다만, 위와 같은 지속적인 개정에도 불구하고 여전히 선진국에 비해 여성의 경제활동 참가율이 낮으며, 비정규직 등에 종사하는 비율이 높은 것은 근본적으로 여성이 육아 및 돌봄에서 자유롭지 못하기 때문이다. 따라서, 경력단절여성에 대한 재취업 지원 이외에도 육아 및 돌봄에 대한 부담을 사회가 골고루 분담할 수 있도록 해야 할 것이다.

7. 가족법과 호주제 폐지의 과정

1) 가족법의 의미와 개정과정

가족법[20]은 여성들이 가정과 가족생활의 많은 부분을 관여하고 있기 때문에 여성과 아주 밀접한 관련이 있다. 이 법은 가족 생활, 가족제도에 관한 사항들을 규정하는 법으로서 사회의 문화와 전통을 가장 많이 반영한다. 우리나라의 가족법은 2005년 개정되기 전까지 혼인, 이혼, 재산 등과 관련된 규정에서 가부장제적 문화에 따른 남녀차별적인 요소를 가장 많이 포함하고 있었다.[21]

가족법의 내용으로는 친족(민법 제767~777호), 호주와 가족(제778~796조), 약혼(제800~806조), 혼인(제807~833조), 이혼(제834~843조), 부모와 자녀(제844~927조), 부양(제974~978조), 호주 승계(제984~996조), 재산상속(제997~1059조), 유언 및 유류분(제1060~1118조)이 있다. 이러한 규정들에는 남계혈통의 계승을 위한 장남자 중심주의, 출가외인 사상 등 가부장제도에 근거하여 인간의 존엄과 남녀평등에 반하는 내용이 많았다.

위에서 언급한 규정들에서 남녀차별적인 부분은 계속적으로 개정되어 왔는데, '조용한 혁명'이라고 일컬어지는 1989년의 가족법 3차 개정으로 사법상 양성평등이 괄목할 만큼 실현되었다. 이 개정에서 호주 상속은 모두 호주승계로 바뀌었는데, 호주상속순위는 호주승계순위로, 호주상속회복청구권은 호주승계회복청구권으로 바뀌었다. 직계비속의 장남자도 분가할 수 있도록 호주승계권의 포기를 허용하여 강제적 호주상속제가 임의적 호주승계제로 바뀌었다. 이렇게 아버지, 장남, 남편의 권리와 의무가 약화되고 여성의 법적 지위는 향상되었지만 여전히 호주승계제도에서의 순위, 처의 호적을 남편의 호적에 입적시키는 것, 남편은 처의 동의 없이 다른 여자와의 아이를 입적시킬 수 있는 규정, 약혼, 혼인 연령의 남녀차별, 여성의 재혼금지기간에 관한 규정 등이 잔존해 있어 가부장제적 기본틀이 완전히 없어진 것은 아니었다.

위의 규정들은 2005년에 양성평등에 한층 가깝게 개정되었다. 기존의 호주,[22] 즉 가장이

20) '가족법'이란 법전상의 용어는 아니고 민법전 가운데 제4편 '친족편'과 제5편 '상속편'이 가족생활 관계 영역을 중심으로 규정하고 있다는 의미에서 일반적으로 가족법이라 부른다. 현행 가족법은 1958년 2월 22일에 제정되어 1960년 1월 1일부터 시행되었으며, 1962년, 1977년, 1990년, 2005년, 2007년에 각각 일부 개정되어 현재에 이른다(2008년 1월 1일 시행).

21) 윤덕경, 앞의 책, p. 77.

22) 호주라는 용어는 우리의 고유용어가 아니라 일본의 압력으로 실시한 갑오개혁으로 인한 호적에서 처음으로 나타나는

중심이 되는 가(家)의 구성을 나타내는 호주제도를 폐지하여 가족에 대한 새로운 규정을 만들었고, 호적제도 대신 새로운 신분등록제가 도입되었다. 친족관계에 관한 규정을 개정하여 자녀의 성과 본은 부(夫)의 성과 본을 따르는 것을 원칙으로 하지만 혼인신고 시 부모의 협의가 있을 때는 모의 성과 본을 따를 수 있도록 하였다. 또 친양자제도가 신설되었는데, 양친과 양자를 친생자관계로 보아 양친의 성과 본을 따를 수 있도록 했다. 혼인제도에서도 동성동본금혼제를 폐지하고, 재혼금지기간을 폐지하였으며, 친생부인제도를 개선하였다.[23] 친권행사자의 결정에서도 부부가 이혼하였을 경우 협의에 의해 친권행사자를 정할 수 있도록 개정하였다.

2005년의 개정으로 호주제도가 폐지된 이후 기존의 호적법에 대한 대체법으로 2007년 4월에 가족관계 등록에 관한 법률이 제정되었다. 이 법률은 새로운 신분등록제로서 가족관계등록부를 도입하였는데, 국민 개인별로 기존의 본을 없애고 등록기준지를 선택하여 가족관계가 편제되며, 가족관계증명서에 본인을 기준으로 개인을 특정하는 데 필요한 사항만 담길 수 있도록 개정하였다.[24]

2007년 12월 가족법은 다시 개정되었는데, 그동안 약혼 연령과 혼인 연령이 남자 18세, 여자 16세로 다르게 규정되어 있던 것이 일치되었으며, 신중한 이혼을 위해 이혼숙려기간제도를 도입하였다. 또한 이혼가정의 자녀양육 환경을 개선하기 위해 협의 이혼 시 자녀양육 사항 합의를 의무화하였다. 이혼 시 자녀의 면접교섭권에서 자녀 역시 주체적으로 권리를 주장할 수 있도록 하였고, 재산분할청구권 보전을 위한 사해행위취소권을 신설하였다.[25]

2) 호주제 폐지의 배경

호주란 일가의 계통을 계승한 자, 분가한 자 또는 기타 사유로 인하여 일가를 창립하거나 부흥한 자를 말한다. 우리나라는 옛날부터 가부장제 가족제도(종법제)를 근간으로 하여 가족

것으로 미루어 일본 호적의 영향을 받은 일본 투의 용어라고 하겠다(안이정선, "호주제도의 폐지를 향하여", 『제2기 여성복지학교 자료집』, 1999. 12, 우리복지시민연합). 그러나 정작 일본은 종전 후 민법을 개정하여 호주제를 폐지하였고, 폐지 이후에는 새로 부부와 자녀를 기본으로 하는 호적을 창설하였다.

23) 친생부인제도는 당시까지 친생부인의 소(訴)는 부(夫)만이 제기할 수 있었지만 처(妻)도 가능하도록 개정되었다.

24) 가족관계등록부에서 발급받을 수 있는 증명서의 종류는 가족관계증명서, 기본증명서, 혼인관계증명서, 입양관계증명서, 친양자입양관계증명서가 있으며 필요에 따라 개별 정보가 보일 수 있도록 했다.

25) 부부의 일방이 다른 일방의 재산분할청구권 행사를 해함을 알면서도 재산권을 목적으로 하는 법률행위를 한 때에는 다른 일방이 그 취소 및 원상회복을 가정법원에 청구할 수 있다.

생활이 이루어져 왔다. 이러한 가부장적 가족제도는 가장인 호주가 가족구성원을 통솔하는 것으로서 호주제도는 남자 중심의 남존여비 사상의 법적 반영물이라고 할 수 있다.[26] 즉, 호주제도에 나타난 부계혈통 중심의 가족법제는 여성의 차별을 정당화함으로써 헌법에서 보장하고 있는 가족 내 양성평등의 실현을 불가능하게 하였다.[27] 따라서 호주제도는 개인의 존엄성을 도외시하는 위헌적 규정이라는 비난을 받았고 그 폐지가 강력하게 요구되었다.

호주를 기준으로 하는 호적편제방식은 개인 위주로 사회생활을 하는 현대 사회에서 불합리한 점이 많고 이혼, 재혼, 독신, 동거 등 다양한 형태의 가족이 발생하는 현대 사회에서 심각한 차별을 만들어 낼 수밖에 없었다. 이와 같이 호주 중심의 호적법은 가정 생활에서 남성의 우위, 여성의 비하를 가져와 부부평등, 자녀평등을 심각하게 저해하게 되었다.[28]

호주제는 여성의 재산권 행사 및 여성복지 향상에 걸림돌이 될 뿐 아니라 남성들에게도 심리적 · 경제적 부담을 주는 것이었다. 여성부에서 2004년에 실시한 '호주제의 사회 · 문화적 영향에 관한 연구' 결과에 따르면 대부분의 남성들은 호주제를 고유의 미풍양속 정도로 생각하고 있었으나 구체적인 피해 사례를 가지고 물었을 때 그것의 폐지에 호의적이었다.[29] 호주제가 상징하는 가부장적 가족문화와 관련해, 장남은 장남으로서의 책임감과 동시에 부담감을 느끼고 있는 것으로 보아 호주의 지위를 부여받은 남성들 역시 피해자였던 것이다.

또한, 호주제는 남성 가장에게 우선적으로 고임금의 일자리를 보장해야 한다는 남성 생계부양자 가족 모델의 제도적 기반이 되었고, 이는 여성 우선 정리해고 및 저임금 등으로 나타나 여성의 경제활동을 제한하고 있었다.

끝으로 부계혈통 및 가계계승의 우위를 내용으로 하는 호주제적 가족제도는 모자가정의 복지를 요보호여성정책으로만 봄으로써 낮은 복지 수준을 초래하고, 배타적 혈통주의적 호주제에 기초한 한국의 복지체계는 소년소녀가장 및 입양아동의 온전한 가족구성원으로서의 삶을 어렵게 만들었다.

---

26) 윤홍선, 앞의 책, p. 311.

27) 문제는 이러한 인간의 존엄성과 양성평등의 침해가 배우자 상호 간의 남성과 여성이 아니라, 호적을 단위로 한 가족제도를 유지하고자 하는 국가권력의 의사라는 것이다. 국가권력은 인간의 존엄이라는 근본 규범을 바탕으로 행사되어야 하며, 개인을 단순한 객체로서 취급하여서는 안 된다. 그럼에도 호적에 의한 가족의 구성은 개인의 의사를 강제적으로 '의제'함으로써 결과적으로 배우자를 객체로 취급하고 인간의 존엄을 침해하고 있는 것이다.

28) 이은영, "친족관계와 여성의 지위", 『법여성학 강의』, 서울: 박영사, 1999, pp. 102-103.

29) 여성부, 『호주제의 사회 · 문화적 영향에 관한 연구』, 연구보고서, 2004.

3) 호주제 폐지 운동

호주제 폐지를 위해 적극적인 홍보활동을 전개하였던 130여 개 단체, 그리고 수많은 활동가들과 전문가, 정치인, 방송인, 호주제 피해 당사자, 시민들의 노력으로 2005년 3월 2일, 호주제 폐지를 골자로 한 민법 개정안이 국회를 통과함으로써 반세기에 걸친 성차별 · 반인권의 상징이었던 호주제가 드디어 폐지되었다.

여기서는 여성연합 호주제폐지운동본부 및 호주제폐지시민연대 등의 주요 사건기록을 토대로 호주제 폐지 운동 일지를 정리해 보면 다음과 같다.

〈표 12-2〉 호주제 폐지 운동 일지

구분	내용
1999. 4. 26.	'현행 호주제도의 문제점과 대안마련을 위한 토론회'
	(한국여성단체연합 · 한국가정법률상담소 · 대한여한의사회 · 호주제폐지를위한시민의모임 주최)
1999. 5.	여성연합 호주제폐지운동본부 발족
1999. 7.~12.	전국 50여 단체에서 '호주제 불만 및 피해사례 신고전화' 운영
1999. 11.	UN인권이사회, 호주제 폐지에 대한 권고사항 결의
2000. 7.	사이버 호주제 폐지 운동 사이트(http://no-hoju.women21.or.kr) 개통
2000. 9. 22.	'호주제 폐지를 위한 시민연대' 발족(현재 113개 단체로 구성)
2000. 9. 22.	호주제 폐지에 관한 청원(청원자: 호주제폐지를위한시민연대)
2000. 10. 25.	'양성평등과 호주제 폐지, 그리고 그 대안' 토론회(호주제폐지를위한시민연대 주최)
2000. 11. 28.	위헌소송 제기
2001. 4.	서울지방법원 북부 · 서부지원, 호주제 관련 조항 위헌심판제청 결정
2001. 5.	UN경제사회문화적권리위원회, 한국 정부에 '호주제' 우려 표명
2002. 5. 15.	제2차 호주제 위헌소송 진행
2002. 10. 23.	'21세기 가족의 전망과 호적제도 개선방안에 대한 토론회'
	(평등사랑변호사모임 · 국회인권정책연구회 · 민주사회를 위한 변호사모임 주최)
2003. 3.	국가인권위원회, '호주제의 위헌성에 대한 의견' 헌법재판소 제출
2003. 4. 22.	호주제 폐지를 위한 의원간담회
	(호주제 폐지를 위한 시민연대 · 국회인권정책연구회 주최)
2003. 5.	사이버 호주제폐지운동(www.no-hoju.or.kr) 전개
2003. 5.~6.	호주제 폐지 범국민캠페인 및 길거리 토론회
2003. 5. 27.	호주제 폐지를 위한 민법 중 개정법률(안) 의원발의 추동
	호주제 폐지 272 발족 기자회견(호주제폐지시민연대 주최)
2003. 5. 28.	호주제 폐지를 위한 법조계 & 법학계 선언

구분	내용
2003. 6. 11.	호주제 폐지를 촉구하는 지도자 선언 기자회견
2003. 6. 15.	호주제 폐지를 지지하는 문화예술인 선언 기자회견
2003. 8. 11.	법제사법위원회, 민법개정안 안건 상정
2003. 9. 25.	법무부 · 여성부 주최, 민법 개정안 공청회
2003. 11. 13.	한나라당 주최, 호주제 폐지 민법 개정안에 대한 공청회
2003.11.~2003.12.	호주제 폐지 국회 앞 1인 시위
2003.11.~2003.12.	호주제 폐지 촉구 시민사회 · 노동단체 릴레이 성명서 발표
2004. 6.3.	민법 중 개정법률안(정부안) 17대 국회 제출
2004. 9.9.	민법 중 개정법률안(이경숙 의원 대표 발의안) 국회 제출
2004. 9.14.	민법 중 개정법률안(노회찬 대표 발의안) 국회 제출
2004. 12. 3.	법사위 주최 민법개정안 공청회, 호주제 연내 폐지를 위한 시민사회 원로 및 대표 선언
2004. 12. 27.	법사위 법안심사 제1소위, 2005년 2월에 호주제 폐지 법안 처리키로 여야 합의
2005. 1. 10.	대법원, 새로운 신분등록 대안으로 '혼합형 1인 1적 가족부' 제시
2005. 1. 17.	이은영 의원실 주최, 대법원의 대안에 대한 공청회
2005. 1. 26.	법무부, 새로운 신분등록 대안으로 '본인을 기준으로 한 가족기록부 형태' 제시
2005. 2. 3.	헌법재판소, 호주제 헌법 불합치 결정
2005. 3. 2.	호주제 폐지를 주요 내용으로 하는 민법 일부개정 법률안 국회 통과

출처: 여성연합 호주제폐지운동본부 · 호주제폐지시민연대 · 기타 주요 사건기록.

4) 호주제 폐지와 그 의의

2005에 개정된 민법은 2008년 1월부터 시행되었다. 호주가 중심이 되어 나머지 가족들을 기재하던 현행 호적과 달리, 본인이 중심이 된 새로운 등록부로 대체되어 국민 개개인이 각자의 신분등록부를 갖게 되었고, 여기에는 본인의 출생, 혼인, 입양 등의 신분변동사항과 부모, 배우자, 자녀의 이름, 주민등록번호 등 기본 인적사항이 기재되고 있다. 누구나 독립적으로 본인의 신분등록부를 갖게 되어 아버지, 장남, 장손자 순서로 이어지던 호주 승계가 사라지고, 입적 · 제적 · 전적 등 호적을 옮기는 일이 없어지게 되었다. 또한 자녀들은 아버지의 성을 따른다는 것이 원칙이지만, 부부가 혼인신고 시 협의하면 어머니의 성을 따를 수도 있다. 재혼한 가정의 아이도 가정법원의 허가를 받아 새아버지의 성을 따를 수 있게 되었다.

무엇보다 호주제 폐지는 호주라는 개념이 사라졌고, 호적이 새로운 신분등록부로 대체되었으며, 이제 자녀들이 어머니의 성씨도 따를 수 있다는 실질적 변화를 넘어서, 지금 우리 사회에 요구되는 민주적이고 수평적인 공동체의 가치를 실현할 수 있는 중요한 출발선이 되었다는 점에서 중요하다.[30)]

호주가 없어졌다는 것은 하나의 중심에 종속된 수동적 객체가 아니라, 구성원 모두가 주체가 된다는 것을 의미한다. 따라서 개개인의 권리가 많아진 만큼 자기결정권에 대한 책임이 높아지고, 민주적 의사결정이 중요하게 되었다. 상대방의 생각을 존중하고 다양성을 인정하는 속에서 공동체는 보다 평등해지고 민주적으로 변화될 수 있을 것이다.

또한, 호주제의 폐지는 양성평등한 가족문화 증진뿐만 아니라 가족의 평등한 경제생활 기반을 마련함으로써 국민 개개인의 삶의 질을 향상하는 데 기여한다. 새롭게 정립된 양성평등한 가족 개념과 구성을 바탕으로 다양한 가족 형태와 평등한 가족 구성원들의 복지를 포괄하는 종합적인 가족복지정책의 수립과 시행이 필요하다.

7. 여성복지 관련 법의 현실과 과제

여성과 법의 관계는 역사상 가부장적 남성 우월주의 사회에서 법적 강자인 남성들로부터 법적 약자인 여성들이 자신들의 권리를 부단히 쟁취하는 관계로부터 정립되어 왔다는 현실을 이해할 필요가 있다. 또한 여기서 간과하지 말아야 할 사실은 '있어야 할 법'의 창조가 사회적 세력만의 '이익'에 의해서 이루어진 것이 아니라 그 이익을 법 시스템으로 전환하려는 강력한 '요구'가 더해져 만들어지게 되었다는 점이다.[31)]

광복 이후 우리나라에서 여성 관련 각종 법률들의 규정은 여성의 사회적 지위 향상과 더불어 남녀평등의 고지를 향하여 꾸준히 발전해 왔다. 그러나 이러한 법적 평등이 사실상의 평등으로 실현되지는 못하고 있다. 왜냐하면 유교적 가부장제 의식과 관습이 뿌리 깊은 반면, 민주적 법치국가나 인권보장의 역사와 경험이 짧은 우리나라에서 법과 현실 간에는 상당한 괴리가 존재하여 왔기 때문이다.

더욱이 법과 정책, 그리고 정치에 중요한 영향을 미치거나 실제로 담당하는 사람의 절대다수가 남성들로 구성되어 있고, 법에 대한 교육이나 홍보가 부족하다는 등 여러 가지 요인

30) 한국여성단체연합, '호주제 폐지 환영 논평', 2005. 3. 2.
31) 윤홍선, "여성과 법", 윤근섭 외, 『여성과 사회』, 서울: 문음사, 1995, p. 306.

제기하고, 복지제도에 의한 가족 내 경제적 의존관계에 대해서도 본격적인 관심을 불러일으켰다.

그러나 '부양자 대 개인적 모델'은 가족 이데올로기를 지나치게 단순화한 한계를 보이고 있다. 즉, 가족 구성 요건으로서 혼인관계나 동거관계에 따라 복지 수급권의 근거나 복지혜택의 수여 단위 또한 다를 수 있는데, 이와 같은 다양성을 일괄적인 부양자 개념으로만 설명하고 있다.[4] 아울러 많은 국가에서 남성 생계 부양자 모델을 가지고 있는 현실에도 불구하고 순수한 남성 생계 부양자 모델이 존재할 수 있는가라는 의문을 제기할 수 있다. 예컨대, 영국과 아일랜드는 전형적인 부양자 모델 국가에 속하지만 영국 여성의 경제활동 참가율은 높은 편이며 아일랜드나 독일 여성의 경제활동 참가율은 낮은 편이다.[5] 결국 노동력의 탈상품화가 성별 노동 분업을 고착화하는 데 이바지하는지, 아니면 여성의 자주적 삶을 가능케 하는 데 기여하는지에 대한 규명이 필요하다.

우리나라의 사회복지정책은 여성의 영역은 가정이고, 여성의 역할은 가사 및 육아, 시부모 봉양이어야 한다는 성역할 고정관념에 기초한 부양자 모델의 전형이라 할 수 있다. 따라서 성차별 문제를 적극적으로 해결하려는 성평등적인 시각이 결여된 채 전통적 가족을 유지하기 위한 가족정책적 성격을 보이고 있으며, 아울러 이러한 가족유지적 정책은 노동력 재생산에 유리하고 전체 사회를 안정적으로 유지하기 위한 보수적 장치로서 기능하게 된다.

2. 복지국가의 역사적 전개와 성불평등 요소

19세기 후반부터 오늘날에 이르기까지 100여 년의 역사를 가지고 있는 복지국가는 20세기에 들어와 제1, 2차 세계대전 및 경제공황을 거치면서 지속적으로 발전하기 시작하였다. 세계대전과 경제공황은 국가에 의한 경제개입 및 복지개입을 위한 매우 유리한 조건을 형성하였으며 이러한 조건 속에서 복지국가의 발전을 촉진할 수 있는 정치 세력이 구축되었다. 그 결과 제2차 세계대전이 종결되기 전까지 복지국가는 확고한 기틀을 갖출 수 있게 되었다.

4) 반드시 혼인관계를 맺어야 남편의 수급권 내 피부양자로서 권리를 획득할 수 있는 혼인 중심 복지국가 모델(네덜란드, 독일, 룩셈부르크)과 동거를 하고 있을 경우에는 혼인신고 여부와 관계없이 피부양자로서 권리를 가질 수 있는 가족 중심 복지국가 모델(프랑스)을 구분할 필요가 있다(박영란 외, 앞의 책, p. 31).

5) O'Connor, J. S., 앞의 책, 1996.

복지국가의 발전 단계는 복지국가 이전 시기, 태동기, 정착기, 팽창기, 그리고 정체기 등으로 구분되는데, 이러한 복지국가의 역사적 전개과정을 분석하는 데에도 역시 성평등적 시각이 결여되어 남성 중심적 시각으로 보았던 것이 사실이다. 〈표 13-3〉은 그동안 배제되었던 성적 변수를 중심으로 복지국가의 발전 단계에서 나타나는 성불평등 요소를 정리한 것이다.[6)]

복지국가는 그 형성 및 확대기에는 여성의 재생산 노동과 보호서비스, 그리고 저임금 노동을 기반으로 하여 사회복지정책을 발전시키고, 경제적 어려움으로 인한 복지국가의 정체기에는 여성을 비경제활동인구로 분류하여 복지혜택을 우선적으로 축소·조정하는 태도를 유지해 왔다. 이것은 그야말로 '평등성지향'이라는 복지국가의 이념과는 거리가 먼 것이다. 역사적으로 복지국가는 계급불평등에 많은 관심이 있었고 이에 대한 논쟁이 계속되었지만 상대적으로 성불평등에 대해서는 그렇지 못했다. 따라서 여성주의자들은 "복지국가는 여성의 불평등을 가속화한다"고 결론짓는다.

〈표 13-3〉 복지국가의 역사적 전개와 성불평등 요소

시기	복지국가의 일반적 특성	복지국가의 성불평등적 특징
복지국가 이전 시기 (1830~1880)	• 빈민의 통제 • 정치적 안정 확보 • 노동력의 원활한 공급	• 국가 개입으로 가정과 직장을 분리하여 여성을 가정에 묶어 둠 • 여성은 노동시장에의 소외로 빈곤 상태에 빠짐
복지국가 태동기 (1881~1919)	• 사회보험제도의 형성	• 사회보장제도를 남성임금노동자에게만 적용 • 인구 충원의 목적으로 여성의 아동보호에 대한 국가의 개입 • 가정에서의 여성의 가사역할 강화
복지국가 정착기 (1920~1945)	• 제도적 확충 • 복지수혜자의 범위 확대 • 복지예산의 증대	• 노동시장에의 여성의 참여에 대한 부분적 허용
복지국가 팽창기 (1946~1975)	• 최적의 생활보장을 목표 • 국민권리개념으로서의 복지 • 아동수당, 가족수당, 출산수당 형성	• 여성의 종속적 위치와 부모로서의 역할 강화 • 사회정책의 핵심은 가족의 안정 유지
복지국가 정체기 (1976~현재)	• 경제성장의 둔화로 복지 삭감 • 정부책임의 감소와 비공식 부문과 영리서비스 부문으로의 전가	• 낮은 보수 수준 • 국가보호나 혜택의 결핍, 사회보장 혜택과 고용권리의 감소

출처: 손지아, 『성불평등을 중심으로 살펴 본 복지국가의 한계』, 경북대학교 대학원 석사학위논문, 1996, p. 39.

6) 북유럽 국가들, 앵글로 색슨계의 국가들의 경우에는 위의 복지국가 발달 시기에 따른 성불평등적 요소들에서 다소 차이점이 발견된다. 〈표 13-3〉에 해당되는 국가들은 영국, 독일, 프랑스 등의 대륙 유럽 국가들이다.

1990년 중반부터 사회투자국가 등 복지국가 재편론에 대한 논의가 시작되어 여성 노동의 상품화가 활발하게 진행되어 오고 있지만 보수와 복지혜택에 있어 여전히 성차별적 요소가 존재한다.

복지국가의 성맹(性盲)적 입장을 이해하는 데는 다음과 같이 특정 사회복지정책 내용상의 역사적 전개 양상을 살펴보면 도움이 될 것이다. 첫째, 제도 도입의 우선순위를 살펴보면, 독일에서는 질병보험(1883)이 가장 먼저 실시되었고, 다음으로는 재해보험(독일, 1884), 폐질 및 노령보험(독일, 1889), 유족보험(독일, 1911), 실업보험(영국, 1911), 가족수당(영국, 1945), 결혼 및 주택수당(서독, 1960) 등의 순으로 실시되었다. 둘째, 문제 영역별로 보면 초기에는 빈곤, 질병, 출산, 산업재해 등이 주요 정책 대상이 되었으며, 점차 노령, 폐질, 세대주 사망, 실업 등이 그 대상이 되었고 그 후에는 피부양 자녀수의 과다, 주택 부족 등이 사회복지정책의 주요 영역이 되었다. 셋째, 적용 대상에서는 초기에는 저소득 산업노동자, 농업노동자 등이 중심이 되었다가 사무직 노동자, 수공업자, 자영업자 및 농업경영자 등으로 대상이 확대되었으며, 점차 자유직 종사자, 고소득 경영자, 가정주부, 학생 등까지 포괄하여 전 국민이 사회복지정책의 대상이 되는 경향을 보이고 있다.[7)]

이와 같이 복지국가의 발전과정에 따른 사회복지정책의 내용을 분석해 보면 정책의 수립이 우선은 남성 중심의 영역에서 점차적으로 여성 및 가족 중심 영역으로 발전되어 왔다는 것을 알 수 있다.

복지국가의 형성·발전과정에서 여성이 차별받는 근거를 요약하면 다음과 같다. 첫째, 더 나은 사회 급부를 받는 데 임금수령이 유리하다는 점, 둘째, 사회적으로 대가를 받지 못하는 가사노동, 그중에서도 특히 아동양육을 급부 산정 시 고려하지 않는다는 점, 셋째, 사회복지 수급권리의 차별성을 만들어 내는 불평등한 임금의 지속, 넷째, '전업주부'에게 특혜를 주는 가부장적 모델, 즉 미혼의 생활 형태나 취업 부부에게는 불이익을 주는 정책 등이다.[8)]

복지국가의 이러한 가부장적 특성은 결국 티트머스(Titmuss)가 말한 것과 같이 '분열된 복지국가'란 개념을 낳게 되었는데, 이 개념은 사회정책이 인종, 연령, 성별에 따라 불이익과 차별적 대우를 구조화시킨다는 것을 의미한다. 다시 말해, 현대 복지국가에서는 노동자정책과 빈민정책이 분리 운영되며, 여성의 무임금 노동의 가치를 인정하지 않아 여성정책은 결과

7) 유광호, "사회보장의 역사적 경험", 연하청 외, 『사회보장제도의 정책과제와 발전전망』, 한국개발연구원, 1988.
8) 김미원, "복지국가의 가부장적 특성에 대한 비판적 고찰-여성복지 대안을 위한 이론적 일고-", 『한국사회복지학』 통권 제26호, 한국사회복지학회, 1995, p. 56.

적으로 빈민정책의 관할이라는 점, 그리고 이러한 분리가 가부장적 전제로서 강화된다는 점 등에서 그 편파성을 극복하지 못했다는 것이다.

3. 여성주의에서 본 복지국가의 성격

1960~1970년대 복지국가 발전에 의해 여성의 사회·경제적 지위는 많이 향상되었다. 공적 영역, 즉 직업과 정치활동에서 여성의 참여와 가족 유형의 변화는 여성의 삶을 근본적으로 바꾸어 놓았고, 이제 오늘날의 여성은 더 이상 남편의 수입에만 의존하고 있지는 않다. 국가의 급여나 사회서비스에 의존하는 여성들도 증가하였으나 점차 많은 수의 여성들이 자신의 소득으로 생계를 유지하며, 단지 소수의 여성만이 남편의 수입에 전적으로 의존하고 있다.

그러나 많은 여성들이 복지국가 발전에 의해 혜택을 입었다고 생각되나 성별 분업의 고정관념 및 남성 중심적 사고가 존재하는 한, 성불평등은 그대로 복지제도에 반영되고 있다. 복지국가의 발전으로 여성의 사회경제적 지위가 향상되었고, 노동자로서 그리고 시민으로서 여성들의 영향력은 강화되었으나 반면에 공적 영역에서 남성의 지배 역시 강화되었다는 것이다. 이제 복지국가에 대한 여성주의적 접근을 여러 차원에서 살펴보기로 한다.

1) 베버리지 보고서의 성차별적 함의

여성의 사회보장권을 확대, 보장하려는 시도는 언제나 여성 노동의 가치를 사회적으로 인정받으려는 것과 연결되지만 이를 현실적으로 사회복지정책과 연결시키는 것은 매우 어려운 문제이다. 그 이유로는 기존의 사회정책이 가지고 있는 이념적 한계를 들 수 있는데, 즉 사회정책이 가지고 있는 여성, 특히 주부에 대한 개념이 다음과 같이 모순적이라는 것이다. 첫째, 주부는 성인이지만 사회보험권 등에서 아동과 같이 취급되고, 둘째, 종일제 노동을 하지만 '경제적 비활동인구군'에 속하며, 셋째, 국가경제에 실질적으로 기여를 하지만 노동자 정책에서는 완전히 배제된다는 점 등이다.[9)]

이러한 모순적인 처우는 주부의 역할에 대한 복지국가의 개념이 가부장제 내에서 형성되

9) 김미원, 앞의 논문, p. 70.

었기 때문이다. 복지국가의 완성자라는 베버리지(Beveridge)에 의하면 기혼 여성은 우선 가정주부일 것으로 기대된다. 그는 오직 남성과 미혼 여성만이 노동시장에 참여한다고 가정했다. 1942년의 보고서에서 그는 사회보험은 국가와 개인의 협력에 의해 이루어져야 하며 국가는 남성으로 상징되는 그(himself)와 그의 가족(his family)에게 최소한의 생활보장을 제공함으로써 개인의 자발성을 해치지 말아야 한다고 주장했다.[10] 따라서 여성은 독립적인 임금을 소유할 것으로 기대되지 않고 남성의 보험에 종속적으로 보장받도록 되어 있다. 그는 여성의 역할을 노동시장에 참가하지 않는 가정주부 및 어머니로 규정하며, 기혼 여성은 남편에게서 1차적 소득 보장을 받을 수 있기 때문에 사회보장은 2차적 역할을 수행한다고 가정했다. 즉, '정상적'인 기혼 여성이라면 남편이나 가족이 1차적 소득 보장의 역할을 하고, 사회보험은 남편으로부터 소득 보장을 받지 못하는 유족, 별거, 이혼 여성 등과 같은 특정한 경우에만 기능한다는 것이다.[11]

이러한 전제하에서 베버리지가 기혼 여성에게서 일어날 수 있는 사회적 위험으로 고려한 것은 과부가 되는 경우뿐이었다. 그러나 이 경우도 여성은 남편이 살아 있는 동안의 노동경력에 의존하게 함으로써 독립적인 생계보장은 이루어지지 않았다. 즉, 아내는 남편으로부터 보호받으므로 자기 재산은 필요 없고, 또 '일하지 않으므로' 피부양자라는 논리가 여성에 대한 사회보장정책의 근저에 깔려 있는 것이다. 그리고 이러한 의존성이야말로 여성을 억압하는 주된 원인이 된다. 자본이 지배하는 사회에서 임금을 지급받지 못하는 노동자로서 여성은 이중으로 억압당하는 것이다.

더욱이 이혼 여성이나 미혼모 등이 취업하지 않았을 경우 보험 혜택은 받지 못하고, 빈곤의 위험이 닥칠 때 현대의 구빈 프로그램인 공공부조에 의지할 수밖에 없다. 소위 이러한 '실패한 여성'들에 대한 국가정책은 마치 열등처우의 원칙과도 같이 이들이 '훌륭한' 가정주부보다 더 나은 삶을 살도록 공적으로 지원되어서는 안 된다는 것이다. 이와 같은 베버리지식 사회정책은 오늘날 많은 여성들이 노동시장에 진출하고 또 가족구성이 달라짐으로써 현실 상황에는 전혀 맞지 않는 구조임에도 불구하고, 사회보장제도가 성(gender)에 의해 구조화되고 여성이 진정한 시민으로서 독립적인 권리를 부여받지 못하는 데 지속적으로 영향을 미치고 있다.[12]

10) William Beveridge, Report on Social Insurance and Allied Services, Cmnd 6404(London: HMSO, 1942), pp. 6-7.
11) 위의 책, pp. 49-50.
12) 공정원, 『한국 국민연금제도의 성불평등에 관한 여성론적 고찰』, 경북대학교 대학원 석사학위논문, 2000, p. 2.

이와 같이 남성을 가족 부양자로, 여성은 생계 의존자로 보는 전제는 서구 복지국가에서 베버리지식 전통으로부터 현대 복지국가에 이르기까지 꾸준히 이어져 온 사회정책의 흐름으로, 복지국가를 성립시킬 수 있는 사회적 전제는 오직 완전고용인 것이다. 따라서 현존하는 사회보장제도는 한편으로는 취업노동에, 다른 한편으로는 결혼제도에 특권을 부여하는 양 축을 근간으로 체계화된 성차별 개념을 내포하고 있다.[13)]

2) 복지국가의 가부장적 특성

복지국가를 여성주의적 시각에서 분석해 볼 때 복지국가는 성(性)에 의해 구조화되어 있다는 점을 알 수 있다. 복지국가는 남성 중심의 가족 형태를 가족 이념으로 지원하고 있으며, 복지정책 역시 이러한 구조 속에서 형성, 유지되고 있다는 것이다. 즉, 복지국가 내에서도 여전히 가부장적 성격과 성차별적 여성 억압 구조를 발견할 수 있으며 여성주의자들은 이를 가부장제 복지국가(patriarchal welfare state)라고 정의한다.[14)]

많은 다양한 견해에도 불구하고 여성주의적인 기본 입장은 복지국가에 대해 매우 비판적이다. 대다수 여성주의자들은 복지국가의 서비스가 여성들의 삶의 기회를 개선할 수 있다는 가능성은 인정하면서도 서비스의 많은 부분에 대해서 비판적이고 특히 그런 많은 정책들을 지지하는 가치와 가정들에 대해서는 더욱 그러하다.[15)] 그들은 복지국가가 남성들이 정책입안자이고 여성들은 단지 정책수혜자로 머무는, 남성 지배적인 국가라고 주장한다. 복지국가는 간혹 부수적으로 불평등하고 억압적인 성적 관계라는 특정한 유형을 타파하기도 하지만 궁극적으로 이러한 남성의 가치를 존속시키기 위해 기능하는 것으로 생각하고 있다.[16)] 여기서는 여성주의자들이 분석한 남성 지배적 국가 개념을 복지국가의 가부장적 특성을 통해 살펴본다.

---

13) 이러한 시각에 반하여 스칸디나비아의 페미니스트들은 여성이 복지국가에서 차지하는 지위에 따라 이들의 정치적 주체로서의 역량도 형성되었다고 주장한다. 그 외에도 몇몇 유럽 국가들의 경험은 공공정책이 여성의 기회를 확대시킬 수 있다는 가능성을 보여 주고 있다.

14) Eisenstein, Z., *Capitalist Patriarchy and the Case for Socialist Feminism*, New York: Monthly Review Press, 1979; 홍승아, "복지국가의 가부장적 특성에 대한 연구", 『한국사회복지학』 통권 35호, 한국사회복지학회, 1998, p. 457에서 재인용.

15) 즉 여성을 모성과 대등시하는 관점을 강화하고, 또 여성은 남성에게 경제적으로 의존해야 한다는 개념을 지지하는 것으로, 이것은 '대부분의 페미니스트 저서에서 원흉으로 등장하는' 베버리지 보고서에 내포되어 있는 관점이기도 하다.

16) 빅 조지 · 폴 윌딩, 김영화 외 역, 『복지와 이데올로기』, 서울: 한울아카데미, 1999, pp. 247-248.

(1) 성별 분업화된 가족 특성

먼저, 복지국가는 특정한 가구 형태, 즉 남성 가장 및 그에 의존하는 가정주부를 토대로 한 가족제도를 지원함으로써 성별 분업화된 가족을 전제로 하고 있다. 즉, 여성은 가족 내에서 남편에게 경제적으로 의존하는 존재로 상정되어 노동시장 내에서도 부차적이고 차별적인 노동력으로 대우받게 된다. 따라서 복지국가는 남성 부양자 / 여성 의존자라는 기존의 성별 분업 형태를 그대로 수용하여 이러한 성별 분업이 전제되고 지지되는 가족 형태를 전형적인 가족 이념으로 받아들였다. 그 결과 현실적으로 이러한 가족 이데올로기하에서 노동시장 내 여성의 지위를 취약하게 만든다.

또한 복지국가에서 수행되는 제반 사회정책들로 인해 여성에게는 모성의 책임 및 보살핌에 대한 여성적 특성을 강조하게 된다. 여성들은 자녀나 노인, 기타 의존자에 대한 무임노동을 제공하게 되고 이러한 여성들의 무임노동을 통해 국가는 사회복지에 대한 지원을 최소화하는 효과를 갖게 되는 것이다. 가정의 사적 영역은 공적이고 정치적인 관계 속에 종속되어 있어서, 노동시장 내에서 여성의 열등한 위치는 복지국가가 여성들에게 어머니와 임금노동자로서 이중 역할을 제도화한 데서 비롯된다. 이와 같이 복지국가는 여성에게 노동시장과 가족 내에서의 이중 역할을 부과함으로써 경기변동에 따른 노동력 수급이나 국가의 예산삭감에 따라 가족을 강조하거나 혹은 노동을 강조하기도 하며 상황에 따라 여성에 대해 신축성 있게 대처할 수 있도록 산업예비군, 또는 최후의 식민지로 설정해 놓는 것이다.

(2) 남성적 노동 모델의 전제

복지국가는 기본적으로 남성적 노동 모델을 수용하고 있다. 남성적 노동 모델이란 한 남성이 일주일에 40시간 전후로 바깥일을 한다는 것이 전제된 노동 형태이다. 이는 동시에 가정에서 가사노동을 담당할 전업주부를 전제로 한 것이다. 즉, 남성적 노동 모델은 남성이 바깥일을 할 수 있도록 여성들이 전업주부로서 충분히 지원해 줄 것과 아울러 자녀나 노인들에게 역시 전업주부의 존재가 전제되어야 함을 의미한다. 이것은 여성의 역할은 유동적이며 노동시장에의 참여도 주변적이라는 가정과 깊은 관련이 있다.[17]

17) 앤 쇼우스탁 사쑨 편저, 『여성과 국가: 국가정책과 여성의 공사 영역의 변화』, 한국여성개발원, 1989, pp. 167-170.

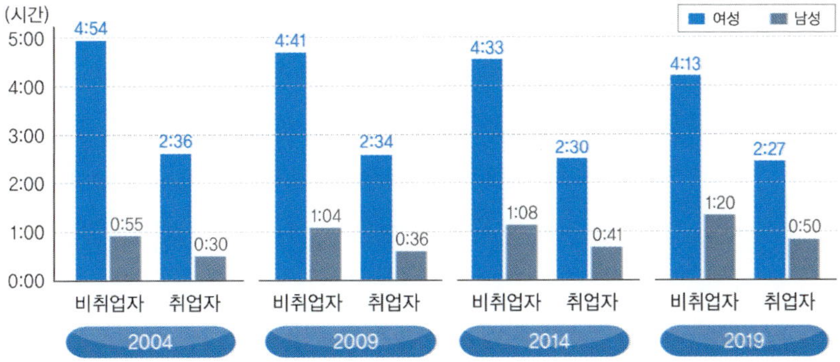

자료: 통계청(각 연도), 「생활시간조사」
출처: 여성가족부, 『2020년 국가성평등보고서』, p. 52.

[그림 13-1] 취업 상태별 가사노동시간

현실적으로 많은 여성들이 노동시장에 대거 진출하고 있음에도 불구하고 대부분의 가사노동은 취업여성의 이중적 역할에 의해서 수행되는 경우가 많다. 즉, 가정, 노동, 복지국가 등이 모두 여성들이 아직도 전통적 역할을 계속하고 있다는 전제하에 조직되어 있다. 그러나 오늘날과 같은 추세에서 더 이상 남성 노동자를 지원해 주거나 자녀나 노인들을 보살펴 줄 전업주부의 전제는 현실적으로 찾기 어려워졌다. 즉, 여성의 삶의 형태가 변화됨에 따라 이러한 노동 형태는 장기적인 위협을 당하게 된다. 또한 증대된 취업여성의 경제활동으로 인해 이전에 여성들이 주로 담당했던 가정 내 노동(자녀나 노인, 기타 의존자 돌보기 등)을 수행할 대체적 인력과 사회적 시설들은 충분하지 않고, 현재의 남성적 노동 모델하에서는 결코 자녀나 노인부양의 책임이 안정되게 수행되기는 어렵다. 이제는 남성이든 여성이든 안정된 노동/가정생활을 양립하기에는 모두에게 현실적인 어려움이 따르게 된다. 따라서 기존의 성별 분업과 남성적 노동 모델이 해체되는 근본적인 개혁이 수반되지 않고서는 진정한 문제해결은 이루어지지 않는다.[18)]

(3) 공적 가부장제 형태로의 이전

복지국가에서 발견되는 가부장적 특성이 점차 변화되고 있다. 이전에 개별 남성에 대한

18) 가장 이상적으로는 모든 노동자의 노동시간을 단축하고 노동조직을 융통성 있게 하는 일이다. 이것은 여성의 짐을 더는 데 필수적일 뿐 아니라 남성의 가사참여를 위한 전제조건이 되기도 한다. 전일제 노동을 하면서 남성적 노동 모델에 따라 일을 수행하려는 현실에서는 남성이나 여성이나 모두 자녀양육이나 기타 사적인 욕구나 필요들을 수행하려고 할 때 어려움에 직면할 수밖에 없다(앤 쇼우스탁 사쑨 편저, 위의 책, p. 162).

여성의 경제적 의존을 전제하던 '사적 가부장제' 형태에서, 점차 국가나 공공 영역으로의 고용 및 직접적인 서비스를 통해 여성의 의존 형태는 개별 남성에서 국가나 공공 영역으로의 이전을 통해 '공적 가부장제' 형태로 바뀌고 있다.[19] 즉, 공적 영역에서의 고용 확대나 증가로 인해 여성들은 사적 가부장제에 의존하던 형태에서 점차 공적 가부장제에 직접 의존하게 되는 형태로 변화되고 있다.[20] 여기서 중요한 점은 여성 억압의 장이 사적 영역에서 공적 영역으로 이전함에 따라 남성 지배의 성격이 변화되었다는 것이다. 즉, '가족적 가부장제' 혹은 '사적 가부장제'라 불리던 남성 지배는 약화된 반면, '사회적 가부장제', 곧 공적 영역에서의 남성 지배가 강화되어 여성 의존이 보다 구조적인 차원에서 행해지고 있다는 것이다.

이러한 변화의 과정이 여성에게 시사하는 바는 다음 두 가지 측면에서 이해될 수 있다. 하나는, 여성의 의존 형태가 개별 남성에서 국가나 공공 영역으로 바뀌었는데, 이는 극단적으로 말해 복지제도는 오히려 사회적 통제나 성적 규제의 수단으로서 여성을 가치 저하시키고, 여성을 통제하고자 하는 남성들의 집단적인 필요에 의해 만들어진 '가부장적 필요성'으로 보기도 한다는 것이다. 다른 하나는, 이런 억압적인 측면에도 불구하고 복지체계는 진보적인 측면을 동시에 가지고 있음을 지적할 수 있다. 즉, 이러한 변화과정을 통해 공공정책은 적극적으로 의도하지는 않았지만 여성들에게 경제활동과 고용기회를 제공했으며, 결과적으로 여성들로 하여금 이런 과정을 통해 일련의 경제적 자립 가능성을 가질 수 있도록 그 기반을 제공해 준 측면도 있다는 점이다.[21]

따라서 복지국가의 변화 과정은 여성의 입장에서 볼 때 모순적이면서도 그 내면에는 여성들을 위해 상당한 잠재력을 지닌 이중적 결과로 나타나고 있다. 즉, 복지국가는 가족 내의 서비스나 여성의 가정적 역할에 의존하는 반면, 여성들로 하여금 가정이나 사적인 관계를 초월하여 노동의 세계나 시민사회의 새로운 영역에 참여하게 하는 요소를 함께 지니고 있다.

---

19) 월비(Walby, 1990)에 의하면, 사적인 가부장제란 가족생산에 기반을 둔 것으로서 여성의 노동에 대한 전유가 주로 가족 내에서 개별 가부장들에 의해서 일어나는 데 반해, 공적인 가부장제는 국가나 고용과 같은 공적인 영역에 기반을 두며 여기에서는 보다 집합적인 전유가 일어나면서 동시에 분리주의적이며 종속적인 성향이 강하다는 것이다(홍승아, 앞의 책, p. 463).

20) 일반적으로 복지국가에서 여성 노동은 국가 부문으로 흡수되고 있다. 국가는 여성 노동자들의 가장 큰 고용주이고, 이 여성직업 중 대부분이 건강, 교육, 사회서비스 등의 복지사업에 종사하게 된다. 스칸디나비아 국가의 경우에도 여성의 무급 가사노동이 유급노동으로 전환하게 된 것은 여성이 사적 부문보다는 공적 부문에서 고용되었음을 의미한다.

21) 스칸디나비아 여성학자들은 이러한 변화는 일반적으로 여성의 지위 향상을 초래했으며, 여성들을 동원하고 그들의 주장과 정치적 영향력을 증대시킬 수 있는 새로운 자원을 확보해 준 것으로 본다. 또 이들은 이러한 변화의 과정에서 여성과 국가 간에 일종의 '연대(alliance)'가 형성되었음을 발견해 낸다. 즉, 전통적인 가부장적 가족에서보다 여성들에게 보다 많은 선택과 자유를 제공해 줄 수 있다는 것이다(홍승아, 위의 책, p. 467).

3) 복지국가의 위기와 젠더 정치

오늘날 경제위기와 더불어 복지국가를 축소하고자 하는 다양한 정치적 노력들이 전개되는 상황에서 복지국가에 대한 객관적인 이해가 보다 중요하다.[22]

오늘날 복지국가는 그 위기에 직면하여 기존의 사회보장제도를 고수하려는 투쟁과 더불어 사회정책의 구조를 재편성하기 위한 수많은 제안을 하게 하였다. 이러한 제안과 논의과정에서 여성의 목소리가 거의 표출되지 않았다는 사실은 현재 전세계적으로 진행되고 있는 복지국가의 위기에 의한 최대 희생자가 바로 여성일 수 있다는 사실이다.[23] 따라서 지난 30여 년간 여성운동의 전략이 복지국가 기능과 역할의 확대와 관련된 사항들에 집중된 것은 우연이 아니다. 바로 이 점이 여성주의자들이 복지 프로그램의 삭감에 직면하여 기존의 제도를 고수하려고 노력하는 이유 중의 하나이다.

복지국가의 위기와 빈곤의 여성화에 직면하여 여성들은 1980년대 이후 자신들이 근본적으로 비판했던 복지제도의 방어자 위치에 놓이게 되었고, 바로 이러한 모순된 틀 안에서 앞으로의 여성정책이 형성될 것으로 보았다. 또한 여성주의자들 사이에는 여성의 지위를 향상시키는 것이 국가의 중요한 역할이라는 신념이 있다. 여성 대다수를 해방시키기 위해서는 개인적인 요소들의 정치적 성격을 이해하는 것이 필요하다. 그러므로 복지국가에 대한 여성주의적 접근은 비판적 염세주의이자 굳건한 낙관주의를 위한 투쟁이기도 하다.

초기의 사회정책 입안자들은 국가적 차원의 복지제도를 구축하는 과정에서 여성운동이 혁혁한 공헌을 세웠다는 사실을 망각하였다. 그들은 남성 중심적인 전통적 가족 이데올로기에 입각해 사회정책을 입안하였으나 후기 산업사회의 경제 · 사회적 현실에 의해 이것은 이미 시대착오적인 것이 되고 말았다.[24] 문제는 정의로운 젠더 정치(gender politics) 개념을 토대로 한 사회정책의 미래상이 아직 존재하지 않는다는 데 있다. 이를 위한 여성주의자들의

22) 테레사 쿨라빅 외, 한국여성정책연구회 역, 앞의 책, p. 139.

23) 물론 서구에서의 '복지국가 위기' 논쟁은 주로 재정적인 것으로 간주되며 예산 삭감으로 위기를 해결하려고 하기 때문에 남성보다 여성에게 더 나쁜 영향을 미칠 수 있다. 만약 '위기'가 주로 정부의 지나친 부담의 문제로 간주된다면 정부는 서비스 업무를 가정이나 시장으로 이전시킴으로써 피고용인이며 수혜자로서의 여성에게 불리한 영향을 미칠 것이다(헬가 헤르네스, "여성과 복지국가: 사적 의존에서 공적 의존으로의 변화", 사쑨 편저, 위의 책, p. 71).

24) 이념을 변화시킨다는 것은 현실적 '양상이' 낡은 이념을 계속적으로 지지하기 때문에 매우 어려운 일이다. 즉, '가사노동'으로서 여성의 역할이란 개념은 계속적으로 유지되는데, 왜냐하면 가사노동의 책임이 여전히 여성 존재의 근본적인 양상으로 남아 있기 때문이다. 따라서 대부분이 반대로 해석함에도 불구하고 안토니오 그람시(Antonio Gramsci)가 실제로 이데올로기는 항상 물적 조건 뒤에 형성된다는 주장을 하고 있는 것은 흥미로운 일이다(앤 쇼우스탁 사쑨 편저, 앞의 책, pp. 182-183).

정책 제안은 주류 사회정책에 강한 영향력을 행사할 수 있어야 하고, 아울러 정의롭고 민주적인 탈산업주의적 복지국가 이념은 새로운 젠더 질서에 기초하는 것이어야 한다. 그리고 보다 공평한 분배 개념은 세계적 차원의 발전과 문제들을 고려하고 국제적 전망을 포함해야만 한다.

여성들은 자신의 사회적 욕구와 정치적 이익이 과연 무엇인가를 결정하는 과정에 참여할 수 있어야 하고, 국가를 상대로 한 보다 구체적인 전략개발에 동참해야 한다. 그리고 이러한 전략들은 좀 더 민주적인 복지국가의 테두리 내에서 여성의 지위를 강화하고, 시민으로서, 어머니로서, 그리고 노동자로서의 여성의 권한을 강화하는 정책들을 포함하고 있어야 한다.

4. 성평등한 복지국가의 과제

1) 성평등한 복지국가 이념의 모색

한 국가의 복지 발전은 그 국가가 가지고 있는 복지의 이념 속에서 구현되는데, 여성복지의 이념을 정립하기 위해 우리나라의 복지국가 이념을 수용할 것인가, 아니면 새로운 복지이념을 창출할 것인가의 문제가 제기된다.

우리나라는 1960년대와 1970년대까지 형식적인 복지제도의 도입과 특정 계층의 사회보장 및 빈곤 해결을 위한 최저 수준의 국가 지원으로 오랫동안 복지빈곤국 또는 복지지체국을 면하지 못하였다. 복지국가 논의는 제5공화국이 정권의 정체성 확립을 위해 복지국가라는 용어를 처음 사용하면서 시작되었다. 제5공화국 시대는 민주주의와 복지국가 출범을 위한 갈등의 시기라 하겠고, 제6공화국에 들어서면서 복지제도들이 제 · 개정되면서 복지국가의 틀을 잡았다고 할 수 있다.

문민정부의 복지 이념은 '균형적 복지국가(balanced welfare state)'이었다.[25] 자유와 평등의 이념적 조화를 통하여 성장과 복지의 균형을 모색하고 선진 경험의 장점과 우리 사회의 전통을 융화시킴으로써 한국인의 삶의 질을 극대화한다는 것이었다. 이러한 균형적 복지국가 이념은 자유주의적 자본주의에 입각하여 경제와 시장기능을 유지하는 범위 내에서 복지의 확대, 최저 수준의 지원 그리고 가족복지적 기능의 활용을 주장했으며 아울러 가족의 전통적

25) 국민복지기획단, 『"삶의 질" 세계화를 위한 국민복지의 기본구상』, 국민복지기획단, 1995, pp. 27-28.

기능을 살리기 위해 여성에게 보호와 양육 및 부양의 책임을 부과했다.

국민의 정부 시기에는 1997년 경제위기의 극복과 이 과정에서 나타난 복지정책의 심각한 결핍의 깨달음 속에서 고용보장제도의 확충이 급선무가 되었다. 급격한 실업자와 노숙자의 증가는 고용보험, 공공사업, 취업을 위한 적극적 지원 등의 노동연계적인 복지정책의 발전으로 이끌었다. 신자유주의적인 흐름 속에서 '생산적 복지'라는 복지 이념 아래 고용과 복지의 결합을 시도하였다. 1999년 말에는 국민기초생활보호법의 제정을 통해 국민의 기초 생활을 보장함으로써 보편적 복지에 대한 인식을 확대시켰다. 그러나 이러한 복지정책의 발전에도 불구하고 그 근본적 틀은 기존의 사회보장 중심과 가족책임의 강조라는 점에서 크게 벗어나지 못하였다. 고용 부분의 복지프로그램의 대상자는 대부분 남성 임금 노동자들이었고, 그들의 복지를 보장함으로써 기존의 가족의 복지 기능을 회복하고자 하였다. 결국 여성의 출산, 보육, 돌봄을 위한 부분이나 비정규직에 집중된 여성 노동자를 위한 복지의 발전은 미약했다.

참여정부의 시기에 이르러 민주주의와 균형 있는 사회의 발전을 국정 운영의 방향으로 정하여 국민들의 복지욕구에 적극적으로 반응함으로써 다양한 복지 부문에서 진일보하였다. 신빈곤 문제, 사회양극화 심화, 노령화와 저출산 문제가 사회적인 이슈로 떠오르면서 이 문제들을 해결하는 데 국가 책임의 중요성을 인식하였고 또 적극적으로 복지프로그램을 만들어 시행하였다. 이 시기에는 '참여복지'라는 이념하에 국가와 국민의 적극적 참여를 통하여 전반적인 복지 향상을 목표로 하였다. 그 과정에서 여성과 관련된 복지서비스가 상당히 발전하였는데, 보육의 사회화를 유도하고, 성평등적인 입장에서 여성의 경제활동을 지원함으로써 기존까지 지속되어 왔던 전통적 가족 이데올로기에 기반을 둔 가족책임의 복지로부터 전환을 시도하였다.

실용정부 시기에는 빈곤과 질병 등의 사회적 위험을 사전에 예방하고 위험에 처한 사람들이 일을 통해 재기할 수 있도록 돕고, 경제성장과 함께하는 복지를 강조했다. '보편적 복지', '예방적 복지', '맞춤형 복지'라는 세 가지의 주요 개념으로 '능동적 복지'라는 복지를 강조하였고, 노동연계적인 복지프로그램들을 중점적으로 시행하였다. 일반 국민의 경제활동뿐만 아니라 요보호대상자, 즉 장애인, 노인 등의 경제활동을 위해 일자리 창출과 자활을 통한 복지를 강조했다. 이 시기에도 저출산과 노령화 문제가 가속화되면서 보육 부문이 발전하였으나, 참여정부와는 달리 가족정책적 부문에서는 오히려 전통적 가족의 역할을 강조함으로써 여성의 사회참여를 저하시켰다. 실질적으로 여성의 인권보장, 양성평등, 가족보육을 통한 여성의 사회참여 지원 등의 모든 부분에서 이전의 참여정부의 성과에 미치지 못하였고 여성복지적 면에서는 오히려 퇴보하였다고 평가될 수 있다. 현재는 여성이 대통령이 되었음에도, 여성복지정책은 더욱 정체되고 있으며, 보육정책에 있어서도 예산부족의 이유를 들어 누리사업에 많은 문제를 나타내고 있다.

이상에서 살펴보았듯이 한국의 복지 이념은 민주화 이후 시대적 요구에 따라 빠르게 발전해 왔지만 여성복지정책의 형성과 시행은 여전히 여성의 보호 기능을 전제로 한 전통적 가족 이데올로기 속에서 가족 중심 책임의 강조라는 틀 속에서 크게 벗어나지 못하고 있다. 이러한 가족중심복지의 강조는 여성의 기본적인 희생과 봉사를 전제하는 것으로 여성복지의 발전을 어렵게 한다. 여성이 성평등한 복지를 누리기 위해서는 국가가 여성의 모성 기능을 사회책임으로 보완해 줄 수 있는 정책의 수립과 시행이 요구된다.

2) 성평등한 복지국가의 기본 전제

복지국가에 대한 여성주의적 비판에서 살펴본 것처럼 복지국가의 불평등 원인은 여성의 가사노동의 가치를 인정하지 않는 데 있다. 노동이란 단지 취업을 통해 임금을 받는 경우만이 해당되며 가사노동과 같이 임금이 지불되지 않는 노동은 제외된다. 사회에 필연적인 재생산을 위한 노동은 사회복지의 혜택을 받지 못하고, 부가(fringe) 연금과 같이 가족관계를 통해 중재되거나 부양자 상실 시에만 원조를 받는다. 이러한 현상은 여성의 종속적 관계와 사회적 불평등을 고려하지 않고 복지권이 임금노동을 중심으로 형성되는 복지국가의 전제에서 나타날 수 있다.[26)]

이와 같이 복지국가에서도 그 성맹(性盲)적 인식의 틀로 인해 여성이 불이익을 받는 주된 대상이 되고 있음을 알 수 있다. 여성이 한 사회의 구성원으로서 그 사회 자원을 공정하게 분배받아 만족할 만한 삶을 영위하기 위해서는 사회복지제도의 개편과 더불어 전반적인 사회, 경제제도의 개선과 구조적 변화가 전제되지 않으면 안 된다.

26) 그러나 여성복지를 위한 사회정책이 단순히 가사노동을 복지청구권과 연결시키는 논리를 뜻하지는 않는다. 이런 식의 단순한 논리와 해결은 여성을 쉽게 공적 복지 수령자로 만들 수 있다는 비판을 받는다. 무엇보다도 양육노동이 사회보장을 받을 수 있도록 하고 아동양육과 비용이 사회적 비용화될 필요가 있으며, 기타 가사노동, 부양자 곧 남편을 위한 서비스노동 등은 여성의 단독 연금가입권 확대 등과 같이 사회보장에 대한 추가기여금 지불을 통해 사회보장과 연결될 수 있을 것이다. 결국 여성을 위한 사회정책의 첫 번째 방식은 여성의 독립적인 사회보장을 이룩하는 것이다.

그렇다면 이와 같은 복지국가의 가부장적 성격을 극복할 수 있는 대안은 무엇일까? 가장 근본적인 문제는 복지의 개념을 재정립하는 것이다. 즉, 복지의 개념이 더 이상 여성의 종속 또는 성별 분업을 지지하지 않고, 남성가장 중심의 핵가족에 특권을 부여하지 않도록 재구성되어야 한다.[27] 다음으로는 복지의 사회적 관계 역시 변화되어야 한다. 즉, 여성이 단순히 복지수혜자로서뿐만 아니라 정책결정자, 서비스 제공자로서 주체적으로 고려되어야 한다. 나아가서 공적 영역으로의 여성 참여가 개별 남성에 대한 여성 의존에서 공적 영역으로의 의존이라는 단순한 차원 이전이 아니라 보다 실질적인 참여를 통해 여성의 자립 가능성을 보장해 줄 수 있어야 한다.[28]

이러한 변화는 보다 근본적으로 복지국가가 가정하고 있고, 또 우리 사회의 기본 전제이기도 한 공사 영역 분리의 변화가 가장 중요한 관건이 된다. 즉, 우리 사회가 구조화시키고 있는 공사 영역 분리를 극복하고, 이러한 이분법하에서 전제되는 정형화된 가족 개념을 탈피하며 남성 부양자 / 여성 의존자의 성별 분업을 타파해야 할 것이다. 아울러 노동시장 참여를 비차별적으로 지원하고, 여성의 보살핌노동을 무임으로 사용하면서 부양가족에 대한 보호 의무를 여성에게만 전가하는 일 등이 모두 극복되어야 한다. 기존의 복지국가가 전제로 가지고 있는 노동과 가족에 대한 전통적인 모델, 즉 남성(earner)과 여성(carer)의 이분법적 역할로 구성된 가족을 전제로 하는 모델은 근본적으로 재구성되어야 한다.[29]

여기서 성평등한 복지국가라 함은 사회복지제도의 확립과 그 운영 과정에서 지향되어야 할 새로운 이념이다. 이러한 성평등한 사회복지의 개념을 구성하는 인식틀에는 다음과 같은 기본 전제가 포함되어 있다.[30] 첫째, 모든 사람은 인간으로서의 기본 권리를 갖는다. 이는 절대적 의미에서 만인의 평등사상을 바탕으로 하고 상대적 의미에서는 비교집단으로서 남성집단과의 동등권을 의미한다. 둘째, 현재의 사회복지 관련법, 제도, 정책과정 등은 남녀 동등권을 실현하는 데 근본적인 제약을 갖고 있으므로 이러한 제반 영역들이 재구성되어야 한다. 즉, 기존의 사회복지 질서는 여성의 실질적 평등권을 보장하지 못할 뿐 아니라 오히려 여성 억압적 상황을 강화시키는 결과까지도 초래할 수 있다. 셋째, 불평등한 현상 자체를 부정하거나 불평등의 원인을 여성 개개인의 열등한 능력 문제로 귀결시키는 입장을 거부함

27) 피오나 윌리엄스, 이영철 외 역, 『사회복지정책』, 서울: 홍익재, 1997, p. 117.
28) 홍승아, 앞의 책, pp. 468-469.
29) 최은영, “여성복지부문 평가 및 전망”, 한국사회과학연구소 사회복지연구실, 『한국사회복지의 이해』, 서울: 동풍, 1995, pp. 431-432.
30) 손지아, 『성불평등을 중심으로 살펴본 복지국가의 한계』, 경북대학교 대학원 석사학위논문, 1996, p. 74.

과 동시에 이를 극복하려는 방법을 모색한다.[31)]

5. 성평등한 여성정책의 과제

우리나라에서 성평등한 사회복지정책이 자리 잡기 위해서는 여성에 대한 복지를 강화해야 하고, 아울러 서구 복지국가의 경험에 비추어 볼 때 가부장적 사회 인식을 전환시키는 개혁이 동시에 요구된다. 국가가 수행하는 복지정책이 여성을 중심 대상으로 고려하지 않는 한 여성이 수행하는 생산과 재생산에 심각한 문제가 생기게 된다.[32)] 여성들이 바라는 이상적인 국가란 여성의 삶의 질을 높이는 효과적인 여성정책을 펼치는 국가일 것이다.

그러면 성평등한 여성정책의 과제 및 내용들을 4개 영역에 걸쳐 제시해 보면 다음과 같다.[33)] 첫째, 정치 부문에서는 국가 방임하에 무관심의 대상이었던 여성들에게 정치에 참여할 수 있는 실질적인 주권을 찾아 주어야 한다. 여성의 정치력이 강화되어야 하는 이유는, 정책 수립에 여성의 입장을 반영하여 실질적인 여성정책을 수행해 나가기 위해서이다. 둘째, 노동 부문에서는 국가가 자본가의 이익을 대변하는 위치에서 벗어나 자본 앞에 무력한 여성 노동권을 수호하고 모성 기능을 보호하는 적극적인 자세를 취해야 한다. 즉, 여성의 '일할 권리'를 보장하고, 임금격차를 없애며, 성별 차이를 인정하고 그에 상응하는 조치를 취하는 '인간적인 노동환경'을 조성해야 한다. 셋째, 복지 부문에서 국가의 역할은 더욱 강조되는데, 종래 가부장제를 기반으로 실시하던 복지정책에서 벗어나 여성이 자립할 수 있게 도와주는 복지정책을 실시해야 한다. 현실에 맞는 여성복지정책이 되기 위해서는 여성의 생애 과정을 다양하게 분류 · 파악하고, 그 특성들을 적절히 반영하여야 한다.[34)] 넷째, 국민의 가정 생활을 사적인 영역으로만 취급하지 말고 가정 내에서의 평등 및 폭력방지를 위해 국가가 적극적으로 개입해야 한다. 부부는 동등한 위치에서 가정을 만들고, 각 가족의 상황에 맞게 경제

31) 이제까지의 성별 역할 분업으로 인해 생긴 역사적 · 사회적 · 문화적 여성열등(女性劣等)의 고정관념 신화를 타파하기 위해 집요한 노력의 필요성을 확인하고 있고, 특히 제도 형성의 기본 장치가 되는 법적 편견에 유념할 필요가 있다(윤후정 · 신인령, 『법여성학 – 평등권과 여성』, 이화여자대학교 출판부, 2001, p. 9).

32) 손지아, 앞의 책, pp. 75-76.

33) 한국여성연구소, 『새 여성학강의』, 서울: 동녘, 1999, pp. 349-359.

34) 여성의 생애과정은 여성의 취업률, 취업만족도, 그리고 고용관행 등과 밀접한 관련이 있는데, 예를 들어 우리나라 여성의 연령에 따른 취업 분포를 살펴보면 전형적인 M자형 구조를 나타내고 있다(한국여성연구소, 위의 책, p. 346).

적 부담과 가정 내 역할을 모든 가족구성원이 스스로 분담해야 한다.

성평등권은 기본적으로 인간의 공존을 위한 권리이다. 따라서 여성정책은 단순히 국가의 시혜적 차원이 아니라 국민의 권리로 당당히 요구할 수 있는 것으로 이해되어야 하며, 나아가 성평등권을 추상적인 차원에 머물게 하지 말고 구체적인 내용을 가진 실질적인 권리로 만들기 위해 노력해야 할 것이다.

아울러 21세기의 사회경제적 변화는 가부장제와 자본주의에 기반한 복지국가는 앞으로 국민들의 새롭고 다양한 복지욕구를 더 이상 수용할 수 없다는 것을 보다 명백히 인식해야 한다. 이렇게 다양한 욕구들을 충족시키기 위해서는 복지국가 이념의 큰 변화를 필요로 하는데, 그것은 곧 가부장적 자본주의 국가를 지양하고 성평등이 실현되는 새로운 복지국가 형태를 의미한다. 또한 여성복지를 실현하기 위한 이러한 복지국가의 제 원칙들은 평등한 시민으로서 여성의 주체적인 참여를 통하지 않고서는 실현될 수 없다는 것을 뜻한다.

이 장의 요약

1. 기존의 복지국가 논의는 성인지적 관점이 결여됨으로써 여성의 다양한 지위를 반영하지 못하고, 조직화된 노동자 권리로서 시민권에 기초한 논의의 한계를 벗어나지 못한다. 즉, 보편적인 사회적 시민권을 바탕으로 한 탈상품화 개념은 전업주부 등 여성을 제외하면서도 마치 평등한 상품화가 존재하는 것처럼 가정하는 결과를 낳는다.
2. 복지국가의 사회정책을 '부양자 대 개인적 모델'로 유형화함으로써 비로소 '이중 복지체계(Dual Welfare System)'의 실체가 밝혀지기 시작한다. 즉, 사회보험은 개인적 노동에 의해 수급권을 갖는 남성적 체계이며, 남성의 권리에 의해 혜택을 받는 것은 여성의 완전한 자주성을 대변하는 것이 아니라 단지 부양자인 남편의 권리로부터 이양받은 권리행사에 불과하다는 것이다.
3. 복지국가의 가부장적 특성은 첫째, 특정 가구 형태를 토대로 한 가족제도를 지원함으로써 성별 분업화된 가족을 전제로 하고 있고, 둘째, 복지국가는 기본적으로 남성적 노동 모델을 수용하고 있으며, 이는 동시에 가정에서 가사노동을 담당할 전업주부를 전제로 한 것이다. 셋째, 복지국가에서 발견되는 가부장적 특성이 '사적 가부장제' 형태에서, 국가나 공공 영역으로의 '공적 가부장제' 형태로 바뀌고 있다.
4. 복지국가의 이러한 가부장적 특성은 결국 티트머스의 지적대로 '분열된 복지국가'란 개념을 낳게 되었는데, 이것은 사회정책이 인종, 연령, 성별에 따라 불이익과 차별적 대우를 구조화시킨다는 것을 의미한다. 즉, 현대 복지국가에서는 여성의 무임금 노동의 가치를 인정하지 않아 여성정책은 결과적으로 빈민정책의 관할이며, 이러한 분열성이 가부장적 전제로 더욱 강화된다.
5. 성평등한 복지국가란 사회복지제도의 확립과 운영 과정에서 지향해야 할 새로운 이념이다. 성평등권은 기본적으로 인간의 공존을 위한 권리이다. 따라서 여성정책은 단순히 국가의 시혜적 차원이 아니라 국민의 권리로서 당당히 요구할 수 있는 것으로 이해되어야 하며, 나아가 성평등권을 추상적 차원에서 머물게 하지 말고 구체적인 내용을 가지는 실질적인 권리로 만들기 위해 노력해야 할 것이다.

주요 용어

- **젠더 정치**: 미래지향적인 사회정책의 미래상이다. 여성주의자들의 정책 제안은 주류 사회정책에 강한 영향력을 행사할 수 있어야 하고, 아울러 정의롭고 민주적인 탈산업주의적 복지국가 이념은 새로운 젠더 질서에 기초해야만 한다.
- **가부장제 복지국가**: 복지국가는 여성주의적 시각에서 분석해 볼 때 성에 의해 구조화되어 있다. 복지국가는 남성 중심의 가족 형태를 가족 이념으로 지원하고 있으며, 복지정책 역시 이러한 구조 속에서 형성, 유지되고 있다. 즉, 복지국가 내에서도 가부장적 성격과 성차별적 여성 억압 구조를 발견할 수 있으며 이를 가부장제 복지국가(patriarchal welfare state)라고 한다.
- **남성적 노동 모델**: 이것은 한 남성이 일주일에 40시간 전후하여 바깥일을 한다는 것이 전제된 노동 형태로서, 남성과 자녀, 그리고 노인들에게는 역시 전업주부의 존재가 전제되어야 함을 의미한다. 그러나 여성의 삶의 형태가 변화됨에 따라 이러한 노동 형태는 장기적인 위협을 당하게 된다.
- **균형적 복지국가**: 문민정부에 들어서면서 국민복지기획단이 제시한 우리나라 사회복지의 이념이 '균형적 복지국가(balanced welfare state)'이다. 이는 자유와 평등의 이념적 조화를 통하여 성장과 복지의 균형을 모색하고, 선진 경험의 장점과 우리 사회의 전통을 융화시킴으로써 한국인의 삶의 질을 극대화한다는 것이다.

더 읽을거리

1. 이혜경, 『복지국가의 유형과 한국』, 비판과 대안을 위한 건강정책학회, 2010.
2. 장지연, '한국사회 젠더레짐과 복지국가의 성격' 정무권(편), 『한국복지국가 성격논쟁 II』, 인간과 복지, 2009.
3. 테레사 쿨라빅 외, 『복지국가와 여성정책』, 서울: 새물결, 2000.
4. Crompton Rosemary(ed.), *Restructuring Gender Relations and Employment: The Decline of the Male Breadwinner*, Oxford University press, 1999.
5. Esping-Andersen, Gosta, *Social Foundations of Post-Industrial Economics*, Oxford Univ. Press, 1999.
6. Esping-Andersen, Gosta, *Why We Need a New Welfare State*, Oxford Univ. Press, 2002.
7. Pfau-Effinger, B., "The Modernization of Family and Motherhood in Western Europe" in R. Crompton (ed.), *Restructuring Gender Relations and Employment: The Decline of the Male Breadwinner*, Oxford University press, 1999.

관련 사이트

- 한국여성단체연합(WOMEN21)(http://www.women21.or.kr/news/default.asp): 5개 지부, 28개 회원단체를 지닌 연대단체, 거의 대다수 여성단체들이 가입되어 있고 여연이라고도 한다. 노동, 성, 복지, 환경, 통일, 교육 등 부문별 정보, 진보적 여성단체 정보, 여성 문제 토론실 등으로 구성되어 있다.
- 인권운동사랑방(http://www.interpia.net/~rights/): 인권운동사랑방은 모든 종류의 억압과 차별, 삶을 파괴하는 개발에 반대하며, 인권을 그 피해자(약자)의 입장에서 재조명하고, 이들의 인권을 옹호하는 운동을 전개하는 단체로, 1993년 설립되었으며 인권 운동가, 변호사, 교수들로 구성되어 있다.
- 여성복지이야기마당(뉴스그룹)(news://news.welfare.net/women.bbs): 우리 사회에서 불평등과 부당한 대우를 받는 여성들의 이야기와 여성들의 개인적인 이야기, 학대받는 여성에 대한 이야기, 여성학 이론이나 학술세미나 등 여성과 관련된 이야기를 하는 공간이다.
- 세계평화여성연합(http://www.wfwp.or.kr/): UN 경제사회이사회의 NGO 자문기관인 세계평화여성연합(Wome's Federation for World Peace)의 홈페이지
- 한국여성유권자연맹(http://www.womenvoters.or.kr/): 여성들의 적극적인 정치참여를 유도하는 활동을 주로 한다. 여러 가지 이벤트와 활동 등 알차게 꾸며져 있다.

Chapter 14

여성복지의 과제와 전망

많은 여성들이 사회복지의 대상이 되지만 그들은 대부분 사회적 약자로서 가장 낮은 수준의 서비스를 제공받는 집단이다. 더구나 인구의 절반이라는 수적 평등에도 불구하고 여성들은 사회제도 속에서 많은 불평등을 경험하고 있다. 특히, 저소득 여성이나 학대받는 여성 등은 생존의 위협 속에서 살아가고 있고 많은 일반여성들도 어려움 속에 살아가고 있다. 정부 차원에서 실시되는 우리나라 여성복지의 실태는 우리 사회에서 여성의 지위만큼이나 낮았고 또한 여성들은 관심의 뒷전에 물러나 있었다. 우리 사회에서 가장 우선적으로 보호받을 필요가 있는 요보호여성에게 대해서조차 정부는 충분한 수준의 서비스를 제공하지 못하고 있음을 알 수 있다. 물론 여성복지가 요보호여성만을 대상으로 하는 것은 아니다. 하지만 생계의 위협 속에서 다양한 심리사회적 문제를 복합적으로 안고 살아가는 요보호여성들에게 대해서만큼은 가장 우선적으로, 적절한 수준의 지원과 서비스가 제공되어야 한다.

여성복지의 필요성은 자신의 권익과 능력 개발에 많은 관심을 가진 일반 여성의 경우도 마찬가지다. 다수의 일반 여성 역시 나름대로의 심리 · 사회적 스트레스 및 생활상의 어려움 속에 살아가고 있고, 이러한 일반 여성이 전체 여성 중에 차지하는 비중은 요보호여성보다 압도적으로 많다. 따라서 이들에 대한 지원과 접근은 여성복지의 수준을 말해 주는 척도요, 여성복지의 주된 목적이 된다.

이 장에서는 먼저 여성복지를 수행하는 기본 원칙에 대해 살펴보고 현행 여성복지정책의 한계들을 고찰해 본 후, 여성복지 발전을 위한 전략적 제언 및 여성복지의 과제와 전망 등에 대해 논의해 본다.

1. 여성복지 수행의 기본 원리

일반적으로 여성복지란 모든 여성들이 한 사회의 구성원으로서 삶의 질을 영위할 수 있도록 여성의 욕구와 문제를 해결하기 위해 사회구성원들이 공·사적 차원에서 행하는 공동체적 노력을 의미한다.[1] 그리고 여성복지서비스란 대 여성서비스로서, 대인 간의 접촉을 통하여 심리·사회적 기능의 향상을 도모하고 현실적으로 발생되는 생활상의 곤란이나 장애에 대해 그 기능상의 문제 요인을 해결하고 재활을 촉진하는 것이라고 할 수 있다.

여성복지서비스를 수행하는 원리를 살펴보면 다음과 같다. 이때 중요한 것은 이러한 원칙들이 상호 독립적으로 작용하는 것이 아니라 서로 유기적인 연관성하에 이루어져야 서비스의 효율성을 기할 수 있다는 것이다.

1) 평등성의 원리

사회복지에서 광범위한 의미로 평등성은 매우 중요한 가치이며, 여성복지에서는 더욱 그러하다. 남녀고용평등법이나 남녀차별금지법 등은 평등의 가치를 실현하고자 하는 사회적 노력의 단적인 예라고 할 수 있다. 따라서 여성복지서비스에서 남녀 간에 평등한 서비스를 제공한다는 것은 매우 중요하며, 이러한 가치는 여성들 사이에서도 적용된다. 예를 들어, 지역에 따른 차별 서비스가 지양되어야 하는데, 여성복지상담소나 여성보호시설의 균형적 설치가 바로 그러하다.

2) 전문성의 원리

여성복지를 포함한 사회복지서비스는 인간의 욕구와 요구에 대응한 사회적 서비스이다. 따라서 그 특성에 따라 반드시 전문가가 하지 않아도 되는 부분도 있지만 핵심적인 주요 업무는 반드시 전문가가 담당해야 한다. 사회가 점점 발달할수록 인간관계가 복잡해지고 가중된 스트레스에 시달리며 건강과 안전에 위협을 받고 있다. 따라서 이러한 복잡한 인간 문제에 대응하기 위해서는 대체로 전문적 지식과 기술이 필요한 것이다.[2] 그 예로 정신질환

● 이 장은 『현대사회와 여성복지론』, 김영화 외(2006)의 명선영의 글을 초안으로 최영진이 수정·보완하여 집필하였다.

1) 조흥식·김혜련 외, 『여성복지학』, 서울: 학지사, 2000, p. 82.

2) 사회복지 분야에서 사회복지사, 의사, 간호사, 보육사, 물리치료사, 작업치료사, 영양사 등 여러 전문가가 참여하고 있지

을 지닌 여성을 위해서는 사회복지사 이외에 정신의학을 전공한 의사와 간호사 및 심리치료사의 전문 서비스가 필요한 것을 들 수 있다.

3) 통합성의 원리

여성복지서비스의 1차적 대상이 되는 요보호여성의 문제는 다양하고도 복잡하게 얽혀 있다. 따라서 이러한 문제를 적절하게 해결하기 위해서는 유기적이고도 포괄적인 대응책이 필요하다. 그 예로 최저생계비에 못 미치는 수입으로 생활하는 모자가정의 여성을 위해서는 적어도 최저생계를 유지할 수 있을 정도의 공공부조와 이를 지원하는 시설보호서비스가 제공되어야 하고, 그 자녀를 위한 보육서비스 등이 통합적으로 제공되어야 한다. 그리고 이러한 통합성의 원칙이 지켜지기 위해서는 해당 서비스를 적절하게 제공할 수 있는 전문가와의 유기적인 접근이 필요하다.

4) 지속성의 원리

여성복지서비스는 단절됨이 없이 대상자에게 개입으로부터 치료나 보호의 목적이 완수될 때까지 지속적으로 제공되어야 한다. 특별히 요보호여성이 지닌 문제는 그 정도가 심각하고 여러 가지 문제가 복잡하게 얽혀 있는 경우가 많다. 따라서 이러한 문제의 해결은 서비스의 양과 질뿐만 아니라 시간적인 차원의 서비스도 고려되어야 하는데, 문제가 해결될 때까지 지속적인 서비스가 필요하다. 그 예로 성폭력을 당한 기혼 여성을 위해서는 그 자신과 가족이 경험한 심리적 상처가 회복될 때까지 비교적 장기간 동안의 서비스가 제공되어야 한다. 지속성의 원칙이 잘 적용되기 위해서는 서비스 프로그램 및 조직 상호간에도 상호 협력과 유기적인 연계가 잘 이루어져야 한다.

5) 여성주의적 원리

여성주의 입장에서 본 여성복지는 실증주의적 객관성이란 개념 자체가 성차별적 기준에 의해 구성된 것이므로 불완전한 복지실천이 된다고 여긴다. 기존의 지배적인 인식론을 전제로 한 실천들은 성차별주의에 오염되었으며, 여성의 경험과 본질은 무시되었다.

만 그중에서 가장 보편적인 전문가는 사회복지사이다.

이를 지양하기 위해서는 여성의 입장에서 객관적인 새로운 기준을 구성해야 한다고 본다. 즉, 여성을 주체적 경험이나 주관과는 동떨어진 불변의 실재로서가 아니라 사회적 의식과 경험, 개념 속에 재구성되는 역동적이고 현실적인 실재로 전제하는 것이다. 여성의 사회적 경험을 기반으로 해서 세계를 인식할 때 비로소 총체적인 전망이 가능하다. 따라서 여성주의 입장에서 객관성이란 얼마나 철저히 여성의 경험에 기반을 두어 세계를 인식하고 있는지가 핵심이다.

여성복지실천에서 이러한 총체적인 객관성에 도달하기 위해서는 복지실천자의 가치개입과 연관성, 그리고 이에 대한 분명한 문제의식이 중요한 핵심이 된다. 즉, 여성주의적 사회복지실천을 통해 여성에 대한 보다 온전한 인식에 이르고자 노력하는 것이 가장 중요하다.[3)]

2. 현행 여성복지정책의 한계 및 개선 방안

여성복지정책이란 여성 문제에 대해 사후 치료적인 면과 동시에 예방적 처우라는 관점을 가지고 사회 전반적인 성차별적 구조에 대하여 제도적 · 법률적 · 거시적으로 접근하는 것을 의미한다. 즉, 여성복지정책은 전반적인 여성정책과 관련하여 시행되고 여기서 여성정책이란 국가가 여성을 위해 시행하는 모든 활동을 의미한다.[4)]

이와 같이 여성 문제를 성차별적 제도 개선과 남녀평등 실현을 위한 총체적이고 종합적 관점에서 접근하는 것으로서 여성복지정책의 개념은 우리나라에서 1980년대에 비로소 형성되었다. 1983년 여성 문제 전담기구인 한국여성개발원이 정부출연기관으로 설립되었고, 이어 여성정책을 종합적으로 심의 · 조정하기 위하여 대통령령으로 여성정책심의위원회 규정을 공포 · 시행(1983. 12)함으로써 여성정책이란 용어를 처음으로 정부에서 사용하게 되었다.[5)]

그러나 문제는 이러한 여성복지정책들이 법률적으로는 계속 제도화되었으나 현실적으로는 일반 국민들이 피부로 느낄 수 있을 만큼 제대로 집행되지 못하다는 데 있다. 즉, 법제도

3) 구체적인 내용은 제9장 여성주의적 방법론에 설명되어 있다.
4) 조흥식 · 김혜련 외, 앞의 책, p. 82.
5) 여성정책심의위원회는 국무총리를 위원장으로 하는 정책자문기관으로 각 부처가 정책을 시행하면서 여성과 관련된 문제가 있으면 위원회의 심의를 거치도록 함으로써 여성정책 수립과 집행의 연계기능을 담당하고 있다.

와 현실 사이의 괴리가 크기 때문에 실질적으로 여성들의 지위나 권익 향상에 큰 도움이 되지 못했다. 여기서는 현행 여성복지정책의 한계를 짚어보고 그것들의 개선 방향에 대해서 살펴보고자 한다.

1) 여성 문제에 대한 정부의 소극적 역할

1990년대까지 여성복지 실태를 살펴보면, 정부가 여성이나 여성 문제에 대해 가지는 기본적인 관점은 문제의 원인을 여성 개인의 결함이나 잘못으로 보고 있음을 알 수 있다. 따라서 이때까지의 여성복지정책들은 대부분 사후치료적인 접근에 그쳤으며 사전 예방적인 접근은 상당히 미약했다. 특히, 요보호여성 집단에 대한 경우에 더욱 그러한데, 미혼모, 윤락여성, 가출여성 등을 낳게 하는 사회구조적인 문제에 대한 예방적 접근보다는 사후적인 미봉책 마련에 급급했다. 일반 여성의 경우도 문제에 대한 사전 예방이나 여성의 지위 향상과 권익 옹호를 위한 적극적인 개입보다는 현상유지적인 입장을 취했다고 볼 수 있다.

1990년대 이후 전체적인 여성정책의 변화가 일어나기 시작하면서 여성복지정책은 새로운 전환기를 맞이하게 되었는데, 부녀복지에서 여성복지로의 명칭 변화는, 기존의 요보호대상자인 여성의 보호 중심에서 전체 여성의 복지를 대상으로 그 범위가 확대되었다는 것을 의미한다. 이는 정부의 소극적인 역할과 책임에서 적극적인 역할과 책임으로의 인식 변화를 말하며, 여성 문제에 대해 여성 개인의 책임을 강조하는 사고에서 사회나 환경의 중요성도 고려되어야 한다는 인식으로의 변화를 의미하기도 한다. 그러나 이러한 인식의 변화에도 불구하고 여전히 실질적인 복지서비스의 제공에서 여러 가지 한계들이 나타났다. 여성복지를 위한 예산은 여전히 낮았으며, 예산 속에 맞춰진 복지 프로그램의 시행은 양적 질적으로 불충분한 상황들이 지속되었다.

1990년대 중반과 2000년대를 거치면서 여성정책은 법 · 제도적으로 계속된 발전을 거듭했고, 이와 동시에 여성복지정책 또한 그 범위와 내용에서 상당한 발전을 이룩하였다. 정부는 이 시기 제3차에 걸친 여성정책기본계획을 통해 남녀평등, 사회참여 확대, 여성의 복지증진 등에서부터 성주류화의 도입까지 거의 10년 동안 체계적으로 여성정책을 만들어 시행하고자 하였다. 실제로 이 시기 동안 정부는 법적 · 제도적으로 이전의 시기와 비교할 수 없을 정도의 수준으로 발전하였다. 일단 전체 여성을 대상으로 하는 여성발전기본법의 제정부터, 가족법의 폐지, 남녀고용평등과 일 · 가정 양립 지원에 관한 법률의 개정 등과 함께 성폭력,

성매매, 장애인, 한부모가족, 다문화가족 등을 위한 분야별 법률을 제 · 개정하여 정부의 인식의 변화와 적극적인 실천의지를 보여 왔다. 2015년 7월에는 여성발전기본법에서 양성평등기본법으로 명칭을 바꾸어 양성평등 관련 권리보장과 정부의 책임을 강화하였다.

그러나 위와 같은 계속된 발전에도 불구하고 한국에서의 여성의 복지가 실제로 어느 정도 제공되고 있는지는 여전히 의구심이 들 수밖에 없다. 2011년에는 이미 몇 년 전에 성매매특별법이 제정되었음에도 불구하고 성매매 여성들이 거리로 뛰어나와 생존권과 인권의 보장을 외치고, 성폭력에 대한 가중된 처벌을 담고 있는 법률이 연속적으로 개정되고 제정되었음에도 성폭행범죄율은 여전히 높은 상태이다.[6] 이는 결국 형식적으로 법적 · 제도적인 발전에만 관심을 가지고, 실제 시행에서는 관심과 주의를 소홀히 했다는 것을 증명하고 있다. 따라서 앞으로 여성복지에 정부의 책임 인식이 더 강화되어야 하겠다.

2) 남성주도적인 여성 정책

그동안 국가정책 및 여성정책이 결정되는 과정에서 여성들은 거의 참여하지 못한 채 주로 남성들에 의해 여성정책이 결정되어 온 것은 부인할 수 없는 사실이다. 왜냐하면 법을 제정하는 국회에 여성의원의 비율은 과거나 현재나 여전히 낮은 수준이기 때문이다.[7] 뿐만 아니라 앞에서 살펴보았듯이 정책의 결정과 동시에 집행에 있어 영향력을 행사할 수 있는 고위 관리직에서의 여성 비율 또한 매우 낮다.[8] 압도적으로 많은 남성들 속에서 실질적으로 여성을 위한 여성복지정책을 만들기가 어렵다. 그나마 정책집행 순서에서도 항상 우선순위에 밀려 그 시행이 유보된 경우도 한두 번이 아니다. 물론 남성들에 의한 정책결정이 전적으로 잘못되었다고는 말할 수 없으나 상대적으로 성차별을 경험하지 못한 남성들이 성차별적 관행이 만연해 있는 한국 사회에서 여성들의 어려운 삶과 경험을 얼마나 이해하고 정책을 마련할 수 있을 것인가에 대해서는 회의적일 수밖에 없다.

따라서 여성복지정책이 진정으로 여성들의 권익 향상과 복지를 실현하는 정책으로 자리

6) 2010년에 발표한 성폭력상담연구소의 2008년 한국성폭력상담소 상담통계 및 상담 동향 분석을 살펴보면 성폭력 상담건수가 2007년부터 감소하는 추세로 돌아섰으나 다시 2012년부터 증가추세를 보이고 있다. 2013년 1,418건, 2014년 1,450건, 2015년 1,308건을 기록했다. 전체 상담에서 차지하는 성폭력 상담비율은 90% 이상이다.

7) 20대 국회의 여성의원 비율을 살펴보면 2016년에 전체 의원 300명 중에 51명으로 17.0% 정도이다(제1장 일상생활의 불평등 부분 참조).

8) 중앙행정기관의 고위 공무원과 5급 이상의 관리직 여성공무원 비율을 살펴보면 2015년의 경우 전체의 10.5%에 지나지 않는다.

잡기 위해서는 여성들이 직접 정책결정 과정에 참여하는 것이 무엇보다 중요하다. 정부는 정책결정과정에서 여성의 대표성을 확보하기 위해 4급 여성공무원의 임용을 2014년까지 10.9%, 2015년 12%, 2016년 13.5%, 2017년에는 15%까지 끌어올려 공직 내 여성의 대표성을 높이겠다는 공공기관 여성관리자목표제를 국정과제로 추진하고 있다. 그러나 2016년 현재 이 목표에 현저히 도달하지 못하고 있다.

3) 법과 현실 간의 괴리

앞에서 언급하였듯이 우리나라에서 여성의 복지와 권익 향상을 위한 법과 제도는 비록 일관성은 결여되어 있으나 형식적 틀은 비교적 잘 마련된 편에 속한다. 그러나 현실적으로 집행이 제대로 이루어지지 않고 있기 때문에 실제로 여성들의 권익 향상에 도움을 주지 못하는 경우가 허다하다. 즉, 법과 현실과의 괴리가 크기 때문에 법의 실효성이 낮다.

예를 들어, 가정폭력에 관한 법을 살펴보면, 가정폭력에 대한 임시조치의 일환으로 가정폭력 가해자에게 피해자로의 접근금지명령을 내릴 수는 있으나 현실적으로 피해여성들이 격리되어 보호받을 수 있는 보호시설이 극도로 제한되어 있기 때문에 '안방접근금지' 등과 같은 소극적인 조치만이 내려지고 있다. 피해여성들도 안방접근금지명령을 받은 남편과 한 방에 기거하면서 만일 남편이 또 다시 폭력을 행사하려고 들면 접근금지명령서를 보여 주며 접근하지 못하게 하는 비현실적 상황이 실제로 벌어지고 있다. 또 다른 예로 남녀고용평등과 일·가정 양립 지원에 관한 법률이 만들어져 성희롱에 대한 부분이 강화되었지만, 실제로 취업현장이나 작업환경 속에서 여전히 많은 성희롱 사건이 발생하고 있다. 성희롱에 대한 처벌이 제대로 이루어지지 않을 뿐만 아니라, 취업여성들은 실직에 대한 두려움 속에서 여전히 이러한 범죄가 발생하더라도 적절하게 대처하지 못하고 있다.[9)]

이러한 예들을 통해 알 수 있는 것처럼 현실에서 법의 집행이 제대로 이루어지지 않고 있는 근본적인 이유는 다음 두 가지이다. 첫째, 법 집행에 따르는 재정적 예산 지원이 확보되고 있지 못하다는 점과, 둘째, 법에 직접적으로 호소하며 자신의 권익을 스스로 보호해야 할 여성들 자신이 매우 소극적이라는 점도 아울러 지적되어야 한다. 예컨대, 여성들이 성차별을 당해도 법에 직접 호소하는 경우는 극히 드물기 때문에 판례의 축적도 제대로 이루어지지 않고 있다.

9) 한국여성정책연구원, 남녀고용평등법 시행 20년의 성과와 과제, 연구보고서, 2009, p. 98.

따라서 좀 더 현실적인 법들을 제정하는 동시에 기존의 낡은 법들은 현재의 상황에 맞게 개정할 필요가 있다. 또한 그 법 적용 시의 상황과 어려움을 사전에 고려함으로써 보다 구체적으로 법을 만들 필요가 있으며, 일단 제 · 개정된 법들의 경우 그 시행을 엄격하게 감시하고 통제함으로써 실효성을 높여야 할 것이다.

4) 법률 간의 일관성 결여와 불균형한 정책 추진

앞에서도 언급했듯이 우리나라 여성 관련 법률은 여성 문제가 발생할 때마다 그 해결방안으로 하나씩 제정된 것이 대부분이어서 그동안 법률들이 체계적으로 통합되어 일관성 있게 시행되지 못했다.[10] 그래서 법률 간에 상호 모순되는 경우가 발생하기도 했고, 법률의 적용 시 적용 대상자의 범위에 차이가 발생하기도 한다. 예를 들어, 청소년 기본법, 청소년 보호법, 아동복지법, 아동 · 청소년성보호에 관한 법률에서 청소년과 아동의 구분이 모호할 뿐만 아니라 그 나이 역시 차이가 있어 그 적용이 일관되게 이루어지지 못한다.

정책의 시행과정에도 역시 마찬가지로 여러 가지 문제점이 발생한다. 1990년대 이후 한국의 여성복지정책은 급속도로 확대 · 추진되었다. 그러나 역시 처음부터 체계적이고 장기적인 계획 아래 추진되었다기보다는 사회적으로 불거져 나온 여성 문제를 하나씩 해결해 가는 과정에서 법률들이 제정되고 시책이 마련된 것이라 하겠다. 따라서 여성정책의 기본 목표인 남녀평등의 촉진, 여성의 사회참여 확대, 여성의 복지증진을 위해 정책들이 상호 연계성을 갖고 통합적으로 추진되지 못함으로 인해 결과적으로 불균형 발전을 이루게 된 것이다. 정책 간에 중첩된 부분이나 간과된 부분도 있을 뿐 아니라 실제로 부서 간에 유사한 정책들이 동시다발적으로, 비연계적으로 이루어짐에 따라 정책의 실효성이 낮을 뿐만 아니라 예산 낭비의 경우도 많다. 예를 들어, 여성의 일자리 창출의 경우 여성부, 보건복지부, 고용노동부의 3개의 부처의 역할과 책임이 부여되는데, 이러한 사업들이 과연 부서 간에 얼마나 상호 연계되어 이루어지고 있는지 의문스러울 수밖에 없다.

---

10) 한 예로 과거의 국적법과 민법의 친족에 관한 법률에서 그 개정 시기의 차이로 인해 모순이 발생하였다. 국적법의 경우 1998년에 개정되어 국적 부여에 있어 외국인의 경우 부(父)가 한국인일 경우에만 국적을 취득할 수 있던 것을 부모의 국적과 상관없이 거주요건으로 국적 취득요건을 변경하였다. 이는 부계혈통중심적인 한국 사회에서 획기적 변화였다. 그러나 당시에 민법에서는 여전히 호주제로 인해 호주 중심으로 가족관계가 성립되는 규정들이 남아 있어 (2005년에 개정) 혼인 시 여성의 호적 변경이나 이혼 · 재혼 시의 자녀와 관련된 성과 본의 변경 등과 관련해서 가부장제적 가족구조와 성차별적인 특성을 보여 주었다.

5) 불공정한 정책으로 젠더 갈등 증폭

2015년 이후 이대남, 퐁퐁남 등 남녀 간의 사회적 갈등이 본격화되기 시작하였으며, 인터넷 등을 통해 남녀 간의 갈등을 표현하는 다양한 용어들이 새롭게 만들어지기 시작하였다. 특히, 그동안 여성에게 적대적인 남성 인터넷문화의 상징, 속칭 일베와 이에 대응하는 메갈리아, 워마드 등이 2015년에 만들어졌다.

디시인사이드라는 인터넷 게시판 중 메르스 갤러리(메르스에 대한 게시물을 올리는 게시판)에 젠더갈등 이슈들이 올라오기 시작하고, 이에 여성 유저들이 유입되기 시작하면서 "프로불편러", "(일베 등과 같은 남성 문화에 대한) 미러링" 등이 퍼져나가기 시작하였다. 지나친 갈등으로 메르스 게시판에 대한 제재가 시작되자 여성유저들은 메갈리아라는 과격한 인터넷 홈페이지를 개설하기 시작하였으며, 메갈리아에서 남성 성 소수자를 비난하던 유저들이 워마드라는 인터넷 게시판을 만들며 분화되면서 그 세력을 키우기 시작하였다.

메갈리아와 워마드 이용유저들은 초기에 소라넷 등 남성 중심의 비윤리적인 인터넷 이용문화를 비판하면서 주목을 받았다. 그리고 2016년 5월 17일 발생한 강남역 살인사건을 시작으로 "잠재적 가해자", "한남(충)" 등 남성 비하하는 용어들을 무차별적으로 사용하면서 남성에 대한 혐오를 드러내기 시작하였다. 그리고 일부 진보 정당에서는 이들의 입장을 대변하면서 정치적 행동과 연결되기도 하였다.

이후 2018년 전 세계적으로 미투사건이 확대되기 시작하였으며, 한국 내에서도 검창철 내부 성추문의 폭로, 안희정 성폭력 사건 등 남성에 의한 권력형 성 범죄가 폭로되기 시작하면서 급진 페미니즘의 세력들이 주목받기 시작하였고, 메갈리아, 워마드 등의 극성 유저들 역시 이들 세력에 흡수되기 시작하였다. 이를 나타내는 것이 2018년 혜화역 시위로 본격적으로 남성을 비하하는 용어인 한남(충), 보이루 등이 사용되기 시작하였다. 이 혜화역 시위는 12월까지 6차례 시행되었으며, 급진적 페미니즘의 공식적 행동이 주류 언론 등에 게시되기 시작한 시기로 볼 수 있다.

이에 대한 남성의 반발은 펜스 룰(Pence rule)을 확산시키는데 기여하면서 점차 남성 내에서도 이들을 수용하는 세력과 반발하는 세력들이 분열되기 시작하였다. 이로 인해 인터넷은 페미니즘을 옹호하는 세력과 반페미니즘으로 갈려 서로를 비판하는 갈등이 지속적으로 발생하는 계기가 되었다.

이와 같이 반페미니즘 세력이 활성화될 수 있는 기반에는 20대 남성들 및 일부 급진 페미니즘 여성들에 대한 반감이 뒷받침되었다. 이들의 반발은 2018년을 기준으로 눈에 띄기 시작하였는데, 서울 지역 대학의 총여학생회의 폐지 사건이 그 예가 될 수 있다. 2018년 성균관대학교를 시작으로 광운대학교, 동국대학교, 2019년 연세대학교 등 연쇄적으로 폐지되었다.

이러한 현상은 2022년 대통령선거의 결과에서도 나타났다. 2022년 대통령선거의 최대 이슈 중 하나는 "이대남"으로, 이는 19대 대통령 선거에서 민주당을 지지하던 20대 남성들이 그 반대 성향을 가진 국민의힘으로 돌아선 현상을 의미한다. 다만 이러한 현상은 단순히 보수당에 대한 남성만의 지지율이 올랐음을 의미하지는 않는다. 아래 [그림 14-1]과 같이 남녀 모두의 지지율이 상승하였음을 알 수 있다. 이와 같이 현상은 급진적 페미니즘에 대한 반페미니즘 활동의 활성화로도 이해할 수 있다.

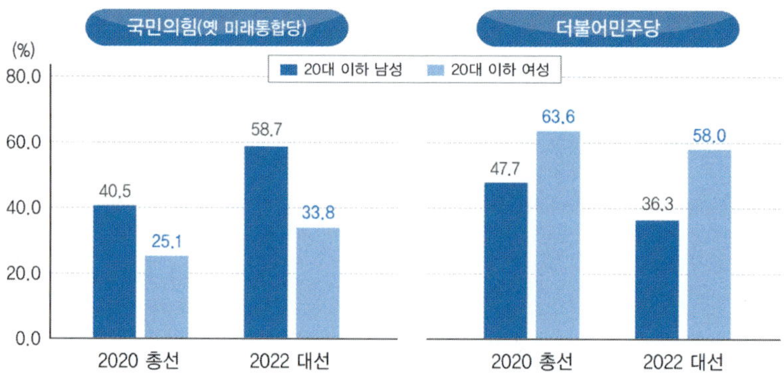

출처: 조선일보, 2022. 03. 11.자 기사

[그림 14-1] 2020년 총선과 2022년 20대 표심의 변화

아무리 좋은 의도의 정책과 법, 제도일지라도, 그것이 대부분의 국민들에게 수용되지 않는다면 올바른 방향으로 수행되기에 어려움이 있다. 특히, 사회적 욕구를 반영해야 하는 다양한 사회정책들은 더욱 그러하다. 국민의 절반을 갈라 갈등을 고조시키는 분위기는 결코 발전적 양상으로 작용하지 않는다. 여가부 폐지까지 대선공약이 되었다는 사실은 우리 사회의 본질을 보지 못하고 젠더 갈등 현상만을 본 결과로 보인다. 어렵고 힘든 코로나 시국과 경제적으로 박탈감을 가진 20대들의 문제와 욕구들을 제대로 파악하여 MZ세대가 필요로 하는 정책으로 화합과 연대의 공동체를 형성해야 나아가야 할 것이다.

3. 여성복지 발전을 위한 전략적 제언

저출산 · 노령화 현상이 가속화되면서 여성인력을 제대로 활용하고 여성들의 사회적 지위를 향상시키며 여성의 삶의 질을 높이기 위해서는 보다 체계적이고 장기적인 관점에서 성평등사회 구현을 위한 여성정책 수립이 요구된다. 성평등한 여성정책의 발전을 위한 몇 가지 전략을 정리해 보면 다음과 같다.

1) 정책 결정과정에의 여성참여 확대

여성들의 실질적인 권익 향상을 위한 여성정책이 추진되기 위해서는 여성정책의 결정과정에 여성들이 직접 참여할 수 있어야 한다. 군가산점제도의 위헌판결 후 사람들의 반응을 통해 알 수 있듯이 우리 사회에서 동일 사안에 대해서 남녀 간의 인식 차이가 상당히 크다. 따라서 남성들에 의해 결정되는 여성정책이 실질적으로는 여성들에게는 도움이 되지 못할 가능성도 많다는 것이다. 정책을 결정하는 과정에 여성들의 의견이 충분히 반영되려면 여성들의 대표성을 높여야 하는데, 구체적으로 가장 많이 논의되는 것이 당시 여성발전기본법에 근거한 '잠정적 우대조치'의 적극적 활용이다. 즉, 여성참여가 저조한 분야에서 한시적으로 잠정적 우대조치를 적극 활용하는 것이다.

공직 부문에서 여성 대표성 확보를 위해 여성채용목표제를 도입하였으나 이제는 여성승진할당제를 도입하여야 한다는 의견도 나오고 있다. 또 각종 정부위원회의 여성위원 참여목표제를 위촉위원에게만 적용할 것이 아니라 위원회 정원의 40%를 목표로 해야 여성의 의견이 충분히 반영될 수 있을 것으로 생각된다.[11)]

이와 같이 정책 결정과정에서 여성의 평등한 참여가 갖고 있는 의의는 다음 두 가지다. 첫째, 모든 관련 정책에서 여성의 이익과 여성의 관점이 고려됨으로써 여성 문제해결과 평등정책 수립에 기여할 수 있고, 둘째, 사회 변화와 발전을 이루는 정치, 경제, 사회, 문화, 교육

11) 제3차 여성정책기본계획에서 정부 내 위원회의 여성참여는 2007년까지 목표율 40% 달성과 유지로 상향 조정하였다. 2011년 현재 중앙행정기관 위촉직 여성비율은 22.3%에 그치고 있다(여성가족부 홈페이지, http://www.mogef. go.kr, 2011. 7. 26. 다운로드). 그러나 그 이후 다행스럽게 조금씩 올라가고 있으나 목표율 40%를 달성하지는 못하고 있다. 2015년 중앙행정기관 여성위원비율은 평균 34.5%이고, 2013년 광역자치단체의 여성위원비율은 36.3%이다(한국여성정책연구원, 2015 한국의 성인지 통계, 2016, p. 431). 2016년 7월 19일 여성가족부장관이 국무회의에서 발표한 것은 2016년 상반기 중앙행정기관 여성참여율 36.1%이다.

등 제 분야의 정책 결정에 여성이 평등하게 참여함으로써 여성이 사회의 주체가 될 수 있다. 여성 문제의 정책적 발전을 위해서는 정치, 행정, 법, 운동 등 다차원적인 접근이 필요하고, 자발적 단체에 의한 영향력 행사가 정책 결정 과정에 미치는 효과가 점차 커지게 된다. 여성 문제의 정치적 해결을 위한 전략으로서 자발적 압력 단체로서의 여성단체 기능을 강화해야 할 것이다.

2) 적극적인 법 활용과 새로운 법 제정 유도

법규정과 현실과의 괴리를 줄여 나갈 수 있는 또 하나의 방법은 여성들이 성차별적 대우를 받았을 때 이를 적극적으로 법에 호소함으로써 하나씩 판례를 만들어 가는 방안이다. 외국의 경우 판례를 통해 관행을 고쳐 나가는 경우는 상당히 보편화되어 있는데, 이를 위해서는 여성들이 자신의 문제를 개인적인 문제로만 보지 말고 여성 전체의 문제로 보는 인식 전환이 필요하다.

여성발전기본법에 이어 양성평등기본법에 근거하여 조성되고 있는 여성발전기금에서는 소송 시에 재정 지원을 할 수 있도록 되어 있으며 한부모가족지원법에서는 자녀양육과 관련된 부분에 있어 법률 지원이 무료로 제공된다. 전체 여성의 교육 수준이 높아지면서 정보 접근과 습득 능력도 향상되었다. 인터넷의 발달로 각종 공공기관, 여성단체, 시민단체 등등의 법률지원을 직접 찾아보고, 이를 적절히 활용하고, 그 과정에서 나타나는 법의 결함이나 개선점들을 보완함으로써 여성의 입장을 제대로 대변할 수 있는 법의 제정과 개정을 유도해야 할 것이다.

3) 성인지적 예산 확보와 시행

여성정책이 제대로 집행되기 위해서는 무엇보다 재정적 지원이 뒤따라야 한다. 여성 관련 예산의 확보를 위해서는 우선적으로 여성 업무 전담부서의 위상을 높여 예산분배 과정에서 여성의 몫을 확보할 수 있도록 해야 한다. 이와 동시에 여성 업무의 전담부서 기능이 타 부처의 여성 관련 업무를 총괄 · 조정할 뿐만 아니라 고유의 업무도 확대되어야 한다. 무엇보다 남녀평등 의식의 확산이 가장 지체되어 있는 만큼 이를 위한 정책개발이 시급하고 이를 위한 적절한 수준의 예산확보도 중요한 과제이다.

2009년부터 성인지예산제도[12)]의 시행으로 예산 편성 과정에서 성인지적 관점이 도입되었지만 아직도 정착에는 어려움을 겪고 있는 실정이다. 보다 효과적 정착을 위해 법적 기반을 강화하고, 예산 편성과정에서 관계 공무원들이 이해하기 쉬운 도구나 방법을 사용할 수 있도록 하며, 기관 내부에서 추진체계를 강화할 필요가 있다.[13] 무엇보다도 성인지적 예산을 확대하기 위해서는 이미 여러 차례 언급했듯이 여성들의 정치참여와 공직 부문에의 활발한 참여가 필수적이다. 즉, 정부에서 예산을 기획하는 과정과 국회에서 예산을 심의 · 의결하는 과정에 여성들이 많이 참여할 수 있을 때 여성 관련 예산은 보다 확실하게 확보될 수 있을 것이다.

경제적 관점에서 보았을 때 모든 선택의 문제는 희소한 자원의 효율적인 배분 문제이지 무한한 자원의 공평한 분배 문제는 아니다. 다양한 여성정책의 목표와 정책과제는 한국 사회의 자원 배분을 필요로 하는, 즉 비용이 수반되는 과제들이다. 이러한 비용에 비하여 얻게 되는 편익의 크기를 비교하고 이를 바탕으로 여성 관련 정책의 상대적 우선순위가 결정되어야 한다.

아울러 여성 관련 정책 내에서도 이러한 개념을 사용하여 상대적인 우선순위가 결정되어야 할 것이다. 이러한 개념을 명시적으로 도입하는 것이 여성 관련 제도나 법령을 변화시키는 방법보다 다수의 공감대를 확보하는 보다 현실적인 방법이라고 볼 수 있다.

4. 국제사회 여성정책 동향

국제사회의 여성정책 동향을 검토함으로써 우리나라 여성복지의 과제와 전망을 고찰하는 데 시사점을 얻을 수 있으므로 유럽연합, OECD 등의 국제기구와 캐나다, 호주, 스웨덴, 덴마크 등 각국의 여성정책계획 관련 내용을 검토하였다. 우리나라의 여성정책 수립 시 고려해야 할 점을 다음과 같이 정리하였다.[14]

12) 성인지 예산은 공공예산을 편성하고 집행하는 전 과정에 성인지적 관점을 도입하는 것으로 그 목적은 예산 결정에서 여성과 남성의 요구를 고려하고 성평등을 위한 정책에 적절한 자원을 할당하도록 하는 데 있다.
13) 한정원, 『성주류화 제도 논의와 발전방향 연구』, 2010, pp. 172-173.
14) 김양희, "제2차 여성정책기본계획 추진전략", 『여성정책토론회 자료집』, 2002. 1, 여성부(www.mogef.go.kr).

1) 성주류화 관점의 채택

1995년 UN은 성주류화를 여성발전전략으로 채택하고 제4차 북경 세계여성대회에서 GAD(Gender and Development) 접근의 논지에 부응하여 각 국가의 정책에서 이 관점을 적극적으로 실천하도록 권고하였다. 그 이후 대부분의 국가가 국가행동계획에서 성주류화 관점을 채택하고 있으며 이를 위한 노력을 꾸준히 실천하고 있다. 캐나다의 경우, 국가 계획의 기본목표 중의 하나로서 '여성의 평등에서 성(gender)평등으로'를 채택하고 여성정책이 여성집단에 한정되는 것이 아닌 남녀 간의 관계 변화까지 포함하는 것임을 보여 주고 있다. 핀란드 역시 성주류화를 위하여 각 부처의 연례보고서에 여성과 남성 간의 급여 차, 리더십에서의 성 관점, 성평등 기회, 다양한 지위 부여와 의사결정 과정에서의 평등 등의 성주류화 계획을 포함하도록 하고 있다, 덴마크의 경우에는 1996년 말 의회에서 행정부와 정치 부문의 성평등 시행을 위한 지침을 내린 바 있으며, 특히 2000년 5월에는 평등지위법을 채택함으로써 성주류화 정책을 정부 차원의 정책으로 채택하였다.

2) 정책의 책임성 기제 강화

선진국에서는 성주류화를 실현하고, 여성정책 계획을 실효성 있게 추진하기 위한 구체적인 도구로 젠더예산(gender-budget)과 젠더분석(gender-analysis)을 중요하게 활용하고 있다. 예컨대, 호주에서는 국가예산에 여성 관점을 반영하는 기법을 개발하여 활용하고 있으며, 캐나다와 핀란드, 노르웨이 등에서는 정부정책에 대한 성별 효과를 분석하는 젠더분석을 실시하고 있다. 특히, 캐나다의 연방계획에서는 젠더분석을 실시하는 것을 첫 번째 목표로 두고 있으며, 타 부처의 젠더분석 지원을 위한 국 차원의 부서까지 설치하고 있음은 주목할 만하다. 핀란드의 경우는 새로운 입법안이 제기될 경우 그에 대한 성별 영향을 분석하고 있고, 각 부처의 연례보고서에 주류화 계획을 포함하도록 하고 있다. 노르웨이 역시 1999년에 성별영향평가를 위한 지침서를 발간한 바 있다. 한국은 2002년 12월 여성발전기본법에서 성별영향평가의 법적 근거를 마련하였으며, 2004년 성별영향평가를 시범 시행하기 시작했고, 2005년부터 제도로 도입하여 운영하고 있다.[15] 2011년 9월에 〈성별영향분석평가법〉이 제

15) 2004년 10개 과제의 시범분석을 거쳐 2005년 55개 기관에서 총 85개 과제를 수행하였다. 이후 급격한 양적 팽창이 이루어졌는데, 2006년에는 187개 기관에서 총 314개 과제를, 2007년에는 278개 기관에서 총 720개의 과제, 2008년에는 295개 기관에서 1531과제, 2009년에는 298개 기관에서 1908개의 과제를 수행하였다(한정원, 앞의 책, p. 163).

정되어 2013년 3월부터는 3년 이상의 주기로 수립하는 계획, 주요 사업에 대해서는 성별영향분석평가를 실시해야 한다.

3) 협조체계의 다각화

검토한 국가들이 여성발전국가계획을 추진하기 위한 기구와 협조체계의 면에서 한국보다 훨씬 다각적인 장치를 마련해 놓고 있다는 것을 알 수 있다. 호주의 경우, 연방 차원뿐만 아니라 지역 수준에서도 여성지위청이 설치되어 있으며, 정부부처의 여성정책 주류화를 위하여 여성정책사무관네트워크(WPON)가 결성되어 성과 관련된 정부의 정책을 지원하며 정보교류를 하고 있다. 또한 연방 및 주별 연례회의와 여성자문단 회의 등으로 고위급 논의를 가능하게 하고 있다. 캐나다 역시 여성지위청이 있으며, 특이한 점은 연방 외에 10개의 지방사무소를 가지고 있다는 점이다. 여성지위청은 젠더분석에 관한 부처 간 회의를 주관하고 부처별 젠더분석에 대한 보고를 받고 있다. 핀란드의 경우, 정부 내에 여성정책기구 및 각 부처 대표, 통계 및 여성전문가로 구성된 여성정책 모니터 실무단을 설치하여 여성정책이 실질적으로 집행되는지를 감시하는 체제를 가지고 있다. 이와 같은 다각도의 협조체계는 결국, 여성정책이 국가 수준뿐 아니라 지역 수준에까지 실질적인 효과가 발생하도록 하는 데 기여하고 있다.

5. 여성복지의 과제와 전망

20세기가 여성에 대한 자각에 눈뜨기 시작한 시대였다면, 21세기는 이전 세기의 자각을 기반으로 성평등을 지향하는 새로운 젠더관계가 정착되는 시대로 기대된다. 여성복지는 이렇게 성평등을 위한 다양한 접근 중의 하나로, 사회복지적 관점 및 방법론에 여성주의적 시각을 접목한 새로운 관점 또는 영역이라고 할 수 있다.

오늘날 세계화, 민영화, 구조조정, 사회적 안전망 축소 등은 여성복지에 대한 권리를 약화시키고, 사회보장 예산 삭감과 복지개혁정책 등으로 여성들은 보다 불리한 위치에 놓이게

2015년도엔 3만 4,258개 과제에 대해 성별영향평가가 이루어졌다. 관련 법령으로는 성별영향분석평가법 제1조(목적), 양성평등기본법 제15조(성별영향분석평가)가 있다.

되었다. 따라서 변화하는 여성들의 욕구에 가장 효과적이고 효율적으로 대응할 수 있는 미래지향적인 여성복지가 요청된다. 여성들의 욕구에 보다 적합한 체계를 구축하기 위해서는, 첫째, 변화하는 여성복지 욕구에 대한 인식이 필요하고, 둘째, 미래지향적이고 성인지적인 (gender-sensitive) 사회복지체계를 구축하며, 셋째, 기초생활보장을 포함한 사회보장제도의 확충과 여성의 지위 향상을 위한 여성정책을 적극 추진하고, 마지막으로, 여성복지를 위한 보다 전문적이고 체계를 구축해야 한다.[16]

다음은 우리나라 여성복지의 과제를 거시적 관점에서 제시해 보았다. 이러한 과제들이 효과적으로 실행되려면 추상적이고 거시적 차원의 대안이 현장의 구체적인 실천과제 및 전략, 프로그램 개발, 활동 등으로 이어지고 이들에 대한 평가 작업을 통해 효과성을 점검하는 등 끊임없는 노력이 필요하다.

1) 법적 평등 그리고 실질적인 평등 보장

그동안 우리나라의 여성정책은 UN 여성차별철폐협약의 비준, 가족법 개정, 가족관계등록법 제정, 남녀고용평등과 일 · 가정 양립 지원에 관한 법률 개정, 한부모가족지원법, 영유아보육법의 제정 등 법상의 차별 철폐와 법적 평등의 구현 단계였다고 할 수 있다. 이는 사실상의 남녀평등으로 나아가기 위한 첫 단계이다. 따라서 이제 법적 평등을 바탕으로 실질적인 평등 실현을 위하여 뿌리 깊은 장애요인이 되고 있는 사회 각 분야의 전통적인 성차별적 태도 및 고정된 역할 분담에 대한 변화가 필요하다. 현실적으로 법적 평등을 실현하는 힘은 정치적 관계에서 형성되는 권력을 필요로 하는데, 여성들은 이러한 힘이 결여되어 있다.[17] 실질적 평등보장을 위해서는 인간의 내면적 의식에 깊이 박힌 전통적 사고와 이에 근거한 사회구조적 보수성으로 인하여 변화에 대한 뿌리 깊은 저항이 예상되므로 장기간의 단계별 정책이 필요하다. 즉, 가정교육, 학교교육, 사회교육, 매스컴 등을 통한 의식 변화 프로그램이 지속되어야 한다. 이 작업에는 민간단체인 여성단체의 역할이 특히 중요하므로 여성정책 담당 국가기구는 이를 위하여 여성단체의 활동을 지원하고 연대하여야 한다. 또한 증가하는 국제교류 속에서 국제적 변화 수준과 방향에 맞게 나아갈 필요가 있을 것이다.

16) 박영란 외, 『외국의 여성복지서비스에 관한 연구』, 2000 연구보고서 240-18, 한국여성개발원, 2001, pp. 356-362.
17) 김선옥, "여성 문제와 여성정책", 윤근섭 외, 『여성과 사회』, 서울: 문음사, 1995, p. 474.

상자글 14-1 OECD의 한국에 대한 젠더 이슈에 관한 권고

한국은 지난 2009년 11월 25일자로 OECD개발원조위원회(Development Assistance Committee, DAC)에 가입이 확정되었다. 가입과 동시에 한국정부는 OECD DAC가 지난 1999년에 만든 '국제개발협력에서의 성평등과 여성역량강화를 위한 지침(DAC Principles for Gender Equality and Women's Development in Development Cooperation)'을 따라잡아야 하는 과제를 부여받게 되었다.

2009년 OECD DAC 회원국으로 가입하기 위한 심사과정에서 이루어진 'Peer Review'에서 한국정부는 '젠더'와 '환경' 등과 같은 Cross-Cutting 이슈에 대한 한국정부의 낮은 관심에 대한 문제 제기를 크게 받았던 것으로 알려졌다. OECD가 제시하는 Cross-Cutting 원칙과 가이드라인에 비추어 볼 때, 한국정부는 젠더 이슈와 환경 이슈를 개발 이슈에 통합하기 위한 관점조차 제대로 수립되어 있지 못한 것으로 분석되고 있다. 이미 오는 2013년 재차 시행될 'Peer Review'를 위해서 한국정부는, 특히 개발 이슈와 관련해서 젠더 이슈를 통합적으로 바라보기 위해 전면적으로 수정을 요청받고 있는 상황이다.

출처: 이태주, G20 서울 정상회의의 의미와 특징, 2010, 젠더리뷰, Vol.18, p.19.

2) 여성인권의 증진과 보호

오늘날 인권 문제는 국경을 초월한 보편적인 문제로 받아들여지고 있고, 국가는 여성들이 빈곤과 폭력으로부터 자유로운 삶을 누릴 수 있는 권리를 보장해야 한다. 그러나 아직도 성차별 문제, 여성인권 등의 개념은 일반인에게 생소하다. 예를 들어, 우리나라에서 가정폭력, 성폭력 관련법이 제정된 이후 여성을 대상으로 하는 폭력 문제에 대한 인식이 변화되고 관련 정책도 발달해 왔으나 아직도 법과 현실 간의 괴리가 크다. 그것은 무엇보다 일반인들의 여성폭력에 대한 인식이 부족하여 문제 예방 및 해결의 주요 장애요인이 되는 것으로 밝혀졌다. 따라서 사회구성원 모두를 대상으로 가정폭력과 성폭력이 사회범죄이며 여성의 인권을 침해하는 인권 문제라는 인식을 확산시키기 위한 교육과 홍보가 확대되어야 한다.[18]

3) 성인지적 사회보장

여성에 대한 사회보장의 확대는 여성의 경제적 자립뿐 아니라 정신적 자립에도 큰 영향을 미친다. 여성을 단지 남성의 피부양자로 취급해서는 안 되며 여성도 자신의 생애과정에 따라 적절한 보장을 받아야 한다.

예컨대, 여성 빈곤 문제에 대한 성인지적 해결을 위해서는 국민기초생활보장제도의 현황

18) 박영란, 앞의 책, pp. 98-99.

을 중심으로 한국 여성들의 생애주기별 빈곤 실태를 파악하고, 여성의 접근성과 수급 내용의 적절성 등에 대한 조사를 통하여 여성의 생애주기에 따른 욕구에 맞는 정책이 필요하다. 즉, 국민기초생활보장제도가 빈곤 여성의 생활에 어떤 영향을 미치고, 아울러 빈곤 문제를 해결하는 데 어떤 제한점이 있는지를 조사함으로써 성인지적 정책방법으로 공공부조제도를 구축하는 정책이 확립되어야 한다.[19)]

마찬가지로 국민연금제도, 고용보험제도도 여성 노동의 특성을 포용할 수 있도록 개선되어야 한다. 여성의 개별연금수급권이 확보됨으로써 여성이 노동을 통해 자립이 가능해지면 빈곤에서도 벗어날 수 있을 것이다. 근로소득 중심의 연금체계를 택하고 있는 우리나라의 경우 여성의 연금수급권을 보장하기 위해서는 제도적 개선이 필요하다.

중립적으로 보이는 관행이나 정책일지라도 남성과 여성이 처한 현실이 다르기 때문에 그 효과가 서로에게 다를 수 있다는 문제의식에서 고안된 것이 '성인지적 정책'이다. 즉, 사회복지정책도 성별 차이를 따져 수립함으로써 결과적으로 동등한 정책 효과를 가져오도록 만드는 것이다.[20)] 이를 위해서는 무엇보다 먼저 사회보장제도가 전제로 삼고 있는 '가부장제에 기초를 둔 가족주의'를 탈피해야 할 것이다. 여성의 생활을 경제적 의존자, 가사노동자로만 묶어 두는 고정관념에서 벗어나 현재 등장하고 있는 다양한 가족 형태들—모자가정, 독신가정, 다문화가정 등—을 사회 변화와 더불어 나타나는 대안적 가족 형태로 수용하는 사회보장제도를 수립해야 할 것이다.

4) 생애과정에 적합한 복지정책

현실적인 여성복지정책을 시행하기 위해서는 여성의 생애 과정을 다양한 패턴으로 분류해서 그러한 생애주기의 변화를 정책에 반영하여야 한다. 여성복지정책은 여성의 취업률, 취업만족도, 고용관행 등과 밀접한 관련이 있으므로 이러한 생애 과정을 적절히 고려해야

19) 이러한 성인지적 정책을 형성할 수 있도록 도와주는 정책 도구를 외국에서는 성별분석(gender analysis), 성별평등분석(gender equality analysis), 성별 영향평가(gender impact analysis)라는 명칭으로 부르며, 현재 캐나다, 뉴질랜드, 유럽의 몇몇 국가에서 시범적으로 사용하고 있다. 정책형성과정에서 남성과 여성 간의 차이가 강조되는 이유는 남성과 여성의 서로 다른 관점과 상황을 반영하여 모든 정책대상자에게 만족을 주고 정책의 효과를 높이기 위해서이다.

20) 이를 위한 기초작업으로 여성부는 2002년 3월, 『성인지적(gender sensitive) 정책형성을 위한 길라잡이』를 펴냈다. 이 책은 보건복지정책, 고용정책, 범죄예방과 교정정책 등 성인지적 정책 도입이 시급한 14개 분야를 지적하고, 관련 부처들이 정책수립 단계에서 '성인지적 관점'에서 정책을 기획할 것을 제안했다. 여기서 여성부는 '성별 영향'과 '성인지적 통계'라는 개념을 소개함으로써 이후의 성인지적 여성정책의 방향을 확고히 했다(여성부 www.mogef.go.kr).

한다. 그리고 여성은 스스로 가사노동에 전념할 것인지, 아니면 사회노동에 전념할 것인지 혹은 양자의 절충적 형태를 취할 것인지를 자유롭게 선택할 수 있어야 한다. 이러한 개인적 선택을 전제로 여성의 생애 과정을 개인적 상황에 맞게 고려하는 것이 여성복지정책 수립의 중요한 관건이 된다.

지난 반세기 동안 부녀복지사업을 중심으로 발달해 온 우리나라 여성복지정책은 이제 '요보호여성'뿐만 아니라 모든 여성을 위한 보편적인 서비스를 제공해야 한다. 이는 여성복지 분야뿐 아니라 사회복지의 모든 분야가 여성의 요구에 보다 적절히 대응할 수 있는 역량을 키워 나가야 하기 때문이다. 즉, 여성 문제에 대한 접근은 이제 요보호여성의 문제에서 여성의 인권과 삶의 질 향상 문제로, 사후개입적 서비스 중심에서 예방사업의 확대로, 단편적 서비스 제공에서 보다 통합적인 지원체계로 전환해야 한다. 또 국민의 입장에서 지원서비스에 대한 접근이 용이하도록 공공 및 민간 부문에서 관련 기관 간의 협조체계를 구축할 필요가 있다. 아울러 각 지역의 특수성과 상황을 고려한 사회복지제도를 확립함으로써 지역사회 구성원들의 적극적인 관심과 참여를 유도하고, 여성복지 관련 서비스 제공자들의 전문성을 제고하여 지역특성에 기반한 지역여성복지 기반도 만들어야 한다.

오늘날 사회 변화 속도는 과거와 비교도 안 될 만큼 빠른 속도로 변화되고 있다. 따라서 '오늘'을 기준으로 하는 계획은 이미 내일의 현실 상황에 부합되지 않는 것일 수 있다. 이와 같이 '계획 따로', '실제 따로'의 정책이 되지 않기 위해서 변화하는 환경에 대한 진취적인 분석이 중요하다.

지금까지 대다수 여성복지정책 및 실천들은 객관성을 표방하면서도 사실상 성차별주의적이고 남성 중심적인 결과들을 초래하였다. 그러나 여성주의적 복지실천은 여성주의를 그 접근방법으로 하여 여성주의적인 원칙과 시각으로 사회를 인식하고 복지를 실현해 나가는 것이다. 즉, 여성의 억압을 유지 · 재생산하는 구조를 밝혀내고 그 구조의 변혁을 통해 인간해방에 기여하고자 함을 목표로 하는 것이다.

또한 지금까지 남성 중심적 · 성차별주의적 여성복지는 사회적 편견과 왜곡이 복지정책 결정과정에 개입된 결과라고 보고 현실적으로 여성에게 필요한 여성복지가 실현되기 위해서는 여성주의적 경험이 공유되어야 한다. 즉, 그동안 소외되고 무가치하게 여기던 사적 경험들을 사회적 사실로 끌어냄으로써 보다 객관적인 정책 입안이 가능하게 될 것이다. 이것은 여성의 고유한 경험에 대한 가치 발굴을 통해서만 기존의 성차별적 편견을 극복하고 사정할 수 있는 참된 의미의 여성복지가 구현될 수 있음을 의미한다.

남성이 인식하는 성차별주의적 지식과 실천은 여성에 대한 지배적 관점에서 나오는 것이지만, 여성주의적 복지실천은 피억압자인 여성의 삶에 기반을 두기 때문에 여성에게 덜 편파적이고, 덜 왜곡되어 있으며, 따라서 주변 환경을 보다 객관적으로 설명할 수 있다고 본다.

종합하면 여성복지에 대한 여성주의적 전망은 여성에 대한, 여성에 의한, 여성을 위한 인식이 무엇보다 중요하고, 여기에 여성의 경험이 중심이 되어야 하며, 또한 여성의 입장에서 분석되어야 한다. 따라서 여성주의적 여성복지실천의 전망에서는 여성주의 인식론과 경험론, 그리고 입장론이 그 기반이 된다고 볼 수 있다.

이 장의 요약

1. 여성복지정책의 효율성을 제고하기 위한 방안으로는 관련법과 제도 그리고 조직 등을 정비하여 정책집행 시스템을 구축하고, 또한 반드시 관련 예산을 확보하는 것이다. 그리고 여성복지정책의 수립에 성인지적 예산과 젠더분석 및 젠더통계 등의 도입은 아무리 강조해도 지나치지 않다.
2. 우리나라의 여성복지는 보편적 생애 과정을 거치고 있는 많은 일반 여성의 삶의 질에는 거의 관심이 없고 주로 요보호여성 중심의 잔여적 서비스 형태이다. 이는 여성복지의 대상이 요보호여성에 편중되어 있다는 것을 의미한다. 이것은 결국 아직도 우리의 여성복지정책은 선언적인 수준에 머물러 있음을 알 수 있다.
3. 우리나라에서 여성복지와 권익 향상을 위한 법제도는 형식적 틀은 비교적 잘 갖추어져 있으나 법과 현실 간의 괴리가 크기 때문에 법의 실효성은 낮다. 그 이유는 첫째, 법 집행에 따르는 재정적 지원 예산이 확보되지 못하다는 점과, 둘째, 자신의 권익을 스스로 보호해야 할 여성들 자신이 매우 소극적이라는 점도 아울러 지적되어야 한다.
4. 체계적이고 장기적인 관점에서 성평등 사회를 위한 여성정책이 수립되려면 다음 몇 가지 전략이 요구된다. 첫째, 여성들의 실질적인 권익 향상을 위해 여성정책 결정 과정에 여성들이 직접 참여할 수 있어야 하고, 둘째, 여성들이 성차별적 대우를 받았을 때 이를 적극적으로 호소함으로써 하나씩 사례를 만들어 가며, 셋째, 여성정책이 제대로 집행되기 위해서는 무엇보다도 재정적 예산 지원이 뒤따라야 한다는 것 등이다.
5. 변화하는 우리나라 여성복지의 욕구에 적합한 체계를 구축하기 위한 기본 방향으로는, 첫째, 변화하는 여성복지 욕구에 대한 인식전환이 필요하고, 둘째, 미래지향적이고 성인지적(gender-sensitive) 사회복지 체계를 구축해 가며, 셋째, 기초생활보장을 포함한 사회보장제도의 확충과 여성의 삶의 질 향상을 위한 여성정책을 적극 추진하며, 마지막으로, 여성복지를 위한 보다 전문적이고 체계적인 대응체계를 구축해야 한다.

주요 용어

- **성인지적 여성정책**: 중립적으로 보이는 관행이나 정책이라도 남성과 여성이 처한 현실이 다르기 때문에 그 효과가 다를 수 있다는 문제의식에서 고안된 것이 '성인지적 정책'으로, 성별 차이를 따져 정책을 수립함으로써 결과적으로 동등한 정책효과를 가져오게 만드는 것이다.
- **성주류화**(gender mainstreaming) **관점**: 대부분의 국가가 유엔 권고를 따라 국가행동계획에서 성주류화 관점을 채택하고 있는데, 이것은 '여성의 평등에서 성(gender) 평등으로'를 목표로 여성정책이 여성 집단에 한정되는 것이 아닌 남녀 간의 관계 변화까지를 포함하는 것임을 천명하는 것이다. 성인지예산과 성별영향평가를 통해 실질적으로 시행되고 있다.
- **여성승진할당제**: 여성의 대표성을 제고하여 정책 결정 과정에 참여할 수 있도록 하기 위해 여성의 참여가 저조한 분야에서 한시적으로 잠정적 우대조치를 적극 활용하는 것이 요구되는데, 공직 부문의 여성 대표성 확보를 위해 여성채용목표제를 도입하였으나 이제는 여성승진할당제를 도입해야 한다는 의견이 제시되고 있다.

더 읽을거리

1. 강윤희 외, 『여성정치인의 리더십』, 고양: 인간사랑, 2007.
2. 박재창 편, 『정부와 여성참여』, 서울: 법문사, 2000.
3. 비키 랜달, 『여성과 정치』, 서울: 풀빛, 2000.
4. 최순영 외, 『여성에게 다시 정치를 묻다』, 파주: 김영사, 2010.
5. 신민주, 『판을 까는 여자들』, 한겨레출판사, 2022.

관련 사이트

- 여성가족부(http://www.mogef.go.kr/): 여성가족부는 여성정책을 기획 · 종합, 여성 인적 자원 개발, 가정폭력 · 성폭력 방지 및 피해자 보호, 남녀차별의 금지 등 여성의 권익 향상과 남녀평등사회를 이루기 위해 신설된 중앙행정기관이다.
  home〉 자료관〉 통계출처: 여성 관련 일반 내용 통계자료
  home〉 여성정책정보: 여성 관련 일반 정보
- 한국여성정책연구원(http://www.kwdi.re.kr/): 여성정책연구, 여성능력개발, 여성정보 구축 등 여성정보서비스를 제공. 한국여성개발원에서 발행되는 여성통계연보의 모든 자료를 국문과 영문의 표와 그래프로 보여 준다.
- 한국여성학회(http://www.kaws.or.kr/)
- 교육인적자원부(http://www.moe.go.kr/): home 〉 주요정책소개 〉 여성
- 노동부 근로여성정책국 사이트(http://www.molab.go.kr/): home 〉부서홈페이지 〉 근로여성정책국
- 법무부 여성포럼(http://www.moj.go.kr/): 여성게시판, 여성 관련 자료, 여성 관련 사이트 등
- 행정자치부 여성과 공직(http://www.mogaha.go.kr/): home 〉 중앙행정정보 〉 여성과 공직, 여성 관련 자료 및 여성통계 등

찾아보기

ㅅ

ㅇ

ㅈ

ㅊ

ㅌ

ㅍ

ㅎ

기타

저 / 자 / 소 / 개

■ 김 영 화

이화여자대학교 사회학과 학사, 석사
독일 보훔(Bochum)대학교 사회정책전공 사회과학 박사(Dr. rer. soz.)
미국 하버드대학교, 버클리대학교 객원교수
UNESCO, APCEIU(Asia Pacific Centre of Education for International Understanding: 아시아 태평양 국제이해교육원) 연구교수
전, 경북대학교 사회복지학과 교수, 현, 명예교수
현, 대구광역시 사회서비스원 대표이사(2019~)

〈대표 저서 및 논문〉

『오늘의 청소년, 그들은 누구인가?』(공저, 2021)
『현장과 함께하는 사회문제론』(공저, 2011)
『자본주의 국가의 미래』(역서, 2010)
"Productive Welfare: Korea's Third Way?"(International Journal of Social Welfare, 12(1), 2003)

■ 권 신 영

경북대학교 사회과학대학 심리학과 학사
대구대학교 특수교육학과 정서장애전공 석사
경북대학교 사회복지학과 석사, 박사
현, 대덕대학교 사회복지과 교수

〈대표 저서 및 논문〉

『정신건강론』(공저, 2020)
대전지역 사회복지종사자의 위험 및 안전실태에 관한 연구(2020)
대학생의 내면화된 수치심이 분노표출에 미치는 영향: 사회적 관심의 매개효과(2016)
학교폭력에 대한 교사의 개입수준과 관련요인들의 10년 변화추이에 대한 분석(2013)

■ 유 태 한

경북대학교 사회과학대학 사회복지학과 학사, 석사, 박사
현, 경주대학교 초빙교수
　　대구보건대학교 외래교수

〈대표 저서 및 논문〉

『오늘의 청소년, 그들은 누구인가?』(공저, 2021)
『젠더관점에서 본 가족복지론』(공저, 2018)
사회정의론에 기반한 사회복지철학이론의 탐색: 롤스와 샌델의 비교(2019)

[5판]
현대사회와 여성복지

4판 1쇄 발행 — 2016년 9월 5일
5판 1쇄 발행 — 2022년 8월 14일

저 자 - 김영화 권신영 유태한
발 행 인 - 강철원
발 행 처 - 양성원
주 소 - 경기도 파주시 검산로 173번길 29-20
전 화 - 031-946-3861(代)
팩 스 - 031-946-3864
이 메 일 - tnwpub@naver.com
홈페이지 - tnwpub.co.kr
출판등록 - 2015년 8월 31일 제 2015-000211 호

ISBN 979-11-6126-475-2

정가 22,000원